Selbständig ohne Meisterbrief

Das Buch
Hiermit liegt ein einzigartiges Handbuch zur Kritik der deutschen Handwerkspolitik und des Handwerksrechts vor: alles über Geschichte, Kungeleien und Hintergründe des wohl umfassendsten deutschen Berufsmonopols und eine Einschätzung seiner Zukunftsaussichten im Zuge der Vereinheitlichung von Vorschriften in der Europäischen Union. Hier finden Sie zahlreiche Argumente gegen das handwerkliche Berufsmonopol, aber auch alle legalen Möglichkeiten, ohne Meisterbrief einen handwerklichen Beruf selbständig auszuüben – ohne auf die längst überfälligen Änderungen zu warten.
Das Buch ist ein Ratgeber und will Betroffenen ganz konkret helfen. Es zeigt darüber hinaus auch, wie und wo die Handwerksordnung dringend verändert werden muß und kann.

Der Autor
Michael Wörle aus Schenefeld bei Hamburg berät seit 1986 Handwerksunternehmen. Er hält bundesweit Seminare zum Thema »Handwerk ohne Meisterbrief«. Er ist Geschäftsführer des IF-Handwerk e. V., des Interessenverbandes freier und kritischer Handwerkerinnen und Handwerker. In unserem Hause ist von ihm außerdem das Buch erschienen »Existenzgründung ohne Meisterbrief«.

Michael Wörle

Selbständig ohne Meisterbrief

Was Handwerkskammern gern verschweigen

Econ Taschenbuch

Weitere Informationen und einen für Leser kostenlosen Aktualisie-
rungsservice finden Sie im Internet:
http://www.selbststaendig-ohne-meisterbrief.de
http://www.schwarzarbeitsberater.de

IFHandwerk

Die Homepage des Interessenverbands der freien Handwerkerinnen und Handwerker:
http://www.IFHandwerk.de

Umwelthinweis:
Dieses Buch wurde auf chlor- und säurefreiem Papier gedruckt.

Econ Taschenbücher erscheinen im Ullstein Taschenbuchverlag,
einem Unternehmen der Econ Ullstein List Verlag GmbH & Co.
KG, München
9., aktualisierte Auflage 2002
©2002 by Econ Ullstein List Verlag GmbH & Co. KG, München
©1993 by Econ Verlag München – Düsseldorf GmbH
Umschlaggestaltung: Petra Soeltzer, Düsseldorf
Titelabbildung: ZEFA/Benser
Die Ratschläge in diesem Buch sind von Autor und Verlag sorg-
fältig erwogen und geprüft; dennoch kann eine Garantie nicht
übernommen werden. Eine Haftung des Autors bzw. des Verlags
und seiner Beauftragten für Personen-, Sach- und Vermögens-
schäden ist ausgeschlossen.
Gesetzt aus der Candida und Frutiger, Linotype
Satz: KompetenzCenter, Düsseldorf
Druck und Bindearbeiten: Ebner & Spiegel, Ulm
Printed in Germany
ISBN 3-548-70028-4

Inhaltsverzeichnis

TEIL 2
PROBLEMLÖSUNGEN

Vorwort zur 9. Auflage
Wie der Staat mit kleinen,
mittelständischen Handwerksunternehmen
ohne Meisterbrief umgeht

Nur Handwerker ohne Meisterbrief gelten in Deutschland als Schwarzarbeiter. Handwerkern wird eine Existenzgründung nicht eben leicht gemacht. Es gibt hier ganz spezielle Hürden und Risiken, die Sie nur überwinden können, wenn Sie sich selbst kundig machen.

Bei einer echten Liberalisierung könnten mehr als eine Million neue Arbeitsplätze entstehen, die Deutschland dringend braucht. Wirtschaftswissenschaftler sind sich weitgehend einig: Der handwerkliche Befähigungsnachweis (Meisterzwang) schadet Deutschland. Deregulierungskommission und Monopolkommission haben mehrfach die Vor- und Nachteile untersucht. Die Empfehlung an die Bundesregierung:

Die Monopolkommission empfiehlt die Abschaffung des Großen Befähigungsnachweises als Voraussetzung für den Marktzutritt im Handwerk.

Denn, so die Begründung, die jobschaffende Gründungsdynamik in Deutschland ist im internationalen Vergleich »wenig ausgeprägt«. Um Marktkräfte freizusetzen, müssen Regulierungen wie im Handwerk fallen. »Die Gewichte verschieben sich in Europa von der Erst- zur Weiterbildung«, sagte Klaus Draxler, Direktor Berufsbildungspolitik in der EU-Kommission. »Niemand wird mehr das in der Jugend Erlernte sein ganzes Leben lang verwenden können.« So gesehen ist die Ausbildung und die Marktzugangsbeschränkung im deutschen Handwerk schlicht und einfach ein Modell von gestern.

Die Empfehlung im Gutachten der Kommission hat bundesweit unerhörte Wellen geschlagen. Bislang hat die Bundesregierung diese Empfehlung aber nicht umgesetzt. Daß ehrliche Handwerker, die ihre Steuern und Sozialversicherungsbeiträge so wie alle anderen Handwerker zahlen, aber ohne Meisterbrief arbeiten als Schwarzarbeiter gelten, glauben noch immer viele Handwerker nicht. Ist aber so. Manche werden verfolgt wie Kriminelle. Selbst staatlicher »Einbruch« in Wohnungen und Büros (Hausdurchsuchung) ist nicht tabu. Aus diesem Grunde habe ich in diesem Buch Tips (ab S. 201) für den Fall von Hausdurchsuchungen aufgenommen.

Mangelnde Handwerksrolleneintragung gilt oft als Pauschalindiz für Schwarzarbeit. Somit empfehle ich auch den Ermittlern die Lektüre dieses Buches, das inzwischen zum »Standardwerk« (GFW-Service/Literaturtipps für Existenzgründer) avanciert ist. Denn es gibt wirklich zahlreiche Möglichkeiten, ohne Meisterbrief ganz legal tätig zu sein. Dies rechtfertigt kein Mißtrauen und schon gar keine Pauschalvorverurteilung.

Schon die Kohl-Regierung hatte sich nicht für die Interessen kleiner Handwerker eingesetzt. Die rot-grüne Regierung hatte hier Abhilfe versprochen, dieses Versprechen aber nicht gehalten:

1. Die Bundesregierung hielt am Meisterzwang fest, wollte aber wenigstens den Zugang zum Handwerk erleichtern. Doch statt einer gesetzlichen Regelung endete der gute Vorsatz in einer unverbindlichen Empfehlung (Leipziger Beschlüsse), die in der Praxis bisher zuwenig Wirkung zeigte.

2. Statt dessen möchte die Bundesregierung die Schwarzarbeitshatz verstärken: Abbau von Grundrechten, Aufbau einer Bundespolizei mit eng koordinierten Behörden (engere Zusammenarbeit). Die Finanzämter werden zur Informationsweitergabe verpflichtet. Durch diese Verkopplung aller wichtigen Behörden drohen die Grundrechte außer Kraft gesetzt zu werden.

Immerhin wurde der Trockenbau gesetzlich neu geregelt: Er ist nun endgültig frei und darf ohne Meisterbrief ausgeübt werden.

Was können Sie tun, um Ihre Rechte durchzusetzen? Dazu drei Tips:

1. Machen Sie sich selbst schlau. Nur wenn Sie Ihre Rechte kennen, können Sie darauf beharren. Sonst können Sie nicht widersprechen, wenn man Sie falsch belehrt. In diesem Buch sind alle Möglichkeiten der selbständigen Tätigkeit ohne Meisterbrief leicht verständlich erklärt. Schon viele Handwerker vor Ihnen haben mit diesem Buch den Schritt in die Selbständigkeit gemacht.

2. Falls Sie allein nicht weiterkommen, lassen Sie sich von einem Experten beraten. Aber fragen Sie ihn bitte vorher eindringlich, wie viele Fälle er bereits erfolgreich (!) beraten hat.

3. Schließen Sie sich mit anderen Handwerkern zusammen und organisieren Sie sich. Gemeinsam sind Sie stärker. Außerdem erhalten Sie als Verbandsmitglied viele Serviceleistungen preisgünstiger. Die Adressen finden Sie im Anhang dieses Buches.

Wo gibt es gute Perspektiven?

1. Die Rechtsprechung des Bundesverfassungsgerichts und des Europäischen Gerichtshofs bietet Anlaß zur Hoffnung. Die Hardliner in den etablierten Handwerksorganisationen mußten in den letzten Jahren vor Gericht Federn lassen. Einige vielversprechende Entscheidungen wurden erkämpft. Sie sind in diese Auflage des Buches eingearbeitet. Die bisherigen Entscheidungen sind wichtige Schritte auf dem Ziel zur Abschaffung des Meisterzwangs.

2. Medien: Seit der ersten Auflage dieses Buches ist der Meisterzwang und die Verfolgung von Handwerkern längst ein Medienthema geworden. Die Medienberichterstattung ist durchweg positiv, verstehen doch Journalisten sehr wohl, dass nur freie Berufe kreative

Berufe sind. Beispiel: Presseberichterstatter. Sie fotografieren ohne Meisterbrief, obwohl der Fotograf ein eintragungspflichtiges Handwerk ist.

3. Parteien: Aufgeschreckt durch viele negative Beispiele, gibt es eine deutliche Sensibilisierung für die Probleme von Handwerkern ohne Meisterzwang vor allem bei den kleinen Parteien (Bündnis90/Die Grünen, F.D.P., besonders den Jungen Liberalen, und bei der PDS). Bei den großen Parteien hingegen dominiert die Nibelungentreue gegenüber den Funktionären der etablierten Handwerksorganisationen.

4. Verbände: Handwerker ohne Meisterbrief und auch mit den Handwerkskammern unzufriedene kritische Handwerksmeister organisieren sich. Sie nehmen ihr Schicksal in die eigenen Hände und wehren sich.

Das Buch soll Ihnen als Lesern Mut machen. Sie müssen nicht warten, bis die antiquierten Zunftregeln ganz abgeschafft sind. Hier erfahren Sie, wie Sie heute schon legal ohne eigenen Meisterbrief arbeiten dürfen.

Schenefeld bei Hamburg, Juni 2002
Michael Wörle

Teil 1

Das Problem –
seine Vergangenheit
und seine Zukunft

1. Die Ungereimtheiten des deutschen Handwerksrechts

1.1 Warum das handwerkliche Berufs- zulassungsrecht ein Problem ist

Aus einer Leserzuschrift
»Im November 1992 habe ich meine Malerfirma eröffnet (Ausnahmebewilligung bis Dezember 1997 mit
der Bedingung, bis dahin die Meisterschule zu absolvieren). Im Jahr 1996 habe ich den Meisterlehrgang
begonnen, mußte aber unterbrechen, da meine Firma
keine schwarzen Zahlen mehr schrieb ... Ich konnte
es mir zu der Zeit nicht leisten, denn ich mußte meine
Belegschaft von 23 Mitarbeitern auf 7 reduzieren. Ich
bat das Regierungspräsidium sowie die Handwerkskammer ... um eine Verlängerung meiner Ausnahmebewilligung, was mir auch bis 31. 12. 99 gewährt wurde. Aber in der Zeit von 1997–1999 ging es meinem
Betrieb noch schlechter als zuvor. Ich hatte dann nur
noch 4 Mitarbeiter, die ich leider nicht immer termin-
gerecht bezahlen konnte, da auch die Zahlungsmoral
meiner Kundschaft immer schlechter wurde. Wie sollte ich da die hohen Kosten der Meisterschule bezahlen? Es ging nicht! Ich beantragte am 10. 12. 99 erneut
eine Verlängerung meiner Ausnahmebewilligung,
aber dieses Mal eine unbefristete. Aber das war mein
größter Fehler, denn nun gab ich ja zu verstehen, daß
ich gar keinen Meisterlehrgang mehr machen wollte.
Wozu denn auch? Ich bin seit 23 Jahren Maler und
über 7 Jahre als Maler selbständig ...
   Aber das interessiert das Regierungspräsidium ...

nicht. Ich mußte meine Firma zum 29. 2. 00 schließen, trotz genügend Aufträgen. Ich beschäftige ja auch nicht soviel Mitarbeiter wie die Holzmann AG! Aber der wahre Grund für die Ablehnung liegt ganz sicher an der Tatsache, daß der Meisterlehrgang viel Geld für die Handwerkskammer bringt und einige Leute aus dieser Institution gehen müßten, wenn es diesen Zwang der Meisterprüfung nicht mehr gäbe.

So wird man gezwungen im europäischen Ausland eine Malerfirma für 3 Jahre zu eröffnen, und sei es eine Briefkastenfirma. Dann kann man nach 3 Jahren in Deutschland seine Malerfirma gründen, aber ohne die Auflage, ein Meister zu sein. Ist es nicht traurig, daß man ein Ausländer sein muß, um in Deutschland sämtliche Gewerbe eröffnen zu dürfen . . .?

Die Ablehnung der Ausnahmebewilligung kostet mich auch noch 161,– DM an Gebühren.«

Wenn Sie im Handwerk oder in angrenzenden Bereichen selbständig tätig sein wollen, dann müssen Sie sich auf allerhand gefaßt machen. Sie begeben sich damit auf höchst unsicheres Terrain. Der Gewerberechtsexperte Professor Rolf Stober schrieb dazu: »Überspitzt formuliert kann man sagen, daß im Handwerksrecht so gut wie alles heftig umstritten ist.« Selbst Experten haben damit also ihre liebe Not.

Doch diesen Umstand zu beklagen hilft nicht weiter. Denn für Sie selbst kann Unkenntnis existenzgefährdend sein. Wenn Sie nicht von vornherein das Handtuch werfen oder den Kopf in den Sand stecken wollen, dann müssen Sie versuchen, sich selbst Orientierung zu verschaffen. Dieses Buch soll Ihnen dabei helfen, ohne die vorhandenen Probleme zu verharmlosen.

Das deutsche Handwerksrecht ist über weite Strecken eine Ansammlung von Absurditäten – und es gibt dennoch eine gewisse Systematik. Ob jemand seinen Beruf auch als Selbständiger ausüben darf oder nicht, ist in vielen Fällen nur schwer nachvollziehbar. Denn wie, bitte schön, kann man mit dieser Materie nicht vertrauten Menschen verständlich machen, warum das, was Hausfrauen tagtäglich bewerkstelligen, als gewerbliche Tätigkeit in dem einen Fall – dem Backen – nur mit Meisterprüfung möglich ist, während in dem anderen Fall – dem Kochen – die gewerbliche Betätigung *ohne jeden Nachweis der Befähigung* jedermann gestattet ist? Ein Einzelfall? Keineswegs. Auch beim Putzen verhält es sich nicht viel anders. Von kleineren Ausnahmen abgesehen, ist auch das Putzen nur mit Meister möglich, obwohl oftmals die Arbeit selbst geringfügig beschäftigte oder oft schlecht bezahlte Frauen erledigen.

Auch das Befestigen von Wegen ist eigentlich eine wesentliche Tätigkeit des Straßenbauerhandwerks und damit nur mit Handwerksmeister möglich. Dennoch werden traditionell Wege und Plätze auch im Rahmen des Garten- und Landschaftsbaus sowie im Sportplatzbau von nichthandwerklichen GaLaBau-Betrieben befestigt. Das war auch jahrzehntelang kein Thema. GaLaBauer und Straßenbauer existierten mehr oder weniger friedlich nebeneinander. Erst mit Beginn der Rezession in den siebziger Jahren besannen sich die Straßenbauer auf die Aufträge, die die GaLaBau-Betriebe abwickelten und die, so meinten sie, eigentlich handwerkliche Arbeiten seien, die nur ihnen rechtmäßig zustünden. Nur weil die Sportplatzbauer und Gartenbaubetriebe verbandsmäßig gut organisiert sind, konnten sie verhindern, daß ihrer gesamten Branche ein wesentlicher Tätigkeitsbereich einfach weggenommen wurde und dem Straßenbauerhandwerk anheimfiel. Sportplatz- und Gartenbauer konnten sich zwar behaupten, mußten allerdings Federn lassen.

Als Interessenvertreter in eigener Sache sind die Handwerksvertreter immer fix zur Stelle. Als traditionell gut organisierter Wirtschaftszweig hat es das Handwerk immer verstanden, einen überwiegend aus kleinen und mittleren Betrieben bestehenden Bereich in der Politik gut zu vertreten und den Politikern ständig neue Wohlwollens-Erklärungen abzuverlangen. Wie ein roter Faden zieht sich durch die bundesrepublikanische Geschichte handwerklicher Interessenvertretung das Bemühen um Unterstützung von seiten aller großen Parteien, auch der SPD; diese ließ 1953 ihre Bedenken gegen das handwerkliche Berufsmonopol fallen und bekam dafür die Gesel-

Streitpunkt ist der gesetzlich verordnete handwerkliche Befähigungsnachweis

Den sogenannten *kleinen Befähigungsnachweis* gibt es in Deutschland seit 1908. Er verleiht das Recht, Lehrlinge auszubilden.

Den sogenannten *großen Befähigungsnachweis* als Zwangsvoraussetzung zur Gründung eines Handwerksbetriebes gibt es erst seit 1935. Der Nachweis dieser Befähigung erfolgt vor allem durch den Meisterbrief des entsprechenden Handwerks.

lenbeteiligung in den Handwerkskammerorganen zugestanden. Begründet wurde und wird die *Einschränkung handwerklicher Konkurrenz* mit dem *Schutz des Handwerks* – im Beamtendeutsch: »der Erhaltung des Leistungsstandes und der Leistungsfähigkeit des Handwerks und der Sicherung des Nachwuchses für die gesamte gewerbliche Wirtschaft«. Von der bayerischen Staatsregierung wurde das Handwerk dem Bundesverfassungsgericht gegenüber sogar als Bollwerk gegen die soziale Ermattung des selbständigen Mittelstandes beschworen. Dabei wurde im Handwerk nie soviel ausgebildet wie in den zwanziger Jahren, als es die Meisterpflicht überhaupt noch nicht gab.

Verkehrte Welt: Die Förderung einer von kleinen, mittleren und großen Unternehmen gut durchmischten Marktwirtschaft soll, so wird von den Verfechtern des handwerklichen Berufsmonopols behauptet, mit Hilfe der Einschränkung des Wettbewerbs durch Marktzutrittsschranken wie die handwerkliche Meisterprüfung bewerkstelligt werden. *Förderung des Wettbewerbs durch Wettbewerbsbeschränkung?*

Die Funktion des Handwerksrechts als Konkurrenzschutz wird von Handwerksvertretern gern geleugnet. Doch bei näherer Betrachtung kann es keinen Zweifel geben: Selbstverständlich ist die Meisterprüfung eine Wettbewerbsbeschränkung, was sonst? Schließlich darf nicht jeder handwerkliche Leistungen anbieten, sondern nur die in die Handwerksrolle eingetragenen Handwerksbetriebe.

Und für die Eintragung muß ein Befähigungsnachweis erbracht werden, der eine etwa sechsjährige Ausbildung voraussetzt.

Wer ein Handwerk ohne entsprechende Voraussetzungen ausübt, ist ein **Schwarzarbeiter**! Was ein Schwarzarbeiter ist, glaubt jeder zu wissen: Schwarzarbeiter hinterziehen Steuern und Sozialversicherungsbeiträge. Aber daß einer, der Steuern und Sozialversicherungsbeiträge zahlt, dennoch ein Schwarzarbeiter sein kann, hätten Sie das gewußt?

Ein falscher Arzt ist kein Schwarzarbeiter. Ein richtiger Handwerker ohne Meisterbrief jedoch schon.

Ein recht unbekannter Skandal, finde ich. Denn daß es nicht leicht ist, sich im Handwerksrecht zurechtzufinden, werden Sie sehen, wenn Sie dieses Buch lesen. Aber daß Ihnen allein nach dem Schwarzarbeitsgesetz bis zu 50 000 € Geldbuße drohen, ist wahrhaftig nicht ohne.

Der Schutz des Mittelstandes ist ein löbliches Anliegen, über das sich reden läßt. Doch das ist nur die halbe Wahrheit. Denn warum soll ausgerechnet der *handwerk-*

liche Mittelstand geschützt werden? Warum nicht all
die kleinen Gewerbetreibenden, Händler, Produzenten
und andere, die doch ebenfalls eine wichtige Säule des
Mittelstandes bilden? Wer hat denn die kleinen Tante-
Emma-Läden vor den großen Supermarktketten geschützt? Warum war dies kein wichtiges schützenswertes
Gemeinschaftsgut für den Gesetzgeber?

Fragen über Fragen. Wer sich mit der Geschichte des
Handwerksrechts beschäftigt, fragt sich natürlich, warum
1953, beim Erlaß der ersten bundesrepublikanischen
Handwerksordnung, die andere Hälfte dieses handwerklichen Mittelstandes, der keinen Meisterbrief besaß, einfach vergessen wurde? Wer kümmerte sich um deren
Grundrecht auf freie Berufswahl und -ausübung? Alle
diese Fragen legen den Verdacht nahe, daß sich beim
Zustandekommen des heutigen handwerklichen Berufsmonopols eine gut organisierte Gruppe ziemlich gut in
Szene zu setzen verstand und bis heute ihre Privilegien
erfolgreich zu verteidigen weiß.

Genaugenommen waren diese Privilegien ursprünglich
eine Art Geschenk der Nationalsozialisten an eine ihnen
wichtige Wählerschicht. Denn eingeführt wurde diese
Beschränkung des freien Wettbewerbs 1935, zwei Jahre
nach Hitlers »Machtergreifung«. Aber lassen wir den
deutschen Nationalsozialismus einmal beiseite. Auch die
1961 für den handwerklichen Bereich vom Bundesverfassungsgericht zugelassene Einschränkung der Gewerbefreiheit ist eigentlich eine Sonderregelung, die anderen
Gewerbetreibenden nicht zuteil wurde.

Die Frage, welcher Mittelstand hier eigentlich geschützt
werden müßte und gegen wen, stellt sich besonders eindringlich, wenn wir uns anhand einiger kleiner Beispiele
die praktische Handhabung des handwerklichen Berufszulassungsrechts ansehen.

Das Nachrichtenmagazin *Der Spiegel*[1] hat in einem gut

recherchierten Artikel einmal ein ganzes Sammelsurium
von Beispielen zusammengestellt.

So wie dem *Arnsberger Teppichreiniger* ist es seitdem
sicher vielen ergangen. Als dieser sich mit seiner Polster-
und Teppichreinigung selbständig machte, ahnte er nicht,
welch ernste Probleme sein Geschäft aufwerfen würde.
Denn plötzlich tauchte die Frage auf, ob ein Teppichreiniger Teppichböden reinigen darf. Textilreiniger und Gebäudereiniger beanspruchten diese Tätigkeiten für ihre
Klientel.

Doch nicht nur die Außenseiter des Handwerks geraten
unter Beschuß, auch innerhalb des Handwerks gerät man
immer wieder heftig in Streit, wenn es darum geht, Mitbe-
werbern angrenzender Berufe »das Handwerk zu legen«.
Denn Überschneidungen der verschiedenen Gewerbe
untereinander und Verschiebungen sind unvermeidlich.
So wurde z. B. von einem *Betonstein- und Terrazzoherstel-
lermeister* verlangt, eine weitere Meisterprüfung abzulegen, weil sich seine Tätigkeit immer mehr zu Natur-
steinarbeiten hinentwickelt hatte. Seine Klage durch alle
Instanzen blieb ohne Erfolg.

Während die Handwerkskammern bei internen Streite-
reien um Ausgleich bemüht sind, sind sie »nach außen«,
gegenüber dem Nichthandwerk, ganz Interessenvertretung. Da übt man sich in enger Rechtsauslegung zu
Lasten der nichthandwerklichen Konkurrenz, während
man in »Sonntagsreden« den Verdacht, das Handwerksrecht diene dazu, das Handwerk vor unerwünschter Konkurrenz zu schützen, weit von sich weist. Offiziell kann
davon auch keine Rede sein.

Der Spiegel: »Gerade weil sich die Zunftregeln zwang-
los auch dem profanen Zweck fügen, lästigen Wettbewerb zu behindern, kann ein neuer möglicher Konkurrent
leicht behindert werden. Immer nämlich werden die Re-
striktionen mit löblichen Zielen wie Qualität, Sicherheit
und Verbraucherschutz triftig begründet.«

Die Praxis sieht anders aus als das, was in großen Reden verkündet wird und wohl auch den Gesetzgeber überzeugt hat.

Folgendes widerfuhr einem *Frankfurter Pfeifenmacher*, der um eine Ausnahmebewilligung ersuchte, da es das Gewerbe des Pfeifenmachers in der Anlage A der Handwerksordnung nicht gibt. Der Tabakhändler und gelernte Schreiner, so berichtete *Der Spiegel*, hatte Pfeifenbauern in England und Dänemark auf die Finger geguckt und so das Pfeifenschnitzen erlernt. Da jedoch in Deutschland offenbar kein Pfeifenmacher existierte, der ihn hätte prüfen können, schickte man ihm einen Drechslermeister. Nach der Prüfung waren beide zufrieden: »Der Drechslermeister«, so der Prüfling, »lernte Pfeifen bauen, und ich bin in die Handwerksrolle eingetragen.« Allerdings ohne Ausbildungsberechtigung, so bleibt zu vermuten. Ausbilden dürfen in der Regel nur gelernte Handwerksmeister. »Nicht etwa die Übung macht den Meister«, so spottete die Zeitung *Wochenpost*, »sondern nur die Prüfung...«[2]

Ähnlich erging es auch einem *Sammler alter Autos*: Oldtimer zu sammeln war seine Leidenschaft. Als er auf den Gedanken kam, sich selbständig zu machen, begannen seine Schwierigkeiten. Kfz-Meister war er nicht, einstellen wollte er keinen. Er wollte selbst seinem Hobby frönen und nicht Spezialisten für moderne Autos auf die Spezifika von Oldtimern umschulen.

Übel mitgespielt wurde auch einer *Meister-Gattin*, die selbst im Prüfungsausschuß der Handwerkskammer gesessen hatte. Mit ihrem Mann, einem Mechanikermeister, hatte sie eine Zweiradwerkstatt aufgebaut und sechs Jahre lang betrieben. Nach dem Tode ihres Mannes allein dastehend, wurde ihr nach dem Bericht im *Spiegel* das Leben schwergemacht. Obwohl sie zwei Kinder zu versorgen hatte, versagte man ihr die Ausnahmebewilligung – mangels Ausnahmegrund. Die Meister, die sie daraufhin einstellte, waren, wie *Der Spiegel* treffend formulierte, »wohl *befugt,* den Zweiradbetrieb zu führen, *aber nicht dazu befähigt*«. Irgendwann bekam sie dann schließlich die Gelegenheit, selbst die Meisterprüfung zu machen; nach langem Warten, wie es bei vielen Handwerksgewerben nicht unüblich ist, war der Meisterprüfungsvorbereitungskurs zustande gekommen.

Doch nicht selten fallen auch erfahrene Handwerker bei den Kursen oder Prüfungen durch. Krasse Beispiele finden sich beispielsweise bei den Zahntechnikern, wo Durchfallquoten von 100 Prozent nicht selten sind. Durch die Medien ging vor einiger Zeit auch das Beispiel der Lübecker Zimmerleute, bei denen der ganze Meisterprüfungskurs geschlossen durch die Prüfung fiel. Schlechte Noten, so sagt man in der Schule, sind immer auch schlechte Noten für den Lehrer. Zeigen solche Durchfallquoten nicht schlicht und einfach, daß die Meisterprüfung ein Eldorado der Willkür ist, daß der Volksmund recht hat, wenn er sagt, daß letztlich die Übung den Meister macht? Und nicht die Prüfung, schon gar nicht die Meisterprüfung, die stets von potentiellen Konkurrenten durchgeführt wird? Wo bleibt denn hier die Qualität?

Daß die Handwerkorganisationen nicht nur mit Meisterprüfungskandidaten höchst merkwürdig umspringen, sondern auch die Ordnungs- und Zollbehörden sowie die Arbeitsverwaltung gut für ihre Zwecke einspannen können, zeigt folgendes Beispiel, in dem einem Handwerker aus Dortmund ganz übel mitgespielt wurde:

Das Arbeitsamt kam mit sechs Leuten. H. führte sie freundlich durch den Betrieb. Alles war in Ordnung, zwei Leute gingen. Nun offenbarten sich die übrigen vier und teilten mit, sie kämen vom Zoll und Ordnungsamt. Ohne Durchsuchungsbefehl begannen sie wegen angeblicher Gefahr in Verzug mit der Hausdurchsuchung. Sie drangen ins Büro ein und ins Schlafzimmer und nahmen alle Aktenordner mit. Da sie nicht alle fanden, verlangten sie von H., auch in die Wohnung seiner Mutter eingelassen zu werden, die seine Steuerberaterin ist. Unter der massiven Bedrängnis gab er nach. Das ist staatlicher Hausfriedensbruch. Kein Einzelfall.

Wenn Sie dagegen einen Baustop brav befolgen (obwohl dieser unrechtmäßig war), kann es Ihnen so gehen wie Joachim Lutze aus Hambühren: Nach der Baueinstellung verklagten ihn die Käufer seines Hauses erfolgreich zu einem Schadenersatz in Höhe von 28 000 DM. Bis heute hat Lutze Gerichtskosten von 60 000 DM zahlen müssen. Die Aussage des Richters, er sei selbst schuld, wenn er auf das Ordnungsamt höre, obwohl er den Ausbau hätten leisten dürfen, empfindet Lutze nur noch als Hohn, weil er auf die Behördenaussage vertraute. Lutze will jetzt einen Hungerstreik wegen Justizwillkür beginnen.

Einige Handwerke sind dagegen so klein, daß einfach keiner die Meisterprüfung machen kann: So bei den Glokkengießern, bei denen im Jahre 2001 nach 47 Jahren (!) erstmals wieder Meisterprüfungen abgenommen wurden. Für die Prüfungskandidaten musste in dem seltenen Handwerk extra ein neuer Meisterprüfungsausschuss errichtet werden. Das Problem: Es stand nur noch ein einziger Glokkengießer-Meister als Prüfer zur Verfügung. Und die Prüfungsordnung stammte aus dem Jahre 1936.

Hinter den Kulissen hört man manches, was nicht so gern offen ausgesprochen wird oder einfach kein Gehör findet. So z. B., daß dem »Mitbewerber« als Mieter eines Obermeisters die Wohnung gekündigt wurde. Natürlich ohne handwerksrechtliche, dafür aber mit mietrechtlicher Begründung. Einem anderen Außenseiter seiner Branche, einem gelernten Ingenieur, der das *heimliche handwerkliche Preiskartell* bei Angeboten für Behörden angeprangert hatte, erging es nicht viel besser. Sein Vorwurf: Das Siebenfache der üblichen Preise sei von der Behörde verlangt worden. Er prozessierte, doch den Prozeß gewann er nicht. Der Grund: Der vom Gericht bestellte Gutachter konnte »nur« das 6,2fache des angemessenen Preises feststellen. Folge: Der Kläger mußte seine Anwaltskosten selbst zahlen.

Als ein berufserfahrener *Industriemeister*, langjähriger Abteilungsleiter in einem Industriebetrieb, sich selbständig machen wollte, bekam er sogleich Schwierigkeiten mit der Handwerkskammer. Diese wollte seine Industriemeisterprüfung für die Handwerksrolleneintragung nicht anerkennen. Er mußte, obwohl er schon einmal eine Meisterprüfung abgelegt hatte, nun auch noch die Handwerksmeisterprüfung nachmachen.

Die Industriemeisteranerkennung, die in den alten Bundesländern nicht selbstverständlich ist, ist in den neuen Bundesländern dagegen Inhalt einer Verordnung: Die »Anerkennung von Ausbildungsabschlüssen von *Meistern der volkseigenen Industrie* als Voraussetzung für die Eintragung in die Handwerksrolle«. Daraus jedoch schlußzufolgern, für die neuen Bundesländer gelte etwa nicht das westliche Handwerksrecht, ist allerdings verfehlt. Die neuen Bundesbürger haben mit der Wiedervereinigung auch den Segen des westdeutschen Handwerksrechts erhalten; mit wenigen Ausnahmen. Denn hier war selbst den Handwerksorganisationen klar, daß Großzügigkeit not tat, sonst hätten selbständige Handwerksbetriebe ohne »Wessi-Import« von Konzessionsträgern oder Strohmännern kaum entstehen können. Das Handwerk hätte sich quasi selbst blockiert. Das wurde den Funktionären offenbar recht schnell klar.

Doch selbst solche Großzügigkeit hat den neuen Bundesländern im Handwerk keinen »Aufschwung« beschert.

So, wie es Deutschlands Osten erging, wäre es nach Meinung der Zeitung auch dem großen amerikanischen Computerhersteller Apple ergangen, hätten die beiden Gründer, Steve Jobs und Steve Wozniak, seinerzeit nicht in ihrer Garage *in den USA* mit dem Zusammenbau

von Kleincomputern begonnen, sondern *in Deutschland*:
»Von Null auf zehn Milliarden – der amerikanische Traum
wurde wieder einmal wahr. In Deutschland wäre die
Geschichte anders ausgegangen. Dort wäre den beiden
die Polizei in die Garage eingerückt: wegen unerlaubter
Ausübung des Büroinformationselektroniker-, des Elek-
tromaschinenbauer-, des Elektromechaniker-, des Fern-
meldeanlagenelektroniker- und des Radio- und Fernseh-
technikerhandwerks. Die deutsche Gründlichkeit hätte
wieder zugeschlagen.«[2]

Aber nicht nur Industriemeister, Autosammler, Garten-
baumeister, Pfeifenschnitzer oder Meister-Witwen sind
Leidtragende des handwerklichen Berufsmonopols. Selbst
Künstler müssen plötzlich behördlich darlegen, was an
ihren Werken denn Kunst sein soll, wollen sie nicht zum
Ablegen der Meisterprüfung des Handwerks verdonnert
werden.

Wer Künstler sein möchte, muß sich bei Finanzamt,
Sozialversicherung und ggf. Handwerkskammer um
Anerkennung bemühen. Die Kriterien sind im wahrsten
Sinne des Wortes künstlich: Nicht mehr als einen Mitar-
beiter z. B. darf ein Künstler haben.

Rembrandt dagegen, der berühmte holländische Maler
des 17. Jahrhunderts, betrieb eine schwunghafte Werkstatt mit vielen Mitarbeitern. Doch nicht alle »Rembrandts« wurden tatsächlich von ihm gemalt. Somit wäre
Rembrandt heute, würde er einen Antrag auf Anerkennung stellen – rechtlich gesehen –, kein Künstler. Die
Anerkennung müßte ihm daher versagt werden.

Aber selbst Personen, die sich mitten in der Meisterprüfung befinden, ereilt oft das Schicksal, das sie eigentlich
hinter sich lassen wollten.

Ein *Meisterprüfungskandidat*, der zwei von vier Prüfungsteilen bereits bestanden hatte, merkte, daß ihm
langsam das Geld ausging. Doch bevor er finanziell am
Ende war, wollte er sich mit minderhandwerklichen (d. h.

erlaubten) Tätigkeiten etwas Geld dazuverdienen. Er ging zum Gewerbeamt, um sein Gewerbe anzumelden. Die zuständige Dame runzelte die Stirn. Ob er das überhaupt selbständig machen dürfe, meinte sie gewissenhaft. Das müsse erst eine andere Stelle prüfen. Sie schickte ihn zur Kreishandwerkerschaft. Dort wurde er überraschend freundlich empfangen und beraten, und es wurde ihm erklärt, was er vorhabe, sei so nicht zulässig. Er müsse es anders machen. Gesagt, getan. Doch daraufhin wurde seine Gewerbeanmeldung beim Gewerbeamt zurückgewiesen, weil er kein geprüfter Handwerksmeister sei. So macht man Leute mürbe.

Alles nur Einzelfälle?
Wohl kaum.

94 Gewerbearten umfaßt die Anlage A der Handwerksordnung. Da jedoch hierin viele Branchen zusammengefaßt sind (z. B. Fahrrad- und Motorradmechaniker), handelt es sich um weit mehr Branchen, und die Handwerksorganisationen bemühen sich kontinuierlich, immer mehr Branchen unter ihre Fittiche zu bekommen. Höhepunkt dieser Entwicklung dürfte der Vorstoß des Dortmunder Handwerkskammergeschäftsführers Josef Fiekens sein, der aus dem Unmut der Kleingewerbetreibenden gegenüber ihren Industrie- und Handelskammern öffentlich den kühnen und selbstgerechten Schluß zog, daß Kleinbetriebe bei den Handwerkskammern besser aufgehoben wären![2a] Sollte man wirklich den Wolf zum Schafehüten schicken? Für viele Kleingewerbetreibende wäre dieser Schritt viel mehr als der Weg vom Regen in die Traufe: Er wäre eine wirkliche Gefahr. Denn gerade die Handwerkskammern sind verantwortlich für die Verhinderung unzähliger Unternehmensgründungen. Sie sind auch verantwortlich für die Zwangsschließung vieler Betriebe.

Das Handwerk ist ein Krake. Kaum eine Branche, die sich nicht früher oder später mit Abgrenzungsproblemen zum Handwerk herumschlagen muß.

Beispiele: Der *Einzelhandel mit Fahrrädern* sieht sich einer stark gestiegenen Nachfrage gegenüber. Verkaufen dürfen die Händler die Räder, was aber, wenn Kunden ihre Räder auch reparieren lassen wollen?

Die *Restauratoren* des Dresdner Zwingers sind vielseitig gebildete Fachleute mit jahrelanger Erfahrung. Als nach der Wiedervereinigung handwerkliche Steinmetzbetriebe diese Aufträge für sich reklamierten, gab's Probleme.

Egal, wo Sie hinschauen, angrenzende Handwerke gibt es fast immer.

Und das Fatale ist: Die Grenzen sind meist fließend, und die Lösung des Problems eine Frage des Einzelfalls eben, wie Juristen zu sagen pflegen.

Da haben wir es also wieder: Die Klarheit der Abgrenzung läßt zu wünschen übrig. Die Folge davon ist eine ganz erhebliche *Rechtsunsicherheit*. Sie hindert begabte Techniker, Künstler, Produzenten und Händler daran, sich ihrer eigentlichen Arbeit zu widmen und damit ihren Beitrag zum Florieren der Wirtschaft zu leisten. Statt dessen müssen sie sich mit unklaren juristischen Einzelheiten herumschlagen, um im Zweifelsfall überhaupt weiterarbeiten zu dürfen. Natürlich bleibt dies nicht ganz folgenlos. Denn daran verdienen wiederum Rechtsanwälte, Richter, Funktionäre und andere, die auf ihre Weise auch wiederum das Bruttosozialprodukt steigern.

Doch ist das wirklich sinnvoll? Warum können wir uns nicht dazu durchringen, diese ganzen bürokratischen Hemmnisse zu beseitigen? Die Allgemeinheit, die Verbraucher, hätten m. E. keinen Schaden davon.

Denn die meisten wirklich gefahrenträchtigen Hand-

werke sind doppelt »gesichert«: Sie sind auch ohne Handwerksordnung – heute schon – zugangsbeschränkt. Beispielsweise gab es die Meisterpflicht für Schornsteinfeger auch, als noch handwerkliche Gewerbefreiheit herrschte: vor 1935. Dort, wo sie zum Schutz *der Verbraucher* wirklich notwendig sind, sollen Zugangsbeschränkungen selbstverständlich auch erhalten bleiben.

Als Berater und langjähriger Leiter von Seminaren für Existenzgründer weiß ich, welche Flut von rechtlichen Nebeln auf die Gründer von kleinen und mittleren Betrieben zukommt. Daß überhaupt so viele Unternehmen neu gegründet werden, liegt wahrscheinlich daran, daß viele Bestimmungen aus Unkenntnis überhaupt nicht beachtet werden. Leider nicht immer mit positiven Folgen. Denn Unklarheiten gehen zu Lasten des Unternehmers. Im Zweifelsfall ist er schuld, auch wenn er irrt: ein selbstverschuldeter Verbotsirrtum – so nannte das einst ein deutsches Gericht.

Wir brauchen eine grundlegende Neubesinnung auf das wirklich Notwendige. Der Gesetzgeber muß Inventur machen und seine Ladenhüter ausrangieren. Dazu leistet dieses Buch einen kleinen Beitrag. Denn die öffentliche Kritik an der Handwerksordnung nimmt zu.

Bevor Sie sich mit der Entstehungsgeschichte des handwerklichen Berufsmonopols und den konkreten Möglichkeiten befassen, die Sie heute haben, interessiert Sie vielleicht auch, was Ihnen grundsätzlich und grundgesetzlich zusteht: *Ihr Grundrecht auf freie Berufswahl.*

1.2 Gewerbefreiheit: Anspruch und Wirklichkeit

1.2.1 Das Grundrecht auf freie Berufswahl

Die Bundesrepublik Deutschland hat eine marktwirtschaftliche Ordnung, deren Grundpfeiler die Gewerbefreiheit ist. Diese wird aus Artikel 12 Grundgesetz abgeleitet – Ihrem Grundrecht auf freie Berufswahl, das jedoch im Handwerk gravierend eingeschränkt ist. Im Grundgesetz steht hierzu:

> »Alle Deutschen haben das Recht, Beruf, Arbeitsplatz und Ausbildungsstätte frei zu wählen. Die Berufsausübung kann durch Gesetz oder aufgrund eines Gesetzes geregelt werden.«

Die Berufs*wahl* – und dazu gehört auch Ihre selbständige Betätigung – ist frei, die Berufs*ausübung* kann geregelt werden. Wie also haben es Gesetzgeber und Juristen geschafft, dieses Grundrecht im Handwerk dennoch einzuschränken? Denn daß die Berufswahl eingeschränkt werden kann, steht nicht in Artikel 12 GG.

Die Antwort ist äußerlich kompliziert, aber im Grunde ganz einfach. In seinem »Apothekenurteil« hat das Bundesverfassungsgericht die Begründung geliefert, indem es Berufswahl und -ausübung schlicht zusammengefaßt hat. Damit galt die Einschränkungsbefugnis des Gesetzgebers für die Berufsausübung plötzlich auch für die Berufswahl.[3] Aber auch ein derartiger Trick ändert nichts daran, daß die Einschränkung der handwerklichen Berufswahlentscheidung eindeutig gegen den Wortlaut von Artikel 12 verstößt.

1.2.2 Auslegungssache: Die Gründe des Gesetzgebers für die Einschränkung des Grundrechts auf freie Berufswahl

Bevor die erste bundesdeutsche Handwerksordnung von 1953 beschlossen und erlassen werden konnte, hatte sich ein Bundestagsausschuß längere Zeit mit Einzelheiten dieses Gesetzentwurfs befaßt. Vorsitzender dieses Ausschusses war der CSU-Politiker Richard Stücklen. Die

Initiatoren waren sich durchaus bewußt, daß der Entwurf der Handwerksordnung in zentralen Punkten mit
alliierten Bestimmungen und dem Grundgesetz kollidierte.[4] Vor der Überweisung des Gesetzesantrags an den
Ausschuß hatten jedoch die Vertreter aller Parteien mit
Ausnahme der KPD die Notwendigkeit eines solchen
Gesetzes zur Ordnung des Handwerks anerkannt; eine
Notwendigkeit zum Handeln sahen sie vor allem in der
amerikanischen Zone, in der die Gewerbefreiheit wieder
eingeführt worden war. Lediglich Dr. Veit für die SPD
warnte vor zünftlerischem Mißbrauch, der die Konkurrenz beschränken würde. Er stellte jedoch in Anerkennung der Bedeutung des Handwerks diese Bedenken
zurück. Erstaunlicherweise schien es keinem in der
Debatte aufgefallen zu sein, daß das Handwerk nicht nur
aus den an berufsmonopolistischen Regelungen interes-
sierten Handwerksmeistern bestand, sondern daß etwa
die Hälfte aller handwerklichen Betriebsinhaber zum
damaligen Zeitpunkt Nicht-Meister waren!

Der erste Kernpunkt des Gesetzentwurfs, die Wiedereinführung der Zwangsinnung (mit Zwangsmitgliedschaft für alle Handwerker), wurde nach langer und kon-
troverser Diskussion gestrichen. Sie kollidierte nicht nur
mit den alliierten Bestimmungen, sondern auch mit dem
Grundgesetz (Art. 9, Vereins- und Koalitionsfreiheit) und
drohte das gesamte Gesetzesvorhaben zu gefährden.
Der zweite Kernpunkt, der große Befähigungsnachweis,
stand zwar ebenfalls im Widerspruch zum Grundgesetz
(Art. 12, freie Berufswahl). Aber hätte der Ausschuß auch
diesen Passus aufgegeben, so wäre von den Wünschen
der Handwerksorganisationen nicht mehr viel übrigge-
blieben, die Initiative hätte ihren Sinn verloren: »Der ›große Befähigungsnachweis‹ war und blieb die Hauptforde-
rung«.[5] Um ihn wurde kontrovers und heftig gestritten.

Das *Bundesjustizministerium* vertrat in der Debatte die
Ansicht, daß Einschränkungen der freien Berufswahl nur

dann zulässig seien, wenn sie im öffentlichen Interesse unbedingt notwendig seien wie bei Ärzten und Apothekern. Im öffentlichen Interesse lägen jedoch nur Einschränkungen aus Gründen der Sicherheit, Gesundheit und öffentlichen Wohlfahrt. In diesem Sinne war ja schon in der amerikanischen Zone der Zugang zu bestimmten Handwerksgewerben reglementiert, aber nicht der Zugang zu jedem Handwerk gleich welcher Branche und Gefährlichkeit.

Dem Vertreter des Bundeswirtschaftsministeriums dagegen erschien diese Auslegung zu eng. Er lieferte eine andere Auslegungsmöglichkeit, nach der auch »die Erhaltung des Leistungsstandes und der Leistungsfähigkeit des Handwerks« als dem größten Facharbeiter-»Produzenten« der deutschen Wirtschaft im öffentlichen Interesse liegen könne. Diese Auffassung machte sich schließlich der Gesetzgeber zu eigen. Und so wird bis heute die Vereinbarkeit des handwerklichen Berufsmonopols mit dem Grundgesetz begründet.

Nach mehrmaligem Hin und Her stimmten auch die Alliierten der bundesdeutschen Handwerksordnung zu, nachdem Adenauer versichert hatte, die Bundesregierung werde dafür sorgen, daß das Bundesverfassungsgericht so schnell wie möglich das Gesetz auf seine Vereinbarkeit mit dem Grundgesetz überprüfe.

1.2.3 Der Handwerksbeschluß des Bundesverfassungsgerichts

Acht Jahre nach Verkündung der Bundeshandwerksordnung wurde dem Bundesverfassungsgericht die Frage zur Entscheidung vorgelegt, ob der große Befähigungsnachweis verfassungsgemäß sei. Die Entscheidung: *Der handwerkliche Befähigungsnachweis ist mit dem Grundgesetz vereinbar.*

Der *Schutz wichtiger Gemeinschaftsgüter* rechtfertigt diesen Eingriff. Als wichtiges Gemeinschaftsgut kann auch »die Erhaltung des Leistungsstandes und der Leistungsfähigkeit des Handwerks und die Sicherung des Nachwuchses für die gesamte gewerbliche Wirtschaft« anerkannt werden. Mit anderen Worten: Der Schutz des Handwerks und nicht etwa der Verbraucherschutz rechtfertigt diesen Eingriff in das Grundrecht auf freie Berufswahl.

Anlaß für die Entscheidung des Bundesverfassungsgerichts war der Fall eines Gesellen im Uhrmacherhandwerk, der seine Gesellenprüfung 1934, also noch vor Einführung der Meisterpflicht, abgelegt hatte. Dieser war seither im Geschäft seines Vaters als Uhrmacher tätig, zuletzt führte er das Geschäft seines zu 70 Prozent arbeitsunfähigen Vaters praktisch selbständig.

Er hatte einen Antrag auf Ausnahmebewilligung gestellt, um das Geschäft übernehmen zu können. Der Antrag wurde jedoch von der höheren Verwaltungsbehörde abgelehnt. Begründung: Er habe ausreichend Gelegenheit gehabt, die Meisterprüfung abzulegen, und diese Gelegenheit nicht genutzt. Weiterhin wurden auch seine Kenntnisse bezweifelt.

Das Bundesverfassungsgericht war der Meinung, es könne Gesetzesbestimmungen nur dann für nichtig erklären, wenn diese sich gemessen am Grundgesetz als unhaltbar erwiesen. Dieses sei dann der Fall, wenn sie entweder offensichtlich fehlsam seien, also auf unrichtigen Voraussetzungen beruhten, oder wenn sie mit der Wertordnung des Grundgesetzes unvereinbar seien. Beides sei hier nicht gegeben. Deshalb liege die Einschränkung der freien Berufswahl beim Handwerk im Ermessen des Gesetzgebers.

In seiner Begründung stellt das Bundesverfassungsgericht fest, daß der handwerkliche Befähigungsnachweis notwendig sei, weil der Marktmechanismus nur mit Verzögerung in der Lage sei, Schäden durch unqualifizierte neue Anbieter zu verhindern. So gesehen wäre eine

reine Berufsausübungsregelung unzureichend. Die Berufs-
zulassungsregelung über den Befähigungsnachweis ist
nach Ansicht des Gerichts auch ein geeignetes Mittel – eine
Behauptung, die das Gericht nicht näher begründete.

Darüber hinaus sei es für den Betroffenen *keine übermäßige Beschwernis, die Meisterprüfung zu machen.* Denn
der Nachweis des fachlichen Könnens sei die mildeste
Beschränkung der freien Berufswahl. Existenzgründer
benötigten ohnehin entsprechende Qualifikationen, so daß
die Freiheitsbeschränkung durch den großen Befähigungsnachweis – wörtlich – »kaum noch als solche fühlbar« sei.[6]
Denn die Anforderungen in der Meisterprüfung seien nicht
überdurchschnittlich hoch, die Durchfallquote gering und
auch die verlangte drei- bis fünfjährige Gesellenzeit nicht
übermäßig lang. Als ein Wink mit dem Zaunpfahl macht
das Bundesverfassungsgericht allerdings auch deutlich,
daß das Gesagte nur dann gelte, wenn »von der Möglichkeit der Ausnahmebewilligung nicht engherzig Gebrauch
gemacht wird«.[7] Ein Ausnahmefall liege »mindestens
dann« vor, »wenn es eine übermäßige, nicht zumutbare
Belastung darstellen würde, einen Berufsbewerber auf den
Nachweis seiner fachlichen Befähigung durch Ablegung
der Meisterprüfung zu verweisen«.

Zwei Gründe erwähnt das Gericht ausdrücklich:
1. Wenn der Bewerber gegenüber Angehörigen unter-
   haltspflichtig ist und deshalb Zeit- und Geldaufwand
   für den Besuch von Meisterkursen nicht tragen
   kann;
2. wenn der Bewerber bereits im vorgerückten Alter ist,
   vor allem dann, wenn er einen anderen Ausbildungsgang durchlaufen hat, als ihn die Handwerksordnung
   vorsieht.

In beiden Fällen kann eine Ausnahmebewilligung erteilt
werden, wenn die notwendigen Kenntnisse und Fertigkeiten nachgewiesen werden.

Nur mit der Berücksichtigung derartiger besonders erschwerender Umstände werde man dem Schutzgedanken des Grundrechts auf freie Berufswahl gerecht.

Zum Schluß seiner Entscheidung ging das Bundesverfassungsgericht auch der Frage nach, ob es nicht eine Verletzung des *Gleichheitsgrundsatzes* sei, wenn im Handwerk ein Befähigungsnachweis erforderlich sei, die Herstellung der gleichen Produkte in der Industrie dagegen zulassungsfrei sei.

Der Gleichheitsgrundsatz wird nach Auffassung des Gerichts jedoch nicht verletzt. Vielmehr handele es sich um eine »äußerliche Gleichheit einzelner Tätigkeitsbereiche oder Verrichtungen«. Demgegenüber sei eine Unterscheidung »nach den besonderen Verhältnissen der verschiedenen beruflichen Lebensbereiche, insbesondere nach der sozialen Struktur der in Frage stehenden Berufe« statthaft. Im Handwerksbetrieb arbeite der Betriebsinhaber persönlich mit. Im Industriebetrieb beschränke er sich auf die kaufmännische oder technische Leitung. Das rechtfertigt in den Augen des Bundesverfassungsgerichts die ungleiche Behandlung.

1.2.4 Kritik der Entscheidung

Ob das Gericht heute noch einmal so entscheiden würde, wird von Juristen bezweifelt. Im Vergleich mit der früheren wie auch der späteren Rechtsprechung des Bundesverfassungsgerichts wird die Entscheidung als »Sonderregelung«, als Ausnahme, angesehen. Beim Handwerk werde die Beschränkung der freien Berufswahl »aus standespolitischen Erwägungen« für zulässig gehalten, bei Apothekern nicht.[8]

Die Entscheidung des Gerichts, dem Gesetzgeber zu überlassen, was ein wichtiges, schützenswertes Gemeinschaftsgut sei und was nicht, wird von der Deregulierungskommission (vgl. Kapitel 3.3) grundlegend in Frage gestellt. Damit wird die Reichweite des Grundrechts vom

Gesetzgeber selbst festgelegt. Kann das Parlament dies aber entscheiden, so wird damit »eine wichtige Funktion der Grundrechte aufgehoben«,[9] den einzelnen nämlich vor der Macht des Staates zu schützen.

Die Tatsache, daß Standesinteressen mit der Verfassungsgerichtsentscheidung zum wichtigen Gemeinschaftsgut erhoben wurden, wird ebenfalls immer wieder kritisiert: »Standesinteressen sind nicht um deswillen schon Allgemeininteressen, weil es sich um Interessen eines ›wichtigen‹ Berufsstandes handelt; im Gegenteil, in der Regel sind Standesinteressen Gruppeninteressen contra Allgemeininteressen... Das Interesse an dem Ansehen eines Berufsstandes kann somit nicht ein wichtiges Gemeinschaftsinteresse sein. Insbesondere dann nicht, wenn es sich um einen zahlenmäßig so voluminösen und machtmäßig so bedeutsamen Berufsstand handelt, dann verdienten im Gegenteil die Allgemeininteressen zum Schutze der Außenstehenden (und der Verbraucher) so viel mehr Berücksichtigung und Schutz.«[10] Es stellt sich somit sehr wohl auch verfassungsrechtlich die Frage, wer hier gegen wen eigentlich geschützt werden muß.

Es geht im Handwerksbeschluß des Bundesverfassungsgerichts aber ausdrücklich nicht darum, Gefahren für die Gesamtheit oder für einzelne aus einer unsachgemäßen Berufsausübung abzuwenden. Damit hätte man nicht die Beschränkung der freien Berufswahl für alle Handwerke, sondern nur für besonders gefahrenträchtige Handwerke begründen können. Es ging um den Schutz des Handwerks als Ganzes.

Daß die Abgrenzung zwischen Handwerk und Nicht-Handwerk durchgängig problematisch ist, wird in diesem Buch ausführlich dargelegt. Das Bundesverfassungsgericht tut so, als ob die äußerliche Gleichheit zwischen Industrie und Handwerk wesensmäßig ausreichend klar unterschieden werden könnte. Das ist selbst für Experten ein äußerst schwieriges Unterfangen. Werden dann noch, wie das Gericht vorschlägt, die »besonderen Verhältnisse der verschiedenen Lebensbereiche« wie z. B. die soziale Struktur der in Frage stehenden Berufe als Maßstab herangezogen, dann löst sich das Abgrenzungsproblem in Wohlgefallen auf.

Der Hinweis auf die nicht engherzige Erteilung von Ausnahmebewilligungen ist nur beschränkt verdienstvoll, dient die Möglichkeit der Ausnahmebewilligung letztlich doch der Rechtfertigung des Gesamtzustandes. Daß zudem die Praxis schwerlich als nicht engherzig bezeichnet werden kann, wenn man bedenkt, daß nicht einmal fünf Prozent aller Eintragungen aufgrund von (befristeten und unbefristeten) Ausnahmebewilligungen vorgenommen werden, dürfte klar sein. Der Prozentsatz dauerhafter, d. h. unbefristeter Ausnahmebewilligungen ist verschwindend gering. Wird dann noch die Ablegung der Meisterprüfung als kaum fühlbare Beschränkung bezeichnet, dann werden das viele als Hohn empfinden. Vor allem für diejenigen, die schon selbständig sind, ist die nachträgliche Ablegung der Meisterprüfung häufig undurchführbar. Dazu kommt, daß sie nicht selten auch noch von ihren Konkurrenten geprüft würden! Von einer großzügigen Praxis, die sich am Grundrecht auf freie Berufswahl orientiert, kann hier also kaum die Rede sein.

2. Die Geschichte des großen handwerklichen Befähigungsnachweises

2.1 Überblick

Das heutige handwerkliche Berufsmonopol, das im Grundsatz nur denjenigen im Handwerk die selbständige Berufsausübung erlaubt, die die Meisterprüfung erfolgreich abgelegt haben, gilt als sehr alt. Viele Menschen glauben, daß die Handwerksordnung aus dem Mittelalter stamme. Sie gilt zwar als etwas verstaubt, aber irgendeinen Sinn wird sie wohl haben. Als Problem wird sie von den meisten Verbrauchern offenbar nicht empfunden. Tieferes Wissen über dieses Gesetz und seine Auswirkungen haben die meisten Menschen nicht.

Dieses altehrwürdige Image des handwerklichen Berufsmonopols ist falsch. Die Zünfte waren gegen Ende ihrer Zeit völlig degeneriert und wurden ersatzlos abgeschafft. Die meisten Menschen wissen nicht, daß es in Deutschland über 100 Jahre Gewerbefreiheit im Handwerk gab. Daß diese Gewerbefreiheit ausgerechnet von einer Diktatur beseitigt wurde, nämlich der nationalsozialistischen Regierung, ist ebenfalls wenig bekannt. **Gänzlich unbekannt dürfte aber sein, daß die Handhabung der handwerklichen Berufszulassung im NS-Staat dennoch ungleich liberaler war als heute.**

Die wichtigsten Eckdaten der Geschichte des Handwerksrechts finden Sie in der folgenden Datentafel.

Um diese unbekannte Seite der Geschichte des handwerklichen Berufsmonopols soll es im folgenden gehen.

16. Jahrhundert	Verfall der Zünfte
1731	Aufhebung des Zunftzwanges durch kaiserliches Reichsedikt
1808	Gewerbefreiheit in Preußen
1869	Gewerbefreiheit per Reichsgesetz (Verkündung der Gewerbeordnung des Norddeutschen Bundes)
1897	Meistertitel wieder eingeführt
1908	kleiner Befähigungsnachweis (Berechtigung zur Lehrlingsausbildung)
1929	Handwerksrolle (Erfassung aller handwerklichen stehenden Gewerbetreibenden)
1935	Wiedereinführung des großen Befähigungsnachweises
1945	Wiedereinführung der handwerklichen Gewerbefreiheit in der amerikanischen Besatzungszone
1949	52,6 % aller Betriebsinhaber sind Handwerksmeister
1953	Verkündung der Handwerksordnung (großer Befähigungsnachweis wird in Westdeutschland wieder Pflicht)
1961	Handwerksbeschluß des Bundesverfassungsgerichts
1965	Erste Novellierung der Handwerksordnung
1994/98	Zweite Novellierung der Handwerksordnung

2.2 Der große Befähigungsnachweis im Mittelalter

Die Zünfte wurden nicht zuletzt auch durch die Industrialisierung verdrängt. Plötzlich gab es beispielsweise viel billigere, industriell hergestellte Schuhe; die Schuhmacher wurden zu bloßen Flickschustern degradiert. Neue Maschinen ersetzten von nun an vielfach die Handarbeit.

Da die Industrie zu viel größeren Leistungen fähig war, schüttelte sie die Fesseln der Zünfte ab. Rechtliche Konsequenz dieser Entwicklung war die Aufhebung des Zunftzwanges und eineinhalb Jahrhunderte später die Verkündung der Gewerbefreiheit, zuerst in Preußen 1808. Die technische und wirtschaftliche Revolution brachte jedoch breiten Bevölkerungsschichten großes Elend. Manche Handwerksmeister stiegen zu Industriellen auf, aber die Mehrzahl sank herab zu Heimwerkern und Hausindustriellen. Was lag da näher als der Ruf nach der guten alten Zeit, den Zünften? Die Geschichte des organisierten Handwerks stellt sich seit dem Untergang der Zünfte dar als ein Ringen um die Wiedererlangung besserer, früherer Zustände und ein Kampf gegen die Gewerbefreiheit, die als die Ursache allen Übels angesehen wurde. Der Erfolg kam jedoch erst viele Jahrzehnte später unter den Nationalsozialisten.

Die Zünfte

Die Zünfte waren in der Regel zwangsweise Vereinigungen der Handwerksmeister. Im 12. Jahrhundert entstanden sie zuerst als Zusammenschluß der von der Hofhörigkeit befreiten Handwerker. Bald wurden sie jedoch neben den Patriziern zu den machttragenden Schichten der mittelalterlichen Städte.

Die volle wirtschaftliche Bedeutung erlangten die Zünfte erst, als die Stadtregierungen sie als Vertretung des Gewerbestandes anerkannten und ihnen Anteil an der

städtischen Gewerbepolizei und Gewerbepolitik gewähr-
ten.[1] Sie sollten den Interessenausgleich zwischen Produzenten und Konsumenten gewährleisten. Die Zünfte
waren damals nicht bloß ihre eigenen Interessenvertreter,
sie übten auch hoheitliche Rechte aus wie z. B. die Markt-
aufsicht. Das wichtigste Zwangsrecht der Zünfte war
jedoch der Zunftzwang, die Möglichkeit, einen Handwerker zum Zunftbeitritt zu zwingen. War es am Anfang
lediglich eine Zwangsmitgliedschaft (wie heute in der
Handwerkskammer), so wurde daraus im Laufe der Zeit
die Befugnis, über die Zulassung eines Neulings zum
Gewerbebetrieb zu entscheiden. War der Beitritt zur
Zunft ursprünglich frei, so wurden aus Konkurrenzschutz-
gründen die Aufnahmebedingungen immer mehr
erschwert. Galt am Anfang als Voraussetzung für den Beitritt »Unbescholtenheit, unbefleckte Ehre und guter Ruf«,
so wurde später ein Befähigungsnachweis verlangt und
die Pflicht, sich in die Zunft einzukaufen. Auch waren nur
Meister Mitglieder der Zunft, ihre Frauen und Kinder
sowie Gesellen und Lehrlinge waren lediglich »Schutzge-
nossen«, die kein aktives Einflußrecht hatten, dennoch
aber der Zunftpolizei und Zunftgerichtsbarkeit unterlagen.
  Noch heute sind nicht alle im Handwerk Beschäftigten
gleichberechtigte Mitglieder der Handwerkskammern:
Die Gesellen sind nur zu einem Drittel in den Organen der
Handwerkskammern vertreten, alle Nichtgesellen völlig
ausgeschlossen. So entwickelten sich die Zünfte langsam
»zum Staat im Staate«. Sie »wurden in mancherlei Hinsicht zu einer privilegierten Kaste, die das Recht hatte, die
zu ihren Gunsten erlassenen Bestimmungen auch in ihrer
Durchführung zu überwachen. Da die Zünfte Partei und
Richter in einer Person waren, konnte man nur schwerlich
die für diese Funktion nötige Unparteilichkeit erwarten,
wenn es um Entscheidungen wie die Zulassung ihrer
eigenen Konkurrenten ging.«[2]

Mit zunehmender wirtschaftlicher Bedeutung verlangten die Handwerksmeister mehr Einfluß auf die Stadtpolitik. Sie wollten nicht nur das Gewerbewesen selbst überwachen und ordnen, sondern selbst mit im Rat der Stadt sitzen. Im 14./15. Jahrhundert kam es zu Aufständen (Zunftkämpfe), die in manchen Städten mit dem Umsturz der Stadtverfassung endeten. Durch ihren politischen Machtzuwachs wurden die Zünfte politische Korporationen und eine Art öffentlich-rechtliche Institution, auf die sich die Stadtverfassungen gründeten.

Das Bestreben der Zünfte zu dieser Zeit war, eine gleichmäßige Einkommensverteilungspolitik für ihre Mitglieder, die Handwerksmeister, zu erreichen nach der Maxime, »der eine Meister solle sich ebenso gut ernähren als der andere«. Diese Politik setzten sie mit Qualitätskontrollen und Preistaxen durch. Letztere waren ein Instrument, die Lohnkosten niedrig zu halten und die Absatzpreise kartellmäßig festzulegen. Weiterhin wachten die Zünfte darüber, daß von außerhalb der Stadtgrenzen oder von Nicht-Zunftmitgliedern verfertigte Erzeugnisse im Stadtgebiet, ihrem Einflußbereich, nicht verkauft werden konnten. Sie bestimmten den Produktionsumfang, Höchstarbeitszeit und Höchstzahlen der beschäftigten Lehrlinge und Gesellen und organisierten die Rohstoffbeschaffung. Ihre sozialen Aufgaben lagen in der Regelung der Arbeitsvermittlung, Kündigung und Lohnfestlegung, in der Verhinderung des Abwerbens von Gesellen, in der Schlichtung und Unterstützung alter oder kranker Zunftmitglieder.

Auswüchse und Niedergang der Zunftordnung

Im 16. Jahrhundert begann der Verfall der Zunftordnung mit dem Aufkommen neuer (vorindustrieller) Arbeitstechniken. Die Zünfte wehrten sich mit allen ihnen zur Verfügung stehenden restriktiven Mitteln. Mit dem Fall der Handels- und Gewerbeschranken aufgrund der wirt-

schaftlichen Entwicklung wurden die Zünfte ihrer Grundlage beraubt; sie degenerierten. Zu dieser Entwicklung
trugen neue Produktionsmethoden (Manufakturen) wie
auch (welt)politische Ereignisse bei. Aber auch das selbst-
herrlich-starrsinnige Festhalten der Handwerksmeister
an alten Bräuchen und Rechten versetzte der alten Zunftordnung noch vor ihrer offiziellen Aufhebung durch das
Reichsedikt von 1731 den Todesstoß.

So wurde die alte Zunftverfassung eigennützig verschärft und einseitig zum Vorteil der Zunftmitglieder aus-
genutzt. Die Aufnahmebedingungen wurden zur Vermin-
derung des Wettbewerbs verschärft durch
– die Vervielfachung der Aufnahmegebühren,
– die Neuauslegung der Begriffe »Ehrlichkeit« und »ehe-
liche Herkunft«.

Unehrlich wurde ein Handwerker auf vielfältig abstruse
Art. Er konnte sich nur durch saftige Handwerksstrafen
reinigen (eine Art »Ablaß« des Handwerks). Diebstahl
oder Heirat einer Unehelichen schlossen den Handwerker auf Lebenszeit aus. Ebenso wenn ein Unehelicher sich
unter den Eltern oder Großeltern befand (wohl eine Art
handwerkliche »Sippenhaftung«).

Für Lehrlinge wurde die Lehrzeit verlängert und das
Lehrgeld erhöht, für Gesellen der Wanderzwang einge-
führt und verlängert sowie der »Mutzwang« erfunden.
Mit Lehr-, Wander- und Mutjahren zusammen mußte z. B.
1720 ein Augsburger Buchbindergeselle 15 Jahre auf die
Zulassung zur Meisterprüfung warten.

Und wenn alles nichts half, folgte die Schließung der
Zunft durch die etablierten Handwerksmeister. Damit ist
jedoch der Gipfel noch nicht erreicht. Denn all diese
Erschwernisse galten nicht für Meister-Söhne, denen
häufig z. B. Wanderzwang und Meisterstück erspart blieben. Ähnliche Vorzüge genossen auch Gesellen, die Mei-
ster-Töchter oder -Witwen heirateten. Wer ohne der Zunft

anzugehören handwerkliche Arbeiten verrichtete, wurde von den Zünften verfolgt und oft arg mißhandelt. Bei der Bestimmung erlaubnispflichtiger Tätigkeiten ging beispielsweise die Bäckerinnung der holsteinischen Stadt Krempe so weit, daß den Stadtbewohnern untersagt wurde, selbst Brot zu backen. In Danzig wurde der Erfinder einer Bandwebemaschine heimlich ertränkt, die Zünfte sorgten dafür, daß das Betreiben eines Handwerks zum Privileg der Städte erklärt und den Bewohnern der Dörfer verboten wurde. Die etablierten Handwerksmeister suchten ihren Vorteil nicht nur zu Lasten des Nicht-Handwerks zu sichern, sondern auch durch die Bekämpfung des Fortschritts und durch Lohnsenkungen bei den Beschäftigten. Aber auch untereinander suchten sie den Wettbewerb zu vermindern durch die genaue Abgrenzung zu anderen Handwerkern. So durfte z. B. »der Schreiner zwar Kisten und Fußboden von gehobelten Brettern fertigen, nicht aber von rauhen, der Zimmermann umgekehrt gehobelte Bretter nicht verarbeiten, keinen Leim und nur eine gewisse Gattung von Hobeln gebrauchen. Der Schneider häufig kein Leder und keinen Pelz verarbeiten. Der Tuchmacher oft das Tuch nicht selbst scheren und färben, der Bäcker sein Mehl nicht selbst mahlen...«[3] Wer unser heutiges Handwerksrecht kennt, dem kommt vermutlich vieles davon bekannt vor.

2.3 Die Zeit der Gewerbefreiheit im Handwerk

Die Bedeutung der Gewerbefreiheit

Gewerbefreiheit ist das grundsätzliche Recht für jedermann, einen Gewerbebetrieb zu eröffnen, ohne hierfür eine Erlaubnis zu benötigen. Art. 1 Abs. 1 der Gewerbeordnung vom 21. 6. 1869 lautete so wie heute: »Der Betrieb eines Gewerbes ist jedermann gestattet, soweit nicht durch dieses Gesetz Ausnahmen oder Beschränkungen vorgeschrieben oder zugelassen sind.« Der Ausnahmen waren damals noch recht wenige. Die Gewerbefreiheit stellt ein Grundrecht auf gewerbliche Betätigung ohne Erlaubnis dar, der Staat darf diese Freiheit nur aufgrund eines Gesetzes einschränken.

Ein Meilenstein auf dem Weg zur offiziell deklarierten Gewerbefreiheit war die Aufhebung des Zunftzwanges mit dem Reichsedikt von 1731. Mit diesem kaiserlichen Edikt wurde die politische Entmachtung der Zünfte eingeleitet, seine konsequente Durchführung benötigte jedoch noch über 100 Jahre: »Einige Landesregierungen wagten es nicht einmal, dieses Gesetz zu publizieren, andere verwirklichten mit unterschiedlichem Erfolg nur Teilbestimmungen. Dennoch war der starre Zunftzwang im großen und ganzen gebrochen und der industriellen Entwicklung, durch Freistellung der Manufakturen von jeglichem Zunftzwang, der Weg geebnet.«[4]

Die Einführung der Gewerbefreiheit wie die Entmachtung der Zünfte ging nicht reibungslos vonstatten. Die Entwicklung war gekennzeichnet von Versuchen der Einführung, der Wiederabschaffung und ihrer schrittweisen Wiedereinführung sowohl im Ausland als auch in den vielen deutschen Staaten dieser Zeit, von denen Preußen als erster 1808 die Gewerbefreiheit einführte. 1869 folgte Österreich, 1862 Baden und Württemberg, 1868 Bayern.

Erst mit der Gewerbeordnung des Norddeutschen Bundes 1869, die 1873 in ein Reichsgesetz umgewandelt wurde, war in Deutschland für längere Zeit auf breiter Basis die Gewerbefreiheit und die Entmachtung der Zünfte durchgesetzt, bis auch hier – nicht nur im handwerklichen Bereich – in den dreißiger Jahren wieder massive Beschränkungen durchgesetzt wurden. Zwischen 1869 und 1935 (der Wiedereinführung des großen Befähigungsnachweises) liegt mehr als ein halbes Jahrhundert Gewerbefreiheit, zwischen 1808 (Preußen) und 1935 sind es sogar 127 Jahre!

Seit Einführung der Gewerbefreiheit konnte sich (auch im Dritten Reich) der industrielle Fortschritt relativ frei entfalten und dem ehemals dominierenden Zunftwesen ökonomisch den Boden entziehen, so daß an eine Rückkehr zur Zunftordnung (beim besten Willen) nicht mehr zu denken war. So konzentrierten sich die Forderungen der unzufriedenen Handwerksorganisationen zunehmend »nur« noch auf die Einführung des großen Befähigungsnachweises und die Zwangsorganisation aller selbständigen Handwerker in Innungen und Handwerkskammern – quasi als modernisierte Version zünftlerischer Träume.

Die sozialen Auswirkungen der industriellen Revolution

In der Realität bedeutete die Industrialisierung für breite Bevölkerungsschichten Hunger, Arbeitsplatzverlust, Abwanderung, Zerschlagung gewachsener sozialer Strukturen, Auslöschung traditioneller Berufe.

Vor diesen tiefgreifenden strukturellen Wandlungen hatten die Handwerksmeister im Zunftwesen ein Recht auf Arbeit und einen garantierten Absatz zu guten Preisen gehabt, solange ihre Waren den zünftigen Qualitätsstandards entsprachen. Nun wurden von ihnen auf einmal kaufmännische Fähigkeiten erwartet (Absatz, Beschaffung, Kalkulation, Finanzierung), sie mußten z. T. neue Märkte suchen und erschließen. Einige Handwerker stiegen zu Fabrikanten und bedeutenden Händlern auf, viele selbständige Handwerker jedoch stiegen zu Hausindustriellen und Fabrikarbeitern herab. Manche Handwerke wurden fast ganz von industriellen Waren verdrängt (Textilhandwerke), andere hatten nahezu unverändert ihr Auskommen (Nahrungsmittelhandwerke). Dennoch war die große Mehrheit der Handwerksmeister vom Strukturwandel betroffen und konnte sich nur schwer auf die neuen Gegebenheiten einstellen: »Der Hauptpunkt in den Klagen«, so ein Zeitgenosse, »welche diese mißvergnügte Majorität des Kleingewerbes führt, ist . . . eine unbestimmte Vorstellung davon, daß die vergangenen Zustände besser gewesen seien.«

Die Handwerkerbewegung von 1848 und ihre Forderungen

Der Kampf der Handwerksmeister, der in die Geschichte als sogenannte »Handwerkerbewegung« einging, war geprägt vom Vorbild der Zunftherrlichkeit und trug eine starke antiparlamentarische Tendenz in sich.

Parallel zum deutschen Parlament in der Paulskirche tagte im Revolutionsjahr 1848 ein Handwerkerparlament im Frankfurter Römer. Die Meister waren unter sich, nachdem durch ihre Anmaßung (Gesellen sollten nur durch Meister auf dem Kongreß vertreten sein) die organisierten Gesellen unter Protest ausgezogen waren. In dieser erlauchten Zusammensetzung formulierten sie einen Forderungskatalog, der – reduziert auf seinen Wesensgehalt – die Beseitigung der Gewerbefreiheit und die Wiedereinführung der alten Privilegien aus der Zunftordnung beinhaltete.

Die Forderungen sind so interessant, daß sie hier im einzelnen wiedergegeben werden sollen.[5]

- Abschaffung der Gewerbefreiheit
- Abhängigmachung der Zulassung zum Gewerbebetrieb vom Nachweis der vollen Befähigung und einem bestimmten Mindestalter
- ein aus den Innungen hervorgehendes Handwerkerparlament, das jährlich das Handwerksministerium benennt
- mögliche Beschränkung der Meisterzahl an einem Ort
- Verbot des Hausiererhandels
- Zuweisung aller Handwerksarbeit in den Fabriken an die jeweiligen Meister des Ortes

– Beschränkung auf ein Gewerbe
– Zuweisung des Kleinhandels mit Handwerkswaren an die jeweiligen Innungsmeister
– Unzulässigkeit von Gemeinde-, Staats- und Aktienwerkstätten
– Verbot des Zuschlags öffentlicher Arbeiten an den Mindestforderungen und Verteilung derselben an die Meister durch den von ihnen besetzten Gemeinderat
– Verbot der öffentlichen Versteigerung noch neuer Waren
– nicht mehr als zwei Lehrlinge bei einem Meister
– Besteuerung von Fabriken zugunsten des Handwerks
– Geschäftsgrenze für Fabriken und Handel mit Fabrikaten
– Lehr- und Wanderzwang

Die Handwerksmeister forderten trotz ihres immensen wirtschaftlichen Bedeutungsverlustes infolge der Industrialisierung noch immer die alten Machtbefugnisse: Regulierung der Zahl der Handwerksmeister, einen Handwerksminister, der von den Meistern benannt wird, und die Ausschaltung bzw. Behinderung jeglicher Konkurrenz – der Fabriken, öffentlichen Unternehmen, sogar des Handels.

Erfolg hatten die aufsässigen Handwerksmeister aber nur vorübergehend. In Preußen wurde aufgrund des Protests 1849 vorübergehend die Gewerbefreiheit wieder eingeschränkt und der große Befähigungsnachweis eingeführt. In vielen anderen deutschen Staaten waren die Maßnahmen ähnlich. Kurzfristig konnte die »Handwerkerbewegung« also Erfolge verbuchen. Dennoch war die Einschränkung der Gewerbefreiheit zugunsten einer rückwärtsgewandten Gesellschaftsschicht nicht durchzuhalten. Mit der Gewerbeordnung von 1869 bzw. 1983 kam die Gewerbefreiheit in Deutschland vollends zum Durchbruch.

Etappensiege ohne durchschlagenden Erfolg

Die weiteren Bemühungen der organisierten Handwerksmeister brachten nur schrittweise Zugeständnisse; zu
der angestrebten Reichshandwerksordnung (und Ausgliederung des Handwerksrechts aus der allgemeinen
Gewerbeordnung) kam es bis zur nationalsozialistischen
»Machtergreifung« nicht. Dabei hatte es an diesbezüg-
lichen Vorstößen der Handwerksorganisationen nicht
gefehlt. 1921 legte der Reichsverband des deutschen
Handwerks den Entwurf einer Reichshandwerksordnung
vor, der eine umfassende Pflichtorganisation von der
Kreis- über die Landes- bis zur Reichsebene vorsah und
den fakultativen Zwangsinnungen auch das bisher ver-
wehrte Preisfestsetzungsrecht verlieh. Das Projekt wurde
1926 jedoch endgültig zu den Akten gelegt. Selbst im
Handwerk war der Entwurf auf starken Widerstand ge-
stoßen.[6]

Dennoch: Im Rückblick war das Handwerk nicht erfolglos. Wenn es den Handwerksorganisationen auch
nicht gelang, eine entsprechend handwerksfreundliche
Reichshandwerksordnung durchzusetzen, so schafften
sie es doch, einige Teilerfolge zu erzielen, die die Voraussetzung für die schnelle Einführung des großen Befähigungsnachweises durch die Nationalsozialisten schu-
fen.

Die schrittweise Vorbereitung dieser Entwicklung begann schon mit der sogenannten Innungsnovelle der
Gewerbeordnung von 1881, durch die den Innungen der
Status von Körperschaften des öffentlichen Rechts ver-
liehen wurde. Es ist dies ein erster Erfolg im Bemühen
um öffentliche Anerkennung durch den öffentlich-rechtlichen Status, den maßgebliche Teile der Handwerksorganisation heute noch besitzen und den sie auch im
Zunftwesen innehatten. Durch die Änderung der Gewerbeordnung von 1897 wurden Handwerkskammern errichtet und der Meistertitel wiedereingeführt sowie fakul-

tative Zwangsinnungen zugelassen; letzteres sind Innungen, bei denen die Mehrheit der zugehörigen Handwerker sich für die Errichtung einer Zwangsinnung mit Pflichtmitgliedschaft ausspricht. Die Änderung der Gewerbeordnung von 1897 wird allgemein auch als »Handwerkerschutzgesetz« bezeichnet und stellt einen wesentlichen Schritt in Richtung Zwangsorganisation dar, die ihre Vollendung im Nationalsozialismus fand, jedoch nicht vollständig in die Bundesrepublik mit übernommen wurde (keine Pflichtinnungen).

Der erste große Durchbruch gelang der »Meisterbewegung« 1908 mit der Einführung des *kleinen Befähigungsnachweises*, der zukünftig nur noch Meistern die Ausbildung von Lehrlingen gestattete.

Versuche in den zwanziger Jahren, eine Reichshandwerksordnung zu schaffen, blieben erfolglos. 1929 jedoch wurde die *Handwerksrolle* als Verzeichnis all derjenigen Gewerbetreibenden geschaffen, die im Bezirk der jeweiligen Handwerkskammer ein Handwerk als stehendes Gewerbe ausübten. Hierdurch war eine entscheidende statistische Voraussetzung für die Wiedereinführung des großen Befähigungsnachweises geschaffen.

Nur bei der Preissetzung durch handwerkliche Preiskartelle traf das Handwerk auf erbitterten Widerstand des Staates sowohl in der Weimarer Republik wie auch im NS-Staat. Zu Beginn der Wirtschaftskrise Ende der zwanziger Jahre verschärfte sich die Lage so sehr, daß von einem regelrechten Kampf der Reichsregierung gegen die kartellmäßige Preisbildung im Handwerk gesprochen werden konnte.[7]

Im Zeichen der Wirtschaftskrise fand ein grundsätzlicher Wandel der Gewerbepolitik statt. Während vor Ausbruch der Krise von einer überwiegend liberalen Gewerbepolitik gesprochen werden kann, fand noch vor 1933 ein grundsätzlicher Wandel statt: An die Stelle der bisherigen »Erlaubnisgesetzgebung mit Verbotsvorbehalten«, so ein Ökonom in den fünfziger Jahren, trat eine »Verbotsgesetzgebung mit Erlaubnisvorbehalten . . . Innerhalb weniger Jahre wurde ein Zustand weitgehender Gewerbeunfreiheit verwirklicht« (Tuchtfeldt).[8]

Das Feld für die »Machtergreifung« war also lange vorher bereitet, die Nazis mußten lediglich vollziehen, was längst vorbereitet in den Schubladen lag.

2.4 »Ein historischer Wendepunkt: Gewerbefreiheit für das Handwerk aufgehoben«*

Die Jahre vor der sogenannten »Machtergreifung« durch die Nationalsozialisten 1933 brachten wohl die wirtschaftlich schlimmste Krise in der Geschichte der Marktwirtschaft in Deutschland. Die Arbeitslosigkeit hatte mit sechs Millionen Arbeitslosen ihren Höhepunkt erreicht, es herrschten Hunger und Obdachlosigkeit. Am Vorabend des Machtwechsels, Ende 1932, traten die Spitzenverbände des Handwerks, der Reichsverband des deutschen Handwerks und der Handwerks- und Gewerbekammertag wieder einmal mit ihren bekannten Forderungen an die Öffentlichkeit: Schutz vor Konkurrenz durch Kleingewerbetreibende, Schwarzarbeiter, Handel und Industrie sowie gesetzliche Zwangsorganisation und eigenes Reichsministerium.

F. Schüler, später Generalsekretär der handwerklichen Spitzenorganisation, schilderte die Lage: »Die handwerklich Unvorgebildeten begannen, durch Preisschleuderei oder sonstiges unlauteres Verhalten die Aufträge an sich zu reißen. Damit eröffneten sie den Konkurrenzkampf mit derart ungleichen Waffen, daß der anständig und ehrbar arbeitende Handwerksmeister ihm notwendig unterliegen mußte.«[9]

---

*   (Hamburger Anzeiger 1935)

Diese Äußerung ist symptomatisch für die damalige Angst der Handwerksmeister vor der Konkurrenz des Nicht-Handwerks. Und sie wurzelte tief.

Im April 1933 fanden die Handwerksorganisationen endlich Gehör. Zur Vorbereitung der geplanten gesetzlichen Maßnahmen durch die von der NSDAP geführte Regierung beauftragte das Reichswirtschaftsministerium den Generalsekretär des Kammertages, Meusch, den Entwurf einer Reichshandwerksordnung vorzulegen. Am 29. November erließ die Reichsregierung eine Art handwerkliches Ermächtigungsgesetz, das nur aus sechs Paragraphen bestand. Es definiert in § 1 das Handwerk als alle in die Handwerksrolle eingetragenen Betriebe.

Bis zum 18. 1. 1935 wurde alles Weitere auf dem Verordnungswege geregelt: die Einführung der Pflichtinnung mit Führerprinzip, die Positivliste (heute Anlage A HWO) als Verzeichnis aller Gewerbe, die handwerksmäßig betrieben werden können, Kreishandwerkerschaften und die handwerkliche Ehrengerichtsbarkeit.

1935 wurde sodann der *große Befähigungsnachweis* Pflicht für alle neuen und – mit Übergangsregelungen bis 1939 – bestehenden Betriebsinhaber.

Im Rückblick auf das Jahr 1933 stellt der stellvertretende Führer der handwerklichen Spitzenorganisation fest, daß sich die wirtschaftliche Lage des Handwerks durch die Politik der »nationalen Regierung« verbessert habe und sie »dem Handwerk wieder altes Ansehen und alte Geltung« verschafft habe.[10] Damit dürfte er vermutlich zu diesem Zeitpunkt weiten Handwerkskreisen – trotz stellenweiser Vorbehalte gegenüber der NSDAP – aus dem Herzen gesprochen haben. Denn die neue Regierung erfüllte nicht nur viele handwerkliche Kernforderungen, sondern stand auch bald für einen erstmals seit vielen Jahren entstehenden neuen wirtschaftlichen Aufschwung. Im Bauhandwerk wurde durch Arbeitsbeschaffungsmaßnahmen und Zuschüsse für Althausreparaturen

wieder für volle Auftragsbücher gesorgt. Dazu kamen
Bürgschaften des Reichs für Kleinhandwerker, das er-
sehnte Verbot der Schwarzarbeit und die Schaffung von
Einigungsämtern gegen die sogenannte Schleuderkon-
kurrenz. Lediglich das autonome Preisfestsetzungsrecht,
das sich die Innungen schon vor 1933 faktisch durch die
Bildung von Kartellen zu ertrotzen versucht hatten, blieb
dem Handwerk auch unter nationalsozialistischer Herr-
schaft verwehrt. Zelenys euphorische Feststellung, »das
Handwerk glaubt an den Führer und verspricht ihm auch
weiterhin treue Gefolgschaft«, war wohl anfangs tatsächlich nicht zu hoch gegriffen. Denn niemals zuvor waren
die Handwerksmeister, die allerdings damals nur etwa ein
Drittel aller Betriebsinhaber ausmachten, so nahe an der
Erfüllung ihrer (rückwärtsgewandten) Träume. Die 3. Verordnung vom 18. 1. 1935 beinhaltete im Kern fast alles,
was auch heute in der Handwerksordnung steht, zum Teil
bis hin zum Wortlaut.

Die Konstruktion der Handwerksordnung war im Prinzip
gleich – nicht jedoch die Handhabung. So wurden die
Ausnahmebewilligungen großzügig gehandhabt. Fast 50
Prozent aller Handwerksrolleneintragungen wurden auf
der Grundlage von Ausnahmebewilligungen vorgenommen. Ebenso war es in der Nachkriegszeit.
   Zum Vergleich: 1990 waren dies in der Bundesrepublik
nicht einmal fünf Prozent aller Eintragungen (trotz des
Bundesverfassungsgerichts-Urteils).

Die Handhabung der Bestimmungen war bis 1945 ungleich liberaler als heute. Eine restriktivere Handhabung
wäre allerdings anfangs auch gar nicht möglich gewesen. Sonst hätten etwa 60 Prozent aller Betriebsinhaber
ihren Betrieb schließen müssen. Schätzungsweise ein
Drittel hatte sogar nicht einmal die Gesellenprüfung abgelegt.

Die Großzügigkeit dieser Bestimmungen führte jedoch laut Frankfurter Zeitung[11] gleichwohl zu Unruhe unter den Handwerksmeistern! Die Übergangsbestimmungen, nach denen grundsätzlich jeder jüngere Betriebsinhaber ohne Meisterprüfung bis 1939 die Prüfung nachzuholen hatte, konnten darüber hinaus nicht eingehalten werden und wurden sodann unbefristet verlängert. Ob dieser tiefgreifende Wandel im Handwerksrecht wohl ohne autoritäres Regime hätte durchgesetzt werden können?

2.5 Nachkriegszeit

Bis 1948 verlief die weitere Entwicklung ziemlich einheitlich in allen Besatzungszonen. Der große Befähigungsnachweis blieb in Kraft. In der amerikanischen Zone wurden jedoch mit der OMGUS-Direktive vom 29. 11. 48 die Gewerbefreiheit wiedereingeführt und der große Befähigungsnachweis und die Zwangsmitgliedschaft in Handwerkskammern und Innungen abgeschafft.

Der Fortfall der Zwangsorganisation führte zu einem spürbaren Mitgliederschwund und zu einer Minderung der handwerklichen Machtposition.

An die Stelle des großen Befähigungsnachweises für das gesamte Handwerk setzte die amerikanische Militärregierung die Möglichkeit von Lizenzierungsvorschriften für bestimmte Gewerbe, bei deren Ausübung Belange der öffentlichen Gesundheit, Sicherheit und Wohlfahrt berührt werden können.

Obwohl nur in der amerikanischen Zone die Gewerbefreiheit wiedereingeführt wurde, sah die Praxis doch weit günstiger aus, als die Gesetzeslage vermuten läßt. Trotz formellen Befähigungsnachweises wurde schätzungsweise die Hälfte aller neuen Handwerksbetriebe ohne Meister gegründet. Hält man sich die liberale Handhabung des Handwerksrechts im NS-Staat wie auch in der Nach-

kriegszeit vor Augen, dann verwundert es nicht, daß nach
der Handwerkszählung von 1949 die »Meisterdichte« so
niedrig lag: Nur 52,6 Prozent aller Betriebsinhaber waren
geprüfte Handwerksmeister.

Die folgende Tabelle[12] schlüsselt dies für die einzelnen
Branchen auf:

Tabelle 1

Handwerksgruppe	geprüfte Handwerks-meister in Prozent
Bauhandwerke	54,0
Nahrungsmittel-H.	68,1
Bekleidungs-H.	44,5
Metall-Handwerke	55,2
Holzhandwerke	55,0
Körperpflege usw.	47,7
Sonstige Handwerke	41,0
Gesamthandwerk	52,6

Diese Entwicklung gefährdete aus Sicht der organisierten
Handwerksmeister natürlich die Errungenschaften von
1935. Kein Wunder, daß gerade aus der amerikanischen
Zone (aus Bayern) die Initiative für eine bundeseinheitli-
che Neuregelung im Sinne der Handwerksmeister kam.

Auf die Wiedereinführung der Gewerbefreiheit in der
amerikanischen Zone und die Wegnahme aller öffentlichen Funktionen reagierte das organisierte Handwerk
mit Protestkundgebungen. Zwar zeigte sich die amerikanische Militärregierung davon nicht beeindruckt, doch
entstand in der deutschen Öffentlichkeit der Eindruck,
daß das Handwerk mit zu den Besatzungsgeschädigten
gehöre, die gegen die fremden Übergriffe geschützt werden müßten. Auf diese Weise kam der Verdacht gar nicht

auf, die Handwerksorganisationen würden wieder einmal nur an ihre Klientel denken und nationalsozialistische Errungenschaften in den neuen Staat hinüberretten wollen. Durch geschicktes Taktieren schafften es die organisierten Handwerksmeister, zum »Nutznießer der prinzipiellen Auseinandersetzung um die deutsche Souveränität«[13] zu werden.

Mit zu dieser geschickten Vorgehensweise gehörte das Bestreben des Handwerks, zur Erreichung einer möglichst sicheren Bundestagsmehrheit eine Art große Koalition für die Gesetzesvorlage zu bilden. Dazu wurden an SPD und Gewerkschaften für die Verhältnisse des Handwerks große Zugeständnisse gemacht (Gesellenbeteiligung zu den Handwerkskammern).[14] So konnte auch die zu erwartende Kontroverse um die Handwerksordnung in einen Ausschuß hineinverlagert werden, dessen Vorsitzender der CSU-Abgeordnete Richard Stücklen war. Stücklen zählte zu den maßgeblichen Initiatoren der Gesetzesinitiative. Trotz großer verfassungsrechtlicher Bedenken wurde das Gesetz von allen Parteien außer der KPD im Frühjahr 1953 im Bundestag und Bundesrat beschlossen.

Nach dem Vorbehaltsrecht des Besatzungsstatuts mußte der Gesetzentwurf auch von den Hohen Kommissaren, insbesondere dem amerikanischen Hohen Kommissar, genehmigt werden. Die amerikanischen Bestimmungen über die Gewerbefreiheit standen jedoch noch immer der Handwerksordnung entgegen und mußten insoweit eingeschränkt werden. Erst nachdem Bundeskanzler Adenauer zweimal persönlich interveniert hatte, gaben die Alliierten nach. So konnte das Gesetz am 17. 9. 1953 (mit fast halbjähriger Verspätung) endlich verkündet werden. Damit endete die kurze Phase handwerklicher Gewerbefreiheit seit 1945. Die Organisationen der Handwerksmeister hatten ihre Errungenschaften aus der Zeit des NS-Staates in wesentlichen Punkten behaupten können.

2.6 Die Handwerksordnung von 1953

Mit der Handwerksordnung von 1953 wurde eine für alle drei Westzonen einheitliche Rechtsgrundlage geschaffen, die in wesentlichen Punkten auf der nationalsozialistischen Regelung aufbaut. Für die Handwerksorganisationen wichtigster Bestandteil des neuen Gesetzes war, daß der handwerkliche große Befähigungsnachweis »gewerberechtlich gesichert« wurde (Kolbenschlag/Patzig),[15] daß die Meisterprüfung zur Regelzulassung bei der Ausübung eines Handwerks als stehendes Gewerbe wurde.

Diese Regelung ging über die von 1935 sogar noch hinaus, weil nun *nur der große*, nicht mehr der kleine Befähigungsnachweis Zulassungsvoraussetzung war. Der nunmehr vereinheitlichte handwerkliche Befähigungsnachweis verlieh drei Rechte:

1. die Handwerksrolleneintragung
2. das Recht zur Führung des Meistertitels in dem Handwerk, in dem die Prüfung abgelegt worden ist, und
3. die Befugnis zur »Lehrlingsanweisung«.

Bestandteil des Gesetzes war außerdem ein Gewerbeverzeichnis. Damit war der Anwendungsbereich der Handwerksordnung – und somit auch der Umfang der Handwerkswirtschaft – nicht allein auf behördliches Ermessen angewiesen. In dem Verzeichnis waren alle Gewerbe aufgeführt, die als Handwerk betrieben werden können (handwerksfähige Gewerbe). Nicht aufgeführte Gewerbearten waren damit per definitionem kein Handwerk.

Ebenfalls wichtig war die nun gesetzlich verankerte Anerkennung der Handwerksorganisationen: Innungen, Handwerkskammern und Kreishandwerkerschaften bekamen wieder den Status von öffentlich-rechtlichen Körperschaften. Die Zwangsmitgliedschaft blieb allerdings auf die Handwerkskammern beschränkt.

Durch die neue Handwerksordnung wurde auch das

klassische handwerkliche Dreistufensystem (Lehrling – Geselle – Meister) »gegenüber etwaigen anders gerichteten Regelungen«[16] verankert.

Alles in allem war die neue Handwerksordnung zwar keine Erfüllung aller handwerklichen Forderungen. Doch hatten es die etablierten Handwerksmeister und ihre Interessenvertretung geschafft, eine gesetzlich verankerte berufsmonopolistische Ordnung zu erhalten, die dem seit der deutschen Kapitulation 1945 unter amerikanischer Vorherrschaft wehenden Zeitgeist (Gewerbefreiheit) diametral entgegenstand.

Auf der Strecke blieb die fakultative Zwangsinnung, die im Gesetzentwurf noch vorgesehen war, jedoch vor allem wegen verfassungsrechtlicher Bedenken (Art. 9 GG, Koalitions- und Vereinigungsfreiheit) rechtzeitig fallengelassen wurde, um die Durchsetzbarkeit des Gesamtvorhabens nicht zu gefährden.

Warum die verfassungsrechtlichen Bedenken gegen den großen Befähigungsnachweis als Einschränkung der Berufsfreiheit nicht das gesamte Gesetzesvorhaben zum Scheitern brachten, wurde schon eingehend erörtert: Die als verfassungskonform angesehene Formel vom Schutz des Handwerks wurde letztlich vom Bundesverfassungsgericht bestätigt. Allerdings nicht als eine Art »Blankoscheck«, wie viele Handwerksfunktionäre heute noch glauben. Daß es häufig so verstanden wird, liegt sicherlich auch daran, daß kaum jemand der sich so sicher fühlenden Handwerksvertreter den Wortlaut des Urteils so genau kennt. Vergessen wurde damals, als man glaubte, das Handwerk schützen zu müssen, daß das Handwerk damals mehr noch als heute nicht nur aus Lehrlingen, Gesellen und Meistern bestand, die alle irgendwie in den Handwerksorganisationen vertreten sein sollten. Vergessen wurde eine Gruppe, die damals etwa die Hälfte aller Betriebsinhaber ausmachte: Die Nicht-Meister. Diese Gruppe der Inhaber kleiner und mittlerer Betriebe sollte *nicht* geschützt werden, sie wurde geschichtlich einfach weggedrückt. Heute ist die Meisterdichte wohl so hoch wie niemals in der Handwerksgeschichte dieses Jahrhunderts. Niemals gab es mehr Handwerksmeister in Deutschland als heute. Wie das zustande kam, haben Sie soeben gelesen.

Heute gibt es jedoch immer noch eine große Gruppe, die weder von Gewerkschaften noch von Handwerksfunktionären wirksam vertreten wird: die große Gruppe der nichtorganisierten Quereinsteiger und die große Gruppe der Gesellen, die aus welchen Gründen auch immer nicht dazu kommen, die Meisterprüfung zu machen, und so das Gefühl bekommen, »ewig Knecht sein zu müssen«, wie es ein Betroffener formulierte.

2.7 Die Handwerksordnung – ein Überbleibsel aus dem Mittelalter?

Wenn Sie nun die Tour d'horizon durch die Geschichte des handwerklichen Berufsmonopols von den Zünften bis heute Revue passieren lassen, dann dürfte die verbreitete Legende, beim handwerklichen Berufsmonopol handele es sich um uraltes Recht, nicht mehr glaubhaft sein. Denn die verschiedenen Zeiten handwerklicher Gewerbefreiheit waren mehr als eine bloße Episode. Das heutige handwerkliche Berufsmonopol wurde nachträglich(!) wiedereingeführt – 1935 von der NS-Regierung – und ist als »Marktzutrittsschranke« eigentlich ein Fremdkörper unserer heutigen Wirtschaftsordnung, der den Kreis der sogenannten Vollhandwerker vor unliebsamer Konkurrenz schützt. Und daß eben der Konkurrenzschutz eines der zentralen Motive hinter den Forderungen der Handwerksorganisationen war, hat dieser historische Abriß deutlich gemacht.

Die in diesem Buch ausführlich darzustellenden Möglichkeiten, sich ohne Meisterbrief selbständig zu machen, korrigieren diesen Mißstand höchst unzulänglich und eignen sich nicht als Alibi für angeblich systemkonforme Marktzugangsregelungen.

3. Die Zukunft des großen handwerklichen Befähigungsnachweises in Deutschland

3.1 Wird sich was ändern?

Viele Handwerker und solche, die an der Grenze zum Vollhandwerk stehen, hoffen, daß mit der Verwirklichung des europäischen Binnenmarktes tiefgreifende Änderungen in Kraft treten. Diese Hoffnungen wurden zwar bislang enttäuscht. Aber seit der Einschränkung der handwerklichen Gewerbefreiheit in Deutschland gab es wohl kaum eine so intensive, häufig aber auf Gerüchten basierende Diskussion um den großen handwerklichen Befähigungsnachweis. Daß die Gerüchte um die angeblich bevorstehende Gewerbefreiheit auf so fruchtbaren Boden fielen, ist sicher auch ein Zeichen dafür, wie groß das Bedürfnis nach Änderungen ist, aber auch dafür, wie allein die Betroffenen oft dastehen.

Die Gerüchteküche wurde aber auch vom Handwerk selbst geschürt – z. T. aus eigener Unzufriedenheit mit dem auch fürs Handwerk ebenfalls nicht immer unproblematischen Status quo des Handwerksrechts, z. T. aber auch aus einer berechtigten Angst vor dem Abbau ihrer europaweit ziemlich einzigartigen Privilegien. Insofern werden so manche Hoffnungen wahrscheinlich nicht gänzlich aus der Luft gegriffen sein. Denn es wird sich tatsächlich einiges ändern. Um welche Änderungen es sich dabei handelt und wie hilfreich sie vor allem für all die sein werden, die jetzt an der Grenze zum Vollhandwerk stehen und nicht in der Lage sind, ihr Grundrecht nach Artikel 12 GG wahrzunehmen, wird in den folgenden Kapiteln dargestellt.

3.2 EU-Harmonisierung: Neue Hoffnung auf handwerkliche Gewerbefreiheit in Deutschland?

3.2.1 EU-weite Gewerbefreiheit – nur nicht in Deutschland?

Kein anderer Mitgliedsstaat der Europäischen Union außer dem kleinen Luxemburg und – nur noch teilweise – Österreich hat vergleichbare handwerkliche Berufszulassungsregelungen wie Deutschland. Alle anderen EU-Mitgliedsstaaten haben handwerkliche Gewerbefreiheit. Die deutschen Handwerksorganisationen verkünden offensiv und ungeniert in der Öffentlichkeit, daß EU-Harmonisierung nicht etwa bedeute, daß sich Deutschland der ganz überwiegenden Mehrheit in der EU anpassen müsse. Im Gegenteil: Die Minimalforderung der deutschen handwerklichen Interessenvertreter lautet, wie der frühere Handwerkspräsident Heriberth Späth es formulierte: »Keiner darf mit minderen Qualifikationen gleiche Rechte erhalten.«

Unbekümmert betet selbst eine renommierte Wirtschaftszeitung wie das *Handelsblatt* handwerkliche Behauptungen nach: »Der große Befähigungsnachweis und das duale System gelten als Exportartikel der deutschen Wirtschaft.« Und obwohl es in Ländern ohne Handwerkerschutzgesetze teilweise nicht einmal das Wort »Handwerk« gibt, meinten Scharfmacher wie der Hauptgeschäftsführer einer süddeutschen Handwerkskammer, es wäre »am einfachsten, man könnte den deutschen Handwerksbegriff und womöglich auch noch den großen Befähigungsnachweis« auf die anderen EU-Staaten übertragen. Soll ausgerechnet am deutschen Wesen Europa genesen?

Man reibt sich die Augen. Denn das deutsche Handwerk argumentiert keinesfalls aus einer Position der Stärke. Die deutschen Verhältnisse sind EU-weit die absolute Ausnahme. Zwölf der fünfzehn EU-Mitgliedsstaaten haben handwerkliche Gewerbefreiheit. Der Vergleich des handwerklichen Berufszulassungsrechts ist demnach aufschlußreich.

Sieht man einmal von Luxemburg und Deutschland ab, so gibt es im wesentlichen zwei Gruppen in Europa:

1. Staaten mit schrankenloser Gewerbefreiheit im Handwerk.

2. Staaten mit Gewerbefreiheit, die nur für bestimmte Handwerke eingeschränkt ist.

Letzteres ist uns aus der Geschichte des deutschen Handwerksrechts ebenfalls nicht ganz unbekannt. Bei uns gibt es ebenfalls parallel zum Berufszulassungsrecht der Handwerksordnung auf anderen Rechtsvorschriften beruhende Verpflichtungen zum Nachweis der fachlichen Befähigung (vgl. Kapitel 4.4 dieses Buches). Das betrifft Handwerke, die bei mangelnder fachlicher Befähigung Sicherheit und Gesundheit der Verbraucher stark gefährden könnten. Dazu zählen zweifelsohne zu Recht Gas- und Wasserinstallateure, Elektriker und Gesundheitshandwerke wie die Orthopädieschuhmacher. Grundgedanke dieser Regelungen ist also der Schutz der Verbraucher und nicht (wie bei der Handwerksordnung) der Schutz des Handwerks.

Eine grobe Übersicht über die Berufszulassungsregelungen in den Mitgliedsstaaten der EU bietet die Übersicht auf der folgenden Seite. Sie kann jedoch lediglich ein Anhaltspunkt für den exakten Vergleich sein.

Überblick über die Regelungen in einzelnen EU-Staaten:[1]

Spanien
Spezielle handwerkliche Berufszulassungsregelungen gibt es nur in wenigen Gewerben. Dazu zählen
– Elektroinstallateure und Elektromonteure
– Kälteanlagenbau
– Druckbehälterbau

Handwerk in Europa

Großer Befähigungsnachweis als Voraussetzung

Mitgliedsstaat	für alle Handwerke	für bestimmte Handwerke	(im Grundsatz) für kein Handwerk
Niederlande			•
Irland			•
Großbritannien			•
Portugal			•
Belgien			•
Finnland		•	•
Schweden		•	•
Spanien		•	•
Dänemark		•	•
Frankreich		•	•
Griechenland		•	•
Italien		•	•
Österreich	(•)	•	
Luxemburg	•		
Deutschland	•	•	

Deutschland und Luxemburg sind die einzigen EU-Staaten, die unterschiedslos für alle Handwerke den Marktzutritt durch den großen Befähigungsnachweis behindern.

– Hebeanlagenbau
– Optiker
Voraussetzung in diesen Gewerben ist insbesondere ein Studium bzw. eine Ausbildung.

Dänemark
In Dänemark gibt es keine Berufszulassungshürden, ja nicht einmal eine Registrierung.
    Ausnahme:
– Elektroinstallateure
– Gas-, Wasser-, Heizungs- und Sanitäranlageninstalla-teure
– Kanalbauer
– Schornsteinfeger
– Orthopädieschuhmacher
– Zahntechniker
Voraussetzung für die selbständige Ausübung ist in diesen Berufen die bestandene Gesellenprüfung.

Frankreich
Als Handwerk gelten nur Betriebe mit bis zu zehn Beschäftigten in 96 festgelegten Gewerbearten. In Frankreich gibt es keinen für alle Handwerke obligatorischen Befähigungsnachweis. Ausnahmen:
– Friseure
– Augenoptiker
– Baugewerbe
Aufgrund der geschichtlichen Entwicklung gibt es in einem Gebiet Frankreichs eine kleine Besonderheit: Im ehemaligen Elsaß-Lothringen gelten die Bestimmungen der deutschen Gewerbeordnung von 1900 und des Änderungsgesetzes von 1908; die Zeit scheint stehengeblieben. Denn es gilt somit der kleine Befähigungsnachweis – wie seinerzeit im kaiserlichen Deutschland und in der Weimarer Republik.

Griechenland
Ein Befähigungsnachweis wird nur für folgende Handwerke verlangt:
- Optiker
- Kfz-Mechaniker
- Elektriker
- Maschinentechniker
- Brunnenbauer

Der Nachweis wird (mit Ausnahme der Elektriker) durch eine rein schulische Ausbildung erbracht.

Italien
Ein beruflicher Befähigungsnachweis wird nicht verlangt. Ausnahmen gibt es nur, soweit sie zum Schutze der Verbraucher für notwendig gehalten werden.
Diese Notwendigkeit wird angenommen für
- Friseure
- Schönheitspfleger
- Masseure
- Installateure

Luxemburg
Das Handwerksrecht Luxemburgs ist vom Prinzip des handwerklichen Befähigungsnachweises geprägt. Voraussetzung für die Niederlassungsgenehmigung ist die abgelegte Meisterprüfung. Für kleinere handwerkliche Tätigkeiten, die ohne Genehmigung ausgeführt werden dürfen, reichen der Gesellenbrief und 2 Jahre Berufspraxis.

Belgien
Hier bestehen umfangreiche Registrierungspflichten, die zum Zwecke einer effektiven Schwarzarbeitsbekämpfung gesetzlich geregelt sind. Diese beziehen sich jedoch nicht aufs Handwerk speziell, sondern auf die Berufsausübung im Bereich kleiner und mittlerer Handels- und

Handwerksbetriebe und beinhalten den Nachweis einer
Befähigung, über die dann eine Bescheinigung ausgestellt wird. Eine praktische Lehrzeit kann u. U. verlangt
werden. Zulassungsbedingungen gibt es vor allem im
Bereich sogenannter Gefahrenhandwerke.

Niederlande
In den Niederlanden gibt es für viele (nicht nur handwerkliche) Gewerbe Zulassungsvorschriften, die u. a.
auch den Nachweis fachlicher Kenntnisse in Form einer
Berufsausübung voraussetzen. Einen großen Befähigungsnachweis wie in Deutschland gibt es jedoch nicht.
Die umfangreichen niederländischen Registrierungspflichten verfolgen den Zweck einer effektiven Schwarzarbeitsbekämpfung. In der Bauwirtschaft soll es erhebliche Behinderungen bei der Niederlassung von EU-Ausländern geben. Als Handwerksbetriebe gelten Betriebe
mit maximal 25 Beschäftigten.

Portugal
Gewerbefreiheit

Großbritannien
Gewerbefreiheit

Irland
Gewerbefreiheit

Österreich
Österreich hatte ein handwerkliches Berufsmonopol wie
in Deutschland. Das Berufsmonopol ist jedoch stark
geschwächt, seitdem der Österreichische Verfassungsge-
richtshof mit seiner Entscheidung vom 27. 12. 1999 die
Schwelle insgesamt für alle Österreicher auf das Level der
EWG-Regelungen absenkte (wie in unserer EWG/EWR-
Handwerks-Verordnung), um die Diskriminierung der In-

länder gegenüber EU-Ausländern zu beseitigen. Damit können erfahrene Gesellen ab sofort in die Handwerksrolle eingetragen werden.

Schweden
Gewerbefreiheit

Finnland
Gewerbefreiheit

Damit sind Deutschland und Luxemburg die einzigen verbleibenden Staaten mit pauschalem Meisterzwang für alle.

Die Reglementierung einzelner Handwerke, wenn sie sich wirklich am Verbaucherschutz orientiert, braucht die Gewerbefreiheit grundsätzlich nicht zu beeinträchtigen. Spanien, Dänemark, Frankreich und Griechenland haben hier Regelungen, wie sie auch die Amerikaner im Nachkriegsdeutschland anstrebten. In Belgien und den Niederlanden sind dagegen für die Einschränkung der Gewerbefreiheit völlig andere Motive maßgeblich. Eine sehr weit gehende Gewerbefreiheit, die auch gefahrengeneigte Handwerke nicht ausnimmt, gibt es in den Niederlanden, Irland, Großbritannien und Portugal.

Im großen und ganzen könnte ein Mittelmaß an Reglementierungen wie in Dänemark durchaus vernünftige Basis für alle EU-Staaten sein.

3.2.2 Wie EU-Bürger ohne Meisterbrief in Deutschland ein Handwerk ausüben dürfen

Es gibt einen ganz einfachen Grund, warum der EG-Binnenmarkt mit Beginn des 1. 1. 1993 für das handwerkliche

Berufszulassungsrecht kein Signal setzen konnte: Es gibt, so die Verlautbarungen aus dem Bundeswirtschaftsministerium, keinen grundlegenden Regelungsbedarf.

Das sah dann der Europäische Gerichtshof (EuGH) doch ganz anders, als er mit seiner Entscheidung vom 3. 10. 2000[2] die bisher gültige Verwaltungspraxis mit EU-Recht für unvereinbar erklärte, die jedem Handwerksunternehmen aus dem europäischen Ausland ein kostenträchtiges und zeitraubendes Erlaubnisverfahren nach § 9 HWO abverlangte. Die in Deutschland notwendige Ausnahmebewilligung ist nach Auffassung des EuGH geeignet, »die Ausübung des Rechts auf freien Dienstleistungsverkehr zu verzögern oder zu erschweren, nachdem die Voraussetzungen für die Aufnahme der betreffenden Tätigkeiten bereits geprüft worden sind und festgestellt worden ist, daß diese Voraussetzungen erfüllt sind«. Das gilt auch, wenn der Zugang zum Handwerk im EU-Ausland viel einfacher ist als in Deutschland! »Außerdem dürfte das etwaige Erfordernis einer Eintragung in die Handwerksrolle des Aufnahmelandes – gesetzt den Fall, es ist gerechtfertigt – weder zusätzliche Verwaltungskosten noch die obligatorische Zahlung von Beiträgen an die Handwerkskammer nach sich ziehen.« Das gilt zum Beispiel bei gelegentlichen Arbeiten eines ausländischen Unternehmens in Deutschland. Also Verwaltungskosten und Handwerkskammerbeiträge sind ebenfalls unzulässig. Damit hat das deutsche System des Meisterzwangs einen entscheidenden Knacks erhalten: Nun also müssen nur noch deutsche Handwerksunternehmen Handwerkskammerbeiträge zahlen.

Beim EuGH hatte ein Architekt in Nordrhein-Westfalen gesiegt, der statt des teureren deutschen Handwerksunternehmens ein günstigeres niederländisches Unternehmen mit Estrichlegerarbeiten beauftragte. Das zuständige Ordnungsamt verhängte deshalb ein Bußgeld, weil das holländische Unternehmen nicht in die Handwerksrolle eingetragen war. Dagegen wehrte er sich vor Gericht mit Erfolg.

Seit den sechziger Jahren gibt es die – inzwischen mehrmals geänderte – sogenannte EWG/EWR-Handwerk-Verordnung, die bestimmt, unter welchen Umständen EG-Bürger sich in der Bundesrepublik im Handwerk selbständig machen dürfen, auch wenn sie keine Meisterprüfung abgelegt haben. Danach wird aufgrund einer Ausnahmebewilligung in die Handwerksrolle eingetragen, wer sechs Jahre ununterbrochen das entsprechende Handwerk als Selbständiger ausgeübt hat.

Somit gelten in Deutschland für die meisten Deutschen schwerere Zugangsbedingungen als für die Staatsangehörigen anderer EU-Länder.

Die Regelungen im einzelnen
Von den nationalen Zugangsvoraussetzungen sind die Staatsangehörigen der Mitgliedsstaaten der EU und des Europäischen Wirtschaftsraums (EWR) befreit, wenn sie den betreffenden Beruf in einem anderen EU-Land unter folgenden Bedingungen ausgeübt haben:
a) mindestens sechs Jahre ununterbrochen als Selbständiger oder als Betriebsleiter. Oder
b) mindestens drei Jahre ununterbrochen als Selbständiger oder als Betriebsleiter, nachdem er in dem betreffenden Beruf eine mindestens dreijährige Ausbildung erhalten hat. Oder
c) mindestens drei Jahre ununterbrochen als Selbständiger und mindestens fünf Jahre als Unselbständiger. Oder
d) mindestens fünf Jahre ununterbrochen in leitender Stellung, davon mindestens drei Jahre in einer Tätigkeit mit technischen Aufgaben und der Verantwortung für mindestens eine Abteilung des Unternehmens,

nachdem er in dem betreffenden Beruf eine mindestens dreijährige Ausbildung erhalten hat.
Sonderregelungen gelten für Friseure, Gesundheitshandwerke (Orthopädieschuhmacher, Augenoptiker, Hörgerätetechniker, Bandagisten, Orthopädiemechaniker und Zahntechniker) sowie Berufe in Zusammenhang mit der öffentlichen Gewalt (Schornsteinfeger).

Durch die Gleichstellung von Europäischer Union (EU) und Europäischem Wirtschaftsraum (EWR) gilt die EWG/EWR-Handwerk-Verordnung für Angehörige folgender Staaten:
– Deutschland
– Frankreich
– Großbritannien
– Niederlande
– Irland
– Dänemark
– Luxemburg
– Belgien
– Finnland
– Österreich
– Schweden
– Spanien
– Portugal
– Griechenland
– Italien
– Island
– Norwegen

3.2.3 Paßt der deutsche Meisterzwang zum EU-Recht?

Im vorherigen Kapitel habe ich beschrieben, wie der EuGH den Erlaubniszwang für Handwerksunternehmen aus dem EU-Ausland zu Fall brachte. EU-Recht spielt in unserem Rechtssystem eine immer größere Rolle. Die Tatsache, daß EU-Ausländer ohne Meisterbrief schon mit nachgewiesener Berufserfahrung von sechs Jahren zugelassen werden müssen, wird zu Recht von vielen in Deutschland lebenden Handwerkern als Diskriminierung empfunden. Die deutsche Rechtsprechung hat dieses bisher nicht juristisch anerkannt (!), da ein Inländer (egal ob deutscher Staatsangehöriger oder nicht) die Chance hat, die Meisterprüfung regulär zu machen, dagegen diejenigen, die im Ausland aufwachsen, diese Chance nicht haben. Ganz anders sah dieses dagegen der österreichische Verfassungsgerichtshof im Dezember 1999. Der erkannte in dieser Ungleichbehandlung eine Inländerdiskriminierung und hob von heute auf morgen diejenigen Bestimmungen des dortigen Handwerksrechts auf, die entsprechende Berufserfahrungen von Handwerkern nur anerkannten, wenn sie im Ausland erworben worden waren. Daß eine einschlägige praktische Erfahrung dann, wenn sie im Ausland gewonnen wurde, anerkannt werde, nicht aber auch dann, wenn die Berufserfahrung im Inland erworben wurde, sei sachlich nicht zu rechtfertigen. Diese Entscheidung ist wegweisend und dürfte auch in Deutschland nicht ohne Folgen bleiben.

Nach dem EG-Vertrag haben alle EU-Bürger das Recht der *Niederlassungsfreiheit*.[3] EU-Ausländern muß in jedem Mitgliedsstaat das gleiche Zugangsrecht zur selbständigen Tätigkeit gewährt werden wie Inländern. Nach der ursprünglichen Auslegung des EG-Vertrages war die Niederlassungsfreiheit vor allem ein *Gebot der Inländergleichbehandlung*.[4] Umgesetzt wurde dieses Gebot über die EWG/EWR-Handwerk-Verordnung.

Die *Dienstleistungsfreiheit*, das zweite grundlegende Recht, verlangt, daß Dienstleistungen in jedem Mitgliedsstaat vorübergehend auch ohne eigene Niederlassung erbracht werden dürfen. Sie wurde anfangs vor allem als ein *Verbot der Ausländerdiskriminierung* verstanden. Demnach dürfen Handwerkern der anderen EU-Mitgliedsstaaten keine *höheren* Anforderungen abverlangt werden als deutschen Handwerkern.

Im Zuge der Weiterentwicklung des EU-Rechts ist diese Auslegung des EG-Vertrages überholt. Nach der Rechtsprechung des Europäischen Gerichtshofes zielt die Dienstleistungsfreiheit auf die *Beseitigung von Beschränkungen schlechthin* und nicht nur auf die Gleichstellung von EU-Ausländern und -Inländern im jeweiligen Mitgliedsstaat. Die Rechtsprechung tendiert zum Herkunftslandprinzip. Nach diesem Prinzip gelten für Handwerker, die im Ausland Aufträge übernehmen, grundsätzlich die Rahmenbedingungen ihres Herkunftslandes – und nicht die des Landes, aus dem die Aufträge stammen.

Artikel 59 Absatz 1 EG-Vertrag bestimmt:

»Die Beschränkungen des freien Dienstleistungsverkehrs innerhalb der Gemeinschaft für Angehörige der Mitgliedstaaten, die in einem anderen Staat der Gemeinschaft als demjenigen des Leistungsempfängers ansässig sind, werden während der Übergangszeit nach Maßgabe der folgenden Bestimmungen schrittweise aufgehoben.«

Diese Tendenz der Rechtsprechung (sowie die im vorigen Kapitel beschriebene Besserstellung der EU-Ausländer gegenüber den meisten deutschen Handwerkern) stellt nicht nur die EWG/EWR-Handwerk-Verordnung, sondern auch die Handwerksordnung insgesamt in Frage.

Vom Ministerrat, der EG-Regierung, können Impulse zur grundlegenden Änderung der Handwerksordnung schwerlich kommen, weil dort das Einstimmigkeitsprinzip gilt. Damit können deutsche Regierungsvertreter auf Druck der Handwerksorganisationen Änderungen des deutschen Handwerksrechts blockieren. Das Einstimmigkeitsprinzip gilt allerdings nur für Gesetzesregelungen, die den Berufszugang für *natürliche Personen* betreffen (Einzelunternehmer, GbR, OHG, KG). Die Vereinheitlichung für *juristische Personen* (z. B. GmbH) könnte allerdings *mehrheitlich* beschlossen werden.

Würde der Ministerrat diese Lücke nutzen, dann wäre damit das deutsche Handwerksrecht hoffnungslos durch-

löchert, wie die vom Bundesminister für Wirtschaft einge-
setzte Deregulierungskommission verschmitzt anmerkt:

»Die Europäische Gemeinschaft könnte danach eine
Deregulierung in Gang setzen, indem sie mit qualifizierter Mehrheit für juristische Personen den Marktzugang
zum Handwerk regelt und dabei einschränkende Voraussetzungen des nationalen Rechts wie die deutsche
Betriebsleiterregelung untersagt. Damit wäre der große
Befähigungsnachweis für die handwerklichen Gesellschaften mit beschränkter Haftung aufgehoben. Danach
bliebe dem deutschen Gesetzgeber vermutlich nichts
weiter übrig, als die Berufszugangsbedingungen für Einzelhandwerker dem anzupassen.«[5]

Möglichkeiten gäbe es also. Da jedoch geschichtlich
wie auch aktuell die Handwerksorganisationen es immer
verstanden haben, die Handwerksordnung, das sogenannte »Grundgesetz des Handwerks«, wie es hochtra-
bend genannt wird, durch eine Art große Koalition abzusichern und sich der Zustimmung von CDU, CSU, FDP und
SPD (und der sonst so heftig kritisierten Gewerkschaften)
zu vergewissern, scheint tatsächlich die einzige Chance
für eine grundsätzliche Änderung der Handwerksordnung bei den Institutionen der EU zu liegen: in allererster
Linie bei dem Europäischen Gerichtshof, unter Umständen auch dem Ministerrat, indem die Bundesregierung
einfach überstimmt wird.

Eine Eindämmung dieser EU-Freiheiten könnte von
deutscher Seite nur mit einem überragenden Allgemeininteresse begründet werden, demgegenüber das EU-Recht
zurückzustehen hätte. Und das müßte in etwa so begründet werden wie das Urteil des Bundesverfassungsgerichts
1961. Da dieses Urteil des Bundesverfassungsgerichts im
Vergleich zu seiner gesamten Rechtsprechung aus dem
Rahmen fällt und eine Wiederholung dieses »Sündenfalls«
eher unwahrscheinlich ist, wird sich das Allgemeininteresse am umstrittenen handwerklichen Berufsmonopol wohl

kaum glaubhaft begründen lassen. EU-Recht wäre dann stärker als die Handwerksordnung.

3.3 Wie Wirtschaftsexperten den Meisterzwang bewerten

Die Deregulierungskommission war 1991 die erste, die die Auswirkungen des deutschen Meisterzwangs untersuchte und dessen Abschaffung empfahl. Inzwischen hat die Monopolkommission dieses Ergebnis mehrfach bestätigt. Auch der renommierte Sachverständigenrat zur Begutachtung der gesamtwirtschaftlichen Entwicklung (»Die fünf Weisen«), der jährlich sein Wirtschaftsgutachten vorlegt, hat sich dieser Einschätzung angeschlossen.

Die Vorschläge der Deregulierungskommission »als unabhängiger Expertenkommission zum Abbau marktwidriger Regelungen« hat gerade im Handwerk einen ziemlichen Wirbel ausgelöst und markiert den Anfangspunkt der allmählichen Erosion des handwerklichen Berufsmonopols. Ihre Vorschläge sind bemerkenswert und stellen in ihrer Entschiedenheit und Eindeutigkeit ein Novum in der vierzigjährigen bundesrepublikanischen Handwerksgeschichte dar.

3.3.1 Warum die Deregulierungskommission eingesetzt wurde

Am 16. Dezember 1987 beschloß die Bundesregierung die Einsetzung einer unabhängigen Expertenkommission zum Abbau marktwidriger Regulierungen, der Deregulierungskommission, die sich in ihrer Arbeit auch mit den marktwidrigen Regulierungen im Handwerk beschäftigte. Die Kommission nahm am 10. März 1988 ihre Arbeit auf und legte drei Jahre später, am 15. März 1991, ihren Abschlußbericht vor.[6]

Aufgabe der Kommission war, die Kosten bestehender Marktregulierungen transparent zu machen und die gesamtwirtschaftlichen Wirkungen beim Abbau von Marktregulierungen abzuwägen. Sie sollte konkrete Vorschläge erarbeiten, die geeignet sind, die Flexibilität der Wirtschaft zu erhöhen und damit zur Verbesserung der Wachstums- und Beschäftigungsperspektiven beizutragen.

Die Auswahl der Themen und Bereiche waren der Kommission freigestellt. Die Kommission hat Schwerpunkte gesetzt und sich Bereiche ausgesucht, die von großer gesamtwirtschaftlicher Bedeutung sind und eine hohe Regulierungsdichte aufweisen. Neben dem Handwerk zählten dazu das private Versicherungswesen, das Verkehrsgewerbe, die Stromwirtschaft, das technische Prüfungs- und Sachverständigenwesen, die Rechts- und Wirtschaftsberatung und der Arbeitsmarkt.

Die Kommission sah »in Marktöffnung und Wettbewerb das Leitbild einer zukunftsorientierten Wirtschaftspolitik. Der Wettbewerb ist der Dreh- und Angelpunkt der marktwirtschaftlichen Ordnung.«[7] Viele Regulierungen behindern oder verhindern Wettbewerb. Sie werden häufig mit dem Versagen des Marktes begründet oder damit, »daß ohne sie übergeordnete Ziele nicht erreicht werden. Aus solchen Gründen zu legitimierende Regulierungen gibt es durchaus, aber in vielen Fällen sind Regulierungen überflüssig beziehungsweise überzogen, und sie dienen primär Partikularinteressen, wirken gleichsam als Bestandschutz, der zu Lasten Dritter geht.«[8]

Die Kommission hat zur Überprüfung der Marktregulierungen vier Grundsätze aufgestellt:

1. Spezielle Regulierungen sind abzuschaffen oder zu verändern, wenn sie den Zweck ihrer Einführung nicht rechtfertigen.
2. Selbst wenn ihre Ziele erreicht werden, müssen die durch sie verursachten Kosten gerechtfertigt werden können.

3. Spezielle Regulierungen sollten den Wettbewerb so wenig wie möglich beschränken und ggf. durch andere, den Wettbewerb weniger behindernde Regulierungen ersetzt werden.

4. Für die Verfolgung wirtschafts- und sozialpolitischer Ziele müssen die geeigneten Instrumente eingesetzt werden; mit der Regulierung der Märkte können solche Aufgaben im allgemeinen nicht gut erfüllt werden.

Alle Regulierungen sollten in regelmäßigen Zeitabständen wettbewerbspolitisch überprüft werden.

3.3.2 Der Zentralverband des Deutschen Handwerks übt Druck aus

Die Kommission erwartet von Deregulierungsmaßnahmen positive gesamtwirtschaftliche Wirkungen. Allerdings werden beabsichtigte Änderungen auch Widerstand hervorrufen.

»Werden Marktzutrittsschranken gesenkt, so ergreifen Außenseiter die Chance, den etablierten Unternehmen Marktanteile streitig zu machen, und die etablierten Unternehmen versuchen, durch Rationalisierung und Innovation dem Wettbewerbsdruck standzuhalten. Kosten und Preise sinken oder steigen weniger als auf regulierten Märkten. Das Angebot an Waren und Dienstleistungen wird vielseitiger und attraktiver.

Gewiß, so verläßlich eine wohlbegründete Deregulierung wohlfahrtssteigernd wirkt, so sicher werden nicht alle zu den Gewinnern gehören. Nachteilig betroffen sind jene Bevölkerungskreise, die zuvor aus der Regulierung einen besonderen Nutzen gezogen hatten, marktwidrig freilich und zu Lasten Dritter. Mit Widerstand gegen die Deregulierung, zumindest gegen ein schnelles Tempo, muß daher gerechnet werden.«[9]

Der Widerstand aus den Organisationen des Handwerks kam prompt und in aller Schärfe. Die Fragen zur

Vereinbarkeit von Befähigungsnachweis und Gewerbefreiheit, die die Kommission dem Handwerk stellte, wurden von diesem zurückgewiesen. Der Zentralverband des
Handwerks (ZdH) verlautbarte, die gestellten Fragen sei-
en »tendenziös« und die Kommission werde von einer
»abwertenden Einstellung« zum Handwerk geleitet.

Der ZdH reagierte mit einem Schreiben an den Bundeskanzler und die Parteivorsitzenden von SPD, CSU und FDP
und forderte eine »Beendigung der Gedankenspiele der
Kommission«. Die »offenkundig abwertende Einstellung
zur deutschen Handwerksordnung« stehe im Widerspruch
zu eindeutigen Bekenntnissen der Bundesregierung und
insbesondere des Kanzlers, an der Handwerksordnung
festzuhalten. Der große Befähigungsnachweis sei nicht der
»Spielball von praxisfernen Kommissionsmitgliedern, die
bis heute offensichtlich nicht begriffen haben, daß es sich
beim großen Befähigungsnachweis und der Handwerksordnung um eine Existenzfrage des gesamten deutschen
Handwerks handelt«.[10]

Wenn sich das Handwerk kritisiert fühlt oder hinter-
fragt wird, steht offenbar immer gleich *alles auf einmal* auf
dem Spiel. Staatssekretär Schlecht vom Bundeswirtschaftsministerium empfahl bei allem Verständnis für die
Irritationen des Handwerks eine offensive und konstrukti-
ve Beantwortung der Fragen ... und geriet damit seiner-
seits ins Sperrfeuer der ZdH-Kritik.

Das Handwerk, so antworteten Generalsekretär Kübler
und ZdH-Präsident Späth, halte es für »ein höchst frag-
würdiges und noch nie dagewesenes politisches Verfahren, die Gültigkeit eines auf breitester politischer
Ebene im Bundestag und Bundesrat beschlossenen und
vom Bundesverfassungsgericht bestätigten Gesetzes von
einer sogenannten unabhängigen Kommission unter Aus-
scheidung aller verfassungsmäßigen Organe angreifen zu
lassen und sich hinter deren Rücken zu verstecken«.[11] Die
Empfehlung des Staatssekretärs, die Fragen offensiv und

konstruktiv zu beantworten, wird vom ZdH sogar als »Akt des Vertrauensbruchs« gewertet, wenn man nunmehr auf dem »Hinterweg einer angeblich selbständigen und unabhängig arbeitenden«, aber im Bundeswirtschaftsministerium angesiedelten Kommission an die »Abschaffung des großen Befähigungsnachweises« gehe.[12]

Das Handwerk sieht Bundeskanzler und Wirtschaftsministerium im Wort. Nicht umsonst forderten die Handwerksvertreter immer wieder entsprechend positive Erklärungen von Regierung und Parteivertretern ein. Und der vom Handwerk ausgeübte Druck zeigt Wirkung. Gravierende Änderungen im handwerklichen Berufszulassungsrecht werden die Handwerksorganisationen zu verhindern wissen. Denn alle Änderungen (vgl. Kapitel 3.4), an denen auch das Handwerk ein Interesse hat, werden das in diesem Buch thematisierte Grundproblem nicht beseitigen. Dafür ist das Handwerk als Interessengruppe zu mächtig.

Ein wichtiger Bündnispartner war in der Vergangenheit bei allem internen Zwist immer wieder der DGB, der Deutsche Gewerkschaftsbund. Nach den Worten von Gewerkschaftsvertreter Albert Keil, Leiter der Abteilung Arbeiter-Handwerk beim DGB-Bundesvorstand, setzt sich der DGB mit Nachdruck für den Erhalt der Handwerksordnung ein, weil sie ein »Kernstück der handwerklichen Selbstverwaltung ist«. Sie schütze die Klein- und Mittelbetriebe, indem sie Qualitätsstandards garantiere.[13] Meisterprüfung statt Qualitätsmanagement?

3.3.3 Der Bericht der Kommission

Die Änderung der Handwerksordnung, insbesondere die Lockerung des großen Befähigungsnachweises, richtet sich also gegen ein sehr breit angelegtes Interessenbündnis, das auch die Politikvertreter immer wieder höchst wirksam in die Zange zu nehmen versteht.

Der Bericht der Deregulierungskommission war die erste Ausnahme im Einerlei immer gleicher Behauptungen von den segensreichen Wirkungen des handwerklichen Berufsmonopols. Deshalb wird den Ausführungen hier breiter Raum eingeräumt.

Angesichts der handwerklichen Blockbildung war dieser Vorschlag mutig.

Das zentrale Ergebnis des Kommissionsberichts vorab.
Die Kommission empfiehlt, daß zukünftig auch Gesellen mit mindestens fünfjähriger praktischer Tätigkeit im erlernten Beruf die Befugnis zum Führen eines selbständigen Handwerksbetriebes bekommen sollten.

Die Kommission hat sich die Arbeit nicht leichtgemacht und Pro und Kontra sorgfältig abgewogen. Sie hat die Qualitätswirkungen zum Schutz der Verbraucher wie auch die Gefahr ruinöser Konkurrenz ohne Meisterpflicht wie auch die Ausbildungsleistung des Handwerks unter die Lupe genommen. Ihr Ergebnis: Die negativen Auswirkungen werden sehr gering sein, die positiven weit überwiegen. Qualitativ werden die Verbraucher nicht geschädigt werden. Auch die Meisterpflicht schützt sie heute nicht durchgehend. Ruinöse Konkurrenz ist nicht zu erwarten, wohl aber mehr Wettbewerb. Da das Handwerk ein so eminentes Eigeninteresse an der Lehrlingsausbildung hat, ist nicht mit relevanten Einbußen in der Lehrlingsausbildung zu rechnen. Kleinere Einbußen könnten von anderen wie z. B. der Industrie ausgeglichen werden.

Der Nutzen des großen Befähigungsnachweises

Qualitätssicherung/Verbraucherschutz
Der große Befähigungsnachweis wird von Handwerksvertretern gern als Mittel zur Sicherung der Qualität gepriesen. Als Mittel der Qualitätssicherung läuft der große Befähigungsnachweis nach Auffassung der Kommission jedoch ins Leere. Denn entweder verursacht er ein Zuviel an Qualitätsgewähr und verteuert dadurch unnötig die Dienstleistungen, oder die Qualität reicht nicht aus. Darüber hinaus ist in einigen Bereichen der Meistertitel schon aus Gründen der Reputation ein Anreiz; damit wird freiwillig getan, was heute noch allgemein vorgeschrieben ist.[14]

Vermeidung ruinöser Konkurrenz
Die Abschaffung des großen Befähigungsnachweises würde nach Meinung von Handwerksvertretern eine Welle von Existenzgründungen und damit ein Überangebot herbeiführen. Folge davon wäre ruinöse Konkurrenz.

Dieses Argument hält die Kommission für nicht stichhaltig. Nach ihrer Auffassung werden beim Angebot von Handwerksleistungen, deren Qualität der Verbraucher erst durch längeren Gebrauch herausfinden kann, Betriebe ohne einen Meister nur geringe Chancen haben. »Insofern wird der Wettbewerb nur auf jenen Handwerksmärkten intensiver, auf denen eine behördliche Qualitätsgarantie am wenigsten erforderlich ist.«[15] Die erzwungene Überqualifikation mancher Anbieter wird allerdings wegfallen. Nur dort, wo die Qualifikation wirklich vonnöten ist, wird »die Reputation des Meisterbetriebes eine Eintrittsbarriere für andere Betriebe« sein.

Der von den Befürwortern des großen Befähigungsnachweises gern verwendete geschichtliche Hinweis auf die Not der Handwerker zu Beginn des 19. Jahrhunderts

(»Kümmerexistenzen«) hat andere Ursachen: Die Not war Folge des Vordringens der aufstrebenden Industrie, die neue Arbeitsformen und Technologien einsetzte; Ursache war der »technologisch bedingte Strukturbruch«.[16]

Ausbildungsleistung für andere
Die Ausbildungsleistung des Handwerks würde nachlassen, so meinen Handwerksvertreter, wenn der große Befähigungsnachweis als Pflichtvoraussetzung zur Unternehmensgründung entfiele. Die Kommission verweist darauf, daß Lehrlinge nicht nur ein Kostenfaktor seien, wie immer behauptet wird, sondern dem Handwerksbetrieb auch unmittelbar Kosten ersparen. Lehrlinge haben auch die Funktion von Handlangern und ersparen den Lohn dieser Hilfskräfte. Sie werden im Handwerk i. d. R. billiger ausgebildet durch »learning by doing« und nicht in eigenen Ausbildungszentren. Aus diesen und anderen Gründen kommt die Kommission zu der Auffassung, »daß sich die Lehrlingsausbildung des Handwerks in vielen Fällen auch unter einem relativ kurzfristigen einzelwirtschaftlichen Kosten-Ertrags-Kalkül lohnt und es insofern keiner weiteren Ausbildungsanreize bedarf«.[17]

Auch die Handwerksgeschichte biete keinen Anhaltspunkt für Katastrophenszenarios.

1926 wurde ohne großen Befähigungsnachweis mehr ausgebildet als heute, konkret: 1926 gab es 767 000 Lehrlinge bei knapp 4 Mio. Beschäftigten im Handwerk, 1980, im besten Ausbildungsjahr der Nachkriegszeit, 703 000 Lehrlinge bei reichlich 4 Mio. Beschäftigten.[18]

Verfassungsrechtliche Zwänge?
Die Kommission verweist darauf, daß der große Befähigungsnachweis dem Bundesverfassungsgericht zufolge *nicht geboten* sei, sondern *lediglich zulässig*. Daraus lasse sich keine Pflicht zu seiner Aufrechterhaltung ableiten.

In seiner umstrittenen Entscheidung hat das Gericht –

im Gegensatz zu anderen Entscheidungen – zudem dem Gesetzgeber einen Ermessensspielraum an die Hand gegeben, der es dem Parlament erlaube, »die Reichweite des Grundrechts auf freie Berufswahl selbst festzulegen. Damit wird eine wichtige Funktion der Grundrechte aufgehoben; sie sollen die Macht des Staates und auch diejenige des Gesetzgebers gegenüber dem einzelnen beschränken ...«[19]

Daß das Handwerk in der Bundesverfassungsgerichts-Rechtsprechung einen Ausnahmefall darstellt, liegt letztlich an seiner Ausbildungsleistung. Daß es dafür auch andere Lösungen geben könnte, hat das Verfassungsgericht in seinen Erwägungen nicht berücksichtigt. Die Kommission macht deutlich, daß die Industriebetriebe, die heute den im Handwerk ausgebildeten Überschuß an Facharbeitern übernehmen, z. B. mit Handwerksbetrieben Verträge über kooperative Ausbildung abschließen könnten. Dann würden die Ausbildungsschritte dort angesiedelt werden, wo sie am kostengünstigsten absolviert werden könnten.

Welche Lösung auch immer die günstigste ist: Das Verfassungsgericht hätte den positiven Ausbildungseffekt des Handwerks nicht *pauschal* als Rechtfertigung der Grundrechtseinschränkung akzeptieren dürfen: »Diese Argumentation ist offensichtlich nicht haltbar. Insofern erscheint es wünschenswert, daß das Bundesverfassungsgericht erneut mit der Frage der Vereinbarkeit des großen Befähigungsnachweises mit dem Grundrecht auf freie Berufswahl befaßt wird.«[20]

Fazit:
Als Mittel der Qualitätssicherung ist der große Befähigungsnachweis entbehrlich:
»Zum Teil schützt er die Handwerkskunden dort, wo sie gar nicht schutzbedürftig sind. Zum Teil ist der durch ihn vermittelte Schutz so gering, daß der Handwerkskunde

sich durch individuelle Maßnahmen zusätzlich schützen muß. In beiden Fällen werden dem Verbraucher durch den großen Befähigungsnachweis überflüssige Kosten aufgebürdet. Dort schließlich, wo das Gütesiegel der Meisterprüfung nützlich ist, wird dieser Qualitätsnachweis auch spontan angestrebt werden ohne das Erfordernis des großen Befähigungsnachweises.«[21]

Die Kommission bezweifelt die Befürchtung ruinöser Konkurrenz, wenn der Marktzutritt liberalisiert würde. Sie bezweifelt auch, ob die große Ausbildungsleistung des Handwerks, die wesentlich zur Rechtfertigung der handwerklichen Gewerbefreiheitseinschränkung geführt hat, überhaupt auf den allgemeinen und undifferenzierten handwerklichen Befähigungsnachweis zurückzuführen ist. Sie sieht eher die Vorteile des Ausbildens als Grund dafür an.

Dementsprechend würde bei Abschaffung des großen Befähigungsnachweises als Marktzutrittsschranke die Ausbildungsleistung nicht unbedingt sinken. Das zeige auch die Geschichte des Handwerksrechts.

Der Nutzen also erscheint zweifelhaft. Die Kosten allerdings sind erheblich.

Welche Kosten der große Befähigungsnachweis verursacht

Die Überwindung der Grundrechtsbeschränkung verursacht Kosten wie
– Lehrgangs- und Prüfungsgebühren
– entgangenes Einkommen
– Unterbringungskosten.

Beschränkung der Freiheitsrechte
Freiheitsrechte werden aber auch eingeschränkt durch
– zuwenig Vorbereitungskurse

– lange Wartezeiten
– die fehlende Möglichkeit von Fernkursen.

»Abschreckend wirken auch die Anforderungen der Meisterprüfung, die teils erheblich über das reine Fachwissen hinausreichen, zum Beispiel bei ihrem pädagogischen Teil. Bedeutsam ist dies vor allem dann, wenn ein Handwerker aufgrund eines solchen Fachgebiets an der Meisterprüfung scheitert, obwohl er eine ansonsten hinreichende unternehmerische Qualifikation besitzt. In solchen Fällen ist der Grundsatz der Verhältnismäßigkeit verletzt. Fragwürdig sind auch die kaufmännischen und rechtlichen Teile der Meisterprüfung, wenn davon die Gewerbeausübung abhängt. In einer marktwirtschaftlichen Ordnung kommt es dem Staat nicht zu, die Unternehmen vor den Folgen von Mißmanagement zu bewahren. Es gibt im übrigen auch keinen vernünftigen Grund dafür, daß der Staat gerade Handwerkern eine solche Fürsorge angedeihen läßt...«[22]

Zu allem Überfluß sind die Durchfallquoten kontinuierlich gestiegen: Von rund 13 Prozent in den fünfziger Jahren auf 25 Prozent Mitte der achtziger Jahre. Das Urteil des Bundesverfassungsgerichts geht demnach von heute nicht mehr gültigen Voraussetzungen aus (»kaum noch als solche fühlbare« Freiheitsbeschränkung durch den Zwang zum Nachweis der Befähigung; vgl. Kapitel 1.2.3).

Preis- und Qualitätseffekte
Die Wettbewerbsbeschränkung durch den großen Befähigungsnachweis hat nach Auffassung der Kommission Kalkulationspraktiken und Servicequalitäten zum Vorteil der Anbieter hervorgebracht: »Mit Recht befürchten deshalb die Verfechter der Handwerksordnung bei der Abschaffung des großen Befähigungsnachweises einen Preisdruck auf solchen Märkten.«[23]

Mangel an Flexibilität
Selbst vollhandwerkliche Betriebe können neue Tätig-
keitsgebiete erst mit einer zusätzlichen Meisterprüfung
erschließen. Damit wird die Kombination von handwerklichen Leistungen mit Industrie, Handel u. a. behindert.
»Diese Beschränkungen verstärken tendenziell die offen-
kundige Unternehmenskonzentration im Handwerk:
Größere Unternehmen mit angestellten Meistern unterschiedlicher Berufe können unter den gegenwärtigen
Rahmenbedingungen flexibler auf Kundenwünsche reagieren als kleine Handwerksbetriebe.«[24]

Rechtsunsicherheit
Die Zugangsbeschränkungen führen nicht nur zur Umgehung, zu der vom Handwerk vielbeklagten Schattenwirt-
schaft. Sie beschäftigen auch außerordentlich viel die
Gerichte. Bei der Ausnahmebewilligung beispielsweise
sind nach Auffassung der Kommission »weder für den
Laien noch für den Sachkundigen der Handwerksordnung objektive Kriterien erkennbar ... Immer unsicherer
wird auch die Grenzziehung zwischen dem Handwerk
und der Industrie.«[25]
  Die Handwerksordnung führt sich, so gesehen, selbst
ad absurdum: »Je weniger strukturelle Unterschiede zwischen mittelständischen Industrieunternehmen und großen Handwerksbetrieben bestehen, desto mehr spricht
gegen das Erfordernis eines handwerklichen Sonder-
rechts und damit gegen die Einschränkung der Berufsfreiheit.«[26]
  Auch zum dynamischen Handwerksbegriff, der das
Gesetz für Veränderungen im Handwerk offenhalten soll,
von Kritikern jedoch als »expansiver« Handwerksbegriff
bezeichnet wird, findet die Deregulierungskommission
deutliche Worte: »Wiederholt hat es schließlich Vorstöße
gegeben, den sogenannten dynamischen Handwerksbegriff zu weiteren Beschränkungen der Gewerbefreiheit zu

mißbrauchen, indem man strukturschwache Handwerkszweige durch Einbeziehung aufstrebender, bislang nichthandwerklicher Tätigkeiten neu zu beleben versuchte.
Die Handwerksordnung läßt dies zu.«[27]

Fazit:
Die Kosten des handwerklichen Berufsmonopols sind
hoch. Es behindert den Wettbewerb durch eine erhebliche Rechtsunsicherheit, ermöglicht dem Handwerk die
Eroberung fremder Aufgabenbereiche, beschneidet die
Freiheitsrechte der Betroffenen und hält die Preise stel-
lenweise künstlich hoch.

Die Deregulierungsvorschläge
Die Deregulierungskommission will mit ihren Vorschlägen nicht die Meisterprüfung und das gewachsene
System handwerklicher Institutionen zur Disposition stellen. Sie möchte jedoch das »Junktim« (die Verknüpfung)
zwischen dem Recht zur Gewerbeausübung und der
Lehrlingsausbildung auflösen, da es den Marktzutritt zum
Handwerk unnötig erschwere. Die strenge Regelung des
Rechts zur Lehrlingsausbildung solle abgekoppelt werden vom Recht auf Gewerbeausübung, welches liberalisiert werden solle.

Die Vorschläge im einzelnen[28]

*1. »Anspruch auf selbständige Ausübung eines Hand-
werks hat jeder Handwerker, der die Gesellenprüfung
abgelegt hat und darüber hinaus den Meisterbrief erworben hat oder eine mindestens fünfjährige praktische
Tätigkeit im erlernten Beruf nachweisen kann. Der Meisterbrief bleibt weiter Voraussetzung für die Berechtigung
zur Lehrlingsausbildung (kleiner Befähigungsnachweis).«*

Gesellenprüfung und fünfjährige praktische Tätigkeit müssen also reichen für das Recht auf Gewerbeausübung. Die Gründe dafür liegen in der Entwicklung des EU-Rechts nach dem Motto »Gleiches Recht für alle EU-Bürger« (Vermeidung von Inländerdiskriminierung). Denn zur Zeit sind EU-Ausländer bessergestellt als die meisten Deutschen. »Zusätzliche Sachkundenachweise sollten nur für einen eng abgegrenzten Kreis sogenannter Gefahrenhandwerke verlangt werden dürfen. Die Sachkundenachweise sollten dabei ausschließlich sicherheitsrelevante Tatbestände umfassen« und nicht alle möglichen anderen Kenntnisse und Fähigkeiten. »Wer statt der fünfjährigen praktischen Tätigkeit eine kürzere Meisterausbildung absolviert, sollte auch künftig mit dem Erwerb des Meisterbriefes zur selbständigen Ausübung des Handwerks berechtigt sein.«

Der Abbau von Prüfungshemmnissen sollte aber auch von einer Verschärfung von Haftungsregeln flankiert werden, um das Ziel der Qualitätssicherung besser erreichen zu können. Im übrigen betont die Kommission, daß die Meisterprüfung als von den Verbrauchern geschätztes Gütesiegel sich behaupten könne. Das liege nicht zuletzt in der Hand der handwerklichen Standesorganisationen.

2. »Jeder selbständige Handwerker kann Arbeiten in anderen Handwerken übernehmen, wenn er Gesellen dieser Handwerke beschäftigt, die über mindestens fünf Jahre praktische Erfahrung im erlernten Beruf verfügen.«

Der Vorschlag, der die Erweiterung des handwerklichen Angebotsspektrums bezweckt, ermöglicht eine Art Betriebsleiterregelung, wie es sie heute schon gibt mit weit schärferen Anforderungen an die Konzessionsträger. Sollte sich diese weniger scharfe Befähigungsnachweisanforderung jemals durchsetzen, so bleibt zu hoffen, daß sie nicht nachträglich so wunderbar bürokratisiert wird wie die heutige Betriebsleiterregelung.

Die Kommission erwartet mit ihrem Vorschlag eine flexiblere Reaktion auf die Kundennachfrage und einen Abbau der Koordinationskosten für verschiedene segmentierte Gewerke, denen wiederum nur ein bestimmter Konzessionsträger alleine vorstehen darf. Denn wirtschaftlich vernünftige Kombinationen könnten sich heute nur große Handwerksbetriebe leisten.

3. »*Die Vorschriften über den Zugang zu verwandten Handwerken werden in mehreren Schritten so erweitert, daß auch kleinere Handwerksbetriebe zusammenhängende Aufträge mit vielen Gewerken übernehmen können.*«

Dieser Vorschlag zielt in dieselbe Richtung wie der vorherige. Hier geht es jedoch nicht um Konzessionsträger mit Gesellenerfahrung, sondern um eine Erweiterung der bislang unnötig kurzen Liste der verwandten Handwerke, was jetzigen Betriebsinhabern den Zugang zu anderen Gewerken ohne zusätzlichen Befähigungsnachweis ermöglichen würde.

Heute verdienen auch im Handwerk oft andere Handwerker mit, weil sie lediglich als Konzessionsträger dienen. Und dieses Entgelt erhalten sie häufig ohne eigene Zusatzarbeit.

Die von der Kommission vorgeschlagene Erleichterung des Zutritts zu Handwerksmärkten gefährdet die wesentlichen Ziele der Handwerksordnung nicht, zwingt jedoch die Anbieter von Handwerksleistungen, ihre Kunden wieder mehr zu umwerben. Durch den Abbau administrativer Regelungen werden sie jedoch in die Lage versetzt, auf sich wandelnde Kundenbedürfnisse flexibler als bisher einzugehen und ihrerseits Kosten zu sparen, die z. B. aus Rechtsstreitigkeiten infolge unscharfer Handwerksabgrenzungen resultieren. Zudem dürften auch manche Schwarzarbeiter sich veranlaßt sehen, ihre Dienste offen anzubieten.

3.3.4 Außer Spesen nichts gewesen?

Ein knappes Jahr (von Mai 1991 bis April 1992) hat eine Bundestagsarbeitsgruppe der Regierungskoalition mit Ministeriumsvertretern die Vorschläge der Deregulierungskommission geprüft. Umgesetzt wurde letztlich substantiell nichts.

So sah sich 2001 die Monopolkommission gezwungen, die Analysen der Deregulierungskommission aufzugreifen. Denn trotz aller Bemühungen, so die Monopolkommission, habe »die Regulierungsdichte in Deutschland insgesamt zugenommen, letztlich auch bedingt durch den Bedeutungszuwachs des besonders hoch regulierten Dienstleistungsbereichs«. Auch im Dienstleistungssektor und durch Unternehmensgründungen sollen jedoch die dringend benötigten neuen Arbeitsplätze entstehen.

Die Notwendigkeit zur Deregulierung und Entbürokratisierung der Wirtschaft, schreibt die Kommission, ist allgemein anerkannt. Warum werden aus den Vorschlägen dennoch nicht die notwendigen Konsequenzen gezogen?

Der Bericht der Deregulierungskommission ist »weitgehend ins Leere gelaufen« (Monopolkommission). »Dies ist um so bemerkenswerter, als vielfältige ausländische Erfahrungen mit ordnungspolitischen Korrekturen vorliegen. Deren Ergebnisse werden hierzulande lediglich zur Kenntnis genommen; eine Übertragung der Ansätze auf die deutschen Verhältnisse stößt jedoch regelmäßig auf den erfolgreichen Widerstand von Gruppeninteressen.«

Nun hat der Gesetzgeber im deutschen Handwerksrecht in den letzten Jahren so viel verändert wie niemals vorher seit 1953, als das Berufsmonopol (wieder)erschaffen wurde. Mit der Novellierung sollte das Handwerk flexibler werden und sich besser an Kundenwünsche und die technologische Entwicklung anpassen. Dafür waren vor allem Gesetzesänderungen wichtig, die die Erbringung von verschiedenen handwerklichen Arbeiten aus einer Hand ermöglichen sollen. Natürlich nur für Meisterbetriebe.

Das Reformergebnis ist im Verhältnis zu Änderungsaufwand ernüchternd. Viele, viele kleine Änderungen, doch kein durchschlagender Erfolg. Mit den Worten der Monopolkommission: »Ein greifbarer Erfolg war damit jedoch nicht verbunden, weil eine **Deregulierungsabsicht** letztlich gar **nicht vorlag.**«

3.4 Die Novelle der Handwerksordnung von 1994 und 1998: Lockerung der Fesseln und neue Absurditäten

Die Organisationen des Handwerks haben sich nie der Mitwirkung entzogen. Und sie haben dafür gesorgt, daß die Reform der Handwerksordnung keine tiefgreifende Deregulierung gebracht hat. Aus der Reform wurde ein Reförmchen. Die Bürokraten haben weiter das Sagen. Was aber wurde aus den groß angekündigten Zielen der Reform im einzelnen?

1. Milderung der Grenzen zwischen den einzelnen Vollhandwerken, Stärkung von Angeboten aus einer Hand

Weil natürlich die Koordination unnötig vieler verschiedener Gewerbe nicht nur Ärger und Fehler, sondern für den Auftraggeber auch Kosten verursacht, wurden zahlreiche Erleichterungen verabschiedet, die das Wildern in anderen Gewerken erlauben. Beispiele:

- Ausübungsberechtigung nach § 7 a;
- Nebenbetriebsleiter auch in Einzelunternehmen und Personengesellschaften;

- Zuordnung zahlreicher wesentlicher Tätigkeiten zu anderen Handwerken. Nun darf auch der Zimmerer Dächer decken.
- Zahlreiche Handwerke wurden zusammengefaßt (Anlage A).
- Die Liste der verwandten Handwerke wurde erweitert.

Welche Auswirkungen diese Neuerungen in der Handwerksordnung haben können, soll ein Beispiel zeigen.

Durch die Novellierung der Handwerksordnung wurde das Elektroinstallateur-Handwerk mit dem Elektromechaniker, Fernmeldeanlagenelektroniker zusammengelegt. Über das erweiterte Verzeichnis der verwandten Handwerke darf der Elektroinstallateurmeister auch den Beruf des Informationstechnikers (zusammengelegt aus dem Büroinformationselektroniker, Radio- und Fernsehtechniker) sowie des Elektromaschinenbauers ausüben. Ein Elektroinstallateurmeister konnte dadurch aus einem Meistertitel sechs meisterpflichtige Berufsberechtigungen machen!

Solche Privilegien gelten jedoch nur für in die Handwerksrolle eingetragene Unternehmen. Beispiel: Der Zimmerermeister darf nun auch Dächer decken, der Dachdeckermeister auch Dachstühle bauen. Ohne es gelernt zu haben. Aber erfahrene Dachdecker- und Zimmerergesellen dürfen sich noch immer nicht selbständig machen und das auf eigene Rechnung tun, was sie ihr Leben lang getan haben.

2. Zuordnung neuer Tätigkeiten zum Handwerk und heftiger Streit um Trockenbauer und EDV-Dienstleister

Von den zahlreichen Wünschen neuer meisterpflichtiger Berufe konnte letztlich nur der Gerüstbauer in die Anlage

A aufsteigen. 21 Handwerken mußte deshalb das Recht, eigene Gerüste aufzustellen, zugesprochen werden.

Die Handwerksorganisationen wollten ursprünglich noch mehr Berufe meisterpflichtig machen. So zum Beispiel auch den Offsetdruck oder vollumfänglich die PC-Installation und -Reparatur. Angesichts der zum Teil heftigen öffentlichen Kritik und der Gegenwehr der Verbände konnte sich das Handwerk damit nicht durchsetzen. So wurden die »strukturierten Verkabelungen« bei der PC-Installation ausdrücklich ausgenommen. Die Vorstellung, daß die verschwindend kleine Zahl von zweieinhalbtausend Büroinformationselektroniker-Meistern ganz allein für Millionen Computer Deutschlands zuständig sein sollte und die große Mehrheit der Computer-Freaks plötzlich die Meisterprüfung nachmachen müßte, erschien den Parlamentariern als zu absurd. Damit hätte sich Deutschland ganz allein vom Informationszeitalter ins Zunftwesen zurückgebeamt. Die internationale Gemeinschaft hätte sich an den Kopf gefaßt oder gelacht. Wer als deutscher PC-Fachmann keinen Sinn darin gesehen hätte, die Schulbank zu drücken, dem wäre nur die Schwarzarbeit geblieben.

Auch der Trockenbau ist nach der ursprünglichen Gesetzesbegründung nicht den Meisterbetrieben des Maurer-, Zimmerer-, Wärme-, Kälte-, Schallschutzisolierer-, Stukkateur- oder des Tischlerhandwerks vorbehalten. Die Tatsache, daß diese Handwerke auch Trockenbau machen, sagt nichts darüber aus, daß sie es allein tun dürfen. So der Gesetzgeber. Doch gegen diese »Freisprechung« des wirtschaftlich gewichtigen Trockenbaus gingen die Handwerkskammern auch nach dem Inkrafttreten der letzten Novellierung am 1. 4. 1998 vor. So sah sich der Wirtschaftsausschuß des Deutschen Bundestages nochmals zu einer Klarstellung gezwungen:

»Der Wirtschaftsausschuß des Deutschen Bundestages ist der Auffassung, daß der Akustik- und Trockenbau nicht dem Vorbehaltsbereich eines oder mehrerer der in der Anlage A zur Handwerksordnung aufgeführten Gewerbe zuzurechnen ist. Er betont aber, daß das Handwerk nicht gehindert ist, in diesem wichtigen Bereich tätig zu werden«, so der Ausschuß im O-Ton. Im Klartext: Hier soll der Wettbewerb regeln, wer besser im Geschäft ist. Nicht die Abmahnpraxis.

»Der Wirtschaftsausschuß beobachtet mit Sorge die anhaltende Praxis der Abmahnungen, Schließungsverfügungen, Bußgeldverfahren u. ä. gegen Trockenbauunternehmen, die nicht in der Handwerksrolle eingetragen sind oder ein anderes Gewerbe der Anlage A ... ausüben. Er erwartet, daß diese Praxis aufgrund der vorliegenden Entschließung beendet wird.« Der Appell blieb folgenlos.

So mußte eine gesetzliche Änderung her. Wieder ein neues Gesetz. Warum nicht gleich eine mutige Entscheidung anstatt immer neuer Einzelgesetze?

3. Neue handwerksähnliche Gewerbe

Die Liste der 40 handwerksähnlichen Gewerbe (Anlage B HWO) wurde um neue Gewerbe erweitert. Endlich frei tätig werden dürfen jetzt

- Stricker
- Reparaturschuster
- Steindrucker
- Handschuhmacher
- Schirmmacher

Das sind nicht die zentralen handwerklichen Branchen, zugegeben. Aber für einige Selbständige war dies eine große Erleichterung. Um die »wichtigen« und ökonomisch bedeutsamen Branchen wie den Trockenbau wurde natürlich viel härter gekämpft.

4. Schaffung erleichterter Zugangsbedingungen für Existenzgründer

Die notwendige Gesellenzeit, die Meisterprüfungsanwärter nach ihrer Lehre absolviert haben müssen, wurde verkürzt. Und zwar von fünf auf drei Jahre. Damit sollte der klassische Weg zur Handwerksrolleneintragung attraktiver werden. Ob dies wirklich Existenzgründungen spürbar erleichtert? Wohl kaum. Es kommt immer wieder vor, daß Existenzgründer an den finanziellen Belastungen scheitern – trotz oder vielmehr wegen der Meisterprüfung.

Fazit:
Zahlreiche, im Einzelfall bedeutsame Neuregelungen wurden geschaffen. Allerdings ohne durchschlagende Deregulierung.

Im Baubereich hilft die Novellierung sicherlich, die – im Vergleich mit unseren Nachbarn – »sehr hohen Baukosten« in Deutschland zu senken, wie der parlamentarische Staatssekretär im Bundeswirtschaftsministerium Heinrich Kolb deutlich machte. Damit gab er allerdings indirekt zu, daß das Kästchendenken im Handwerk preistreibend wirkt. Daß die Zeche des Handwerksmonopols die Kunden zu zahlen haben. Wegen der Meisterpflicht bauen wir Deutsche teurer als andere Länder. Wegen vieler unnötiger Schnittstellen entstehen viel zu hohe Koordinierungskosten. Unnötige Arbeitsteilung bewirkt letztlich Pfusch am Bau. Nicht trotz, sondern gerade wegen der Struktur des deutschen Handwerksrechts!

Im Computerbereich konnte gerade noch einmal vermieden werden, Deutschland vor der ganzen Welt zu blamieren. Die Lösung befriedigt jedoch nicht. Staatssekretär Kolb: Da durch die neue Berufsbezeichnung »Informationstechniker« der Eindruck erweckt wurde, »was nicht gewollt war, nämlich eine Ausweitung des Erfordernisses der Meisterprüfung auf weite Teile der IT-Branche, ist durch Artikel 2 § 2 des Übergangsgesetzes klargestellt worden, daß die neue Gewerbebezeichnung keine neuen Vorbehaltsbereiche umfaßt«.

Die Geister, die der Gesetzgeber rief, wird er möglicherweise nicht mehr los. Deshalb macht Kolb klar: »Entgegen geäußerten Befürchtungen aus der Branche bleibt es im übrigen dabei, daß der Zusammenbau von Rechnern aus Fertigteilen, der PC-Service und Reparaturen ... insbesondere Reparaturen durch Austausch von Fertigteilen oder sonstige einfache Reparaturen weiterhin keiner Meisterprüfung bedürfen.«

Die praktische Handhabung in der Computerbranche bleibt aber abzuwarten. Denn das existierende Berufsbild des Büroinformationselektronikers ist weit auslegbar, die gesetzgeberische Klarstellung (von der Kolb spricht) äußerst knapp gefaßt, und an die Erläuterungen des Staatssekretärs wird sich wahrscheinlich kein Richter erinnern.

Deutlich wird, daß die gesamte Gesetzesreform substantiell nicht vergleichbar ist mit den Vorschlägen der Deregulierungs- und der Monopolkommission: nämlich die Hürde des Markt- und Berufszutritts eine Stufe tiefer zu setzen und bei erfahrenen Gesellen auf den großen Befähigungsnachweis ersatzlos zu verzichten.

Mit der Reform der Handwerksordnung ging es in erster Linie darum, den großen Befähigungsnachweis zu retten. Eine wirkliche Vereinfachung des Handwerksrechts wurde deshalb nicht erreicht. Die Vorgehensweise zeigte wieder einmal das historisch bewährte Muster: Es wurden von vornherein auch Gegner wie die Gewerkschaften mit eingebunden, um die Reformansätze auf eine möglichst breite parlamentarische Basis zu stellen. Nur die Grünen hatten einen eigenen Gesetzentwurf zur Abschaffung des Meisterzwangs vorgelegt. Die rot-grüne Bundesregierung unter Führung von Bundeskanzler Schröder hat diese Chancen jedoch nicht genutzt. So nahm die kleine PDS die Gelegenheit wahr und präsentierte einen Gesetzesantrag, der genau die in der rot-grünen Koalitionsvereinbarung folgenlos vereinbarte Herabsetzung der Zugangshürde zum Handwerk aufgriff. Der Gesetzesantrag wurde im Bundestag abgelehnt. Die Diskussion um den großen Befähigungsnachweis wird also weiter anhalten.

3.5 Ausblick: Warum das Berufsmonopol wackelt und welche Folgen der Fall für die Handwerkskammern hätte

Die häufigste Frage in allen meinen Seminaren und Beratungen dreht sich um die Zukunft des handwerklichen großen Befähigungsnachweises. Die Erwartung, daß es sich durch den Prozeß der europäischen Einigung nur noch um ein paar Jahre handeln könne, bis die Meisterpflicht beseitigt wird, ist ungebrochen.

Seit der Erstauflage dieses Buches im Jahre 1993 ist viel geschehen. Die Kritik an der Handwerksordnung ist inzwischen etabliert, die rot-grüne Bundesregierung hatte sie teilweise in ihr Regierungsprogramm integriert. Das liberale Votum dreier Kommissionen hat Gewicht:

- der Deregulierungskommission,
- der Monopolkommission,
- des Sachverständigenrates zur Begutachtung der gesamtwirtschaftlichen Entwicklung.

Die Rechtsprechung folgt langsam, aber zögerlich dem liberalen, grundrechtsfreundlichen wirtschaftswissenschaftlichen Votum. Seit Ende 1999 sind wichtige Entscheidungen gefallen:

1. Das *Bundesverfassungsgericht* hat in seinem Beschluß vom 31. März 2000 zugunsten eines handwerklich täti-

gen Elektrohändlers entschieden und betont, daß die bestehenden, in diesem Buch beschriebenen Ausnahmevorschriften keineswegs engherzig ausgelegt werden dürften, sondern im Lichte des Grundrechts auf Berufsfreiheit auszulegen seien. Das Gericht: Hätten die Vorinstanzen und Behörden »die *Handwerksordnung, die empfindliche Eingriffe in die Freiheit der selbständigen Berufsausübung* enthält, grundrechtsfreundlich ausgelegt«, dann hätten sie den Ausnahmevorschriften »das ihnen von Verfassung wegen zukommende Gewicht beigemessen« und »alle zugunsten des Beschwerdeführers streitenden Umstände aufgeklärt und berücksichtigt«.[31]

2. Das Bundesverfassungsgericht[32] hat am 27. 9. 2000 in einem weiteren, grundlegenden Beschluß einen wichtigen Stützpfeiler weitgehend freier Gewerbeausübung gesichert: Die handwerkliche Betätigung im Reisegewerbe (weitere Tips siehe Kapitel 4.3.10). Es hat diesen Gewerbezugang zu einem Zeitpunkt gerettet, als Experten kaum noch glaubten, daß die Reisegewerbeausübung ohne Meisterbrief weiterhin Bestand haben würde. So engherzig und antiliberal hatten diverse untere und mittlere Gerichte gegen Reisegewerbetreibende entschieden. Doch Uwe B., Steinmetz aus Naumburg, hat die Sache durchgekämpft. Und gewonnen.

3. Der EuGH hat am 3. 2. 2000 entschieden, daß ausländische Handwerksunternehmen ohne Handwerksrolleneintragung in Deutschland tätig werden dürfen (vgl. Kapitel 3.2.2). Unternehmen aus europäischen Nachbarländern muß es nun noch leichter gemacht werden, ein Handwerk in Deutschland auszuüben.

4. Der *österreichische Verfassungsgerichtshof* hat mit seiner Entscheidung vom 27. 12. 1999 eine Ungleichbehandlung von Inländern und EU-Ausländern anerkannt und die Gleichstellung angeordnet. Dadurch

reicht es nun in Österreich, wenn z. B. Gesellen drei Jahre selbständige Tätigkeit in ihrem Handwerk nachweisen können – auch wenn sie diese Praxiserfahrungen *nicht* im Ausland gesammelt haben. Damit wurde eine wichtige Reform auf dem Gerichtswege erreicht, das handwerkliche Berufsmonopol ist so gut wie gefallen. Das Bundesverfassungsgericht hat in seinem Beschluß vom 31. März 2000 angedeutet, daß es diese Argumentation auch anerkennen könnte. Damit würde die *Inländerdiskriminierung* auch juristisch anerkannt.

In Österreich war es nicht der Gesetzgeber, sondern ein Gericht, das unabhängig von dem Schielen nach Wählerstimmen sich auch der nichtorganisierten Minderheit der Handwerker ohne Meisterbrief annahm. Würde dieses auch in Deutschland zum Durchbruch kommen, so wären die Folgen für die Handwerksorganisationen verheerend:

Wie schon Ende der vierziger Jahre in der amerikanischen Zone könnte ein rapider Mitgliederschwund die Folge sein. Sei es indirekt durch eine große Zahl von Existenzgründungen ohne Handwerksrolleneintragung, die folglich auch nicht Mitglieder der Handwerkskammer wären (siehe Trockenbau), sei es durch die direkte Aufhebung der Zwangsmitgliedschaft bei den Handwerkskammern.

Die meisten Innungen können schon heute ein Lied davon singen: Sie haben mit dem Zusammenbrechen der nationalsozialistischen Diktatur auch ihren Zwangscharakter verloren und sind erheblich geschrumpft. Im Gegensatz zu den mächtigen Handwerkskammern hat nicht einmal ein Fünftel aller Innungen eine eigene Geschäftsführung: Von insgesamt knapp 7 400 Innungen hatten 1993 nicht einmal 20 Prozent eine eigene Geschäftsführung.

Bislang reagieren die Handwerksorganisationen auf

den notwendigen Reformbedarf restriktiv: mit Verfolgung und Verboten. Doch der Widerstand dagegen hat sich längst in zwei Verbänden organisiert. Immer mehr Handwerker sind nicht länger bereit, ihre Diskriminierung hinzunehmen. Sie organisieren sich, um ihre Interessen gemeinsam zu vertreten, sie wehren sich vor Gericht, und viele verlagern ihre Betriebe ins freiere Ausland.

Die Zeit arbeitet ganz sicher für Handwerker ohne Meisterbrief. Das Buch soll Sie stärken und unterstützen, Ihre Rechte besser wahrzunehmen. Gute Beratung kann helfen, alle Umstände Ihrer Entscheidung so gut wie möglich abzuwägen.

In dem nun folgenden zweiten Teil geht es – ganz pragmatisch – um die Suche nach legalen Lücken im bundesdeutschen handwerklichen Berufsmonopol. Es geht um die Lösungen und Ausnahmen, die nach der oben zitierten Entscheidung des Bundesverfassungsgerichts grundrechtsfreundlich ausgelegt werden müssen. Falls Sie einmal dennoch Ärger bekommen, sollten Sie sich auf diese Entscheidung berufen!

Teil 2

Problemlösungen

Der Handwerksbegriff
stehendes Gewerbe
selbständiger Betrieb
handwerksfähiges
	Gewerbe
handwerksmäßig
	betrieben

**Möglichkeiten mit Eintra-
gung in die Handwerksrolle**
Meisterprüfung
Verwandte Handwerke
Gleichwertige Prüfungen
Ausnahmebewilligung
Ausübungsberechtigung
Qualifikationen aus dem
	EU-Ausland
Betriebsleiter
Filialbetriebe

**Möglichkeiten ohne Eintra-
gung in die Handwerksrolle**
Kunst
Land-/Forstwirtschaft
	und Gartenbau
Selbsthilfewerkstätten
Minderhandwerk
Handwerksähnliche
	Gewerbe
Industrie
Unerhebl. Nebenbetrieb
Hilfsbetrieb
Marktverkehr
Reisegewerbe

4. Was Sie ohne Meisterbrief tun dürfen Praktische Tips für Betroffene

4.1 Was als Vollhandwerk gilt (Handwerksbegriff)

Wollen Sie verstehen, warum es zahlreiche Möglichkeiten ohne Meisterprüfung gibt? Um die Systematik zu begreifen, muß ich Ihnen erklären, was juristisch überhaupt als Handwerk gilt.

Denn was nicht als Handwerk im Sinne des Gesetzes gilt, darf auch ohne Meisterbrief selbständig ausgeübt werden.

Sie sollen erfahren, was ein Vollhandwerk ist. Damit wird deutlicher, warum man zum Backen einen Meister braucht, nicht jedoch zum Kochen; warum der Bau von Straßen meisterpflichtig ist, nicht jedoch der Sportplatzbau. Ersteres ist nämlich ein Vollhandwerk, letzteres nicht.

Um diese – vordergründig völlig absurden – Zuordnungen begründen zu können, müssen Sie sich ein bißchen mit theoretischen Rechtsbegriffen abplagen.

Was gilt also nun als Vollhandwerk, wie die eintragungspflichtigen Tätigkeiten auch genannt werden?

Dazu suchen wir zuerst in der Handwerksordnung (HWO) nach einer Definition. In § 1 HWO findet sich folgende Formulierung:

(1) Der selbständige Betrieb eines Handwerks als stehendes Gewerbe ist nur den in der Handwerksrolle eingetragenen natürlichen und juristischen Personen und Personengesellschaften (selbständige Handwer-

ker) gestattet. Personengesellschaften im Sinne dieses Gesetzes sind Personenhandelsgesellschaften und Gesellschaften des bürgerlichen Rechts.

(2) Ein Gewerbebetrieb ist Handwerksbetrieb im Sinne dieses Gesetzes, wenn er handwerksmäßig betrieben wird und ein Gewerbe vollständig umfaßt, das in der Anlage A aufgeführt ist, oder Tätigkeiten ausgeübt werden, die für dieses Gewerbe wesentlich sind (wesentliche Tätigkeiten).

Ein vollhandwerklicher Betrieb muß also etliche Bedingungen erfüllen, um eintragungspflichtig zu sein.
   Er muß
1. ein selbständiger Betrieb sein,
2. eine gewerbliche Tätigkeit und
3. ein stehendes Gewerbe,
welches
4. handwerksmäßig betrieben wird und
5. handwerksfähig ist, d. h. vollständig oder in wesentlichen Tätigkeiten ein Gewerbe nach Anlage A der HWO umfaßt.
Nur bei Vorliegen aller dieser Merkmale kommt die Eintragungspflicht zum Zuge.
   Drei Merkmale sind Kernstück des Handwerksbegriffs der Handwerksordnung: Die Handwerksfähigkeit, die handwerksmäßige Betriebsweise und das Vorliegen einer gewerblichen Betätigung.[1] Sie werden im folgenden genauer definiert.
   Aber wenn es sich um ein handwerksfähiges Gewerbe handelt, das handwerksmäßig betrieben wird, dann erfolgt die Eintragung nur, wenn auch die persönlichen Eignungsvoraussetzungen des Betriebsleiters oder Konzessionsträgers nach § 7 HWO vorliegen. Diesen Voraussetzungen werden wir uns in Kapitel 4.2 widmen.

Übersicht

Handwerk mit und ohne Meister

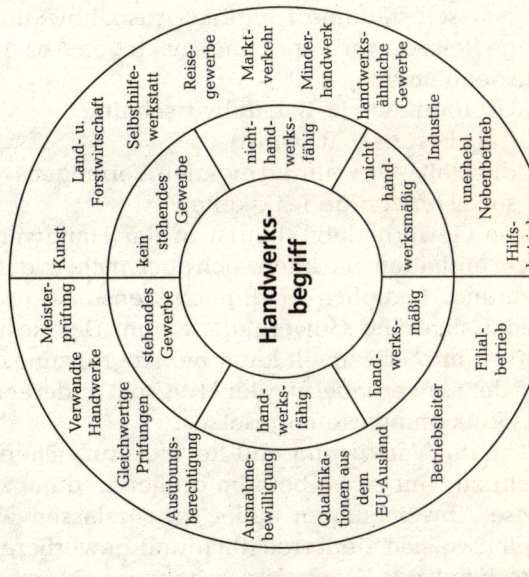

mit Eintragung in die Handwerksrolle

ohne Eintragung in die Handwerksrolle

4.1.1 Nur ein Gewerbe kann ein Handwerk sein (Gewerbebegriff)

Nur wenn es sich um einen Gewerbebrief handelt, kann es sich auch um einen Handwerksbetrieb im Sinne der HWO handeln. Ist es keine gewerbliche Tätigkeit, so gilt es auch nicht als Handwerk. Ein Gewerbe ist

1. auf Gewinnerzielung gerichtet
2. eine erlaubte Tätigkeit
3. auf Dauer angelegt
4. eine selbständige Tätigkeit (Ausnahme: unselbständige Reisegewerbetreibende nach § 55 Abs. 1 GewO).

Ausgenommen:

5. Urproduktion (z. B. Landwirtschaft)
6. freie Berufe (z. B. Kunst)
7. die bloße Verwaltung eigenen Vermögens
8. sozial unwertige Tätigkeiten

Diese Gewerbedefinition ist in der Handwerksordnung nicht enthalten. Sie findet sich auch nicht in der Gewerbeordnung. Lediglich im Einkommensteuergesetz (EStG) findet sich eine Gewerbedefinition. Der Rest ist Rechtsprechung. Prinzipiell kann bei Abgrenzungsstreitigkeiten der Gewerbebegriff der HWO ein anderer sein als der des Einkommensteuergesetzes.

Um die Verwirrung und Rechtsverunsicherung jedoch nicht zu weit zu treiben: Im großen und ganzen können diese Abweichungen außer acht gelassen werden; die Fälle, wo sich steuerrechtlich und gewerberechtlich unterschiedliche Ergebnisse ergeben, dürften selten sein. Landmann und Rohmer schreiben in ihrem Kommentar zur Gewerbeordnung, es bestehe »– bis auf einige Ausnahmen – insgesamt doch eine weitgehende Kongruenz der Begriffsinhalte«.[2]

Aber dieser Verweis soll zeigen, daß sehr vieles in diesem komplizierten Rechtsgebiet nicht nur kompliziert, sondern auch nicht immer hinreichend klar ist. Stoff für Rechtsunsicherheit ist also reichlich vorhanden.

Sie könnten nun an diesem Punkt schon auf die Idee kommen, daß Sie als Bauhandwerker die Handwerksordnung umgehen, indem Sie nur auf eigenem Grund und Boden Häuser bauen und damit als Nichtgewerblicher handeln. Wer Grundbesitz hat und auf diesem ein Haus baut, übt kein Handwerk aus, weil das noch keine gewerbliche Tätigkeit ist. Aber: Macht er dies jedoch fortgesetzt, indem er Grundstücke erwirbt, dort in Eigenleistung ein oder mehrere Häuser baut und diese samt Grundstück weiterveräußert, so wird dies eine gewerbliche Tätigkeit und somit auch in die Handwerksrolle eintragungspflichtig.[3]

4.1.2 Handwerksfähige Gewerbe
Eintragungspflichtig ist ein Gewerbe nur, wenn wesentliche Tätigkeiten eines handwerksfähigen Gewerbes ausgeübt werden. Handwerksfähig ist nur ein Gewerbe, das in der Anlage A der Handwerksordnung aufgeführt ist. In der Anlage A zur Handwerksordnung, der sogenannten Positivliste, sind alle Gewerbearten aufgeführt, die als Handwerk betrieben werden können.

Ein Gewerbe nach Anlage A
Zur Anlage A steht in § 1 Abs. 2 und 3 HWO folgendes:

(2) Ein Gewerbebetrieb ist Handwerksbetrieb im Sinne dieses Gesetzes, wenn er ein Gewerbe vollständig umfaßt, das in der Anlage A aufgeführt ist, oder Tätigkeiten ausgeübt werden, die für dieses Gewerbe wesentlich sind (wesentliche Tätigkeiten).
(3) Das Bundesministerium für Wirtschaft wird ermächtigt, durch Rechtsverordnung mit Zustimmung des Bundesrates die Anlage A zu diesem Gesetz dadurch zu ändern, daß er darin aufgeführte Gewerbe streicht, ganz oder teilweise zusammenfaßt oder

trennt, Bezeichnungen für sie festsetzt oder die Gewerbegruppen aufteilt, soweit es die technische und wirtschaftliche Entwicklung erfordert.

Nur ein Gewerbe, welches in Anlage A aufgeführt ist, kann ein Handwerk sein
Die Anlage A HWO hat einen typisierenden und ausschließenden Charakter. Alle Gewerbearten, die nicht in der Anlage A stehen, können per definitionem kein eintragungspflichtiges Handwerk sein.

Selbst wenn es sich also um eine gewerbliche Tätigkeit handelt, die durchaus nach handwerklicher Tätigkeit aussieht (z. B. Koch, gar Meisterkoch), so gilt sie nur dann als eintragungspflichtiges Handwerk im Sinne der HWO, wenn sie in Anlage A der HWO aufgeführt ist.

Das ist beim Beispiel des Kochs nicht der Fall. Bei der Eröffnung eines Restaurants handelt es sich demzufolge nicht um ein in die Handwerksrolle eintragungspflichtiges Gewerbe, die Meisterpflicht entfällt. Obwohl es dort wie auch in anderen Gewerbearten die Meisterprüfung durchaus gibt, sagt diese nichts darüber aus, ob es sich um ein eintragungspflichtiges Handwerk handelt oder nicht. Die Ablegung der Meisterprüfung ist, wenn es kein Handwerk ist, keine gesetzliche Verpflichtung. Das gleiche gilt für Floristen, nicht jedoch für Pinselmacher.

Jetzt wissen Sie also, warum Sie zum Backen einen Meister brauchen und zum Kochen nicht, warum Sie zum Blumenbinden keinen Meister brauchen, wohl aber zum Pinselbinden. Logisch?

Tätigkeiten eines Gewerbes nach Anlage A (Berufsbildvergleich)
Nehmen wir an, Ihr Gewerbe taucht in der Anlage A auf, heißt das dann, daß Sie nun auf jeden Fall für Ihr Vorhaben einen Meister benötigen?

Nein. So schnell können Sie das nicht entscheiden.

Auch wenn ein Gewerbe in Anlage A auftaucht, heißt das noch nicht, daß Sie allein deshalb einen Meister haben müssen. Sie müssen erst prüfen, ob Ihre Tätigkeiten hinreichend genau dem aufgeführten Gewerbe entsprechen.

Um beurteilen zu können, inwieweit ein Betrieb dem Betriebstypus eines handwerksfähigen Gewerbes entspricht, müssen alle ausgeführten Tätigkeiten aufgelistet werden und mit denen des handwerklichen Gewerbes, insbesondere mit dem entsprechenden Berufsbild, verglichen werden.

Handwerkliche Berufsbilder

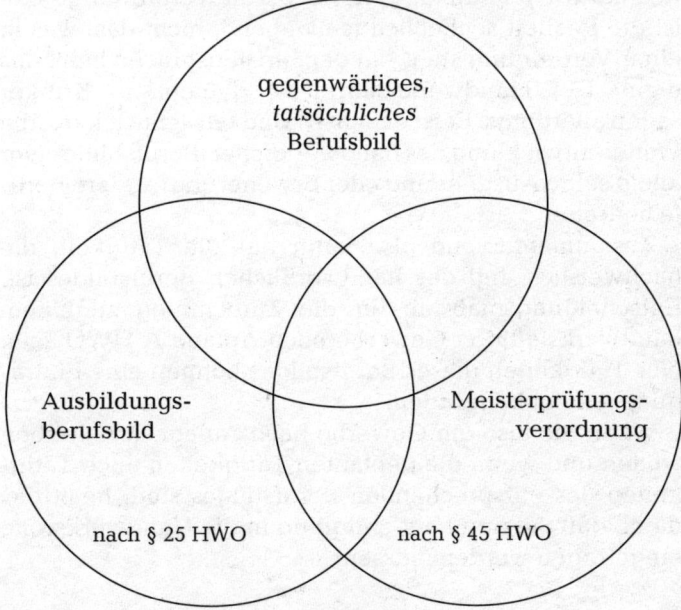

Ein Berufsbild ist die Beschreibung der zu einem Beruf gehörenden Tätigkeiten und der hierfür notwendigen Kenntnisse.

Doch Vorsicht: Es gibt verschiedene Berufsbilder:

Wenn Sie die Gesellenprüfung machen wollen oder die Meisterprüfung, dann ist es nicht völlig willkürlich, was dort geprüft werden darf. Dafür gibt es Prüfungsordnungen, die vom Bundeswirtschaftsminister erlassen werden und in denen steht, welche Kenntnisse und Fähigkeiten die Kandidaten haben müssen. Das sind Hinweise, was zum Berufsbild des Handwerks gehören könnte.

Da es jedoch bei allen diesen Verordnungen immer sehr lange dauert, bis sie schließlich erlassen werden, ist nach der Rechtsprechung letztlich immer das sogenannte *tatsächliche Berufsbild* ausschlaggebend. Wenn also die Realität wieder einmal weiter ist als die Verordnungen, so ist die Realität schließlich maßgebend, nicht das, was in einer Verordnung steht.[4] In der Juristensprache heißt das dann: Der Handwerksbegriff ist dynamisch. Kritiker sagen allerdings: Er ist expansiv. Und tatsächlich kann die Weiterentwicklung des handwerklichen Berufsbildes (vor allem seine Ausdehnung oder Erweiterung) andere Berufe bedrohen.

Zusammenfassend also kann nur die Tätigkeit, die nachweislich Teil des handwerklichen Berufsbildes ist, Entscheidungsmaßstab für die Zurechnung zu einem handwerksfähigen Gewerbe nach Anlage A HWO sein. Nur Tätigkeiten dieses Berufsbildes können eine Eintragungspflicht begründen.

Wenn Sie also ein Gewerbe nach Anlage A betreiben wollen und wenn die geplanten Tätigkeiten auch Tätigkeiten des entsprechenden Berufsbildes sind, heißt das dann, daß Sie nun aber endgültig in die Handwerksrolle eingetragen werden müssen?

Wesentliche Tätigkeiten eines Gewerbes nach Anlage A
Die Tatsache, daß einige der zum Berufsbild gehörenden Tätigkeiten ausgeübt werden, reicht noch nicht aus,
um die Eintragungspflicht zu begründen. Nicht jede
Tätigkeit eines handwerksfähigen Gewerbes rechtfertigt die Pflicht zur Eintragung in die Handwerksrolle mit
der damit verbundenen Qualifikationshürde. Entscheidend ist nach der Rechtsprechung vielmehr, ob es sich
um wesentliche Tätigkeiten des handwerksfähigen Gewerbes handelt, die diesem sein essentielles Gepräge
geben.

Hierbei genügt es allerdings schon, wenn auch nur
eine der wesentlichen Tätigkeiten handwerksmäßig
ausgeübt wird – und auch dann, wenn sie nur in geringem Umfang ausgeübt wird.

Als wesentlich gelten jedoch nur *schwierige Tätigkeiten*
aus dem Kernbereich eines Gewerbes nach Anlage A.
   Werden also z. B. die wesentlichen Tätigkeiten in einfache Arbeitsschritte zerlegt, so könnte auf Grund dessen
die Eintragungspflicht entfallen. Es könnte sich z. B. um
einen *Industriebetrieb* handeln und nicht mehr um einen
Handwerksbetrieb. Und einen Industriebetrieb darf jeder
gründen – ohne jeden Nachweis der Befähigung. Es
könnte sich aber auch um einfache Tätigkeiten handeln,
die minderhandwerklich ausgeübt werden können oder
einem handwerksähnlichen Gewerbe zuzurechnen sind,
z. B. um sogenannte Schuhbars oder das Einsetzen industriell vorgefertigter Normfenster. Dafür brauchen Sie
ebenfalls keinen Meisterbrief. Nähere Informationen
erhalten Sie hierzu in den Kapiteln über Industrie, Minderhandwerk und handwerksähnliche Gewerbe.
   Soweit also zur Theorie des Handwerksrechts. Alle
nicht-eintragungspflichtigen Betriebsformen, die in Kapi-

tel 4.3 beschrieben werden, sind aus dieser Definition des
Vollhandwerks abgeleitet.

4.1.3 Handwerksmäßige Betriebsweise

Selbst wenn Sie mit Ihrem Gewerbe eine wesentliche
Tätigkeit eines handwerksfähigen Gewerbes nach Anlage A HWO ausüben wollen, folgt daraus nicht zwangs-
läufig die Eintragungspflicht. Der Betrieb muß auch
handwerksmäßig betrieben werden. Und hier beginnt
das problematische Kapitel des Abgrenzungsverfah-
rens.

Was beinhaltet der Begriff »handwerksmäßig«?[5]

Der Begriff »handwerksmäßig« beinhaltet nach den
Kommentaren zur HWO in erster Linie *betriebsstrukturelle Merkmale*, der Rechtsprechung des Bundesverwaltungsgerichts (BVerwG) zufolge kommt es hierbei vor
allem auf den *Schwierigkeitsgrad* der durchgeführten
Tätigkeiten an.

Die handwerksmäßige Betriebsweise ist nicht exakt
definiert. Dem Bundesverwaltungsgericht zufolge gibt es
keine allgemeingültigen Merkmale. Entscheidend ist,
welche Betriebsweise nach dem *wirtschaftlichen Gesamtbild* überwiegt.

Folgende Merkmale können zur Abgrenzung dienen:
- Umfassende *Ausbildung* der Arbeitskräfte
- Art und Ausmaß der *Arbeitsteilung*
- *Einfluß des Betriebsinhabers* auf die Arbeit
- *Größe des Betriebes*, Höhe des Umsatzes und des inve-
  stierten Kapitals, Anzahl der Beschäftigten (branchen-
  spezifisch)
- Einzelfertigung oder Fertigung großer *Serien*
- *Maschineneinsatz* und die Art der verwendeten
  Maschinen

Die Höhe des Umsatzes oder die Zahl der Mitarbeiter beispielsweise sind ein Hinweis für die Zuordnung zur Indu-

strie oder zum Handwerk. Entscheidend ist das Gesamtbild, nicht ein einzelnes Kriterium. Sie können sich vorstellen, daß die Rechtssicherheit hierbei leicht auf der
Strecke bleibt.

Viel präziser läßt sich die Handwerksmäßigkeit leider
nicht definieren.

Als *Faustregel* könne man sagen, daß bei der Abgrenzung zum Minderhandwerk (Kleingewerbe) der Schwierigkeitsgrad wesentlicher Tätigkeiten im Mittelpunkt der
Beurteilung steht und bei der Abgrenzung zur Industrie
vorwiegend betriebsstrukturelle Merkmale.

Wer mir bis hierher folgen konnte, sieht zumindest eines,
nämlich, wie groß der Einfluß und der Spielraum bei der
individuellen Beurteilung sind. Entscheidend wird somit
in diesen und anderen Punkten, wer (von welchem Inter-
essenstandpunkt aus) diese Beurteilung vornimmt bzw.
beeinflußt und wie lange der Entscheidungsprozeß dauern wird. Empfehlenswert ist es deshalb, einerseits zwar
die Stellungnahme der Handwerkskammer einzuholen,
sich andererseits jedoch nicht gleich ins Bockshorn jagen
zu lassen. Hier kann viel gebluft werden. Eine interes-
senfreie Zuordnung nach diesen schwammigen Kriterien
halte ich nicht für möglich.

4.2 Wie Sie ohne eigene Meisterprüfung in die Handwerksrolle eingetragen werden

Prinzipiell gibt es zwei legale Möglichkeiten, ein Handwerk auch ohne Meister auszuüben:
1. Versuchen Sie, in die Handwerksrolle zu kommen und
   eine der Möglichkeiten ohne Meister zu nutzen.
2. Versuchen Sie sich so vom Vollhandwerk im Sinne der
   HWO abzugrenzen, daß Sie rechtlich nicht mehr als
   Handwerker gelten.

In diesem Kapitel geht es darum, wie Sie auch ohne eigenen Meisterbrief in die Handwerksrolle eingetragen werden können.[6]

Wenn es sich – um an die Definition des Handwerksbegriffs anzuschließen – in Ihrem Fall um ein handwerksfähiges Gewerbe handelt, das handwerksmäßig betrieben werden soll, dann müssen Sie (oder ein anderer Konzessionsträger) bestimmte Voraussetzungen erfüllen, um in die Handwerksrolle eingetragen werden zu können.

Hierzu finden Sie in § 7 Abs. 1 HWO folgenden Grundsatz:

> In die Handwerksrolle wird eingetragen, wer in dem von ihm zu betreibenden Handwerk ... die Meisterprüfung bestanden hat.

Diese Formulierung ist eindeutig. Sie beschreibt den klassischen Weg zum Meisterbetrieb, weil grundsätzlich nur den entsprechenden Handwerksmeistern die Gründung eines selbständigen Handwerksbetriebs gestattet ist.

Der klassische Weg zum Meisterbetrieb wird in dem Schaubild Seite 114 noch einmal dargestellt.

Dennoch können Betriebe auch dann als Vollhandwerk gelten, wenn der Inhaber *nicht* die Meisterprüfung abgelegt und bestanden hat. Um diese anderen Möglichkeiten soll es in diesem Abschnitt gehen. Die Ausführungen können Ihnen jedoch nur weiterhelfen, wenn Sie nicht auch noch nach anderen Rechtsvorschriften zur Meisterprüfung gezwungen werden. Davon sind vor allem Elektroinstallateure, Gas- und Wasserinstallateure, Schornsteinfeger und Gesundheitshandwerke betroffen (Einzelheiten vgl. Kapitel 4.4). In diesen Fällen helfen Ihnen die Ausnahmen der Handwerksordnung ohne Handwerksrolleneintragung nicht weiter, da sie von anderen zuständigen Stellen nicht anerkannt werden.

Der klassische Zugang
zum selbständigen Handwerksbetrieb

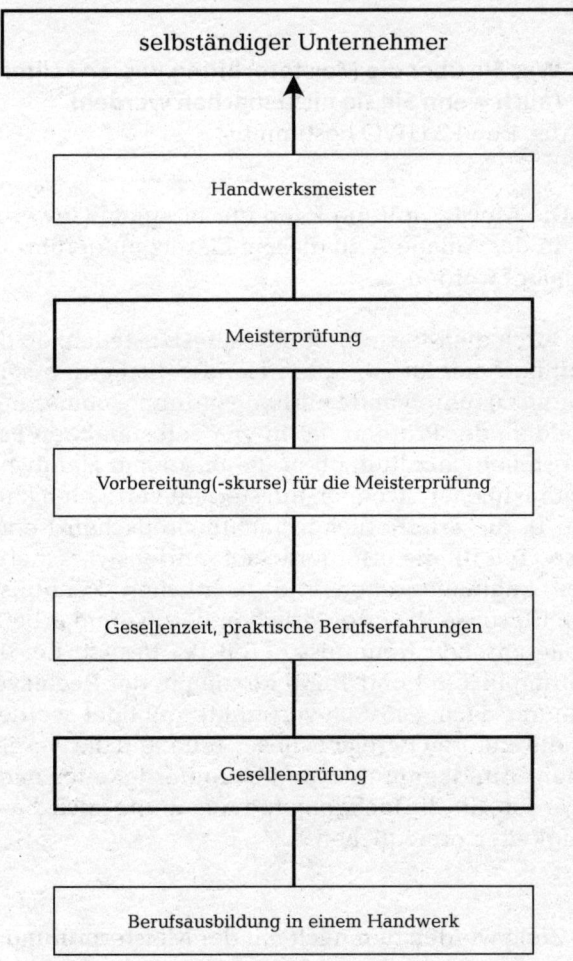

| selbständiger Unternehmer |
| Handwerksmeister |
| Meisterprüfung |
| Vorbereitung(-skurse) für die Meisterprüfung |
| Gesellenzeit, praktische Berufserfahrungen |
| Gesellenprüfung |
| Berufsausbildung in einem Handwerk |

Für einige der nachstehend vorgestellten Möglichkeiten spielt die Meisterprüfung als Vergleichsmaßstab eine Rolle.

4.2.1 Was Sie über die Meisterprüfung wissen sollten (auch wenn Sie sie nicht machen werden)

§ 46 Abs. 1 und 2 HWO bestimmt:

(1) Die Meisterprüfung kann nur in einem Gewerbe, das in der Anlage A zu diesem Gesetz aufgeführt ist, abgelegt werden.

(2) Durch die Meisterprüfung ist festzustellen, ob der Prüfling befähigt ist, einen Handwerksbetrieb selbständig zu führen und Lehrlinge ordnungsgemäß auszubilden; der Prüfling hat in vier selbständigen Prüfungsteilen darzutun, ob er die in seinem Handwerk gebräuchlichen Arbeiten meisterhaft verrichten kann (Teil I), die erforderlichen fachtheoretischen Kenntnisse (Teil II), die erforderlichen betriebswirtschaftlichen kaufmännischen und rechtlichen Kenntnisse (Teil III) sowie die erforderlichen berufs- und arbeitspädagogischen Kenntnisse (Teil IV) besitzt. Bei der Prüfung in Teil I und Teil II können in der Rechtsverordnung nach § 45 Schwerpunkte gebildet werden. Für die anderen Bereiche dieser Teile sind die wesentlichen Grundkenntnisse und Grundfertigkeiten nachzuweisen, die die fachgerechte Ausübung auch dieser Tätigkeiten ermöglichen.

Zwei Ziele werden demnach mit der Meisterprüfung verfolgt:
1. Nachweis der notwendigen Fachkenntnisse zur Betriebsführung.

2. Nachweis der notwendigen Kenntnisse für die Lehrlingsausbildung.

Handwerksgeschichtlich beinhaltet der handwerkliche große Befähigungsnachweis, den Sie mit der Meisterprüfung erbringen, auch den kleinen Befähigungsnachweis (die Ausbildungsberechtigung). Sieht man sich die Meisterprüfungsverordnungen an, so könnte man sagen, daß Handwerker, die sich selbständig machen wollen, als einzige in Deutschland eine Art Ausbildung zum Unternehmer machen müssen. Das ist gewiß nicht schädlich, häufig aber leider offenbar auch nicht sonderlich nützlich. Denn wer lange pauken mußte, hat deshalb noch lange nicht die Kniffe der Praxis raus und von dem Gepaukten das meiste schnell wieder vergessen.

Die Meisterprüfung besteht aus 4 Teilen:
Teil I: Die fachpraktische Prüfung
Teil II: Die Prüfung der fachtheoretischen Kenntnisse
Teil III: Die Prüfung der wirtschaftlichen und rechtlichen Kenntnisse
Teil IV: Die Prüfung der berufs- und arbeitspädagogischen Kenntnisse (Ausbildereignung)

Teil III und Teil IV sind in allen Handwerken gleich. Die Inhalte werden in der »Verordnung über gemeinsame Anforderungen in der Meisterprüfung im Handwerk (AMVO)« geregelt (siehe Anhang). Teil IV steht der Ausbildereignungsprüfung nach der Ausbildereignungsverordnung (AEVO) gleich. Wer eine Meisterprüfung bereits abgelegt hat, muß bei allen weiteren Meisterprüfungen natürlich nur noch Teil I und II ablegen. Der Aufwand verringert sich damit. Er kann aber auch eine der in diesem Buch geschilderten Ausnahmemöglichkeiten nutzen.

Seit 1. 11. 2000 können Sie die Meisterprüfung bei Nicht-Bestehen drei- statt zweimal wiederholen. Das ist besonders für diejenigen wichtig, bei denen es zu nicht

Wege in die Handwerksrolle

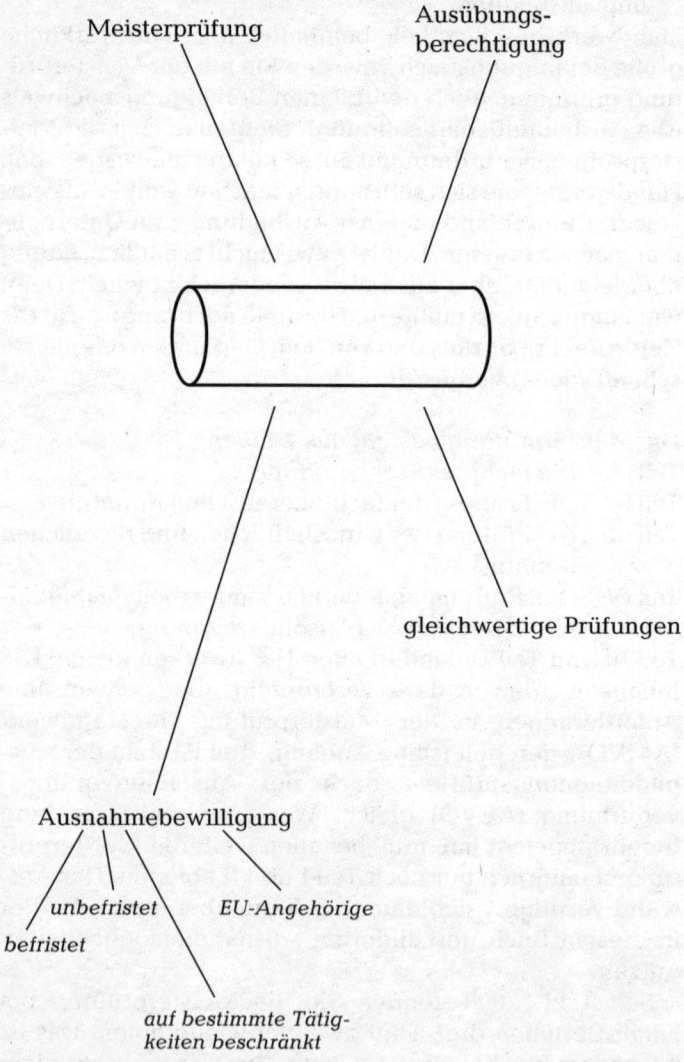

Meisterprüfung

Ausübungs-
berechtigung

gleichwertige Prüfungen

Ausnahmebewilligung

unbefristet

befristet

EU-Angehörige

*auf bestimmte Tätig-
keiten beschränkt*

beweisbaren Unregelmäßigkeiten in der Meisterprüfung gekommen ist und die fürchten, bei mehrmaligem Nicht-Bestehen den Makel der »nicht-meisterlichen« Befähigung aufgedrückt zu bekommen.

Abweichend vom üblichen Zugang zur Meisterprüfung (Gesellenprüfung und maximal dreijährige Gesellenzeit) werden Sie zur Meisterprüfung auch unter anderen Voraussetzungen zugelassen:

– Statt Gesellenprüfung mit einer Abschlußprüfung in einem vergleichbaren anerkannten Ausbildungsberuf sowie mehrjähriger Tätigkeit.
– Der erfolgreiche Abschluß einer Fachschule wird auf die Gesellenheit angerechnet.
– Die Tätigkeit als selbständiger Handwerker, Werkmeister o. ä. wird auf die Gesellenzeit angerechnet. Dazu kann auch Ihre Zeit als Reisegewerbetreibender oder Leiter eines handwerklichen Nebenbetriebes zählen.
– Die Handwerkskammer kann die Gesellenzeit bei besonderer beruflicher Befähigung auf Antrag abkürzen.
– In Ausnahmefällen kann die Handwerkskammer von der Voraussetzung der Gesellenprüfung und Gesellenzeit ganz befreien! Meistersöhne scheinen davon häufig zu profitieren. Sie qualifiziert, daß sie »in einem Handwerkerhaushalt aufgewachsen sind«.[6a]

Es gibt also verschiedene Möglichkeiten, auch ohne den entsprechenden Werdegang zur Meisterprüfung zugelassen zu werden. Fragen Sie Ihre Handwerkskammer.

Neben der Meisterprüfung als Regelzugang gibt es die im folgenden dargestellten Möglichkeiten, um in die Handwerksrolle eingetragen zu werden.

4.2.2 Verwandte Handwerke

Wer die Meisterprüfung bestanden hat, kann auch für die handwerklichen Gewerbearten, die seinem Handwerk nahestehen, in die Handwerksrolle eingetragen werden, *sofern die Handwerke auch per Rechtsverordnung für »verwandt« erklärt sind.* § 7 HWO bestimmt hierzu folgendes:

(1) In die Handwerksrolle wird eingetragen, wer in dem von ihm zu betreibenden Handwerk oder in einem diesem verwandten Handwerk die Meisterprüfung bestanden hat. Das Bundesministerium für Wirtschaft bestimmt durch Rechtsverordnung mit Zustimmung des Bundesrates, welche Handwerke sich so nahestehen, daß die Beherrschung des einen Handwerks die fachgerechte Ausübung wesentlicher Tätigkeiten des anderen Handwerks ermöglicht (verwandte Handwerke).

Die Verwandtschaft von Handwerken ist also keine Gefühlssache, sondern eine Angelegenheit bürokratischer Regelungen. Als verwandt gelten z. B. Bäcker und Konditor, Bootsbauer und Schiffbauer, Damen- und Herrenschneider. Die Liste der Verwandtschaftsverhältnisse (Verordnung über verwandte Handwerke) ist jedoch viel kritisiert worden, da viele Verwandtschaftsverhältnisse nicht erfaßt sind. Sie soll Gegenstand einer grundsätzlichen Neufassung werden.

Die Verordnung über verwandte Handwerke finden Sie im Anhang dieses Buches.

4.2.3 Gleichwertige Prüfungen

Nicht immer können handwerkliche Kenntnisse und Fertigkeiten nur über die entsprechende Meisterprüfung erworben werden. Es gibt eine Reihe von Prüfungen, die der Meisterprüfung oder Teilen der Meisterprüfung gleichgestellt sind. § 7 HWO bestimmt hierzu:

(2) In die Handwerksrolle wird ferner eingetragen, wer eine der Meisterprüfung für die Ausübung des betreffenden Handwerks mindestens gleichwertige andere deutsche Prüfung erfolgreich abgelegt hat und die Gesellenprüfung in dem zu betreibenden Handwerk oder in einem mit diesem verwandten Handwerk oder eine Abschlußprüfung in einem dem zu betreibenden Handwerk entsprechenden anerkannten Ausbildungsberuf bestanden hat oder in dem zu betreibenden Handwerk oder in einem mit diesem für verwandt erklärten Handwerk mindestens drei Jahre praktisch tätig gewesen ist. Der Abschlußprüfung an einer deutschen Hochschule gleichgestellt sind Diplome, die in einem anderen Mitgliedsstaat der Europäischen Gemeinschaft oder einem anderen Vertragsstaat des Abkommens über den Europäischen Wirtschaftsraum erworben wurden und entsprechend der Richtlinie 89/48/EWG des Rates vom 21. Dezember 1988 über eine allgemeine Regelung zur Anerkennung der Hochschuldiplome, die eine mindestens dreijährige Berufsausübung abschließen (ABl. EG 1989 Nr. L 19 S. 16), anzuerkennen sind. Die Entscheidung, ob die Voraussetzungen für die Eintragung erfüllt sind, trifft die Handwerkskammer. Das Bundesministerium für Wirtschaft kann durch Rechtsverordnung mit Zustimmung des Bundesrates bestimmen, welche Prüfungen die Voraussetzungen des Satzes 1 erfüllen. Das Bundesministerium für Wirtschaft kann durch Rechtsverordnung mit Zustimmung des Bundesrates bestimmen, daß in die Handwerksrolle einzutragen ist, wer im Ausland eine der Meisterprüfung für die Ausübung des zu betreibenden Gewerbes oder wesentlicher Tätigkeiten dieses Gewerbes gleichwertige Berechtigung zur Ausübung eines Gewerbes erworben hat.

Wie so häufig bei gesetzlichen Neuerungen ist auch hier die einst einfache Formulierung des § 7,2 HWO erst einmal nur komplizierter geworden. Der Paragraph besagt, daß Sie auch mit gleichwertigen anderen Prüfungen in die Handwerksrolle eingetragen werden können, sofern Sie auch die Gesellenprüfung dieses Handwerks bestanden haben. Statt Gesellenprüfung kann es auch die Abschlußprüfung eines anderen, diesem Handwerk entsprechenden Ausbildungsberufes sein. Und wenn Sie weder die Gesellenprüfung noch eine andere Abschlußprüfung vorweisen können, kann auch eine mindestens dreijährige praktische Tätigkeit in dem zu betreibenden oder einem damit verwandten Handwerk reichen.

Beispiel:
Ein Bauingenieur, der frisch von der Universität kommt, wird mit seinem Hochschuldiplom als Maurer in die Handwerksrolle eingetragen, wenn er auch Maurergeselle ist oder als Maurer drei Jahre praktisch tätig war.

Einzelheiten darüber, welche Hochschulabschlüsse welchen Meisterprüfungen gleichgestellt sind, finden Sie in »Verordnung über die Anerkennung von Prüfungen bei der Eintragung in die Handwerksrolle und bei Ablegung der Meisterprüfung im Handwerk«. Es handelt sich hierbei um Diplomprüfungen und Abschlußprüfungen an deutschen staatlichen oder staatlich anerkannten wissenschaftlichen *Hochschulen und Fachhochschulen*. Wenn Sie dort ein Fachgebiet bzw. eine Fachrichtung studiert haben, das dem entsprechenden Handwerk entspricht, dann werden Sie mit Ihrem Prüfungsergebnis der Hochschule ohne weitere Prüfung in die Handwerksrolle eingetragen, sofern Sie zusätzlich die Gesellenprüfung in dem zu betreibenden (oder einem verwandten) Handwerk bestanden haben oder dort mindestens drei Jahre tätig gewesen sind. Sie müssen also nicht wie die Handwerksmeister Gesellenprüfung und drei Jahre praktische Tätigkeit nachweisen! Sie sind damit bessergestellt!

Haben Sie dagegen etwa eine durch die Verordnung anerkannte *Fachschule oder Technikerschule* absolviert, wird Ihnen nur Teil II der Meisterprüfung (fachtheoretische Kenntnisse) erlassen. Sind Sie dagegen beispielsweise studierter Diplom-Kaufmann, so können Sie nach momentaner Praxis dennoch nicht darauf hoffen, daß Ihnen Teil III der Meisterprüfung (betriebswirtschaftliche, kaufmännische und rechtliche Kenntnisse) erlassen wird.

Als gleichwertig gelten aufgrund der Gesetzesnovellierung von 1998 die entsprechenden *Industriemeisterprüfungen* und andere Prüfungen nach dem Berufsbildungsgesetz. Damit wurde ein eklatantes Ärgernis beseitigt. Denn früher mußten Industriemeister erneut eine Prüfung machen. Sie hatten schlicht und einfach die falsche Meisterprüfung. Nach der Angliederung der ehemaligen DDR wurden die Industriemeister der volkseigenen Industrie gleichgestellt (siehe auch die Verordnung im Anhang), nicht aber westliche Industriemeister.

Einzelheiten über die Anerkennung von Prüfungen finden Sie im Anhang dieses Buches in der Verordnung über die Anerkennung von Prüfungen bei der Eintragung in die Handwerksrolle und bei Ablegung der Meisterprüfung sowie in der Verordnung über die Anerkennung von Prüfungen bei Ablegung des Teils IV der Meisterprüfung im Handwerk.

Während bis 1994 die Anerkennung von gleichwertigen Prüfungen nur auf Grundlage dieser Verordnungen möglich war, so gibt es seither eine Neuerung, deren Vorteil sich allerdings erst noch erweisen muß.

Nun kann die Handwerkskammer weitere Gleichstellungsentscheidungen treffen, wenn es dazu keine Rechtsverordnung gibt! Die Handwerkskammer hat auch für die Gleichbehandlung von EG/EWR-Hochschuldiplomen mit deutschen Diplomen zu sorgen. Der Gesetzgeber hat hier-

mit Kompetenzen aus der Hand gegeben und den Handwerkskammern übereignet. Ob dies zu mehr Flexibilität
führen wird oder zu mehr Willkür, muß die Praxis zeigen.
Ebenfalls einzutragen sind Vertriebene und Spätaussiedler nach § 7,9 HWO, wenn sie vor dem erstmaligen Verlassen ihrer Herkunftsgebiete eine der Meisterprüfung
gleichwertige Prüfung außerhalb Deutschlands bestanden haben.

Sie müssen ihre Prüfung nicht wiederholen. Allerdings
kann sich die Feststellung der Gleichwertigkeit dieser
Prüfung u. U. etwas länger hinziehen.

4.2.4 Ausnahmebewilligung

Eine verfassungsrechtlich höchst wichtige Möglichkeit, in
die Handwerksrolle eingetragen zu werden, ist die Ausnahmebewilligung. Sie soll allen fachlich qualifizierten
Berufsbewerbern einen Weg eröffnen, wenn sie die Meisterprüfung nicht abgelegt haben. So lautet die Begründung des Gesetzgebers, die auch vom Bundesverfassungsgericht[6b] hervorgehoben wird. So lautet auch die
Theorie.

Die Ausnahmebewilligung ist eine wichtige Zugangsmöglichkeit, in der Praxis ist sie leider höchst unerfreulich
und intransparent.

Dem Bundesverfassungsgericht zufolge sollte »*von der
Möglichkeit der Erteilung einer Ausnahmebewilligung
nicht engherzig Gebrauch gemacht werden*«, ohne daß
es konkret sagt, wo denn nun die Grenze zwischen Eng-
herzigkeit und Großzügigkeit verläuft. Vor Erlaß der
Handwerksordnung 1953 wurde in der britischen Zone
etwa die Hälfte aller Handwerksrolleneintragungen
ohne Meisterprüfung vorgenommen. Heute dagegen
wird nur eine kleine Zahl von Handwerksrolleneintragungen aufgrund von Ausnahmebewilligungen vorgenommen: Statistisch sind es knapp 5 Prozent, also ein
Zehntel der früheren Regelung. Ist das nun die Eng-

herzigkeit, vor der das Bundesverfassungsgericht warnte?

Ja, das ist es! Knapp 5 Prozent Ausnahmebewilligungen sind an sich nicht viel. Doch auch diese Zahl ist noch geschönt. Zwar gibt es keine veröffentlichten Statistiken, die eine grundrechtsnahe Differenzierung zur Ausnahmebewilligung erlauben. Die meisten Ausnahmen sind in der Realität mit der Auflage verbunden, die Meisterprüfung nachzumachen. Nach meiner Schätzung liegen die echten (d. h. unbefristeten, nicht nur vorübergehenden) Ausnahmebewilligungen nach § 8 HWO bei gut 1 Prozent aller Handwerksrolleneintragungen! Bei dieser Größenordnung kann von der vom Bundesverfassungsgericht geforderten Großzügigkeit keine Rede mehr sein.

Wie läuft nun das Antragsverfahren ab?

§ 8 HWO bestimmt folgendes:

(1) In Ausnahmefällen ist eine Bewilligung zur Eintragung in die Handwerksrolle (Ausnahmebewilligung) zu erteilen, wenn die zur selbständigen Ausführung des von dem Antragsteller zu betreibenden Handwerks notwendigen Kenntnisse und Fertigkeiten nachgewiesen sind; dabei sind auch seine bisherigen beruflichen Erfahrungen und Tätigkeiten zu berücksichtigen. Ein Ausnahmefall liegt vor, wenn die Ablegung der Meisterprüfung zum Zeitpunkt der Antragstellung oder danach für ihn eine unzumutbare Belastung bedeuten würde. Ein Ausnahmefall liegt auch dann vor, wenn der Antragsteller eine Prüfung auf Grund einer nach § 42 Abs. 2 dieses Gesetzes oder § 46 Abs. 2, § 81 Abs. 4 oder § 95 Abs. 4 des Berufsbildungsgesetzes erlassenen Rechtsverordnung bestanden hat, die in wesentlichen fachlichen Punkten mit der Meisterprüfung für ein Gewerbe der Anlage A übereinstimmt.

Zwei Bedingungen müssen also erfüllt sein:
1. Es muß ein *Ausnahmefall* vorliegen. Ein Ausnahmefall liegt vor, wenn die Meisterprüfung eine unzumutbare Belastung wäre.
2. Die *notwendigen Kenntnisse und Fertigkeiten* müssen nachgewiesen werden.

Alles klar? Eine unzumutbare Belastung können Sie nachweisen, und die notwendigen Kenntnisse und Fertigkeiten haben Sie?

So einfach ist es natürlich in der Praxis nicht. Das wäre ja zu schön.

In der Praxis wird häufig zuerst geprüft, ob überhaupt ein Ausnahmefall vorliegt. Und das Vorliegen eines Ausnahmefalles (Meisterprüfung als unzumutbare Belastung) wird in der Praxis sehr engherzig beurteilt! Liegt er nicht vor bzw. wird er nicht anerkannt, dann kommen Sie häufig gar nicht mehr dazu, Ihre Kenntnisse und Fertigkeiten unter Beweis zu stellen.

Wie wenig Verständnis die unteren und mittleren Gerichte für die Lage der Betroffenen zeigen, macht ein Urteil des VGH Baden-Württemberg aus dem Jahr 1986 deutlich.

»Eine starke berufliche Beanspruchung begründet nicht die Unzumutbarkeit der Ablegung der Meisterprüfung.... Drohende Vernichtung der aufgebauten Existenz und die zu befürchtende Arbeitslosigkeit können deshalb nicht als unzumutbare Belastung zur Begründung eines Ausnahmefalles angesehen werden, weil der Antragsteller mit diesen Folgen rechnen muß.«[9]

Nicht als Ausnahmefall gelten: Betriebsbeginn ohne Eintragung in die Handwerksrolle, allgemeine wirtschaftliche oder familiäre Schwierigkeiten, das Ausscheiden eines angestellten Betriebsleiters, Arbeitslosigkeit, die Beschränkung auf ein Teilhandwerk, Prüfungsängste, die

Erkrankung der Ehefrau, Sprachschwierigkeiten.[9a] Das
»Horrorkabinett« dieser Beispiele zeigt:

Die Rechtsprechung der unteren und mittleren Instanzen zu diesem Thema ist hart und zeigt wenig Verständnis
für die Situation der Betroffenen.

Dabei hatte das Bundesverfassungsgericht in seinem
Handwerksbeschluß zwei Fälle extra erwähnt:[10] Wenn
»ein Berufsbewerber für den Unterhalt von Angehörigen
aufkommen muß und deswegen nicht imstande ist, den
Zeit- und Geldaufwand für den Besuch von Meisterkursen zu tragen« und – als zweiten Fall – »das vorgerückte
Alter eines Berufsanwärters . . ., zumal dann, wenn er
einen anderen Ausbildungsgang durchlaufen hat, als ihn
die Handwerksordnung vorsieht.«

Das Reförmchen der rot-grünen Bundesregierung zum
erleichterten Zugang zum Handwerk besteht in einer
Empfehlung des Bund-Länder-Ausschusses Handwerksrecht vom 21. November 2000 (Leipziger Beschlüsse).

Hierin werden zur Klarstellung folgende Ausnahmefälle festgehalten:

1. Andere Prüfungen, die nach den bisherigen Regelungen nicht ohne weiteres gleichzustellen waren. Im einzelnen:

   a) Eine Prüfung aufgrund einer nach § 42 Abs. 2 HwO
   oder §§ 46 Abs. 2, 81 Abs. 4 oder 95 Abs. 4 des
   Berufsbildungsgesetzes (BBiG) erlassenen Rechtsverordnung bestanden, die in wesentlichen fachlichen Punkten mit der Meisterprüfung für ein
   Gewerbe der Anlage A übereinstimmt (§ 8 Abs. 1
   Satz 3 HwO).

   b) Eine fachlich einschlägige Prüfung aufgrund einer
   nach § 42 Abs. 1 HwO von der Handwerkskammer
   oder nach § 46 Abs. 1 BBiG von der zuständigen
   Stelle erlassenen Rechtsvorschrift bestanden hat
   und die Prüfung in etwa dem Niveau einer nach § 42

Abs. 2 HwO oder §§ 46 Abs. 2, 81 Abs. 4 oder 95 Abs. 4 BBiG geregelten Prüfung entspricht.

c) Abschlüsse einer wissenschaftlichen Hochschule oder Fachhochschule oder andere Prüfungen nach § 7 Abs. 2 HwO, wenn die weiteren in der Vorschrift genannten Voraussetzungen (Gesellenprüfung, Abschlussprüfung in einem entsprechenden anerkannten Ausbildungsberuf, praktische Tätigkeit) ganz oder teilweise nicht erfüllt sind.

d) Eine Abschlußprüfung nach § 2 der Verordnung über die Anerkennung von Prüfungen bei der Eintragung in die Handwerksrolle und bei der Ablegung der Meisterprüfung im Handwerk vom 2. November 1982 (BGBl. I S. 1479), unbeschadet, ob die Prüfung in Anlage 3 der Verordnung aufgeführt ist.

2. Outsourcing: Ihnen droht Arbeitslosigkeit durch die Ausgliederung handwerklicher Leistungen oder Umstrukturierung handwerklicher Betriebe. Dann ist ein Ausnahmefall anzunehmen, wenn Sie als Antragsteller mehrere Jahre in dem Bereich beschäftigt waren und aus Mangel an vergleichbaren offenen Stellen in Ihrem Beruf keine adäquate Stelle finden (befristete Ausnahmebewilligung).

3. Lange Wartezeiten bei der Meisterprüfung (befristete Ausnahmebewilligung)

4. Gesundheitliche Gründe oder körperliche Behinderungen: bei erheblicher, nicht nur vorübergehender gesundheitlicher Beeinträchtigung oder körperlicher Behinderung, wenn die daraus resultierende Belastung nicht durch eine spezielle, den Umständen des Einzelfalls gerecht werdende Gestaltung des Prüfungsverfahrens ausgeschlossen werden kann oder ausgeschlossen worden ist.

5. Handwerksrechtliche Qualifikation für ein Handwerk (zum Beispiel Meisterbrief) liegt bereits vor. Sie wollen

zusätzlich ein anderes Handwerk ausüben und die Voraussetzungen des § 7 a HwO liegen nicht oder nur teilweise vor.

6. Gelegenheit zur Betriebsübernahme: Wenn die Übernahme eines Betriebes oder eines nicht unerheblichen Gesellschaftsanteils, verbunden mit der Funktion des Betriebsleiters bzw. des für die technische Leitung verantwortlichen, persönlich haftenden Gesellschafters für Sie eine günstige Gelegenheit darstellt, die Sie nicht ergreifen könnten, wenn Ihnen die vorherige Ablegung der Meisterprüfung zugemutet würde (befristete Ausnahmebewilligung).

7. Begrenzte Spezialtätigkeit: Sie wollen nur einen speziellen Teil des betreffenden Handwerks ausüben, insbesondere wenn Sie mehrere Jahre lang in dem Bereich beschäftigt waren.

8. Fortgeschrittenes Alter: Bei einem Lebensalter von etwa 47 Jahren ist ein Ausnahmefall anzunehmen, der für Sie die Ablegung der Meisterprüfung unzumutbar macht. Bei Inhabern einer Gesellen- oder gleichwertigen Abschlussprüfung, die langjährig (20 Jahre) in dem betreffenden oder einem diesem verwandten Handwerk tätig waren, ist diese Altersgrenze angemessen zu verkürzen, wenn Aufgaben in herausgehobener, verantwortlicher oder leitender Stellung wahrgenommen wurden.

9. Weitere Ausnahmefälle: familiäre Belastungen – zum Beispiel überdurchschnittlich große Familie, gesundheitliche Beeinträchtigungen bei Angehörigen –, Arbeitslosigkeit und andere belastende soziale Aspekte.

Die Klarstellung dieser Ausnahmefälle ist im Antragsverfahren eine gewisse Hilfe, weil sie entweder Fälle standardisiert, die überwiegend durch Rechtsprechung schon entschieden waren, oder Einzelfällen einen inhaltlichen

Fortschritt bringt, der jedoch im Streitfall mit der zuständigen Verwaltungsbehörde nichts wert ist, weil die Aufzählung nicht den Rechtscharakter einer Verordnung hat.

In der Novellierung der Handwerksordnung hat der Gesetzgeber in § 8 Abs. 1 ausdrücklich geregelt, daß bestimmte Prüfungen nach dem Berufsbildungsgesetz als Ausnahmefall anerkannt werden. Eine unzumutbare Belastung ist hier nicht nachzuweisen. Diese Regelung soll vor allem den bislang diskriminierten Industriemeistern nützen. Allerdings muß die Handwerkskammer in Anerkennungsverfahren weiterhin von der Verwaltungsbehörde gehört werden. Hier hat die Kammer Gelegenheit, dazu Stellung zu nehmen, inwieweit die Industriemeisterprüfung oder andere Prüfungen in wesentlichen fachlichen Punkten mit der entsprechenden Meisterprüfung übereinstimmt.

Sieht man sich die Rechtsprechung zum Ausnahmefall an, so kommt das Gefühl auf, daß das Grundrecht auf freie Berufswahl hier unter die Räder gekommen ist. Zu Recht kritisierte der frühere Bundesverfassungsrichter Prof. Rottmann die »bedauerliche Tendenz der Verwaltungs- und z. T. auch der Gerichtspraxis, sich auf eine bloß vordergründige Rechtsanwendung zu beschränken und die Elle der Verfassung als Maßstab der Rechtmäßigkeit nur selten zur Hand zu nehmen«.[11]

Wenn Sie jedoch das Vorliegen eines Ausnahmefalles begründen können, weil die Ablegung der Meisterprüfung nicht nur nach Ihrer eigenen Einschätzung, sondern auch in den Augen der Behörden und Gerichte für Sie eine unzumutbare Belastung bedeuten würde, dann kommen wir zur zweiten Bedingung für die Bewilligung des Ausnahmefalles:

Der Nachweis der erforderlichen Kenntnisse und Fertigkeiten

Dieser Nachweis darf keine »Ersatz-Meisterprüfung« werden! Es handelt sich lediglich um eine *Beweisaufnah-*

me durch die zuständige Behörde (nicht die Handwerkskammer), bei der der Beweis grundsätzlich in jeder geeigneten Art und Weise geführt werden kann.[12] Durch die
gesetzliche Novellierung wird klargestellt, daß bei Ihrer
Beweisführung Ihre bisherigen beruflichen Erfahrungen
und Tätigkeiten zu berücksichtigen sind. Auch diese Klarstellung war notwendig. Denn in der Vergangenheit wurde meist versucht, daraus eine Art Prüfung zu machen, die
nur aus psychologischen Gründen nicht immer Prüfung
genannt wurde. In der Gesetzesbegründung wird deutlich klargestellt, daß »die Ablegung einer ›Eignungsprüfung‹ nur dann verlangt werden darf, wenn der erforderliche Nachweis nur durch eine solche Prüfung und nicht auf
einfachere Weise erbracht werden kann.

Dies entspricht dem verfassungsrechtlichen Grundsatz
der Verhältnismäßigkeit. Durch die Änderung der Vorschrift entsprechend der verfassungsrechtlichen Rechtslage soll die Praxis stärker dazu angehalten werden, die
bisherigen beruflichen Erfahrungen und Kenntnisse zu
berücksichtigen und nicht – wie vielfach – bereits von
vornherein eine ›Eignungsprüfung‹ zu verlangen.«[12a] Die
Eignungsprüfung (oft auch Fachgespräch oder Test genannt) ist demnach nur das letzte Mittel bei der Überprüfung Ihrer Qualifikation!

Während für die Führung der Handwerksrolle und die
Eintragung in die Rolle die Handwerkskammer zuständig
ist, ist die Kammer für die Erteilung der Ausnahmebewilligung *ausdrücklich nicht zuständig!* Ausnahme: In Schleswig-Holstein gilt als zuständige Behörde seit 1. 1. 2002 die
jeweilige Handwerkskammer! Damit wurde die notwendige und sinnvolle Gewaltenteilung zwischen Verwaltungsbehörde und Interessenorganisation aufgehoben.
Das ist ein Sündenfall der Handwerksgeschichte, weil
damit potentiell der Wolf zum Schäfer gemacht wird.

In der Praxis spiegeln die Kammern den Antragstellern
allerdings häufig vor, daß sie selbst über den Antrag ent-

scheiden würden. Die Antragsteller werden dazu bewogen, den Antrag bei der Kammer einzureichen. Diese reicht ihn dann kommentiert an die Behörde weiter. Nach dem Gesetzestext wenigstens wurde hier nicht die Interessenvertretung der Vollhandwerker als »Bock zum Gärtner« gemacht. Eine neutrale Behörde soll eigentlich entscheiden, nicht die Handwerkskammer.

Die Ausnahmebewilligung wird erteilt von der »höheren Verwaltungsbehörde« bzw. einer anderen von der Landesregierung ermächtigten Behörde. Allerdings muß zuvor die Handwerkskammer gehört werden. Und die Handwerkskammer kann nur dann eine Stellungnahme der fachlich zuständigen Innung oder Berufsvereinigung einholen, wenn Sie als Antragsteller ausdrücklich zustimmen! Überlegen Sie also, inwieweit die häufig von der Handwerkskammer bevorzugte Innung für Ihren Antrag vorteilhaft ist oder ob es eine andere, Ihnen näherstehende Berufsvereinigung gibt. Auch diese Kann-Bestimmung ist neu und korrigiert den Mißbrauch in der bisherigen Praxis. Es handelt sich um eine Klarstellung, daß Ihre Zustimmung wichtig ist. Dazu noch einmal die Gesetzesbegründung: »Nach vorliegenden Informationen ist in der Praxis vielfach nicht bekannt, daß im Hinblick auf das Recht auf informationelle Selbstbestimmung die Zustimmung des Antragstellers zur Einschaltung der Innung oder einer anderen Berufsvereinigung erforderlich ist. Hieraus können für den Antragsteller Nachteile entstehen.«[12b]

In der Tat: In der Vergangenheit standen Antragsteller oft gegen eine ganze Phalanx von Innung, Handwerkskammer und Behörde. Auch wenn in der Praxis der Weg des öfteren doch wieder über die Handwerkskammer läuft, so entscheidet hier die Verwaltungsbehörde, nicht die Handwerkskammer!

Was nützt Ihnen nun eine Ausnahmebewilligung, wie weit reicht sie?

Im besten Fall kommen Sie ohne Meisterprüfung in die

Antragsweg für die Erteilung einer Ausnahmebewilligung

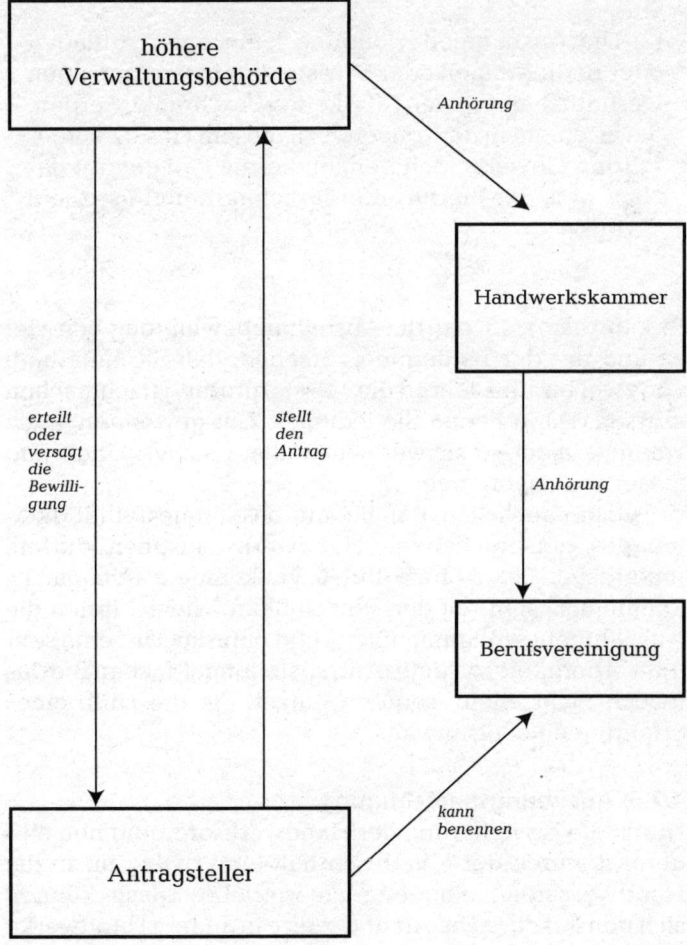

Handwerksrolle. In § 8 Abs. 2 HWO sind jedoch weitere Möglichkeiten aufgeführt:

> (2) Die Ausnahmebewilligung kann unter Auflagen oder Bedingungen oder befristet erteilt und auf einen wesentlichen Teil der Tätigkeiten beschränkt werden, die zu einem in der Anlage A zu diesem Gesetz aufgeführten Gewerbe gehören; in diesem Fall genügt der Nachweis der hierfür erforderlichen Kenntnisse und Fertigkeiten.

Es kann also sein, daß die Ausnahmebewilligung befristet ist und mit der Bedingung versehen, daß Sie innerhalb von zwei bis fünf Jahren die Meisterprüfung nachmachen müssen. Dann haben Sie lediglich Zeit gewonnen, auch wenn es nicht so schwer sein sollte, eine Verlängerung dieser Frist zu erlangen.

Es kann auch sein, daß Sie nur bestimmte Teiltätigkeiten des entsprechenden Handwerks ausüben dürfen, unbefristet. Das könnte Ihnen vollkommen reichen. Es kommt also sehr auf den Einzelfall an, wieviel Ihnen die Ausnahmebewilligung nützt – und natürlich auf eine sehr gut vorbereitete, gezielte Antragstellung. Machen Sie das jedoch nicht allein, sondern nutzen Sie die Hilfe eines erfahrenen Rechtsanwalts.

4.2.5 Ausübungsberechtigung

Durch die Novellierung der Handwerksordnung neu eingeführt wurde der § 7a. Er enthält ein Privileg für in die Handwerksrolle eingetragene Betriebe. Diese können sich nun auf einfache Art und Weise in andere Handwerke ausdehnen, ohne dafür die Meisterprüfung abzulegen: durch die neu geschaffene Ausübungsberechtigung. Wenn Sie also aufgrund einer der in diesem Buch dargelegten Möglichkeiten in die Handwerksrolle eingetragen worden sind, dann können Sie von dem Privileg der Ausübungsberechtigung profitieren.

§ 7a lautet:

(1) Wer ein Handwerk nach § 1 betreibt, erhält eine Ausübungsberechtigung für ein anderes Gewerbe der Anlage A oder für wesentliche Tätigkeiten dieses Gewerbes, wenn die hierfür erforderlichen Kenntnisse und Fertigkeiten nachgewiesen sind; dabei sind auch seine bisherigen beruflichen Erfahrungen und Tätigkeiten zu berücksichtigen.

(2) § 8 Abs. 2 bis 4 gilt entsprechend.

Sie haben es sicher schon gemerkt: Diese Neuschöpfung der Ausübungsberechtigung ist eine Art Ausnahmebewilligung für Vollhandwerker, ohne daß diese einen Extra-Ausnahmefall begründen müssen. Damit wird die Förderung eines möglichst breiten Angebotes aus einer Hand beabsichtigt. Für Vollhandwerker gelten also leichtere Zugangsbedingungen zu anderen Handwerken als für nicht in die Handwerksrolle eingetragene Betriebe. Auch wenn diese Vollhandwerker ihre Fähigkeiten in diesen anderen Handwerken ebenso autodidaktisch erworben haben wie viele, denen dieses Privileg nicht zugestanden wird.

Ein wirtschaftlicher Zusammenhang mit dem schon ausgeübten Handwerk ist nicht erforderlich. Sie könnten also als Zahntechniker auch Kuchen backen. Und Sie dürfen dafür sogar werben! Vielleicht weil der Kuchen zahnfreundlicher ist?

Bei der Beantragung gehen Sie dann vor wie bei der Ausnahmebewilligung: Antrag bei der höheren Verwaltungsbehörde (d. h. Regierungspräsident, Ordnungsamt, Kreisdirektor o. ä.), Anhörung der Berufsvereinigung, wenn Sie es wünschen. Nachweis der Qualifikation durch bisher erlaubte handwerkliche Betätigungen in dem entsprechenden Handwerk (z. B. handwerklicher Nebenbetrieb, Hilfsbetrieb, § 5 HWO o. ä. bzw. Fachgespräch, Nachweis von Fachkursen mit Abschlußprüfung). Da der Antragsteller schon eine Prüfung abgelegt hat, bedarf es auch keiner Prüfung seiner betriebswirtschaftlichen Kenntnisse.

4.2.6 Qualifikationen aus dem EU-Ausland

Wenn Sie – auch als Deutscher – in dem Handwerk, welches Sie in Deutschland selbständig ausüben wollen, mindestens sechs Jahre ununterbrochen als Selbständiger oder als Betriebsleiter *im europäischen Ausland* tätig waren und wenn das nicht mehr als zehn Jahre zurückliegt, dann können Sie in die Handwerksrolle mit einer Ausnahmebewilligung nach § 9 HWO eingetragen werden. Dies geht auch, wenn Sie z. B. nur drei Jahre ununterbrochen in diesem Handwerk selbständig oder als Betriebsleiter tätig waren, aber zuvor in dem Beruf eine mindestens dreijährige Ausbildung absolviert haben usw. Diese Ausbildung muß jedoch in dem Mitgliedsstaat, in dem sie abgelegt wurde, auch Zugang zu dem betreffenden Beruf gewähren. Sonst reicht sie nicht aus. Wie diese Zugangsregelungen in den anderen EU-Mitgliedsstaaten aussehen, wurde in Kapitel 3.2.1 dargestellt.

Einzelheiten zu diesen Voraussetzungen finden Sie in der sogenannten *EWG/EWR-Handwerk-Verordnung* (siehe Anhang). Seit 1994 zählen zu den Begünstigten dieser Verordnung neben den Staatsangehörigen der Europäischen Union (EWG) auch die Staatsangehörigen eines Vertragsstaates des Abkommens über den Europäischen Wirtschaftsraum (EWR). Begünstigt sind somit neben den Mitgliedsstaaten der Europäischen Union auch Norwegen und Island. Die Schweiz und Liechtenstein sind nicht begünstigt.

Nur aufgrund eines Befähigungsnachweises wie ein Diplom, Prüfungszeugnis o. ä. dürfen folgende Handwerke ausgeübt werden:
– Schornsteinfeger
– Orthopädieschuhmacher
– Augenoptiker
– Hörgeräteakustiker
– Orthopädietechniker
– Zahntechniker
Für Friseure gilt die Verordnung mit kleinen Einschränkungen (vgl. § 1 Absatz 3 und § 3).

Die Tatsache, daß es in fast allen anderen EU-Mitgliedsstaaten wesentlich leichtere Zugangsmöglichkeiten zum Handwerk gibt, heißt für Deutsche, die *nicht* ins Ausland gehen wollen, keineswegs, daß das deutsche Recht dem ausländischen angepaßt werden muß. So haben deutsche Gerichte bislang entschieden.[13]

Das empfinden viele als ungerecht, ja als Diskriminierung inländischer Handwerker, wenn EU-Ausländer ohne Meisterprüfung in die Handwerksrolle eingetragen werden, deutsche Handwerker jedoch nicht. Klar ist: Wenn Sie als Deutscher oder EU-Ausländer Ihre Erfahrungen im EU-Ausland gesammelt haben, dann haben Sie u. U. Chancen, eine Ausnahmebewilligung nach § 9 HWO zu erhalten.

Wenn Sie jedoch Ihre Erfahrungen im Inland gesammelt haben? Dann gehen Sie nach der bisherigen Rechtsprechung in Deutschland leer aus. Eine Ausnahmebewilligung nach § 9 HWO trifft auf Sie nicht zu. Daß dieses jedoch eine Ungerechtigkeit ist, ja eine Diskriminierung der hier lebenden Inländer ohne Meisterbrief, ist vielen klar. Der österreichische Verfassungsgerichtshof hat sich mit seiner Entscheidung vom 27. 12. 1999 diese Argumentation inzwischen zu eigen gemacht und entschieden: Bei solchen Ausnahmeregelungen darf nicht mit zweierlei

Maß gemessen werden wie bisher. Wenn jedoch nur ausländische Berufserfahrungen anerkannt werden, nicht aber die im Inland gesammelten, dann liegt eine ungerechtfertigte Differenzierung vor. Alle EU-Handwerker ohne Meisterbrief, egal ob EU-Inländer oder EU-Ausländer, müssen gleich behandelt werden.

Das Bundesverfassungsgericht hat durchblicken lassen, daß es dieser Sichtweise aufgeschlossen ist.

Das Diskriminierungsverbot wie in Österreich hieße für Deutschland: Handwerker sind in die Handwerksrolle einzutragen, wenn sie

a) die Meisterprüfung bestanden haben oder

b) mindestens sechs Jahre ununterbrochen als Selbständiger oder Betriebsleiter tätig waren oder

c) nach einer mindestens dreijährigen Ausbildung in dem betreffenden Beruf mindestens drei Jahre selbständig oder als Betriebsleiter tätig waren.

Die detaillierten Möglichkeiten, die Sie heute nach § 9 HWO haben, finden Sie im Anhang des Buches (Nr. 18). Eine Verfassungsklage auf Gleichbehandlung hat heute weit bessere Chancen als bisher.

Solange jedoch diese Entscheidung auf Gleichbehandlung noch nicht herbeigeführt worden ist, gilt die engherzige Rechtslage der Vergangenheit. Vorsicht jedoch, wenn Sie hier tricksen wollen. Der Europäische Gerichtshof hat entschieden,[14] daß die nachweisbare Tätigkeit in einem anderen Mitgliedsstaat tatsächlich ausgeübt worden und ununterbrochen sein muß, ausgenommen den üblichen Urlaub oder kurze Krankheiten. Ausgeschlossen ist die Ausübung einer Tätigkeit in einem anderen Mitgliedsstaat, wenn Ihr Unternehmen im Herkunftsland nicht aufgegeben worden ist und Sie in derselben Zeit im Aufnahmemitgliedsstaat eine Berufstätigkeit ausgeübt haben. Mit anderen Worten: Sie können nicht glaubhaft »auf zwei Hochzeiten tanzen« und sich so die entsprechenden Jahre selbständiger Tätigkeit im Ausland »zusammensparen«!

Sie müssen wirklich, ausschließlich und ununterbrochen diese Jahre im Ausland mit den entsprechenden Tätigkeiten zugebracht haben.

4.2.7 Betriebsleiter

Während Sie in den bislang genannten Fällen selbst die Möglichkeit haben, auch ohne Meisterbrief in die Handwerksrolle eingetragen zu werden, muß die Voraussetzungen für die Rolleneintragung beim technischen Betriebsleiter ein anderer erfüllen. Wenn Sie also eine GmbH gründen, dann können Sie einen *Konzessionsträger* als technischen Betriebsleiter einstellen, der mit in die Handwerksrolle eingetragen wird.

Die Grundlage für die Betriebsleiterregelung findet sich in § 7 Abs. 4 HWO:

(4) Eine juristische Person wird in die Handwerksrolle eingetragen, wenn der Betriebsleiter die Voraussetzungen für die Eintragung in die Handwerksrolle erfüllt. Eine Personengesellschaft wird in die Handwerksrolle eingetragen, wenn für die technische Leitung ein persönlich haftender Gesellschafter verantwortlich ist, der die Voraussetzungen für die Eintragung in die Handwerksrolle erfüllt.

Technischer Betriebsleiter kann demnach ein Handwerksmeister sein oder jede andere Person, die persönlich über die Voraussetzungen für die Handwerksrolleneintragung verfügt. Aufgrund dessen wird die juristische Person sodann in die Handwerksrolle eingetragen. Auch wenn der Betriebsleiter den Betrieb verläßt, wird die GmbH nicht sogleich gelöscht. Sie können innerhalb einer bestimmten Frist einen anderen Betriebsleiter suchen und einstellen.

Mit der Beschäftigung eines Konzessionsträgers können Sie nicht nur bei der GmbH, sondern auch bei ande-

ren Rechtsformen der Handwerksordnung Genüge tun.
Bei juristischen Personen wie der GmbH, AG oder dem
eingetragenen Verein wird der Betrieb mit angestelltem
Betriebsleiter in die Handwerksrolle eingetragen. Bei
einer OHG (Offene Handelsgesellschaft) oder einer GbR
(Gesellschaft bürgerlichen Rechts) muß der Betriebsleiter
jedoch vollhaftender Gesellschafter sein, bei der KG
(Kommanditgesellschaft) ebenfalls (hier heißen die persönlich haftenden Gesellschafter Komplementäre).
 Eine Ausnahme von dieser Regel, daß die Anstellung
eines Betriebsleiters bei Personengesellschaften oder
natürlichen Personen nicht möglich ist, bildet seit 1994
der neue § 7 Absatz 6. Er lautet:

(6) Wer ein Handwerk nach § 1 betreibt, wird mit
einem anderen, damit wirtschaftlich im Zusammenhang stehenden Gewerbe der Anlage A in die Handwerksrolle eingetragen, wenn der Betriebsleiter für
dieses Gewerbe oder für ein mit diesem verwandtes
Gewerbe die Voraussetzungen für die Eintragung in
die Handwerksrolle erfüllt.

Unter zwei Bedingungen dürfen nun also Betriebsinhaber, die keine juristische Person wie die GmbH gegründet
haben, ebenfalls einen Konzessionsträger anstellen:
1. Wenn sie schon in die Handwerksrolle eingetragen
   sind und
2. Wenn zwischen dem ausgeübten und dem anderen
   Handwerk ein wirtschaftlicher Zusammenhang besteht.
Die Voraussetzung des wirtschaftlichen Zusammenhangs
ist weit auszulegen. Sie liegt vor, wenn vom wirtschaftlichen Standpunkt und vom Interesse der Kunden her gesehen eine sinnvolle Erweiterung des bisherigen Leistungs-
angebotes entsteht. Diese Voraussetzung entfällt jedoch
bei juristischen Personen.

Diese »Figur« des Betriebsleiters gibt es übrigens schon seit 1935, also seit Einführung des großen Befähigungsnachweises. Sie ist keineswegs eine Neuerung des bundesdeutschen Handwerksrechts. Dennoch entwickelte sie sich aus Sicht der Handwerksfunktionäre erst Ende der siebziger Jahre »zu einem Kernproblem des Handwerksrechts«,[15] weil die Regelung viel häufiger in Anspruch genommen wurde. Während z. B. 1968 in Bayern nur 0,45 Prozent aller Handwerksbetriebe juristische Personen waren, so hatte sich ihr Anteil 10 Jahre später vervierfacht. 1990 entfielen bundesweit sogar etwa ein Drittel aller Handwerksrolleneintragungen auf juristische Personen, Tendenz steigend. Nimmt man die anderen Personengesellschaften hinzu, so sind es sogar über 40 Prozent.

Es gibt demnach einen deutlichen Trend weg vom Meisterbetrieb, in dem der Handwerksmeister Alleininhaber ist.

Mit der Zunahme der gesellschaftsrechtlichen Form befürchten und beobachten die Handwerksorganisationen, daß mehr Handwerksbetriebe als früher von Nichthandwerksmeistern geführt werden, die – um der Form Genüge zu tun – pro forma mit der technischen Leitung einen Meister oder anderen Konzessionsträger beauftragen. Die Angst des Kontrolleurs vor Betrug führt zu einer harten Prüfung, ob denn der Betrieb vom technischen Betriebsleiter tatsächlich ausreichend geleitet werde.

An den technischen Betriebsleiter werden besonders harte Anforderungen gestellt. Im Zweifelsfall müssen Sie häufig nachweisen, daß Ihr Betriebsleiter

– wirklich etwas zu sagen (rechtliche Einflußmöglichkeit) und eventuell auch gegenüber den Gesellschaftern ein fachliches Weisungsrecht hat;

– eine faktische Einwirkungsmöglichkeit hat. Er muß in Eilfällen jederzeit und ohne gefährlichen Zeitverlust zur Verfügung stehen. Die bloße Nachkontrolle oder

das gelegentliche Eingreifen wird nicht als Leitung angesehen;
– ausreichend anwesend ist (Arbeitszeit und -plan). Bei einigen Handwerken wie dem Friseurhandwerk oder Gas- und Wasserinstallateuren wird die permanente Anwesenheit des Betriebsleiters gefordert;
– tatsächlich anwesend ist;
– nicht Erwerbsunfähigkeitsrente bezieht oder aus Gründen seiner körperlichen und geistigen Leistungsfähigkeit früher die Löschung in der Handwerksrolle beantragt hatte;
– einen Beschäftigungsvertrag hat (darauf kann verzichtet werden, wenn der Betriebsleiter Gesellschafter ist und in der Gesellschafterversammlung nicht überstimmt werden kann);
– realistisch entlohnt wird und diese Vergütung auch wirklich erhält.

Sie sehen, daß an den Betriebsleiter strengere Anforderungen gestellt werden als an den Meister als Alleininhaber. Das kann absurde Ausmaße annehmen. Der Handwerksexperte Gerhard Honig schreibt über Alleininhaber:

»Der Betriebsinhaber braucht nicht selbst mit Hand anzulegen oder sich um jede Einzelheit und Kleinigkeit persönlich kümmern. Er kann sich daher im Einzelfall auch darauf beschränken, sich von verläßlichen Mitarbeitern entsprechend informieren und auf dem laufenden halten zu lassen und danach die ntowendigen Anweisungen zu geben und alle unternehmerischen Entscheidungen zu treffen. Die Beeinträchtigungen können dabei so weit gehen, daß sie – wie etwa eine Totallähmung beim Bauhandwerker oder eine Erblindung beim Uhrmacher – die aktive Betätigung in dem betreffenden Handwerk überhaupt ausschließen.«[16]

Wichtig sei lediglich, daß der Inhaber seine ganze (verminderte) Arbeitskraft ausschließlich seinem Betrieb widme und allein das Risiko trage.

Bei dem Betriebsleiter wird das alles ganz anders gesehen. Noch einmal Gerhard Honig: »Während bei einem handwerklichen Einzelunternehmen mit Vollzug der Eintragung nach § 7 Abs. 1 HWO der Fall in der Regel abgeschlossen ist, kann und darf sich die Handwerkskammer nicht damit begnügen, daß auch bei einem angestellten Betriebsleiter die Verhältnisse fortan unverändert bleiben. Auch wenn die Situation noch so gründlich überprüft und ein hieb- und stichfester Betriebsleiter-Vertrag vorgelegt wurde, erlebt man doch immer wieder Überraschungen ... Man kann aber nicht abwarten, bis sich die Beteiligten zerstreiten oder ›auspacken‹ ...«[17]

Zweierlei Maß?

Checkliste Betriebsleiter-Voraussetzungen

Bereiten Sie sich gut vor, und prüfen Sie die Chancen Ihres Konzessionsträgerkandidaten.

1. Wieviel Einfluß hat Ihr Betriebsleiter? Hat er in fachlich-technischen Fragen das ausschlaggebende Wort auch gegenüber Gesellschaftern und Geschäftsführern?
2. Könnte Ihr Betriebsleiter jederzeit anwesend sein? Muß er es zur Erhaltung der Arbeitsqualität oder Arbeitssicherheit?
3. Ist Ihr Betriebsleiter außer bei Ihnen auch in anderen Betrieben Betriebsleiter, Konzessionsträger, oder ist er gar selbständig?
4. Ist Ihr Betriebsleiter offensichtlich in guter körperlicher und geistiger Verfassung und in der Lage, seine Leitungsfunktion auszufüllen?

5. Hatte Ihr Betriebsleiter jemals seine Handwerksrolleneintragung löschen lassen? Wann und aus
   welchem Grund?
6. Soll Ihr Betriebsleiter auch Gesellschafter werden?
   Wie sind die Stimmverhältnisse im Gesellschaftsvertrag in fachlich-technischen Angelegenheiten
   geregelt?
7. Haben Sie für einen Betriebsleiter einen Beschäftigungsvertrag? Welche zeitliche Anwesenheit, welche Befugnisse, welche Bezahlung haben Sie vorgesehen?
8. Können Sie nachweisen, daß die vereinbarte Vergütung auch wirklich bezahlt wird?

Nach einem Urteil des Bundesverwaltungsgerichts[18] muß
der technische Betriebsleiter in einer juristischen Person
(hier vor allem der GmbH) nach seiner vertraglichen Stellung rechtlich zur fachlich-technischen Leitung befugt
sein. Das schließt ein, »daß er gegenüber den handwerklich tätigen Betriebsangehörigen fachlich weisungsbe-
fugt ist. Er muß auch tatsächlich die Leistungsaufgaben
wahrnehmen können und wahrnehmen. Dazu gehört,
daß er sich erforderlichenfalls gegenüber Gesellschaftern
und Geschäftsführern durchsetzen kann.«
Weiter hat das Bundesverwaltungsgericht mit deutli-
chem Verständnis für die Kontrolleure ausgeführt: »Läßt
sich nicht feststellen, ob die als Betriebsleiter benannte
Person die erforderlichen Voraussetzungen erfüllt, geht
dies zu Lasten der das Handwerk betreibenden juristischen Person« – also im Zweifel zu Ihren Lasten. Sorgen
Sie also für die notwendige Klarheit.
Wenn die Voraussetzungen für die Eintragung nicht
mehr vorliegen, dann kann die Handwerksrolleneintragung nach § 13 HWO auch von Amts wegen (von der

Handwerkskammer) gelöscht werden. Die Löschungsabsicht muß dem Gewerbetreibenden allerdings vorher mitgeteilt werden, und dieser kann sich wehren, indem er diesen Verwaltungsakt vor Gericht anficht. Das Gericht muß dann die Rechtmäßigkeit prüfen. Maßgeblich sind dafür »die tatsächlichen Verhältnisse«, wie das Bundesverwaltungsgericht noch einmal ausdrücklich festgestellt hat.

Sie sehen, daß Sie auch in Zukunft mit Rechtsunsicherheiten leben müssen, gleichgültig, ob Ihr Betriebsleiter nun Handwerksmeister ist oder aufgrund anderer Bestimmungen in die Handwerksrolle eingetragen ist. Seien Sie wachsam, und versuchen Sie, Zweifel gar nicht erst aufkommen zu lassen.

4.2.8 Filialbetriebe

Eine mögliche Form der handwerklichen Betätigung ohne Meister ist die Gründung eines Handwerksbetriebs, der unselbständige Filiale eines schon in die Handwerksrolle eingetragenen vollhandwerklichen Betriebes wird. Diesem Betrieb würde als Filiale das handwerksrechtliche Kriterium der Selbständigkeit (vgl. § 1 HWO, Handwerksbegriff) fehlen. *Damit muß er nicht unbedingt einen eigenen Meister oder Konzessionsträger haben.*

Das ist jedoch ein zweischneidiges Schwert. Denn Sie gründen Ihren Betrieb vermutlich auch deshalb, um selbständig arbeiten zu können. Und genau das dürften Sie handwerksrechtlich dann nicht mehr tun! Wenn Sie dennoch über eine solche Lösung nachdenken, weil Sie sich vielleicht einen eigenen Betriebsleiter vorerst nicht leisten können oder wollen, dann sollten Sie genau prüfen, inwieweit Ihr Kooperationspartner Ihr Vertrauen hat (und Sie seines), inwieweit er Sie dennoch selbständig arbeiten läßt, Ihnen lästige Verwaltungsarbeiten etc. abnehmen kann, so daß Sie sich voll auf die eigentlichen fachlichen Arbeiten stürzen können. Die rechtliche und wirtschaftli-

che Abhängigkeit muß ja nicht von Dauer sein, sie könnte
Ihnen über die Anlaufphase hinweghelfen, Ihnen ermöglichen, sich selbst zu testen, inwieweit Sie für die volle
Selbständigkeit gerüstet sind. Sie könnten die Zeit nutzen, sich auf die Meisterprüfung vorzubereiten, oder diese »planen«.

> Prüfen Sie mit Ihrem Partner, welche gegenseitigen
> Absicherungen Sie beide brauchen, damit Ihre
> Freundschaft mit der wirtschaftlichen Kooperation
> dauerhaft gestärkt werden kann.

Von den Handwerksorganisationen werden Sie möglicherweise argwöhnisch beobachtet werden. Deshalb sollten Sie folgendes wissen:

Es gibt für Handwerksbetriebe kein Verbot für die
Gründung weiterer Betriebsstätten. Der Grad der Selbständigkeit richtet sich nach der Art der Tätigkeit und der
Entfernung. Da der Handwerksbegriff dynamisch ist, ist
auch die Entwicklung neuer Betriebsstrukturen möglich
und zulässig (sie ist es in der Praxis häufig leider vor allem
zu Lasten des Nichthandwerks); und dies ganz besonders,
wenn neue wirtschaftliche Entwicklungen es erfordern.

Das Bundesverwaltungsgericht hat in einem Fall von 18
Werkstätten noch einen einheitlichen Handwerksbetrieb
gesehen und nicht 18 verschiedene Handwerksbetriebe,
weil den Betriebsteilen das Kriterium der Selbständigkeit
fehlte.[19]

Von Ihnen als Filialleiter kann dann nicht der große
Befähigungsnachweis verlangt werden, wenn Sie befugt
sind, die notwendigen Materialien zu bestellen und freie
Hand in der Preisbemessung haben. Beauftragen Sie
einen Rechtsanwalt, durch entsprechende Gestaltung der
Verantwortlichkeit dafür zu sorgen, daß Sie nicht Stellver-

treter im Sinne von § 45 GewO, sondern nur für begrenzte Teilbereiche zuständig sind.[20]

4.3 Was Sie machen dürfen, ohne in die Handwerksrolle eingetragen zu sein

4.3.1 Künstlerische Betätigung

Nach der Definition des Vollhandwerks im Sinne der HWO sind nur *Gewerbebetriebe* eintragungspflichtige Handwerksbetriebe. Künstler sind keine Gewerbetreibenden, also brauchen sie auch keinen Meisterbrief. Das gilt auch dann, wenn es sich um dem Handwerk vordergründig ähnliche künstlerische Berufe handelt, z. B.

- Goldschmiede
- Holzbildhauer
- Steinbildhauer
- Keramiker
- Fotografen

Doch immer dann, wenn es Ähnlichkeiten mit Handwerksberufen gibt, stellt sich die Frage: Was ist Kunst?

Auch wenn Sie sich wundern: Das muß im Zweifel behördlich festgestellt werden.

Drei Behörden kommen hierfür in Frage:

- das *Finanzamt*
- die *Handwerkskammer*
- die *Künstlersozialkasse (KSK)*

Doch Vorsicht: Die Anerkennung einer dieser Stellen hat nicht notwendig zur Folge, daß die anderen Behörden dies genauso sehen. Die Kriterien sind nicht hundertprozentig deckungsgleich. Dennoch können Sie davon ausgehen, daß die Anerkennung durchs Finanzamt oder die KSK Ihnen die Anerkennung durch die Handwerkskammer erleichtert.

Die freie Kunst ist zudem nicht nur durch das Grundgesetz auf freie Berufswahl (Art. 12 GG) besonders geschützt, sondern auch durch Art. 5 GG. Dieser bestimmt lapidar: »Kunst und Wissenschaft, Forschung und Lehre sind frei.«

Dennoch bereitet die Abgrenzung Kunst–Handwerk sowie freie–gewerbliche Berufe in der Praxis oft erhebliche Probleme, zumal die Entscheidung von Finanzbehörden, Sozialversicherung und Handwerkskammern aufgrund unterschiedlicher gesetzlicher Grundlagen nicht unbedingt deckungsgleich sein muß.

Bei der Untersuchung, ob es sich um einen Handwerksbetrieb oder freie künstlerische Tätigkeit handelt, werden folgende Merkmale geprüft:[21]

Betriebsinhaberbezogene Merkmale
- Ausbildung und Berufsabschluß (Lehre oder Kunsthochschule)
- Werdegang
- persönliche Anlage und Begabung
- öffentliche Auszeichnungen
- Mitgliedschaft in einem künstlerischen Berufsverband

Betriebsbezogene Merkmale
- technische Ausstattung (Atelier oder Maschinenpark)
- Art der Mitarbeiter
- Auftragsarbeit (z. B. mit starken Vorgaben, die die künstlerische Freiheit einschränken)
- Vertriebsart (Galerien oder Boutiquen)

Produkt- und ergebnisbezogene Merkmale
- Künstlerische Bewertung (Widerspiegelung individueller Anschauungsweise und Gestaltungskraft des Schaffenden)
- Einzelstücke oder Mehrfachprodukte
- Gebrauchswert

Diese Merkmale bieten Anhaltspunkte für die Beurteilung. Die Frage, inwieweit es überhaupt möglich ist, mit Hilfe derartiger Kriterien Kunst zu beurteilen, oder ob es dagegen nicht ausschließlich auf die künstlerische Absicht des Betreffenden ankommt, ist strittig.[22]

Genaugenommen wäre es heute z. B. außerordentlich fraglich, ob ein Künstler wie Rembrandt – würde er heute in Deutschland einen Antrag stellen – als Künstler anerkannt würde. Rembrandt hat bewiesen, wie Svetlana Alpers (»Rembrandt als Unternehmer«) herausgearbeitet hat, »daß zwischen dem Betrieb eines geschäftlichen Unternehmens und dem Anspruch auf individuelle Autorität als Maler nicht notwendig ein Widerspruch besteht. Und Rembrandts paradoxer Erfolg lag darin, daß er andere Künstler dazu brachte, sich für ihn auszugeben.«[23] Einige der bekanntesten Werke Rembrandts wurden nicht von ihm gemalt!

Heute müßte er infolgedessen Gewerbesteuer zahlen. Meines Erachtens ist auch der Fälscher der »Hitler-Tagebücher« ein Mann mit hohen künstlerischen Fähigkeiten – unabhängig von der juristischen Betrachtung.

In einem neueren Urteil hat allerdings der Bundesfinanzhof[24] festgestellt, daß es unerheblich sei, aus welcher Zielsetzung heraus der Künstler schaffe und wozu das von ihm Geschaffene verwendet werde. Diene das Geschaffene einem gewerblichen Zweck, so verliere es allein dadurch noch nicht die Eigenschaft einer künstlerischen Leistung. Wenn die Vorgaben des Auftraggebers dem Künstler allerdings keinen ausreichenden Spielraum für eine eigenschöpferische Leistung mehr lassen, wird die künstlerische zur gewerblichen Tätigkeit.

Der Gebrauchswert tritt demnach zugunsten des Merkmals der individuellen Anschauungsweise und Gestaltungskraft zurück. Immerhin.

Wenn ein Künstler in geringfügigem Umfang und als Auftragsarbeit handwerkliche Einzelstücke mit mehr oder weniger starkem künstlerischem Einschlag herstellt, dann gefährdet dies allein noch nicht den Künstlerstatus. Nach einem Urteil des Verwaltungsgerichts Augsburg[25] ist dies statthaft, wenn der Künstler damit seine Lebensgrundlage verbessern möchte und wenn dies nicht nachhaltig und mit der Absicht planmäßiger Wiederholung geschieht. *Einzelne Grenzüberschreitungen können demnach toleriert werden.*

Sozialversicherungsrechtlich interessant ist, daß Künstler, die mehr als einen Arbeitnehmer beschäftigen, nicht mehr als selbständige Künstler im Sinne des Sozialversicherungsgesetzes angesehen werden können. Rembrandt wäre somit auch sozialversicherungsrechtlich kein Künstler.

Beispiele
– Steinrestaurator:
  keine Kunst, kein Vollhandwerk, sondern Minderhandwerker.[26]
– Restaurierung alter Möbel: Tätigkeit des Tischlerhandwerks. Bloßes Nachempfinden, kein eigenschöpferisches Werk des Restaurators.[27]
– Keramik:
  künstlerisch, wenn die Tätigkeit aufgrund einer persönlichen, nicht erlernbaren Begabung Gegenstände oder Gestaltungen hervorbringt. Gebrauchswert unerheblich.[28]
– Steinmetz/Steinbildhauer:
  Die Herstellung von Kleinskulpturen aus Naturstein ist Kunst, wenn der Kunstwert den Gebrauchswert übersteigt und die künstlerische Gestaltungshöhe erkennbar ist.[29]

4.3.2 Land- und Forstwirtschaft, Gartenbau

Man könnte meinen, daß auch die Arbeit der Bauern, Forstwirte, Weinbauern, Gartenbauer, Obstbauern, Gemüsebauern, Baumschulen oder die Tierzucht ebenso handwerkliche Kenntnisse und Fertigkeiten erfordert wie etwa die Arbeit von Landmaschinenmechanikern, Bäkkern oder Weinküfern. Dennoch handelt es sich bei der Land- und Forstwirtschaft wie bei der Kunst nicht um ein Handwerk, da diese – von gewissen Ausnahmen wie z. B. reinen Tiermastbetrieben abgesehen – in der Regel eine nichtgewerbliche Tätigkeit ist (Gewerbebegriff). Sie ist deshalb von den Berufsregelungen der Handwerksordnung ausgenommen. Landwirt dürfen Sie somit auch ohne Berufsausbildung, ohne Nachweis Ihrer Befähigung werden, was selbstverständlich nicht bedeutet, daß aufgrund dessen diese Tätigkeiten jeder auch wirklich gut ausüben kann. Darauf weisen allein schon die verschiedenen Meisterprüfungen und andere Ausbildungen in diesen Berufen hin, die jedoch nicht Voraussetzung für die selbständige Tätigkeit sind.

Dennoch verwundert es nicht, daß es auch hier zu Abgrenzungsproblemen mit dem Handwerk kommen kann (von nichthandwerksrechtlichen, gewerberechtlichen Abgrenzungsproblemen wird hier abgesehen). Wenn beispielsweise ein forstwirtschaftlicher Betrieb eine eigene Tischlerei oder Baufirma betreibt, dann handelt es sich um handwerksfähige gewerbliche Tätigkeiten. Ebenso, wenn ein Bauer Fleisch aus eigener Schlachtung verkaufen möchte, aus seinem Korn selbst Brot backt oder Landmaschinen (Landmaschinenmechaniker-Handwerk) repariert. Wenn ein Weinbaubetrieb die Erzeugnisse seiner Rebstöcke selbst keltert und zu Wein ausbaut (Weinküfer-Handwerk), steht er ebenfalls an der Nahtstelle zu einem handwerksfähigen Gewerbe. Die hier möglichen Abgrenzungsprobleme zum Handwerk können mit den in diesem Buch aufgezeigten Möglichkeiten angegangen werden. Die Beispiele machen deutlich, wie umfassend der handwerkliche große Befähigungsnachweis in die verschiedensten Bereiche und Branchen hineinspielt.

Die Betriebe des Garten- und Landschaftsbaus sind zwar (anders als Gemüseanbaubetriebe) Gewerbebetriebe, aber traditionell nicht Teil des Handwerks nach Anlage A HWO. Sie haben ihre ganz speziellen Erfahrungen mit ihrer Konkurrenz im Handwerk gemacht.

Wie schon erläutert, schützt die Handwerksordnung einseitig das Vollhandwerk. Das bekamen die Betriebe des Garten-, Landschafts- und Sportplatzbaus zu spüren, als durch den Rückgang der Baukonjunktur in den siebziger Jahren Bereiche des Handwerks, insbesondere des Straßenbauer-Handwerks, ihnen wesentliche Teile ihres angestammten Tätigkeitsgebietes, das sich mit dem Berufsbild des Straßenbauer-Handwerks überschneidet, streitig machten und versuchten, sie dem Handwerksmonopol zu unterstellen. Da die Betriebe des Garten-, Landschafts- und Sportplatzbaus bundesweit organisiert sind, konnten sie sich wehren. Nach mehr als siebenjährigem, mehrfach gerichtlich ausgetragenem Abgrenzungsstreit haben die Verhandlungen der beiden Spitzenverbände, des Bundesverbands Garten-, Landschafts- und Sportplatzbaus (BGL) und des Zentralverbands des Deutschen Baugewerbes (ZDB), endlich zu einer Vereinbarung geführt. Ohne verbandsmäßige Organisation hätten die nichthandwerklichen Garten-, Landschafts- und Sportplatzbauer ihre Interessen wohl kaum angemessen vertreten können. Die von ihnen angerufenen Gerichte haben sich einer klärenden Grundsatzentscheidung durch lediglich auf Einzelfälle gemünzte Urteile entzogen. Es blieb also nur der Verhandlungsweg. Und dieser ist nur erfolgversprechend, wenn auch die nichthandwerkliche Seite verbandsmäßig gut organisiert ist.

Wenn Sie mit derartigen Abgrenzungsproblemen zu tun haben sollten, dann – das zeigt das Beispiel – sollten Sie sich die Unterstützung Ihres Berufsverbands sichern, sofern es einen gibt. Das stärkt Ihre Durchsetzungsfähigkeit.

4.3.3 Selbsthilfewerkstätten

Selbsthilfewerkstätten können unter bestimmten Umständen nicht handwerksrollenpflichtig sein. Hier kommt es zur Verbindung zweier komplizierter Rechtsgebiete:
– *Handwerksrecht*
– *Gemeinnützigkeitsrecht.*
Dies kann z. B. der Fall sein, wenn ein Verein eine Werkstatt betreibt, in der die Mitglieder gegen einen geringen Obolus oder unentgeltlich Werkstatt und Werkzeuge nutzen können, um beispielsweise das eigene Auto zu reparieren. Dabei ist es zulässig, wenn Angestellte des Vereins nicht nur für den Verleih des Werkzeugs zuständig sind, sondern auch Anleitung bei der Lösung von fachlichen Problemen geben. Handwerkliche Kenntnisse könnten z. B. in Form von Kursen vermittelt werden. Neben der Anleitung und dem Verleih von Werkzeug ist es sogar möglich, bestimmte Reparaturen, die den Werkstattnutzern zu schwierig sind, gegen Entgelt durchzuführen. Und das alles ohne Meister. Letzteres wäre denkbar in Form eines unerheblichen handwerklichen Nebenbetriebes.

Die Einnahmen des Vereins können sich speisen aus Nutzungsentgelten, Kursbeiträgen, Zuschüssen (z. B. ABM), Spenden, Mitgliedsbeiträgen und – im Falle des unerheblichen Nebenbetriebes – in Rechnung gestellten handwerklichen Leistungen.

Aber selbst wenn die handwerklichen Aktivitäten nicht handwerksrollenpflichtig sind, können bestimmte Aktivitäten dennoch gewerbliche Tätigkeiten sein. Dann muß auch ein eingetragener Verein eine Gewerbeanmeldung vornehmen.

Das Problem dieses Modells der handwerklichen Betätigung ohne Meister ist jedoch die komplizierte rechtliche Umsetzung. Hier verschmelzen in gemeinnützigen Vereinen zwei sehr unterschiedliche Rechtsgebiete: das steuerrechtliche und das handwerksrechtliche. Sie werden dafür nur schwer Berater finden, die sich in beiden Gebieten gleichermaßen gut auskennen und in der Lage sind, mit Ihnen übergreifende Lösungen zu konzipieren.

Rechtlich einfacher, jedoch steuerlich und finanziell weniger interessant ist die Umsetzung dieses Modells in einen nicht gemeinnützigen Verein. Achten Sie jedoch auf die klare Abgrenzung der Tätigkeitsfelder.

In welcher rechtlichen Konkretisierung Sie ein derartiges Modell auch umsetzen, Ihre Marktchancen dürften gut sein, da für die meisten Handwerke nur wenige allgemeinbildende Kurse angeboten werden, das Handwerk sein Know-how Bastlern und Heimwerkern meist nicht vermitteln kann oder vermitteln will. Und schon gar nicht mit der Möglichkeit eines praktischen Betätigungsfeldes in eigener Werkstatt. Die stetigen Zuwachsraten der Baumärkte weisen auf ein erhebliches Wachstumspotential auch für Selbsthilfewerkstätten und Kursangebote hin.

Ein Bereich, in dem traditionell nichtgewerbliche Betriebe angesiedelt sind, die durchaus handwerksmäßig arbeiten, sind große soziale Einrichtungen der Behindertenarbeit. Wenn in derartigen Einrichtungen eine Wäscherei, Fahrradwerkstatt, Weberei und dergleichen unterhalten werden, dann können diese ohne Meister betrieben werden, weil es sich nicht um Gewerbebetriebe handelt oder weil es sich um Hilfsbetriebe handelt.

4.3.4 Minderhandwerk/Kleingewerbe

Es müssen nicht in die Handwerksrolle eingetragen werden Betriebe, in denen nur einfache oder für das Handwerk untypische Arbeiten ausgeführt werden. Das Kleingewerbe ist somit frei, auch wenn Sie dazu in der Handwerksordnung direkt keine Regelungen finden können. Der Grund: Durch die Rechtsprechung und neuerdings auch durch den Gesetzgeber wurden zahlreiche Tätigkeiten »freigesprochen«.

Sie können sich jedoch vorstellen, daß die Handwerks-organisationen solche Tätigkeiten und oftmals ganze Branchen nur ungern freigeben. In der Praxis gibt es deshalb oft Schwierigkeiten in der Durchsetzung Ihrer Rechte. Kernfragen:

- Ist die Arbeit wirklich so schwierig, daß sie nur mit Meisterprüfung einwandfrei und gefahrlos ausübbar ist?
- Ist die Arbeit für das entsprechende Handwerk nicht typisch, oder wird sie üblicherweise von nicht-handwerklichen Unternehmen ausgeführt?

Die Meisterprüfungsberufsbilder, die in dieser Frage zur Abgrenzung herangezogen werden können, enthalten
1. wesentliche Tätigkeiten, die nur mit Meisterprüfung zulässig sind,
2. anspruchsvolle Tätigkeiten, die nicht zum Kernbereich und Vorbehaltsbereich des Handwerks gehören, sowie
3. einfache Tätigkeiten, die zwar zum Handwerk gehören, für die jedoch eine Meisterprüfung nicht gefordert werden darf.

Die Tatsache, daß eine Tätigkeit im Berufsbild enthalten ist, besagt noch nicht, daß sie nur mit Meisterprüfung ausgeübt werden darf. Nur die wesentlichen Tätigkeiten gehören zum Vorbehaltsbereich des Vollhandwerks. Anspruchsvolle, aber untypische und einfache Tätigkeiten darf jeder ausführen. Dazu einige Beispiele.

Für den **Steinrestaurator** hat die Rechtsprechung beispielsweise letztinstanzlich entschieden, daß das Restaurieren zwar schwierig ist, aber keinesfalls zu den typischen Tätigkeiten eines Steinmetz gehört. Damit darf jeder Steinskulpturen restaurieren.

Seit 1998 ist klar, daß **PC-Dienstleister** auch ohne Meisterbrief arbeiten dürfen. Obwohl es ein entsprechendes Handwerk gibt, das zahlenmäßig schwach ist, aber der IT-Branche durchaus rechtlich einige Schwierigkeiten machen könnte. Der Gesetzgeber hat jedoch deutlich gemacht, daß er den Wettbewerb wünscht und nicht den Abmahnkrieg. Ausdrücklich ausgenommen wurde im Übergangsgesetz (vgl. Anhang) die strukturierte Verkabelung als wesentliche Tätigkeit des neu geschaffenen Handwerks des Informationstechnikers.

Mit der Novellierung der Handwerksordnung hatte der Gesetzgeber 1998 deutlich zum Ausdruck gebracht, daß auch der **Akustik- und Trockenbau** nicht zu den wesentlichen Tätigkeiten des Handwerks zählt. Obwohl der Innenausbau mit Gipskartonplatten natürlich auch von Handwerksbetrieben ausgeführt wird. Aber eben nicht ausschließlich von diesen. Und die einzige konzentrierte Ausbildung im Trockenbau ist eine industrielle! Doch trotz dieser eindeutigen Willenserklärung des Gesetzgebers mauerten die Handwerksorganisationen und reklamierten den Trockenbau als wesentliche Tätigkeit für gleich mehrere Handwerke: den Maurer, Zimmerer, Wärme-, Kälte-, Schallschutzisolierer, Stukkateur und Tischler. Der Hintergrund war klar: »Trockenbaustoffe nehmen inzwischen einen wesentlichen Anteil der am Bau eingesetzten Materialien mit steigender Tendenz ein« (Schwannecke/Heck). Im Klartext: Es geht um einen großen Markt. Der Streit wurde am 16. 3. 2000 vom Bundestag per Gesetz entschieden und vom Bundesrat am 7. 4. 2000 akzeptiert. Der Akustik- und Trockenbau gehört somit endgültig nicht zum Vorbehaltsbereich des Handwerks. Jeder darf ohne Qualifikationsnachweis diese Arbeiten gewerblich anmelden und ausführen. Eine Handwerksrolleneintragung ist nicht notwendig. Damit ging eine der größten Kraftproben um das handwerkliche Berufsmonopol positiv im Sinne der Berufsfreiheit aus!

Werden Tätigkeiten eines handwerksfähigen Gewerbes ausgeübt, so ist entscheidendes Kennzeichen und Abgrenzungsmerkmal zum Vollhandwerk der Schwierigkeitsgrad der ausgeübten Tätigkeiten.

Klar ist nach der Rechtsprechung, daß die *Ausführung einfacher Arbeiten ohne Befähigungsnachweis* erfolgen darf. Einfach sind Tätigkeiten, die im ersten Lehrjahr erlernt werden. Ebenfalls dem kleingewerblichen Bereich zugeordnet werden können *Tätigkeiten mittleren Schwierigkeitsgrades*, für die zumindest eine Ausbildungsdauer von *bis zu 24 Monaten* kennzeichnend ist.[30]

»Als Handwerksbetrieb im Sinne des § 1 Abs. 2 HWO ist also ein Betrieb nicht anzusehen, der die vom Bundesverfassungsgericht zur Rechtfertigung des sogenannten großen Befähigungsnachweises herangezogenen Belange nicht berühren kann, weil er sich auf ›einfache‹, d. h. solche Arbeiten beschränkt, zu deren einwandfreier und gefahrloser Ausführung es der handwerklichen, in der Regel nur durch die 6- bis 9jährige Lehr- und Gesellenzeit erlangbaren Befähigung nicht bedarf.«[31]

Dieses Zitat aus dem Urteil des Bundesverwaltungsgerichts läßt es offen, wo die *genaue* Grenze zwischen Kleingewerbe und Vollhandwerk verläuft.[32] Zwischen der zweijährigen und einer sechsjährigen Ausbildung (der kürzesten handwerklich spezifischen Ausbildungsdauer) liegt die Grauzone der Rechtsprechung. Maßstab für die Beurteilung muß jedoch nach höchstrichterlicher Rechtsprechung die Orientierung an Art. 12 GG sein.

Befaßt sich der Kleingewerbetreibende, wenn *auch nur in geringem Umfang*, handwerksmäßig mit vollhandwerklichen Tätigkeiten, so wird er dadurch *zur Gänze* zum Vollhandwerker! Dann kann dem Inhaber zwar nicht die völlige Einstellung des Betriebes aufgegeben werden, aber die fraglichen vollhandwerklichen Tätigkeiten können ihm untersagt werden.[33]

Eine Untersagung ist allerdings nicht angebracht, wenn die vollhandwerklichen Tätigkeiten im Rahmen eines unerheblichen Nebenbetriebes ausgeübt werden. Dies hat das Bundesverfassungsgericht[34] sehr deutlich bestätigt.

Beispiele

Kleingewerbe	Vollhandwerk
Büroreinigung nach Hausfrauenart	Gebäudereiniger
Expreß-Schuhbar	Schuhmacher
Montage von Rolläden und Jalousien	Rolladen- und Jalousienbauer
Pizza-Bäcker	Bäcker
Trockenbau	Zimmerer, Stukkateur
Steinrestaurator	Steinmetz
PC-Dienstleister	Informationstechniker (früher Büroinformationselektroniker)

4.3.5 Handwerksähnliche Gewerbe

Wie schon beim Kleingewerbe oder Minderhandwerk handelt es sich beim handwerksähnlichen Gewerbe um Tätigkeiten, die ohne Eintragung in die Handwerksrolle ausgeübt werden dürfen. Die Vorschriften hierzu befinden sich in § 18 f. HWO. In § 18 Abs. 2 wird das handwerksähnliche Gewerbe folgendermaßen definiert:

Ein Gewerbe ist handwerksähnlich im Sinne dieses Gesetzes, wenn es in einer handwerksähnlichen Betriebsform betrieben wird und in Anlage B zu diesem Gesetz aufgeführt ist.

Ein Gewerbe ist also handwerksähnlich, wenn es
– in einer handwerksähnlichen Betriebsform betrieben
  wird und
– in *Anlage B HWO* aufgeführt ist.
Beginn und Beendigung des Gewerbes sind anzeigepflichtig, die Inhaber werden ins Verzeichnis handwerksähnlicher Betriebe eingetragen, das die Handwerkskammern
führen. Sie sind zwangsweise Handwerkskammermitglied.
  Was aber heißt nun handwerksähnlich?
  Handwerksähnliche Gewerbe sollen nach dem Willen
des Gesetzgebers keineswegs »ein handwerklich zu
betreibendes Gewerbe« darstellen (Ausschuß für Mittelstandsfragen) und sind auch kein »Übergang zu einem
Handwerk«.[35] Trotzdem sind sie Mitglieder der Handwerkskammer, deren Aufgaben nach § 90 HWO die »Vertretung der Interessen des Handwerks« ist.

*Wie kann jemand Mitglied der handwerklichen Interes-
senvertretung sein, ohne selbst Handwerker zu sein?*
Die Zuordnung zur Handwerkskammer soll den Sinn
haben, eine bessere Betreuung der Inhaber handwerks-
mäßiger Gewerbe sicherzustellen. Sie sind vollberechtig-
te Kammermitglieder. Vermutlich spielte hinter den Kulissen auch eine Rolle, daß diese Zuordnung der Handwerkskammer eine stärkere und bessere Kontrolle der
nicht vollhandwerklichen Gewerbe ermöglichen soll.
Denn tatsächlich nimmt die Zahl der handwerksähnlichen Gewerbe stetig zu, während die Zahl der vollhandwerklichen Gewerbe eher abnimmt.
  Schwierigkeiten bei der Beurteilung, ob es sich um ein
handwerksähnliches Gewerbe handelt, ergeben sich aus
der unpräzisen Bestimmung des Begriffs der handwerksähnlichen Betriebsweise. Die Abgrenzung erfolgt ähnlich
schwammig wie die zwischen Handwerk und Industrie.[36]
Da jedoch nicht wie beim Vollhandwerk Berufsbilder
erlassen worden sind, kommt es bei Abgrenzungsstreitig-

keiten wohl vor allem darauf an, wer innerhalb der Handwerkskammer der Stärkere ist.

Der Ausschuß für Mittelstandsfragen hat 1964 und 1965 bei der Beratung der Gesetzesänderung der Willkür Grenzen gesetzt: »Es müssen Tätigkeiten mittleren Schwierigkeitsgrades der zur Anwendung kommenden Arbeitstechniken den Betriebszweck darstellen.«

Beispiele

Anlage B (ohne Meister)	Anlage A
Bodenleger	Parkettleger; Fliesen-, Platten- und Mosaikleger; Estrichleger
Asphaltierer	Straßenbauer
Fuger	Maurer
Holz- und Bautenschutzgewerbe	Maler und Lackierer
Einbau von genormten Baufertigteilen (z. B. Fenster, Türen, Regale)	Tischler
Metallschleifer	Dreher
Theaterkostümnäher, Änderungsschneider	Herrenschneider, Damenschneider
Innerei-Fleischer	Fleischer
Schnellreiniger	Textilreiniger
Klavierstimmer	Klavier- und Cembalobauer
Stricker	Schneider
einfache Schuhreparaturen	Schuhmacher

Handwerksähnlich ist also nicht der Restbereich der das entsprechende Handwerk nach Anlage A HWO im Wettbewerb nicht oder weniger interessierenden Tätigkeiten, sondern solche, die vom Schwierigkeitsgrad auch ohne Meisterprüfung einwandfrei ausgeübt werden können.

Die in Anlage B aufgeführten Gewerbe zeigen somit auch, nach welchem Maßstab Tätigkeiten eines Gewerbes nach Anlage A ohne Meisterprüfung ausgeübt werden können.

> Tip: Wenn Sie weitere ausführliche Informationen und Anleitungen möchten, lesen Sie mein Buch »Existenzgründung ohne Meisterbrief – Das 1x1 für handwerksähnliche Betriebe« (ebenfalls als Taschenbuch bei Econ erschienen). Darin finden Sie eine Anleitung zur Unternehmensgründung, Unternehmensplanung und -führung sowie ausführliche Listen im Anhang, was zum handwerksähnlichen Gewerbe gerechnet wird.

4.3.6 Industrie

Ein Industriebetrieb ist nicht handwerksrollenpflichtig. Er darf von jedem ohne Nachweis einer ausreichenden fachlichen Befähigung gegründet und geführt werden, obwohl selbst nach der Rechtsprechung des Bundesverwaltungsgerichts z. B. im Hochbau, der industriell wie auch handwerksmäßig erstellt werden kann, eine einwandfreie Arbeitsleistung nur mit Hilfe qualifizierter Fachkräfte erzielt werden kann. Paradoxerweise brauchen Sie also »zur Führung des kleineren Betriebes den großen Befähigungsnachweis, zur Führung des größeren aber nicht«.[37] Um einen Industriebetrieb handelt es sich, wenn im wirtschaftlichen Gesamtbild des Betriebes die Elemente einer industriellen die einer handwerksmäßigen Betriebsweise überwiegen. Entscheidend ist das *wirtschaftliche Gesamtbild* des Einzelfalls.

Nach der typologischen Abgrenzungsmethode sind wesentliche Merkmale bei der Beurteilung, um welche Betriebsweise es sich handelt, folgende[38]:

1. Die fachliche Qualifikation der Mitarbeiter und die Vorbildung des Unternehmers
Handwerksmäßig geschulte Arbeitskräfte sprechen für die handwerksmäßige Betriebsweise. Entscheidend ist jedoch, ob sie auch erforderlich sind, um die anfallenden Arbeiten fach- und werkgerecht ausführen zu können.

2. Die Verwendung von Maschinen
Es kommt auf die Art der vorhandenen Maschinen und Geräte an. Dabei ist entscheidend, ob diese dazu dienen, die Handarbeit zu unterstützen und zu erleichtern, oder ob sie den Einsatz handwerklich ausgebildeter Arbeitskräfte entbehrlich machen. Die Handwerksmäßigkeit kann aber nicht mit der Begründung bejaht werden, daß im Handwerk dieselben Maschinen benutzt würden.

3. Die betriebliche Arbeitsteilung
Nicht das Vorhandensein der Arbeitsteilung ist ausschlaggebend, sondern Art und Ausmaß. Fortgeschrittene Arbeitsteilung, in der jede einzelne Arbeitskraft stets nur bestimmte, in der Regel immer wiederkehrende und eng begrenzte Teilarbeiten auszuführen hat, sprechen gegen die handwerksmäßige Betriebsweise.[39]

4. Das betriebliche Arbeitsprogramm
Die Art der Aufträge, Einzelfertigung oder (Groß-)Serienfertigung, und der Absatz der Erzeugnisse geben Hinweis auf die Art der Betriebsweise. Massenfertigung für einen anonymen Markt als Anzeichen für eine industriemäßige Betriebsweise trifft nur noch mit Einschränkung zu.[40]

5. Die persönliche Mitarbeit des Inhabers
Im Handwerksbetrieb arbeitet der Inhaber (idealtypischerweise) selbst mit. Er muß nach der Gesamtstruktur seines Betriebs die Möglichkeit haben, auf die Arbeit seiner Mitarbeiter im einzelnen bestimmenden Einfluß zu nehmen oder sie wenigstens laufend zu überwachen und

damit durch eigenes meisterhaftes Können der Arbeit des Betriebes sein persönliches Gepräge zu geben und den Leistungsstand selbst zu beeinflussen.[41] Aus dem Fehlen der Mitarbeit des Inhabers kann allerdings noch nicht der gegenteilige Schluß gezogen werden, solange er dazu prinzipiell in der Lage ist.[42]

6. *Die Betriebsgröße*

»Das Fehlen der Möglichkeit seitens des Bau-Unternehmers, den umfangreichen Mitarbeiterkreis nicht mehr laufend im einzelnen durch Anweisungen überwachen und beeinflussen zu können, wie dies die Handwerksordnung in einem Handwerksbetrieb voraussetzt, reicht allein aus, um eine handwerksmäßige Betriebsweise zu verneinen«,[43] wenn alle anderen Kriterien keinen maßgeblichen Schluß zulassen. Bei der Beurteilung dieser Frage müssen die un- und angelernten Arbeitskräfte außer Betracht bleiben. Die Zahl der Arbeitskräfte muß jedoch in Zusammenhang mit der Art des Handwerksberufs gesehen werden.

Jedes dieser Merkmale für sich genommen gestattet noch keine Beurteilung.

Erst mehrere Merkmale zusammengenommen können einen Schluß in bestimmter Richtung nahelegen.[44] Die aufgeführten Berufe in Anlage A HWO und – genauer noch – die entsprechenden Berufsbilder geben i. d. R. keine ausreichenden Abgrenzungsgrundlagen, da sich der Katalog der Arbeitsgebiete des entsprechenden handwerklichen Berufsbildes oft weitgehend mit denen des industriellen Berufsbildes deckt. Die Vornahme bestimmter, dem handwerklichen Berufsbild wesentlicher Tätigkeiten begründet demnach noch nicht die Annahme, es handle sich hier um einen eintragungspflichtigen Handwerksbetrieb. Vielmehr kommt es darauf an, wie diese Tätigkeiten ausgeführt werden: handwerklich oder industriell.

4.3.7 Unerheblicher Nebenbetrieb

Für unerhebliche Nebenbetriebe gilt die Eintragungspflicht nicht. Sobald jedoch die Unerheblichkeitsgrenze
überschritten wird, gilt wieder im vollen Umfang die
Handwerksordnung.

Die Regelungen hierzu sind in der HWO § 2 und § 3
Abs. 1 und 2 zu finden:

§ 2. Die Vorschriften dieses Gesetzes für selbständige
Handwerker gelten auch ... für handwerkliche
Nebenbetriebe, die mit einem Unternehmen des
Handwerks, der Industrie, des Handels, der Landwirt-
schaft oder sonstiger Wirtschafts- und Berufszweige
verbunden sind.

§ 3 (1) Ein handwerklicher Nebenbetrieb im Sinne des
§ 2 Nr. 2 und 3 liegt vor, wenn in ihm Waren zum
Absatz an Dritte handwerksmäßig hergestellt oder
Leistungen für Dritte handwerksmäßig bewirkt werden, es sei denn, daß eine solche Tätigkeit nur in unerheblichem Umfange ausgeübt wird ...

(2) Eine Tätigkeit im Sinne des Absatzes 1 ist unerheblich, wenn sie während eines Jahres den durchschnittlichen Umsatz und die durchschnittliche Arbeitszeit
eines ohne Hilfskräfte Vollzeit arbeitenden Betriebes
des betreffenden Handwerkszweiges nicht übersteigt.

Damit Sie hier keine Fehler machen, müssen Sie zwei
Merkmale genau beachten:
1. die Nebenbetriebsdefinition und
2. die Unerheblichkeitsgrenze.

Die Unerheblichkeitsgrenze können Sie jedoch nur für
sich in Anspruch nehmen, wenn es in Ihrem Unternehmen
auch einen Nebenbetrieb gibt. Einen Nebenbetrieb kann

es nur geben, wenn es auch einen Hauptbetrieb gibt. Das klingt banal, ist aber in der Praxis nicht immer eindeutig. Wenn Sie diese Bedingung nicht für sich klären können, dann bricht Ihre ganze Konstruktion zusammen.

Der unerhebliche Nebenbetrieb
1. Nebenbetriebsbedingung:
Es muß einen vom Hauptbetrieb klar abgrenzbaren Nebenbetrieb geben

Haupt- betrieb	Neben- betrieb

2. Unerheblichkeitsgrenze:
Unerheblich ist die handwerkliche Tätigkeit dann, wenn
a) der durchschnittliche Umsatz und
b) die durchschnittliche Arbeitszeit
eines ohne Hilfskräfte Vollzeit arbeitenden Betriebes des entsprechenden Handwerkszweiges nicht überschritten werden.

Handwerkliche Nebenbetriebe sind Betriebe, die mit einem Hauptbetrieb wirtschaftlich und organisatorisch verbunden sind. Ein Hauptbetrieb kann ein Unternehmen des Handwerks, der Industrie, des Handels, der Landwirtschaft oder sonstiger Wirtschafts- und Berufszweige sein (vgl. § 2 Nr. 3). Ein handwerklicher Nebenbetrieb liegt vor, wenn in ihm Waren oder Leistungen zum Absatz an Dritte handwerksmäßig hergestellt bzw. bewirkt werden

(§ 3 Abs. 1). Unerheblich ist eine Tätigkeit nach § 3 Abs. 2, wenn sie während eines Jahres den durchschnittlichen Umsatz und die durchschnittliche Arbeitszeit eines ohne Hilfskräfte arbeitenden Betriebes des betreffenden Handwerkszweiges nicht übersteigt.

Diese an sich klare Bestimmung der Handwerksordnung bereitet dennoch Schwierigkeiten, da die statistische Ermittlung dieser unerheblichen Umsatzgrenze ungenügend ist. Wenn die Handwerkskammer nach Ihren Umsatzzahlen fragt, um zu prüfen, inwieweit Ihr Nebenbetrieb eintragungspflichtig ist (und Sie dann dementsprechend einen Konzessionsträger vorweisen müßten), dann *fragen Sie nach der Unerheblichkeitsgrenze, aber prüfen Sie sie genau nach!*

Denn die statistische Durchschnittsgröße liegt meistens unter dem üblichen Pro-Kopf-Umsatz des entsprechenden Handwerks. Damit handelt es sich ziemlich sicher nicht mehr um Vollzeitumsätze: Die Umsatzgrenzen der Handwerkskammern sind damit meist zu niedrig!

Eigentlich müßten die Handwerkskammern bereit und in der Lage sein, Ihnen die Unerheblichkeitsgrenze zu liefern. Denn bei deren Überschreitung würden sie schließlich ein Bußgeldverfahren veranlassen. Und als ehrlicher Bürger und verantwortlicher Unternehmer wollen Sie schließlich wissen, wo genau die Grenze verläuft. (Diese nachzurechnen, bleibt Ihnen immer noch vorbehalten. Die Zahlen der Kammern sind nach meinen Erfahrungen meistens falsch.) Denn für Statistiken ist nicht der Bürger, sondern der Staat (in Zusammenwirken mit der Handwerkskammer) zuständig.

Die Handwerkskammern sind nach meinen Erfahrungen häufig nicht bereit, diese Information herauszugeben oder zuzugeben, daß sie sie gar nicht herausgeben wollen oder können. Das würde ihre obrigkeitsstaatliche Überlegenheit schwächen. Das bedeutet für Sie: Sie erhalten keine Rechtssicherheit und stehen doch unter hohem

Strafrisiko. Hierzu liegen mir diverse Schreiben von Handwerkskammern vor. Sie verweigern regelmäßig hartnäckig die Nennung einer klaren, individuellen Unerheblichkeitsumsatzgrenze. Statt dessen erhalten Handwerker Antworten wie diese:

»...Die Pflicht zur Handwerksrolleneintragung Ihrer Mandanten besteht demnach zunächst nicht. Wir behalten uns jedoch eine erneute Prüfung zu einem späteren Zeitpunkt vor.« Was der Handwerker tun kann, um nicht unversehens die zulässige Grenze zu überschreiten, verrät die Kammer (trotz Nachfragen) jedoch nicht.

Handwerkskammern lassen sich eben ungern in ihre wohl nicht ganz sauberen Karten blicken. Der Berufsverband der unabhängigen Handwerkerinnen und Handwerker e. V. hat durch zahlreiche Schreiben an die zuständigen Ministerien Aufklärung verlangt. Fazit: Auch die Experten der Ministerien konnten keine präzisen Grenzen benennen. Durchaus typisch sind Antworten wie die von der Berliner Senatsverwaltung für Wirtschaft und Technologie: »Allerdings ist die Problematik ... zu komplex, um Ihnen vorweg genau mitteilen zu können, was noch tolerierbar ist...«[45] Fazit: Jeder Autofahrer wird besser informiert, was passiert, wenn er bei Rot über die Ampel fährt, als der rechtskundigste Handwerker, der die Unerheblichkeitsgrenze nicht überschreiten möchte. Das ist eindeutige Willkür, um Handwerker klein zu halten, und eines Rechtsstaats nicht würdig.

Sie haben durchaus Grund, der offiziellen Unerheblichkeitsgrenze für Ihr Handwerk zu mißtrauen.

Drehen Sie den Spieß doch einfach um: Rechnen Sie selbst entsprechend der Bestimmung in der Handwerksordnung. Rechnen Sie sich aus, was eine Person in Ihrem Handwerk (als Einmannunternehmer) im Jahr produzieren kann: Addieren Sie fixe Kosten, Waren- und Materialanteil und notwendigen Gewinn. So können Sie für sich überprüfen, ob die Angaben der Handwerkskammer überhaupt stimmen können. Wenn Sie feststellen, daß allein der Materialanteil größer als die Umsatzzahl der Handwerkskammer ist, dann wissen Sie, daß Sie diese Zahl nicht akzeptieren können. Verhandeln Sie, lassen Sie sich das doch von der Kammer einmal vorrechnen. Seien Sie hartnäckig. Und wenn die Gegenseite wirklich stur ist, dann können Sie es auch auf einen Prozeß ankommen lassen.

Sie sollten aber nicht versuchen zu schummeln, indem Sie Ihre handwerklichen Leistungen im Nebenbetrieb unterbewerten und beispielsweise den entsprechenden Handelsanteil überbewerten. So kämen Sie zwar im Paket aufs gleiche Ergebnis. Aber das ist nicht zulässig und *macht Sie im Konfliktfalle angreifbar.*

Soll im Nebenbetrieb nur eine einzige Arbeitskraft voll beschäftigt sein, so denken Sie daran, daß damit die Unerheblichkeitsgrenze schon überschritten sein kann; Sie dürfen nicht vergessen, daß auch der zur handwerklichen Arbeit gehörende Verwaltungsaufwand durch den Umsatz mit abgedeckt sein muß.

Was tun?

- Ermitteln Sie Ihre Umsatzgrenze selbst (Risikoeingrenzung), und informieren Sie die Handwerkskammer nicht.
- Fragen Sie die Handwerkskammer.
- Lassen Sie sich juristisch von einem Spezialisten beraten.
- Oder werden Sie Mitglied im IFHandwerk e.V. (Beratungstelefon).

Die Frage der Unerheblichkeit stellt sich allerdings erst, wenn Ihr Nebenbetrieb alle von der Rechtsprechung entwickelten Nebenbetriebsvoraussetzungen erfüllt.

Nebenbetriebsmerkmale

1. Verbundenheit mit dem Hauptbetrieb
Die Betriebe sollen wirtschaftlich, organisatorisch und fachlich verbunden sein.

2. Eigenständigkeit
Trotz der notwendigen Verbundenheit muß der Zweck des Nebenbetriebs im wesentlichen auf ein anderes Arbeitsergebnis gerichtet sein als der Zweck des Hauptbetriebes.

3. Untergeordnete Bedeutung
Der wirtschaftliche Schwerpunkt muß auf dem Hauptbetrieb liegen.

4. Dienende Funktion
Der Nebenbetrieb muß gegenüber dem Hauptbetrieb eine dienende Funktion innehaben.

5. Unmittelbarer Leistungsaustausch mit Dritten
Im Gegensatz zum handwerklichen Hilfsbetrieb dürfen die Nebenbetriebsleistungen nicht ausschließlich für den Hauptbetrieb bestimmt sein. Der Nebenbetrieb muß in jedem Fall in unmittelbaren Leistungsaustausch mit Dritten treten.

Wann ein unerheblicher Nebenbetrieb an Ihr Geschäft angehängt werden darf, ist immer wieder umstritten. Ein Beispiel:

Tankstelle mit angegliederter Kfz-Reparaturwerkstatt:
– Fachliche Verbundenheit: Wenn die Werkstatt vom wirtschaftlichen Standpunkt und vom Interesse des Kunden her gesehen eine sinnvolle Ergänzung und Erweiterung des Leistungsangebots der Tankstelle ist.
– Dienende Funktion: Die Werkstatt dient der Tankstelle und hilft ihr mit den hier erbrachten Leistungen, die Wirtschaftlichkeit und den Gewinn zu steigern. Und erhöht die Verbundenheit beider Betriebsteile.

- Untergeordnete Bedeutung: den wirtschaftlichen und unternehmerischen Zwecken des Hauptbetriebes (Tankstelle) untergeordnet.
- Eigenständigkeit: Der Gesamtbetrieb muß auf etwas anderes gerichtet sein als die im Nebenbetrieb erbrachten handwerklichen Leistungen. Dies schließt eine zu weit gehende Übereinstimmung zwischen Produktionsvorgang und Arbeitsergebnis im Haupt- und Nebenbetrieb aus.[46]

Weitere Beispiele:
⇒ Erlaubt: Elektroeinzelhandel mit Elektroinstallationen und Reparaturservice (BVerfG 31. 3. 00, Aktenzeichen 1 BvR 60s/99)
⇒ Erlaubt: Lebensmittelgeschäft mit eigener Bäckerei (Bayer. VGH 19. 5. 1958, Aktenzeichen 146 VI-57)
⇒ Erlaubt: Bauernhof mit eigener Bäckerei (BayOLG 10. 9. 94, Aktenzeichen 3 ObOWi 62/94; VGH Bad-Württ. 8. 11. 88, Aktenzeichen 14 S 1258/87)
⇒ Erlaubt: Fotofachgeschäft mit Fotostudio (BayObLG 21. 7. 93, Aktenzeichen 3 ObOWi 35/93)
⇒ Erlaubt: Schweinemast mit eigener Fleischerei (OVG Münster 13. 9. 1976, Aktenzeichen IV A 141/74)
Nicht erlaubt: Gastwirtschaft mit angegliedertem Friseurgeschäft (OVG Münster 7. 1. 1959, Aktenzeichen IV A 1664/56)

Wenn Sie *alleine* ein Unternehmen mit unerheblichem Nebenbetrieb betreiben wollen, dann könnte es sein, daß Handwerkskammer und Gericht diese Aufspaltung Ihrer unternehmerischen Persönlichkeit wahrscheinlich nicht nachvollziehen können, obwohl eine klare Trennung und Unterordnung eines Reparaturbetriebs zu einem Handelsunternehmen, das nur von einer Person betrieben wird, in der Praxis durchaus möglich ist. Es gibt Urteile, mit denen sich diese Auffassung begründen läßt. Aber: Der Bund-Länder-Ausschuß »Handwerksrecht« hat inzwischen klargestellt, daß »auch bei einem Einmannbetrieb ein handwerklicher Nebenbetrieb ohne Eintragung in der Handwerksrolle geführt werden kann«.[46]

4.3.8 Hilfsbetrieb

Auch in einem Hilfsbetrieb brauchen Sie keinen Meister. Eine Handwerksrolleneintragung erübrigt sich. Anders als im unerheblichen Nebenbetrieb gilt es hier auch *keine quantitative Beschränkung nach Umsatz und Arbeitszeit*. Handwerkliche Arbeiten dürfen im Hilfsbetrieb also *auch in erheblichem Umfang* ohne Meister ausgeführt werden, solange der Hilfsbetrieb noch Hilfsbetrieb bleibt und nicht selbst zum Hauptbetrieb wird.

Die Vorschriften über den Hilfsbetrieb finden Sie in § 3 Abs. 3 HWO. Hier wird folgendes ausgeführt:

Hilfsbetriebe im Sinne des Absatzes 1 sind unselbständige, der wirtschaftlichen Zweckbestimmung des Hauptbetriebes dienende Handwerksbetriebe, wenn sie

1. Arbeiten für den Hauptbetrieb oder für andere dem Inhaber des Hauptbetriebes ganz oder überwiegend gehörende Betriebe ausführen oder
2. Leistungen an Dritte bewirken, die
a) als handwerkliche Arbeiten untergeordneter Art zur gebrauchsfertigen Überlassung üblich sind oder
b) in unentgeltlichen Pflege-, Instandhaltungs- oder Instandsetzungsarbeiten bestehen oder
c) in entgeltlichen Pflege-, Instandhaltungs- oder Instandsetzungsarbeiten an solchen Gegenständen bestehen, die in dem Hauptbetrieb selbst

> erzeugt worden sind, sofern die Übernahme dieser
> Arbeiten bei der Lieferung vereinbart worden ist,
> oder
> d) auf einer vertraglichen oder gesetzlichen Gewähr-
> leistungspflicht beruhen.

Diese komplizierte Formulierung besagt folgendes:
Hilfsbetriebe müssen unselbständig sein. Sie dienen
der wirtschaftlichen Zweckbestimmung des Hauptbetriebs oder anderen dem Inhaber überwiegend gehörenden Betrieben. Der Hauptbetrieb muß überwiegen und
einem anderen Gewerbe oder Handwerk als der Hilfsbetrieb zuzurechnen sein. Der Hilfsbetrieb muß »eine in sich
abgrenzbare wirtschaftliche Größe« sein.

Beispiele

Das zahntechnische Labor eines Zahnarztes kann ohne
Meister und Handwerksrolleneintragung betrieben werden, da es unselbständig ist und dem Inhaber gehört und
zahntechnische Arbeiten für die Zahnarztpraxis erledigt.[48]

Die *Kfz-Werkstatt eines Transportunternehmens* kann
ohne Meister und Handwerksrolleneintragung betrieben
werden, wenn nur die Fahrzeuge des Transportunternehmens repariert und gewartet werden.

Ein *Gebrauchtwagenhändler* repariert heruntergekom-
mene Autos, um sie wieder zu verkaufen. Dies darf er
ohne Handwerksrolleneintragung. Es handelt sich um
einen Hilfsbetrieb.[49]

Solange es sich um einen *reinen Innenbetrieb* handelt
oder um einen unselbständigen Betrieb, der *nur für andere Betriebe seines Inhabers* da ist, der selbst keinen

Zugang zum Markt hat, liegt eindeutig ein Hilfsbetrieb vor.

Gefahr droht bei reinen Einmannbetrieben. Da entscheiden die Gerichte häufig gegen den Hilfsbetrieb, weil sie die Aufteilung für künstlich halten. Wird jedoch eine Hilfskraft beschäftigt, handelt es sich nicht mehr um einen Einmannbetrieb.

Schwieriger wird es, wenn der handwerksmäßige Betrieb selbst in Kontakt mit Kunden tritt, somit also *Leistungen an Dritte* bewirkt. Dann kann es in wenigen, ganz eng begrenzten und deshalb in der Praxis wenig verwendbaren Fällen dennoch ein Hilfsbetrieb sein. Es gelten die Bestimmungen in Ziffer 2. Es handelt sich um einen *Hilfsbetrieb im weiteren Sinne.*

Inwieweit darf der Hilfsbetrieb im weiteren Sinne Leistungen an Dritte erbringen?

1. Es dürfen handwerkliche Arbeiten untergeordneter Art erbracht werden, die zur gebrauchsfertigen Überlassung üblich sind.

Was ist unter »untergeordneter Art« zu verstehen? Die Arbeiten müssen untergeordnet sein
– im Verhältnis zu einer anderen Leistung
– im Schwierigkeitsgrad der handwerklichen Leistung: Sie dürfen nicht zu aufwendig sein.
Handwerkliche Arbeiten untergeordneter Art sind dem Bundesverwaltungsgericht zufolge z. B. einfache Zusammensetzungs- und Anschlußarbeiten für von Handel und Industrie gelieferte Anlagen oder die Beseitigung kleinerer Mängel, die bei Lieferung der Ware entstanden sind.[50]

2. Es dürfen unentgeltliche Pflege-, Instandhaltungs- oder Instandsetzungsarbeiten erbracht werden.

Der Hilfsbetrieb im engeren Sinne

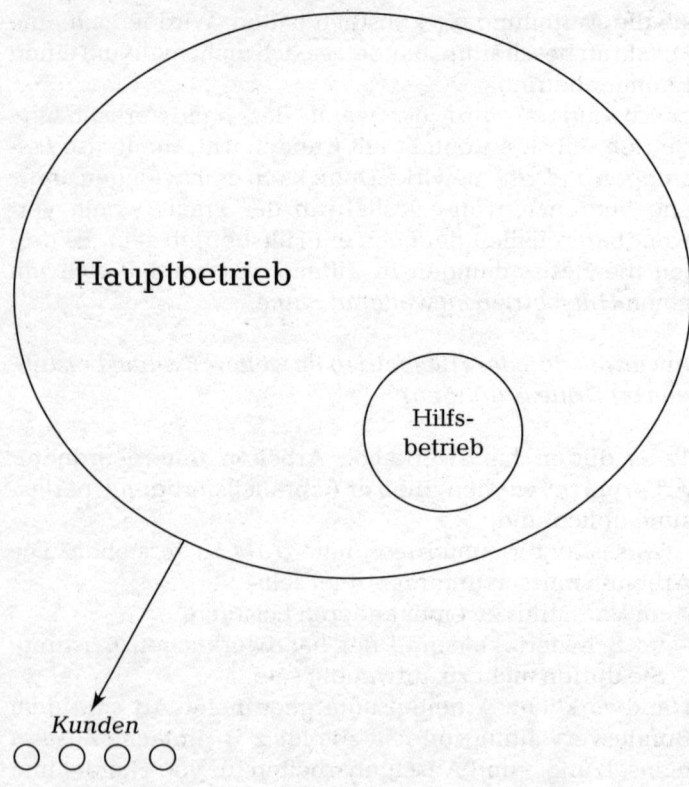

Der Hilfsbetrieb im engeren Sinne verkauft nicht an Außenstehende. Er darf nur Arbeiten mit wirtschaftlicher Zweckbestimmung für den Hauptbetrieb oder für andere, dem Inhaber des Hauptbetriebes ganz oder überwiegend gehörende Betriebe durchführen.

Unentgeltlich sind Nebenleistungen, wenn für sie kein gesondertes Entgelt gefordert wird.[51]

Dazu zählt z. B. die erste Inspektion des Fahrradhändlers für die von ihm verkauften Räder. Er darf allerdings dafür dann nichts mehr zusätzlich verlangen. Über unentgeltliche handwerkliche Leistungen wird sich vermutlich niemand aufregen, sie erscheinen in der Regel auch nicht gesondert in der Buchführung. Unentgeltliche Leistungen wird auch keiner versprechen, wenn er nicht abschätzen kann, inwieweit er damit auf seine Kosten kommen kann.

3. Entgeltliche Pflege-, Instandhaltungs- oder Instandsetzungsarbeiten dürfen nur an solchen Gegenständen vorgenommen werden, die vom Hauptbetrieb selbst erzeugt worden sind. Sie müssen auch bei Lieferung vereinbart worden sein.

Hilfsbetriebe mit derartigen Leistungen können daher nicht einem Handelsbetrieb angegliedert sein. Dagegen paßt diese Bestimmung gut zum Kundendienst eines Industriebetriebes, der auch nach Ablauf der Garantiefrist für Kunden die vom Hauptbetrieb hergestellten Geräte und Anlagen warten und reparieren darf, ohne in die Handwerksrolle eingetragen sein zu müssen.[52]

4. Gewährleistungsarbeiten, die gesetzlich bestehen oder vertraglich zugesichert werden, sind ebenfalls Arbeiten in einem Hilfsbetrieb.[53]

4.3.9 Marktverkehr
Wer nur auf behördlich festgesetzten Märkten Waren anbietet oder Bestellungen für Waren entgegennimmt, betreibt kein stehendes Gewerbe, sondern Marktverkehr. Er fällt damit nicht unter die Vorschriften der Handwerksordnung. Er ist aber auch kein Reisegewerbetreibender und benötigt somit keine Reisegewerbekarte.[54]

Für jeden Marktverkehr gilt das Prinzip der Marktfreiheit. Jeder Anbieter oder Aussteller hat demnach das Recht zur Teilnahme an festgesetzten Veranstaltungen zu den für alle geltenden Bedingungen. Die Marktfreiheit ist nur historisch zu verstehen. Im Mittelalter waren auch Anbieter zum Marktverkehr zugelassen, die nicht Mitglieder der Zunft oder Gilde waren.

Die Vorschriften über den Marktverkehr finden Sie nicht in der Handwerksordnung, sondern in der Gewerbeordnung § 64 ff. Hier finden Sie Näheres über Messe, Ausstellung, Großmarkt, Wochenmarkt, Spezialmarkt, Jahrmarkt und das Verabreichen von Getränken und Speisen. Denkbar ist, daß besonders Nahrungsmittelhandwerke dort ohne Eintragung in die Handwerksrolle auf Wochenmärkten ihre Waren anbieten und Bestellungen für Waren aufnehmen. Auch Keramiker könnten ihr Auskommen finden, wenn sie ihre Produkte nur auf Messen verkaufen. Bedenken Sie bitte, daß auf den meisten Märkten nur Waren angeboten werden dürfen. Wie die genannten Paragraphen der Gewerbeordnung auch zeigen (siehe Anhang), sind beispielsweise auf Wochenmärkten nur bestimmte Waren, insbesondere Lebensmittel (ohne Alkohol) zugelassen. Zu den Waren zählen aber auch von Ihnen produzierte Waren.

Das Anbieten von gewerblichen Leistungen ist nicht auf allen Märkten möglich und wird damit häufig nicht vom Marktprivileg gedeckt. Bei Messen und Ausstellungen ist es aber denkbar, Bestellungen auf gewerbliche Leistungen entgegenzunehmen, da Sinn und Zweck dieser Veranstaltungen Ausstellung und Vertrieb des wesentlichen oder repräsentativen Angebots eines oder mehrerer Wirtschaftszweige oder Wirtschaftsgebiete ist (§ 64 und § 65 GeWO). Ob Ihnen jedoch die bloße Präsenz auf Messen und Ausstellungen wirtschaftlich ausreicht, müssen Sie gut prüfen. Eventuell empfiehlt sich die Ergänzung durch das Reisegewerbe.

Es muß sich aber um einen *nach § 69 GewO festgesetzten Markt* handeln, wenn die Anbieter als Marktverkehrstreibende von dem Geltungsbereich der Handwerksordnung ausgenommen sein sollen. Durch die behördliche Festsetzung werden die sogenannten Marktprivilegien begründet. Sie brauchen als Marktverkehrstreibende grundsätzlich keine Gewerbeanmeldung vorzunehmen und keine Reisegewerbekarte zu beantragen. Werden jedoch Messen und Märkte *ohne Festsetzung* durch die Behörde durchgeführt, dann gilt das Prinzip der Marktfreiheit nicht, und damit benötigen Sie wieder eine Reisegewerbekarte oder Handwerksrolleneintragung.

Nach § 70a GewO kann die zuständige Behörde einem Aussteller oder Anbieter jedoch die Teilnahme an einer bestimmten Veranstaltung oder einer oder mehrerer Arten dieser Veranstaltung (im Sinne von § 64 bis 68) untersagen, wenn Tatsachen die Annahme rechtfertigen, daß er die hierfür erforderliche Zuverlässigkeit nicht besitzt. Den Bundesländern bleibt es zudem nach § 71a GewO vorbehalten, Vorschriften zur Aufrechterhaltung der öffentlichen Sicherheit und Ordnung auf diesen Veranstaltungen zu erlassen. Die Behörde kann auch die Festsetzung der Veranstaltung ablehnen oder mit Auflagen verbinden, wenn dies »zum Schutz der Veranstaltungsteilnehmer vor Gefahren für Leben oder Gesundheit« nach § 69a erforderlich ist.

Sie sehen, daß Sie im Marktverkehr zwar erhebliche Freiräume für die Handwerksausübung ohne Befähigungsnachweis haben, daß Ihre Gegner aber durchaus Mittel und Wege finden könnten, Ihnen das Leben schwerzumachen. Eine allzu offensive Nutzung dieser Möglichkeit könnte zum Bumerang werden.

Hängen Sie Ihren Erfolg also nicht an die große Glokke!

Wenn Sie kreativ sind, dann können Sie durchaus mit anderen Anbietern zusammen selbst festgesetzte Märkte

veranstalten und sich so selbst Ihren Markt schaffen.
Denkbar sind z. B. Kunsthandwerkermärkte oder zusätzliche Wochenmärkte in guten Laufgegenden, in denen
Sie bei den heutigen Preisen für Gewerberäume niemals
bezahlbare Räumlichkeiten als stehender Gewerbetreibender finden würden. Ihre (handwerksrechtliche) Not
kann Sie also durchaus erfinderisch machen bei der Entwicklung von Geschäftsideen.

4.3.10 Reisegewerbe

Auch das Reisegewerbe ist kein stehendes Gewerbe.
Damit gilt auch hier nicht die Handwerksordnung, und
Sie brauchen keinen Meisterbrief. Nur der Friseur – als
wichtigste Ausnahme – darf nach den Vorschriften der
Gewerbeordnung nur mit Meisterprüfung im Reisegewerbe tätig sein. Das zeigt ganz deutlich, daß Reisegewerbe und stehendes Gewerbe zwei paar Schuhe sind.

Das hat das Bundesverfassungsgericht höchstrichterlich bestätigt, nachdem mehrere Gerichte Reisegewerbetreibende wegen Umgehung der Handwerksordnung
verurteilt hatten. Damit ist die Frage höchstrichterlich
wieder ins Lot gerückt worden. Das Bundesverfassungsgericht sprach mit seinem Beschluß vom 27. 9. 2000[58]
einen reisegewerbetreibenden Steinmetzgesellen frei.

Die Vorschriften hierzu finden Sie in § 55ff. GewO. In
§ 55 wird das Reisegewerbe folgendermaßen definiert:

(1) Ein Reisegewerbe betreibt, wer gewerbsmäßig
ohne vorhergehende Bestellung außerhalb seiner
gewerblichen Niederlassung (§ 42 Abs. 2) oder ohne
eine solche zu haben,
1. selbständig oder unselbständig in eigener Person
Waren feilbietet oder Bestellungen aufsucht (vertreibt) oder ankauft, Leistungen anbietet oder Bestellungen auf Leistungen aufsucht oder

2. selbständig unterhaltende Tätigkeiten als Schausteller oder nach Schaustellerart ausübt.

(2) Wer ein Reisegewerbe betreiben will, bedarf der Erlaubnis (Reisegewerbekarte).

Als Reisegewerbetreibender brauchen Sie also eine behördliche Erlaubnis. Diese wird in Form der Reisegewerbekarte erteilt. Die Reisegewerbekarte hat die Form eines Ausweises. Diese Erlaubnis benötigen Sie nicht, wenn Sie als Reisegewerbetreibender nach § 55b GewO »andere Personen im Rahmen ihres Geschäftsbetriebes« aufsuchen. Das macht deutlich, daß die Reisegewerbeerlaubnispflicht dem Schutz der Verbraucher dient. Diesen Schutz benötigen Geschäftsleute nicht.

Die Definition des Reisegewerbes klingt kompliziert, aber *Ihre Möglichkeiten als Reisegewerbetreibender sind groß, wenn Sie sich strikt an Ihre Grenzen als Reisegewerbetreibender halten.*

Die kleine Mühe könnte sich also lohnen.

Folgende Kriterien müssen Sie als Reisegewerbetreibender erfüllen:

1. Sie müssen gewerbsmäßig tätig sein.
Jede handwerkliche Tätigkeit ist somit prinzipiell im Reisegewerbe ausübbar, sofern Sie sich an die Regeln des Reisegewerbes halten. Ausgenommen sind nach der Gewerbeordnung lediglich wenige Tätigkeiten, wie zum Beispiel die des Friseurs ohne Meisterbrief.

Künstlerische Tätigkeiten können also nicht im Reisegewerbe betrieben werden.

2. Sie müssen ohne vorhergehende Bestellung tätig werden

Wenn Sie also gute Arbeit geleistet haben und Ihre Kunden Sie weiterempfehlen, dann kann das für Sie heikel werden. Wenn Sie nämlich angerufen werden und jemand möchte ebenfalls Ihre Dienste in Anspruch nehmen, dann werden Sie, wenn Sie annehmen, aufgrund vorhergehender Bestellung tätig. Damit üben Sie kein Reisegewerbe mehr aus! Widersprüchlich erscheint, daß Sie zwar ohne vorhergehende Bestellung tätig werden müssen, aber durchaus Bestellungen aufsuchen dürfen. Die Lösung ist ganz einfach: Was Sie nicht heute fertig machen, machen Sie morgen. Das ist mit dem »Aufsuchen von Bestellungen« gemeint.

3. Sie müssen außerhalb Ihrer gewerblichen Niederlassung Ihre Waren oder Leistungen anbieten.

Wie der Gesetzestext jedoch ebenfalls deutlich macht, dürfen Sie entgegen anderslautender Gerüchte durchaus eine Werkstatt haben und dort produzieren.[59]

4. Eine Reisegewerbekarte brauchen Sie in der Regel als Selbständiger, aber auch als unselbständiger Reisegewerbetreibender.

Das ist anders als im stehenden Gewerbe: Dort brauchen Angestellte keinen Gewerbeschein. Die den Reisegewerbetreibenden begleitenden Hilfspersonen benötigen jedoch nur dann eine eigene Reisegewerbekarte, wenn sie mit den Kunden selbst ebenfalls Werbe-, Ankaufs- oder Verkaufsgespräche führen. Beim Ausführen von Leistungen gilt dies für die Personen, die lediglich die betreffenden Leistungen anschließend oder später ausführen.[59a]

5. Reisegewerbetreibender sind Sie nur, wenn Sie in eigener Person Waren oder Leistungen anbieten.

Eine juristische Person wie die GmbH kann also nicht Reisegewerbetreibender sein.

Sie sollten als Reisegewerbetreibender also grundsätzlich keine Anzeige aufgeben, damit Interessenten bei Ihnen anrufen oder Sie aufsuchen. Eine Ausnahme von dieser Regel ist ein Wanderlager nach § 56a GewO. Ein Wanderlager ist eine Verkaufsstätte, von der aus vorübergehend Waren vertrieben werden sollen.[60]

Wird ein Wanderlager über einen längeren Zeitraum im gleichen Raum (wie dem Nebenzimmer einer Gaststätte) betrieben, so gilt dies in der Regel erst dann als gewerbliche Niederlassung oder gar als stehendes Gewerbe, wenn dort ein Warenvertrieb ununterbrochen während mindestens sechs Wochen erfolgt und Ihnen der Raum außerdem für einen dauernden Geschäftsbetrieb uneingeschränkt zur Verfügung steht.[60a]

Die Verkaufsstätte kann ein Laden sein oder die Räume einer Gaststätte, eine Verkaufsbude, ein Zelt, ein Kraftwagen oder ein Schiff. Wenn Sie aber öffentlich auf Ihr Wanderlager hinweisen wollen, so müssen Sie dieses zwei Wochen vor Beginn der für den Ort der Veranstaltung zuständigen Behörde anzeigen. An der Verkaufsstelle wie auch in Ihrer öffentlichen Ankündigung müssen Sie Ihren Namen bzw. Firma sowie Ihre Anschrift »in einer für jedermann erkennbaren Weise« anbringen.

Nicht alles ist im Reisegewerbe erlaubt
§ 56 GewO zählt eine ganze Reihe von Verboten auf. Dazu gehören vor allem
– der Vertrieb von Brillen und Augengläsern
– das Feilbieten und Ankaufen von Edelmetallen mit Ausnahme von silberüberzogenen Waren
– der An- und Verkauf von Edelsteinen, Schmucksteinen und Perlen wie auch synthetischen Steinen
– die Ausübung des Friseurhandwerks ohne Befähigungsnachweis

Nach § 30b GewO ist auch die Herstellung orthopädischer Maßschuhe ohne Handwerksrolleneintragung nicht erlaubt. Weitere Beschränkungen sind in anderen Gesetzen enthalten. Sie gelten z. B. für den Hufbeschlagschmied und den Bezirksschornsteinfeger.[61]

Wie könnte das möglich sein, Bestellungen ohne vorhergehende Bestellung aufzusuchen? Hierzu ein Beispiel:

Ein Reisegewerbetreibender, der ein »Blitzschutz-Prüfungsbüro« betreibt, hat folgendes in seiner Reisegewerbekarte stehen:

»Aufsuchen von Bestellungen, Überprüfungen und Reparaturen von Blitzschutzanlagen«.

In dieser Eigenschaft sucht er ohne vorhergehende Bestellung Hauseigentümer auf und bietet diesen langfristige Überprüfungsverträge für ihre Blitzschutzanlagen an. Zu den Folgeaktivitäten zählt dann das Aufsuchen von Bestellungen.

Ausschlaggebend war, daß er beim erstmaligen Aufsuchen seiner Kunden ohne vorhergehende Bestellung tätig war. Dem Zweck des § 55 GewO entspricht es nicht, wollte man nur den Vertragsabschluß, nicht aber die Vertragserfüllung von der Erlaubnis umfaßt sehen. So entschieden vom VGH Baden-Württemberg.[62]

Mit dem Merkmal »ohne vorhergehende Bestellung« ist nicht eine Bestellung von Waren oder Leistungen gemeint. Gemeint ist, daß die Person des Gewerbetreibenden bestellt wird.[63] Es muß sich um eine Bestellung zu Vertragsverhandlungen handeln. Nicht als vorhergehende Bestellung gilt, wenn Sie lediglich zu einem Informationsgespräch bestellt werden, ohne daß Ihnen ein Geschäftsabschluß in Aussicht gestellt wird oder Vertragsverhandlungen angeboten werden.[64] Denn von einer Bestellung kann nur die Rede sein, wenn die Leistungen nach Art und Qualität zumindest hinreichend bestimmt sind. Der Kunde benötigt Informationen, bevor er bestellen kann. Ohne vorherige Information kann es keine Vertragsverhandlungen geben. Und ohne Vertragsverhandlungen kann es keine wirksame Bestellung geben.[65] Ist allerdings der Geschäftsabschluß erfolgt, so müssen Sie als Anbieter gewerblicher Leistungen auch die *Bereitschaft und Fähigkeit zur sofortigen Leistung* vorweisen können.[66] Suchen Sie dagegen lediglich Bestellungen auf Leistungen auf, so gilt das nicht mehr. Denn dann soll die entsprechende Tätigkeit ja erst zu einem späteren Zeitpunkt erfolgen! Dieser komplizierte Sachverhalt führt bei den Ordnungsämtern oft zu Mißverständnissen. In der Regel müssen vorbereitende Arbeiten erledigt werden. Und diese gehören mit zur gewerblichen Leistung. Die Leistung umfaßt den ganzen Arbeitsgang von der Arbeitsvorbereitung bis zur Vollendung. Wer wollte das ernsthaft bestreiten? Die Lösung ist ganz einfach: Was Sie nicht gleich machen können oder dürfen, das machen Sie später. Und dabei handelt es sich um ein Aufsuchen von Bestellungen auf gewerbliche Leistungen.

Da Sie sich als Reisegewerbetreibender jedoch an der »Nahtstelle« zum stehenden Gewerbe bewegen, sind Sie »ständigen Verdächtigungen und Überprüfungen – auch und gerade durch die Handwerksorganisation – ausgesetzt«.[67] Das schreibt Klaus Linke als Geschäftsführer der Handwerkskammer Lüneburg-Stade.

Das ist ja gerade das Kernelement, daß dann »die Erfüllung erst in einem gewissen zeitlichen Abstand erfolgt«, so die Bundesverfassungsrichter. »*Dem Schutzzweck des § 55 GewO, die Verbraucher vor unlauteren Geschäftsmethoden zu schützen, wird nicht nur genügt, wenn der Reisegewerbetreibende in der Lage ist, die gewerblichen Leistungen sofort auszuführen, sondern auch dann, wenn er sie erst mit einer gewissen zeitlichen Verzögerung erbringt. Eine Irreführung der Kundschaft ist insoweit nicht zu befürchten... An der eigentlichen Tätigkeit ändert sich auch nichts, wenn der Aufschub – bei einer grundsätzlich bestehenden Bereitschaft und Fähigkeit zur Sofortleistung seitens des Gewerbetreibenden – nur auf Wunsch des Kunden, etwa nach einem Kostenvoranschlag oder nach Zeit zu eigener Vorbereitung, geschieht.«*

Wenn Sie Reisegewerbetreibender sind, sind Ihre Kunden gleich mehrfach geschützt. Zum einen dürfen Sie nur mit einer behördlichen Erlaubnis tätig werden (Reisegewerbekarte). Diese Erlaubnis soll Kunden vor unzuverlässigen Gewerbetreibenden schützen. Da Sie ohne vorhergehende Bestellung tätig werden, sind Ihre Kunden als Privatleute, aber auch durch das Haustürgeschäfte-Widerrufsrecht im BGB geschützt (§ 312 BGB ff.: siehe Anhang Nr. 9). Mit Ausnahme von Kleingeschäften bis 40 € gilt dieses Recht nur, wenn Ihr Kunde über seine Widerrufsrechte und die gesetzliche Widerrufsfrist von zwei Wochen schriftlich belehrt wurde. Bei reinem Warenverkauf ist es anders als bei handwerklicher Leistungserbringung möglicherweise sinnvoll, dem Kunden statt dem Widerrufsrecht ein Rückgaberecht einzuräumen.

Ihr Kunde kann sich durch sein gesetzliches Widerrufsrecht nicht auf Ihre Kosten bereichern. Nimmt Ihr Kunde sein Recht in Anspruch und tritt vom Vertrag zurück, sind die empfangenen Leistungen zurückzugewähren und die gezogenen Nutzungen herauszugeben. Ist dieses nicht möglich, weil die Rückgewähr oder die Herausgabe nach der Natur des Erlangten ausgeschlossen ist, der empfangene Gegenstand verbraucht, veräußert, belastet, verarbeitet oder umgestaltet ist, oder ist der empfangene Gegenstand untergegangen oder hat sich verschlechtert, so ist unter bestimmten Voraussetzungen Wertersatz zu leisten (§ 346 BGB). Das Widerrufsrecht erlischt spätestens sechs Monate nach Vertragsschluss(§ 355 BGB). Bei der Lieferung von Waren beginnt die Frist nicht vor dem Tag ihres Eingangs beim Empfänger.

In der Praxis werden diese komplizierten Regelungen von Handwerkern im Reisegewerbe eher nicht umgesetzt. Wenn die Arbeiten erledigt oder die Waren ausgeliefert sind und die Rechnung bezahlt wurde, dann ist das in der Regel ohnehin kein Problem. Sonst gilt die Sechsmonatsfrist. Handwerker im Reisegewerbe sind gesetzlich somit weit mehr zu einem guten Verhältnis mit ihren Kunden angehalten als Handwerker im stehenden Gewerbe. Wer sich im Reisegewerbe nicht halten kann, soll lieber die Meisterpüfung machen. Wer sich aber im Reisegewerbe bewährt, hat in punkto Kundenfreundlichkeit eine weit höhere Hürde genommen als normale Handwerksbetriebe.

Das Haustürwiderrufsrecht gilt nicht, wenn der Kunde den Vertrag in Ausübung einer selbständigen Erwerbstätigkeit abschließt. Schließen Sie beispielsweise einen Vertrag mit einem Architekten, so benötigt der Kunde den Schutz nach dem Willen des Gesetzgebers nicht! Privatleute können sich also gegen Überrumpelungsversuche durch Reisegewerbetreibende wirksam wehren. Sie haben mit dem Haustürwiderrufsgesetz ein Sonderrecht, das sie bei Vollhandwerkern im stehenden Gewerbe nicht haben.

Wenn Sie unbestellt außerhalb Ihrer Niederlassung Aufträge erhalten und damit die Regeln des Reisegewerbes genau einhalten, dann sind Sie auf der sicheren Seite und können Kunden gegenüber Ihre volle Kunstfertigkeit entfalten. Hauptsache: Sie und Ihr Kunde sind zufrieden.

4.4 Wo Sie einen Befähigungsnachweis aufgrund anderer Vorschriften erbringen müssen

Wenn Sie eine handwerksrechtlich legale Möglichkeit für sich gefunden haben sollten, dann prüfen Sie bitte, ob nicht vielleicht *andere Rechtsvorschriften* Ihnen diesen Weg verbauen könnten. Die wichtigsten dieser Rechtsvorschriften außerhalb der Handwerksordnung werden nachfolgend in Grundzügen dargestellt. Einzelheiten können von Bundesland zu Bundesland unterschiedliche Ausprägungen haben.

Es handelt sich hierbei um gefahrengeneigte Handwerke, bei denen zum Schutz der Verbraucher aufgrund weiterer Rechtsvorschriften ein Befähigungsnachweis (z. B. die Meisterprüfung des entsprechenden Handwerks) verlangt wird. Diese können Ihre Lösung wertlos machen, wenn sie nur nach der Handwerksordnung ausgestaltet ist.

4.4.1 Elektro-Installationsarbeiten
Rechtliche Grundlage:
Allgemeine Bedingungen für die Versorgung mit elektrischer Arbeit aus dem Niederspannungsnetz der Elektrizitätsversorgungsunternehmen (AVBEltV § 12[2], Verordnung des Bundesministers für Wirtschaft vom 21. Juni 1979)
Zulassung/Verzeichnis bei:
Elektrizitätsversorgungsunternehmen
Voraussetzungen für die Zulassung:
Fachkraftbefähigung
Einzelheiten:
Parallel zur Handwerksordnung ist Voraussetzung für Elektro-Installationsarbeiten eine sogenannte »Fachkraftbefähigung«. Nur mit dem Nachweis der Befähigung wird der Antragsteller in das Installateurverzeichnis des Energieversorgungsunternehmens eingetragen. Die Vor-

aussetzung für die Anerkennung und Eintragung unterscheidet sich prinzipiell nicht von der für die Handwerksrolleneintragung. Allerdings hat die Novellierung der Handwerksordnung durch die Zusammenlegung von drei Elektroberufen zum Beruf des Elektrotechnikers Unklarheiten geschaffen. Wahrscheinlich müssen nun die handwerksrechtlich dem Elektroinstallateur gleichgestellten Elektromechaniker und Fernmeldeanlagenelektroniker einen Zusatzlehrgang absolvieren, um in das EVU-Verzeichnis eingetragen zu werden.

Hierbei wird unterschieden zwischen Haupt- und Nebenbetrieben sowie Hilfsbetrieben und Betriebselektrikern. Hierfür benötigen Sie auch die Handwerksrolleneintragung Ihres Unternehmens. Letzteres bedeutet, daß Firmen und Institutionen, die Elektro-Installationen ausschließlich in betriebseigenen Anlagen durchführen, als Betriebselektriker in ein internes Verzeichnis des Elektrizitätsversorgungsunternehmens eingetragen werden. Dafür sind die Energieversorgungsunternehmen allein zuständig.

Die Nachweise für die Eintragung im einzelnen:
A. Haupt- und Nebenbetriebe:
   1. Fachkraftbefähigung
      Nachweis durch Eintragung in die Handwerksrolle mit dem Elektro-Installateurhandwerk
   2. Gewerbeanmeldung
   3. Wenn der Firmeninhaber nicht selbst die Fachkraftbefähigung hat: Anstellungsvertrag für die verantwortliche Fachkraft
   4. Werkstattausrüstung nach den »Richtlinien für die Werkstattausrüstung von Elektro-Installationsbetrieben«, herausgegeben vom Bundes-Installateurausschuß
B. Hilfsbetriebe und Betriebselektriker
   1. Fachkraftbefähigung (Prüfung durch das Elektrizitätsversorgungsunternehmen):

a) Meisterbrief für das Elektro-Installateurhandwerk oder
b) Zeugnis zum staatlich geprüften Techniker für Elektrotechnik – Schwerpunkt Energietechnik – und zusätzlich der Gesellenbrief für das Elektro-Installateurhandwerk oder der Nachweis einer mindestens zweijährigen Erfahrung im Elektro-Installateurhandwerk
c) Zeugnis zum Industriemeister, Fachrichtung Elektrotechnik – Schwerpunkt Energietechnik – und zusätzlich der Gesellenbrief für das Elektro-Installateurhandwerk oder der Nachweis einer mindestens zweijährigen Erfahrung im Elektro-Installateurhandwerk
d) Ingenieur-/Diplom-Zeugnis Schwerpunkt Elektrotechnik und zusätzlich der Nachweis einer mindestens zweijährigen Erfahrung im Elektro-Installateurhandwerk oder der Gesellenbrief für das Elektro-Installateurhandwerk

2. Wenn der Firmeninhaber nicht selbst die Fachkraftbefähigung hat: Anstellungsvertrag für die verantwortliche Fachkraft
3. Werkstattausrüstung nach den »Richtlinien für die Werkstattausrüstung von Elektro-Installationsbetrieben«, herausgegeben vom Bundes-Installateurausschuß

Auch hier zeigt sich, daß Antragsteller mit entsprechendem Hochschuldiplom im Gegensatz zum Vollhandwerk im praktischen Bereich niedrigere Anforderungen zu erfüllen haben. Wie auch bei der Handwerksrolleneintragung reicht der Nachweis der bestandenen Gesellenprüfung oder zwei Jahre praktische Tätigkeit. Die Novellierung der Handwerksordnung müßte jedoch nun für Industriemeister Erleichterungen bringen.

4.4.2 Arbeiten an Gas-, Wasser- und Abwasseranlagen

Rechtliche Grundlagen:
Verordnung über Allgemeine Bedingungen für die Gasversorgung von Tarifkunden (AVBGasV) vom 21. Juni 1979,
Verordnung über Allgemeine Bedingungen für die Versorgung mit Wasser (AVBWasserV) vom 20. Juni 1980
Zulassung/Verzeichnis bei:
Gas- bzw. Wasserversorgungsunternehmen
Voraussetzungen für die Zulassung:
Nachweis der fachlichen Befähigung
Einzelheiten:
In das Installateurverzeichnis werden nur Unternehmen eingetragen, die mit dem Versorgungsunternehmen einen Installateurvertrag abgeschlossen haben, der auf fünf Jahre befristet sein soll. Voraussetzung für den Abschluß eines solchen Vertrages ist insbesondere der Nachweis der fachlichen Befähigung. Die Unternehmen, die Installationsarbeiten ausführen wollen, können auch ein Nebenbetrieb, eine Personengesellschaft oder eine juristische Person (GmbH) sein. Sie müssen dann jedoch mindestens einen verantwortlichen und weisungsberechtigten Fachmann fest angestellt haben, der die fachliche Befähigung und Zuverlässigkeit besitzt. Neben dem Befähigungsnachweis müssen weitere Anforderungen erfüllt werden wie z. B. Gewerbeanmeldung, entsprechende Werkstattausrüstung etc.
Nachweis der fachlichen Befähigung:
   1. Meisterprüfung im Gas- und Wasserinstallateurhandwerk
   2. Diplomprüfung oder Abschlußprüfung an einer deutschen staatlichen oder staatlich anerkannten wissenschaftlichen Hochschule oder Fachhochschule in einem dem Gas- und Wasserinstallateurhandwerk entsprechenden Fachgebiet/-richtung und zusätzlich Gesellenprüfung im Gas- und Wasserinstallateurhandwerk oder min-

destens drei Jahre praktische Tätigkeit. Auch hier wird
Inhabern eines Hochschuldiploms somit nur ein geringe-
rer praktischer Tätigkeitsnachweis abverlangt.

3. In Ausnahmefällen kann der Nachweis der fachlichen Befähigung auch auf andere Weise geführt werden.

4. Der Installateurvertrag kann auch auf Gas- oder
Wasserinstallationsarbeiten beschränkt werden, wenn
die fachliche Befähigung nur für einen dieser Teilbereiche
der Installation nachgewiesen wird. So gibt es zum Beispiel selbständige Rohrschweißer, die regelmäßig wieder-
kehrend ihre Befähigung als Rohrschweißer nachweisen
müssen.

4.4.3 Schornsteinfeger
Die selbständige Ausübung des Schornsteinfegerhand-
werks unterscheidet sich gravierend von anderen Handwerken. Jeder Schornsteinfegermeister bekommt, wenn
er als Bezirksschornsteinfeger zugelassen wird, ein
Gebiet zugewiesen, das von ihm und seinen Angestellten
allein bearbeitet wird. Der Konkurrenzkampf soll hier aus
Gründen der öffentlichern Sicherheit ausgeschaltet sein.
Das heißt aber auch, daß die Ausnahmeregelungen der
Handwerksordnung ausgeschaltet sind. Grundlage dieser Regelungen ist das Schornsteinfegergesetz, das älter
ist als die Handwerksordnung. Die Meisterpflicht für
Bezirksschornsteinfeger ist schon wesentlich älter als die
für alle übrigen Handwerker.

4.4.4 Gesundheitshandwerke
Im Bereich der Gesundheitshandwerke wird von den
Krankenkassen als Auftraggeber häufig der Nachweis
der Befähigung verlangt. Für die Zulassung zur Kassen-
versorgung bedarf es zusätzlich zum Meisterbrief u. U.
weiterer Voraussetzungen wie z. B. Anforderungen an
Räumlichkeiten und Werkzeuge.

Die Voraussetzungen sind jedoch unterschiedlich. So

müssen beispielsweise Orthopädieschuhmacher bestimmte, die Bestimmungen der Handwerksordnung übersteigende Anforderungen erfüllen, während Zahntechniker nicht direkt geprüft werden, so daß die Vorschriften der Handwerksordnung ausschließlich gelten.

4.5 Schlußbemerkung

Sie haben nun folgende 15 Möglichkeiten ohne eigenen Meisterbrief kennengelernt:
1. Ausnahmebewilligung
2. Gleichwertige Prüfungen
3. Betriebsleiter
4. Filialbetriebe
5. Qualifikationen aus dem EU-Ausland
6. Kunst
7. Land- und Forstwirtschaft, Gartenbau
8. Selbsthilfewerkstätten
9. Minderhandwerk
10. Handwerksähnliche Gewerbe
11. Industriebetriebe
12. Unerheblicher Nebenbetrieb
13. Hilfsbetrieb
14. Marktverkehr
15. Reisegewerbe

Es wurde allerdings auch deutlich, daß keine dieser Lösungen ohne Nachteile ist. Wie schwer diese Nachteile wiegen, ist eine Frage des Einzelfalls. In vielen gut konzipierten Fällen spielen sie nicht unbedingt eine entscheidende Rolle.

Diese vielen begrenzten Möglichkeiten erleichtern einen – an sich unhaltbaren – Zustand, sie können ihn jedoch nicht rechtfertigen. Sie sind zudem permanent gefährdet durch eine erhebliche Rechtsunsicherheit und durch einen von den Handwerksorganisationen gesteuerten Informationsmangel der Betroffenen. Denn eine unparteiische Hilfestellung ist von diesen Organisationen nicht zu erwarten.

Diesen Zustand zu beklagen und anzuprangern wird kaum weiterhelfen. Ihr Ausweg kann nur sein, sich selbst eine möglichst gute Sachkenntnis zu verschaffen. Verlassen Sie sich nicht auf irgendwelche mehr oder weniger gutgemeinten Ratgeber allein.

Dieses Buch kann Ihnen dabei helfen. Helfen kann Ihnen aber auch hartnäckiges Fragen und Recherchieren in eigener Sache. Und Ihre Kreativität: Denn in vielen Fällen gibt es gute Möglichkeiten, deren Nutzung nicht unbedingt ein Problem der *rechtlichen Möglichkeiten*, sondern der *ökonomischen Phantasie* ist.

Also seien Sie kreativ, aber seien Sie dennoch vorsichtig in der Umsetzung. Wenn Sie nicht prozessieren wollen, sind Sie gezwungen, manche enge Rechtsauslegung der Handwerkskammer hinzunehmen. Wenn Sie sich auskennen, wird man Sie allerdings nicht so leicht ins Bockshorn jagen können. Sie werden vielleicht erfahren, daß hinter manchen Drohungen nicht viel mehr steckt als der Versuch, Sie zu verunsichern. Sie werden dabei entdekken, wie wenig Ihr Gegenüber oftmals von dieser schwierigen Materie versteht, obwohl sie Grundlage seiner beruflichen Betätigung ist. Da liegt Ihre Chance.

In wirklichen, sogenannten gefahrengeneigten Handwerken gibt es zum Schutz der Verbraucher (und nicht – wie bei der Handwerksordnung – zum Schutz des Handwerks) auf anderen Rechtsvorschriften basierende Vorschriften, die einen Befähigungsnachweis, z. B. die Meisterprüfung, vorschreiben. Diese Anforderungen an die fachliche Befähigung sind unabhängig von der Handwerksordnung. Würde man also den Befähigungsnachweis als Regelzugang zur selbständigen Handwerksausübung abschaffen, dann würde der notwendige Befähigungsnachweis in diesen gefahrengeneigten Handwerken deshalb noch lange nicht entfallen. Dann müßte auch weiterhin ein Gasinstallateur oder ein Schornsteinfeger die Meisterprüfung nachweisen, nicht aber ein Buchbinder oder Bäcker. Dies nur als Randbemerkung zu der beliebten Panikmache der Handwerksorganisationen in der Diskussion um den allgemeinen handwerklichen großen Befähigungsnachweis.

Für Sie als Existenzgründer heißt das jedoch, daß die Schnittmenge der Rechtsvorschriften nach der Handwerksordnung und der anderen Vorschriften stimmen muß. *Schauen Sie also nicht nur auf die Handwerksordnung allein.*

5. Unberechtigte Handwerksausübung

Was passiert, wenn Sie gegen die Handwerksordnung verstoßen?

5.1 Die Folgen unberechtigter Handwerksausübung

Sicher interessiert es Sie, was Ihnen blühen kann, falls Sie die Vorschriften der Handwerksordnung nicht beachten. Das Ergebnis gleich vorab: *Die Sanktionsmöglichkeiten sind hart und gehen bis zur Existenzvernichtung.* Dennoch muß Sie dies nicht unbedingt abschrecken. In der Praxis wird nicht immer mit Kanonen auf Spatzen geschossen. In diesem Kapitel erfahren Sie auch, welche Drohungen Sie nicht so ernst nehmen müssen.

Unerlaubte Handwerksausübung ist zuerst einmal eine Ordnungswidrigkeit. § 117 HWO bestimmt hierzu:

(1) Ordnungswidrig handelt, wer
1. entgegen § 1 ein Handwerk als stehendes Gewerbe selbständig betreibt,
2. entgegen § 51 die Ausbildungsbezeichnung »Meister« führt.
(2) Die Ordnungswidrigkeit nach Absatz 1 Nr. 1 kann mit einer Geldbuße bis zu zehntausend Euro, die Ordnungswidrigkeit nach Absatz 1 Nr. 2 kann mit einer Geldbuße bis zu fünftausend Euro geahndet werden.

10 000 € also kann die unberechtigte Handwerksausübung kosten.

Aber das ist bei weitem nicht alles.

Nach § 118 HWO kann zusätzlich die fehlende, nicht
rechtzeitige, unrichtige oder unvollständige Gewerbeanmeldung mit einer Geldbuße *bis zu 1000 €* belegt werden.
Das gleiche gilt, wenn Sie entgegen § 17 oder § 111 HWO
der Handwerkskammer oder ihrem Beauftragten eine
Auskunft nicht, nicht rechtzeitig, unrichtig oder unvollständig erteilen oder Unterlagen nicht vorlegen. Desglei-
chen, wenn Sie diesen Personen das Betreten von Grundstücken oder Geschäftsräumen oder die Vornahme von
Prüfungen oder Besichtigungen verweigern.

Auf dem Bau sind heute **Baustellenkontrollen** an der
Tagesordnung. Möglichweise haben Sie sich schon daran
gewöhnt. Am häufigsten kontrolliert die Zollverwaltung
zusammen mit den Arbeitsämtern. Die Bundesregierung
möchte jedoch die Zusammenarbeit dieser Behörden mit
den Handwerkskammern möglichst eng verzahnen.
Besondere Sachkunde im Handwerksrecht können Sie
von den Fahndern nicht erwarten! Auch Ihre handwerksrechtlichen Belehrungen sind häufig falsch. Seien Sie
freundlich, überlegen Sie, was Sie zu Protokoll geben,
und denken Sie daran, daß diese Daten weitergereicht
werden. Schalten Sie nicht zu spät einen kompetenten, im
Handwerkrecht erfahrenen Rechtsvertreter ein, wenn Sie
das Gefühl haben, daß die Fahnder nicht wohlwollend
sind.

*Und das sollten Sie beachten, wenn eine Prüfung oder
Betriebsbesichtigung durch die Handwerkskammer und
ihre Beauftragten droht:*

Nach § 17 HWO sind Sie zur Auskunft gegenüber der
Handwerkskammer verpflichtet. Sie können diese nur
verweigern, wenn Sie sich selbst oder Angehörige bela-
sten würden. Wenn Sie dieses Aussageverweigerungsrecht in Anspruch nehmen wollen, müssen Sie das aus-

drücklich erklären. Im anschließenden Bußgeldverfahren ist dies nicht mehr möglich.

Die Auskunftsverweigerung sowie die Be- oder Verhinderung einer Betriebsbesichtigung kann Ihnen einen Zeitgewinn verschaffen. Auskunftserteilung und Besichtigung können jedoch im Verwaltungszwangsverfahren gegen Ihren Willen durchgesetzt werden. Die Prüfung ist auch unvermutet und in Ihrer Abwesenheit zulässig! Als Auskunftspflichtiger sind Sie jedoch nur gezwungen, diese Maßnahmen zu dulden, Sie müssen sie nicht unbedingt aktiv unterstützen.[1]

Aber das ist noch nicht alles:

In Betracht kommt zusätzlich auch ein *Verstoß gegen das Schwarzarbeitsgesetz*. Und das wird wesentlich teurer.

§ 1 des Gesetzes zur Bekämpfung der Schwarzarbeit bestimmt (Auszug):

(1) Ordnungswidrig handelt, wer Dienst- oder Werksleistungen in erheblichem Umfang erbringt, obwohl er ... ein Handwerk als stehendes Gewerbe selbständig betreibt, ohne in der Handwerksrolle eingetragen zu sein (§ 1 der Handwerksordnung).

(2) Die Ordnungswidrigkeit kann ... mit einer Geldbuße bis zu 100 000 Euro geahndet werden.

(3) Absatz 1 gilt nicht für Dienst- oder Werkleistungen, die auf Gefälligkeit oder Nachbarschaftshilfe beruhen, sowie für Selbsthilfe im Sinne des § 36 Abs. 2 und 4 des Zweiten Wohnungsbaugesetzes in der Fassung der Bekanntmachung vom 30. Juli 1980 (BGBl. I S. 1085).

Zu den maximal 10 000 € nach der Handwerksordnung können also noch bis zu 100 000 € nach dem Schwarzarbeitsgesetz kommen. Wichtig für Sie ist, daß außer Ihnen auch Ihren Auftraggebern eine Geldbuße in derselben Höhe auferlegt werden kann (§ 2).

Die Bedrohung Ihres Auftraggebers wird ihn vermutlich dazu bringen, die lästig gewordene Angelegenheit schnell wieder loswerden zu wollen. Und das könnte für ihn nicht schwer sein, weil der Vertrag mit Ihnen u. U. gar nicht gültig ist!

Beispiel:
Ein nicht in die Handwerksrolle eingetragener Tischlergeselle staunte nicht schlecht: Eine Kundin, die eine Intarsienarbeit in Auftrag gegeben hatte, bezahlte nach Vollendung des Werkes per Scheck und nahm das Möbelstück mit. Nachdem sie jedoch die Geschäftsräume verlassen hatte, ging sie zur Bank und ließ den Scheck sperren. Zusätzlich informierte sie die Handwerkskammer über den Fall unerlaubter Handwerksausübung.

Nach § 134 BGB ist ein Rechtsgeschäft nichtig, das gegen ein gesetzliches Verbot verstößt.
Selbst wenn Sie jedoch als Schwarzarbeiter rechtlich wirksam gebrandmarkt wären, wäre Ihr Vertrag mit Ihren Kunden keineswegs unwirksam. Das gilt nach der Rechtsprechung des Bundesgerichtshofs selbst dann nicht, wenn Sie auch ihr Geld schwarz, d. h. ohne Rechnung und ohne die Einkünfte zu versteuern, eingenommen hätten: »Der Umstand, daß die Abrede eine Steuerhinterziehung erleichtern soll, hat auf die Wirksamkeit des Vertrages keinen Einfluß. Nach der Rechtsprechung des Bundesgerichtshofs ist ein Vertrag, mit dessen Abwicklung eine Steuerhinterziehung verbunden ist, nur dann nichtig, wenn die Steuerhinterziehung Hauptzweck des Vertrages ist.«[2] Das dürfte bei Handwerkern ohne Meisterbrief meistens nicht der Fall sein.

Fazit:

1. Sie haben Anspruch auf Erfüllung des Vertrages und auf Ihr Arbeitsentgelt.
2. Ihr Auftraggeber hat Anspruch auf Mängelbeseitigung und ggf. Schadenersatz.

Wenn Sie sich schützen wollen, indem Sie Ihre handwerklichen Waren oder Leistungen in der Zeitung ohne Namen, nur mit Telefonnummer oder Chiffre anbieten, dann passen Sie auf: Nach dem Schwarzarbeitsgesetz ist es möglich, über die Telekom Name und Anschrift des Fernsprechteilnehmers zu ermitteln. Allein der Verzicht auf Ihren Namen macht Sie schon verdächtig. Werbung als Schwarzarbeiter führt zu einer Geldbuße von bis zu 5 000 €. Und Sie können nun auch von öffentlichen Aufträgen ausgeschlossen werden.

Gelegentlich wird zusätzlich zu den bisher genannten Maßnahmen auch mit dem *Gesetz gegen den unlauteren Wettbewerb (UWG)* gedroht. In Betracht kommen hier vor allem Verstöße gegen § 1 und § 3 UWG. An der Anwendbarkeit gibt es jedoch begründete Zweifel. Ziel des UWG ist, den Wettbewerb als zentrale Säule der Marktwirtschaft zu sichern und vor allem den anständigen Leistungswettbewerb zu stärken. Geschützt werden sollen die Wettbewerber, Verbraucher und die Allgemeinheit. So sinnvoll diese Regelungen zwar sind, so sehr bieten sie andererseits vor allem den wirtschaftlich Stärkeren Möglichkeiten, wenn die Rechtsprechung unübersichtlich geworden ist. Und Ihre Gegner, das wissen Sie, sind gut organisiert.[3]

Zuerst also zu der wettbewerbsrechtlichen Frage, ob die unerlaubte Handwerksausübung für sich schon ein Verstoß gegen die guten Sitten im Sinne des UWG ist:

Verstöße gegen gesetzliche Normen zum Schutze der Allgemeinheit, die die Wettbewerbslage zu beeinflussen geeignet sind, sind sittenwidrig. Der Verstoß gegen bloße Ordnungsvorschriften ist nur dann sittenwidrig, wenn dieser eine ziel- und planmäßige, zumindest aber vorsätzliche Verwirklichung des Sachverhaltes zum Nachteil des Konkurrenten enthält.[4]

Die Handwerksordnung ist kein Gesetz zum Schutz der Allgemeinheit, sondern zum Schutz des Handwerks. Demnach ist die unerlaubte Handwerksausübung für sich allein kein Verstoß gegen § 1 UWG.

So sieht es auch das OLG Karlsruhe: »Die Aufnahme eines handwerklichen Betriebes ohne Eintragung in die Handwerksrolle allein begründet noch nicht den Vorwurf eines Verstoßes gegen die guten Sitten.«[4a]

Wenn der Gesetzesverstoß jedoch *bewußt und planmäßig* geschieht »und die Ordnungsvorschrift dem Schutz bestimmter Personenkreise gegen den Wettbewerb Unberufener im Allgemeininteresse dient«, so das Gericht, dann ist der Verstoß auch wettbewerbswidrig.[5] Sie können damit auf Unterlassung und Schadenersatz verklagt werden.

Problematisch ist auch die *Benutzung der handwerklichen Gewerbebezeichnungen* der Anlagen A HWO, wenn es sich um einen nicht eintragungspflichtigen Betrieb handelt. Dies wird als Verstoß gegen § 3 UWG, als irreführende Werbung angesehen.[6]

Sollten Sie eine *Abmahnung* erhalten, in der Sie aufgefordert werden, innerhalb einer sehr kurzen Frist (z. B. 48 Stunden) eine Unterlassungserklärung zu unterzeichnen, mit der Sie sich verpflichten, den Wettbewerbsverstoß zu unterlassen und sich für den Fall des Zuwiderhandelns einer Vertragsstrafe zu unterwerfen, dann sollten Sie sich *unverzüglich rechtlich beraten lassen.* Denn auf eine Abmahnung kann schnell eine einstweilige Verfügung gegen Sie folgen. Eine Abmahnung erkennen Sie u. a. daran, daß Ihnen gegenüber auch die Kosten der Abmahnung geltend gemacht werden.[7]

Ihr Betrieb kann auch geschlossen werden
Kann man Sie mit Geldbußen wider Erwarten nicht in die
Knie zwingen, so wird Ihnen die Schließung Ihres Betrie-
bes den Rest geben.

§ 16 HWO bestimmt:

> (3) Wird der selbständige Betrieb eines Handwerks als
> stehendes Gewerbe entgegen den Vorschriften dieses
> Gesetzes ausgeübt, so kann die zuständige Behörde
> von Amts wegen oder auf Antrag der Handwerks-
> kammer die Fortsetzung des Betriebes untersa-
> gen...
> (4) Die Ausübung des untersagten Gewerbes durch
> den Gewerbetreibenden kann durch Schließung der
> Betriebs- und Geschäftsräume oder durch andere
> geeignete Maßnahmen verhindert werden.

Sie sehen also, daß mit Ihren Gegnern nicht zu spaßen ist.
Das wird man Sie in vielen Fällen auch spüren lassen.
Während es bei Ihnen regelmäßig um Ihre Existenz geht,
befaßt sich Ihr Gegner lediglich mit einem Verwaltungs-
vorgang.

Bei aller Dramatik wird man Ihnen jedoch derartige
Schritte immer erst androhen. Stecken Sie also nicht den
Kopf in den Sand, machen Sie sich selbst schlau, aber verzichten Sie nicht auf die Hilfe eines Rechtsanwalts, der
hoffentlich schon Erfahrungen besitzt auf diesem für Sie
äußerst wichtigen Rechtsgebiet. Es gibt keinen Grund,
sich ins Bockshorn jagen zu lassen. Aber nehmen Sie die
Drohungen ernst, und delegieren Sie Ihr Problem niemals
vollständig an sogenannte Experten. Das könnte Sie teuer
zu stehen kommen.

Für Reisegewerbetreibende gilt ergänzend:
Reisegewerbetreibende ohne Erlaubnis begehen eine Ordnungswidrigkeit gemäß § 145 Abs. 1 Nr. 1 GewO, die ein Ordnungsgeld gem. § 145 Abs. 4 bis zu 10 000 DM nach sich ziehen kann.

Allerdings kann ein Verstoß gegen diese Erlaubnispflicht in dem uns interessierenden Zusammenhang wegen des Merkmals »in eigener Person« als eigenhändiges Delikt nicht in mittelbarer Täterschaft begangen werden.[8] Man muß die Ordnungswidrigkeit eben selbst begangen haben.

Sollten Sie sich beharrlich und wiederholt weigern, die behördlichen Anordnungen zu befolgen oder andere mit Ihren Zuwiderhandlungen gefährden, so bleibt es nicht beim Ordnungsgeld. Ihr Verhalten wird zur Straftat, die mit Freiheitsstrafe bis zu einem Jahr oder Geldstrafe bestraft wird.

5.2 Verhaltenstips bei Hausdurchsuchungen

In vielen Regionen Deutschlands wurde die Hatz gegen Handwerker ohne Meisterbrief effektiviert und verstärkt. Selbst staatlicher »Einbruch« in Wohnungen und Büros (Hausdurchsuchung) ist nicht tabu. Er wird noch immer leichtfertig eingesetzt. Ihr Grundrecht auf die Unverletzbarkeit Ihrer Wohnung wird so eingeschränkt.

Wie das in der Praxis aussieht, sollen zwei Beispiele zeigen:

Beispiel 1:

Marina Schneider (Name geändert) baut von ihrem ererbten Geld Häuser, die sie selbst vermietet. Dafür hat sie einen Maurer eingestellt, um ihre Häuser billi-

ger zu errichten, als wenn sie die Aufträge an Handwerksfirmen komplett vergäbe. Es begann mit einer Baustellenkontrolle. Fahnder kontrollierten ihren Maurer und einen Helfer. Danach hörte Frau Schneider sieben Monate nichts mehr von der Behörde. Und sie hatte keine Ahnung, was hinter ihrem Rücken geschah. Nach drei Anläufen erhielt das Ordnungsamt endlich vom Amtsrichter seinen Durchsuchungsbeschluß. Die Behörde hatte nämlich vor, zur Stärkung ihrer weiteren Ermittlung die Wohnräume von Frau Schneider zu durchsuchen. Anstatt Frau Schneider um weitere Auskünfte und Belege zu bitten. Der Amtsrichter wies jedoch den Antrag der Behörde mehrfach zurück, weil diese nicht in der Lage war zu sagen, was genau sie bei Frau Schneider suchte und durchsuchen wollte.

Nach Erhalt des Durchsuchungsbeschlusses versuchten Mitarbeiter des Ordnungsamtes zusammen mit der Handwerkskammer mehrfach, die Wohnung von Frau Schneider zu durchsuchen. Frau Schneider war jedoch nicht da. Das Öffnen der Wohnung in ihrer Abwesenheit erschien den Ermittlern (immerhin) unverhältnismäßig. So entschlossen sie sich nach mehreren Monaten, einen Bußgeldbescheid wegen unrechtmäßiger handwerklicher Betätigung zu erlassen und im Zuge des Verfahrens Frau Schneider anzuhören. Frau Schneider schaltete sofort einen auf Handwerksrecht spezialisierten Rechtsanwalt ein.

Der Fall ist typisch. Allerdings gehen Behörden in vielen Fällen noch rücksichtsloser vor. Gepaart mit inkompetenter Rechtsvertretung, haben die Behörden dann leichtes Spiel. Hierzu das zweite Beispiel:

Familie B. aus Niedersachsen: Sie betrieb bis vor kurzem noch das größte Raum- und Textilgeschäft des Ortes und beschäftigte vier Mitarbeiter. Neben dem Handel nähte sie auch Gardinen. Auf Grund einer anonymen Anzeige durchsuchte das Ordnungsamt ohne Vorwarnung das Geschäft und die Privaträume der Familie wegen angeblicher Schwarzarbeit. Nach Auswertung aller Unterlagen stimmte die Familie auf Druck der Behörde schließlich einer Geldbuße in Höhe von 35 000 DM (ca. 17 000 €) und der Einstellung eines Meisters zu. Die Familie konnte diese zusätzlichen wirtschaftlichen Lasten jedoch nicht verkraften, lebte »nur noch in Angst vor irgendwelchen Kassenpfändungen oder sonst irgendwelchen Aktionen« und schloß daraufhin das ehedem so erfolgreiche Einzelhandelsgeschäft.

Besonders schlimm ist, daß manche Handwerker nach einer Durchsuchung nicht einmal wissen, wer genau bei ihnen war und daß sie das Recht gehabt hätten, einer Durchsuchung zu widersprechen.

**Wie Sie sich verhalten sollten,
wenn Sie selbst bedroht werden:**

Von Rudolf von Bracken, Rechtsanwalt in Hamburg

1. Bewahren Sie Ruhe! Lassen Sie sich den richterlichen Durchsuchungsbeschluß zeigen und in einer amtlichen Ausfertigung aushändigen. Wenn kein richterlicher Beschluß vorhanden ist, berufen sich die Besucher auf »Gefahr im Verzug«. Erklären Sie dann ausdrücklich, daß Sie sich auf Ihr Hausrecht berufen, und geben Sie dieses zu Protokoll!
2. Widersprechen Sie der Hausdurchsuchung freundlich,

und achten Sie darauf, daß Ihr Widerspruch im Protokoll vermerkt wird (genaue Protokollierung!). Das erzeugt Begründungszwang und nebenbei die Offenlegung des Verantwortlichen wegen der nur dann gegebenen Vorlagepflicht an das Gericht. Dann muß der Ermittlungsrichter unverzüglich entscheiden, ob die Durchsuchung rechtens war. Der Ermittler ist dort beweis- und rechenschaftspflichtig. Das kann (muß aber nicht) bedeuten, daß die Durchsuchung erst später erfolgt.

3. Die Durchsuchung können Sie (Sie müssen aber nicht) eingrenzen und abkürzen durch Bereitlegung der relevanten Unterlagen (z. B. Ordner oder Akten), die Ihnen genannt werden. Wenn Sie die Anfertigung von Kopien erlauben und vielleicht ermöglichen, müssen die Beamten nach dem Grundsatz des geringstmöglichen Eingriffs prüfen, ob sie dann noch Ihre Originalunterlagen zur Mitnahme benötigen und beschlagnahmen müssen. Wenn sie es tun, erklären Sie zu Protokoll, daß Sie die unverzügliche Rückgabe verlangen!

4. Widersprechen Sie jeder Beschlagnahme, und achten Sie auch hier auf eine genaue Protokollierung.

5. Ziehen Sie Zeugen oder Ihren Anwalt hinzu. Das ist Ihr Recht! Ein solcher Wunsch muß auch vom Verantwortlichen abgefragt werden (siehe Protokollformular). Die Besucher müssen hinreichend lange warten!

6. Lassen Sie sich die Visitenkarte des vor Ort verantwortlichen Ermittlungsführers oder mindestens Name und Dienstbezeichnung geben, oder notieren Sie sich genau die Namen und ggf. Dienstbezeichnungen der weiteren anwesenden Personen.

7. Notieren Sie sich das Aktenzeichen der Polizei. Es muß auf der auszuhändigenden Protokolldurchschrift lesbar sein. Lassen Sie sich möglichst auch das Aktenzeichen von der Staatsanwaltschaft oder der Ordnungsbehörde geben.

8. Erklären Sie ausdrücklich, daß Sie Ihr Aussageverweigerungsrecht nutzen wollen. Lassen Sie sich nicht auf freundliche Ausforschungsgespräche ein.

Mit diesen Angaben kann Ihr Verteidiger schneller an Akteneinsicht und notwendige Infos kommen. Im übrigen ist die bisherige Rechtsprechung überholt durch das BVerfG-Urteil vom 20. 2. 2001 (Aktenzeichen 2 BvR 1444/00), welches die bisherige leichtherzige Praxis von Hausdurchsuchungen ohne richterlichen Durchsuchungsbefehl (Gefahr im Verzug) grundsätzlich und grundrechtlich für unzulässig erklärt.

5.3 Die Handwerkerpflichtversicherung

Es gibt durchaus Handwerker, die Chancen haben, ohne zumutbare Belastung die Meisterprüfung zu machen und damit die reguläre Eintragungsvoraussetzung für die Handwerksrolle zu erwerben. Manche haben gar den Meisterbrief bereits. Aber dennoch sind sie nicht bereit, sich in die Handwerksrolle eintragen zu lassen. Der Grund: die Handwerkerpflichtversicherung.

Was hat es damit auf sich?

Grundsätzlich sind Sie als selbständiger Unternehmer nicht pflichtversichert, sondern können selbst entscheiden, ob und wo Sie Ihre Kranken- und Rentenversicherung abschließen wollen.

Einige Berufe sind davon ausgenommen, so z. B. selbständige Künstler (Künstlersozialkasse) und eben auch die *in die Handwerksrolle eingetragenen Handwerker.*

Einzelheiten:
Versicherungspflicht besteht nur für die in die Handwerksrolle eingetragenen Handwerker sowie die Gesellschafter einer in die Handwerksrolle eingetragenen

Personengesellschaft, die in ihrer Person den Befähigungsnachweis erfüllen. Die anderen Gesellschafter sind versicherungsfrei. Etwas anders liegen die Verhältnisse bei Kapitalgesellschaften, zum Beispiel bei der GmbH. Deren Gesellschafter sind insgesamt nicht rentenversicherungspflichtig, auch wenn sie den handwerkerrechtlichen Befähigungsnachweis besitzen. Die Versicherungspflicht beginnt mit der Aufnahme der selbständigen Tätigkeit.

Seit dem 1. 1. 1992 ist das Handwerkerversicherungsgesetz aufgehoben. Die Versicherungspflicht der in die Handwerksrolle eingetragenen Handwerker ist nun im Sozialgesetzbuch (SGB VI) geregelt. Dadurch ergeben sich gegenüber der früheren Regelung einige Neuerungen:

Bisher war die Versicherungspflicht begrenzt. 216 Kalendermonate gezahlte Pflichtbeiträge führten automatisch zur Beendigung der Versicherungspflicht, so daß die Betreffenden nach 18 Jahren »frei« waren. Nun können Handwerker von der Versicherungspflicht befreit werden, wenn sie nach Ablauf der 18 Pflichtbeitragsjahre einen entsprechenden Antrag stellen. Wenn Sie dies nicht innerhalb von drei Monaten machen, dann gilt die Befreiung erst vom Zeitpunkt des Antragseingangs an.

Wenn Sie von der Versicherungspflicht befreit sind und in der Handwerksrolle gelöscht wurden, dann beginnt die Versicherungspflicht erneut, wenn Sie wieder neu in die Handwerksrolle eingetragen werden. Wenn Sie das nicht wollen, müssen Sie sich erneut befreien lassen.

Werden versicherungspflichtige Arbeitnehmer in die Handwerksrolle eingetragen, dann sind diese in ihrer Eigenschaft als selbständige Handwerker ebenfalls pflichtversichert. Vor 1992 war dies nicht der Fall.

Eingetragene Handwerker, die in der ersten Zeit nach Gründung ihres selbständigen Betriebes noch nicht die

vollen Beiträge zur Pflichtversicherung aufbringen können, können in den ersten drei Jahren nach Aufnahme der
selbständigen Tätigkeit ohne Einkommensnachweis den
Beitrag heruntersetzen lassen. Die Beitragsberechnung
wird dann von einem Betrag in Höhe der Hälfte der Bezugsgröße vorgenommen. Wenn diese Bezugsgröße nicht
dem tatsächlichen Arbeitseinkommen entspricht, dann
muß dieses zugrunde gelegt werden, wenn es nachgewiesen wird (Steuerberaterbescheinigung über das voraus-
sichtliche Arbeitseinkommen oder eigene gewissenhafte
Schätzung). Der Inhaber eines handwerklichen Nebenbetriebes unterliegt nicht der Pflichtversicherung als
Selbständiger.

5.4 Unternehmer sein

Vielleicht, lieber Leser, sind Sie schon Unternehmer. Oder
Sie sind möglicherweise kurz davor, es zu werden. Sie
haben sich in diesem Buch mit einem komplizierten und
sehr interessengebundenen Themengebiet beschäftigt,
das für Sie als Unternehmer eine existentielle Herausfor-
derung darstellt. Bei allen Widrigkeiten können Sie das
nur schaffen, wenn Sie wirklich Unternehmer sind.

Wenn Sie es wörtlich nehmen, dann sind Sie Unternehmer, wenn Sie die Fähigkeit und Bereitschaft besitzen, *etwas zu unternehmen*. Und all die Schwierigkeiten
und Hindernisse, die auf Sie warten, können Sie in den
meisten Fällen kreativ und ideenreich, aber auch hartnäckig zu überwinden trachten, wenn Sie *nach Lösungen* Ihrer Probleme *aktiv suchen*. Wenn Sie die Bereitschaft hierzu mitbringen, dann können Sie das, was
Ihnen dann vielleicht fehlt, lernen oder sich besorgen.
Voraussetzung hierfür ist jedoch, daß Sie auch Ihre
Schwächen kennen.

Sie haben eine ganze Reihe von Möglichkeiten kennengelernt, wie Sie auch ohne eigene Meisterprüfung ein Handwerk legal ausüben können.

Keine der Möglichkeiten ist ohne Nachteile, auch wenn diese vielleicht im Einzelfall nicht sehr schwer wiegen. Als Unternehmer müssen Sie gerade im Handwerk oder in angrenzenden Berufen Schwierigkeiten überwinden und meistens auch eine nicht unbeträchtliche Rechtsunsicherheit aushalten können. Auch wenn, wie mehrfach gezeigt, die Sie belastende Rechtsunsicherheit eigentlich unnötig und ungerecht ist, so können Sie doch nicht damit rechnen, daß eine für Sie positive Reform dieses komplizierten Rechtsgebietes so bald erfolgen wird.

Der Start Ihrer handwerklichen Tätigkeit ist jedoch nicht alles. Wenn Sie alle Hürden gemeistert haben, beginnt das Wichtigste: das Unternehmen am Laufen zu halten.

Als Unternehmer müssen Sie mit Mitarbeitern und Kunden umgehen können, *Sie müssen führen*. Das fällt den meisten Unternehmern nicht immer leicht. Führen können Sie jedoch lernen.

Sie müssen in der Lage sein, gut zu organisieren. Organisieren und Führen ist keinesfalls identisch. Während das Organisieren mehr die technische Komponente betrifft, so sind Sie als Führungskraft in Ihrer ganzen Persönlichkeit gefordert. Wirkliche Führung setzt voraus, daß Sie sich selbst kennen und immer wieder erforschen. Sie müssen Ihre Stärken und Schwächen kennen, damit Sie Ihre Stärken zur Geltung bringen können und Ihre Schwächen wirklich akzeptieren können. Sie müssen auch die Stärke haben, anderen zu vertrauen, selbst wenn Sie damit Risiken eingehen. Sie können nicht immer auf der Hut sein. Damit verlieren Sie Ihre Spontaneität. Sie sollten auch darauf verzichten können, von allen geliebt und geschätzt werden zu wollen. Führen können Sie nur, wenn Sie unabhängig sind.

Der amerikanische Management-Guru Warren Bennis brachte es folgendermaßen auf den Punkt:

»Wollen Sie jemand managen, dann managen Sie sich selbst. Wenn Sie das schaffen, sind Sie soweit: Dann können Sie aufhören zu managen und anfangen zu führen!«

Führen werden Sie jedoch nicht, wenn Sie glauben, alles selbst machen zu müssen. Holen Sie sich Hilfe, und delegieren Sie! Aber Voraussetzung dafür ist, daß Sie verstanden haben, was andere für Sie tun sollen, damit Sie in der Lage sind, die Ergebnisse wirklich aufzunehmen und umzusetzen.

Als gute Führungskraft sollten Sie nicht den Mißerfolg delegieren. Um aber Probleme wirklich lösen zu können, müssen Sie in der Lage sein, sich zuallererst von den Problemen zu lösen. Damit meine ich nicht, daß Sie den Kopf in den Sand stecken sollen. Sie sollen sich die Freiheit erobern, kreativ Lösungen zu konzipieren und umzusetzen. Dazu müssen Sie einerseits gut informiert sein, ohne daß Ihnen jedoch Einzelheiten den freien Blick verstellen.

Machen Sie sich frei, unternehmen Sie was.

Anhang

Anmerkungen

Kapitel 1

1 *Der Spiegel*, 17. 3. 1986 weitere Beispiele *Wirtschaftswoche* Nr. 22, 22. 5. 1997
2 *Wochenpost* Nr. 18, 29. 4. 1993
2a Josef Fiekens in *Handelsblatt* 13. 1. 1997, Seite 7
3 Darstellung und Kritik vgl. Hufen NJW 1994, 2917
4 vgl. zur Geschichte des Gesetzesvorhabens: Kübler/Aberle/ Schubert: Die deutsche Handwerksordnung, Kommentar
5 dass. 105, 16
6 BVerfGE 13, 116
7 BVerfGE 13, 121
8 Reuß DVBl. 1961, 866
9 Deregulierungskommission 1991, 125
10 Reuß DVBl. 1961, 868

Kapitel 2

1 vgl. ausführlich und kritisch: John, P. (1983): Handwerkskammern im Zwielicht.
2 John a. a. O., 24
3 John a. a. O., 34
4 John a. a. O., 55
5 vgl. Hampke, T. (1892): Der Befähigungsnachweis im Handwerk, S. 30 ff.; John a. a. O., 63
6 vgl. Winkler, H. A. (1973): Unternehmerverbände zwischen Ständeideologie und Nationalsozialismus, in: Varain, H. J. (Hrsg.): Interessenverbände in Deutschland
7 Tuchtfeldt, E. (1953): Gewerbefreiheit als wirtschaftspolitisches Problem, 35, 41
8 Tuchtfeldt, a. a.O., 53
9 F. Schüler, zit. nach Müller, H. (1939): Der handwerkliche große Befähigungsnachweis und seine volkswirtschaftliche Bedeutung, 65
10 *Hamburger Nachrichten*, 31. 12. 1933
11 *Frankfurter Zeitung*, 17. 11. 1935
12 aus Wernet, W. (1952): Handwerkspolitik, 140
13 Chesi, V. (1966): Struktur und Funktion der Handwerksorganisationen in Deutschland seit 1933. Ein Beitrag zur Verbandstheorie, 169
14 Die Entstehungsgeschichte des Gesetzes wird detailliert geschildert in: Kübler/Aberle/Schubert: Die deutsche Handwerksordnung, Kommentar

15   Kolbenschlag, H.; Patzig, H. G. (1968): Die deutsche Hand-
     werksorganisation, 31
16   dies., a. a. O.

Kapitel 3
1   vgl. ausführlich: Klinge, G.: Das Berufszulassungs- und
     Berufsausübungsrecht des selbständigen Handwerkers im
     Europäischen Binnenmarkt, in: Wirtschaft und Verwaltung
     1992/1. Schwappach, J./Schmitz, K.: Das Handwerksrecht
     in den Mitgliedstaaten der Europäischen Union in Wirt-
     schaft und Verwaltung 1996/1.
1a   Blick durch die Wirtschaft, 12. 2. 1997
2   Anmerkung Entscheidung vom 3. 10. 2000, Rs. C-58/98
3   vgl. hierzu ausführlich: Deregulierungskommission (1991):
     Marktöffnung und Wettbewerb, 128-130; Mirbach, H. G.
     (1993): Ihr Recht auf selbständige Arbeit 141–148
4   vgl. Deregulierungskommission, a. a. O., 128 f.
5   dass., Rdnr. 528
6   dass.
7   dass., V
8   dass., V
9   dass., 11
10   zit. nach *Handelsblatt*, 4. 8. 1988
11   *Handelsblatt* 13./14. 8. 1988
12   dass.
13   *Handelsblatt* 9. 3. 1989
14   Deregulierungskommission, a. a. O., 122
15   dass., 123
16   dass., 123
17   dass., 124
18   dass., 124
19   dass., 125
20   dass., 125
21   dass., 125
22   dass., 126
23   dass., 127
24   dass., 127
25   dass., 127
26   dass., 127
27   dass., 127
28   dass., 130-132
29   Geissendörfer GewArch 1992, 361
29a *Wirtschaftswoche* Nr. 22, 22. 5. 1997, Seite 42

30 vgl. auch Hufen, Berufsfreiheit – Erinnerung an ein Grundrecht, NJW 1994, H. 35, 2913; Lücke, Die Berufsfreiheit. Eine Rückbesinnung auf den Text des Art. 12 I GG (1994)
31 Bundesverfassungsgericht 31. 3. 2000 – 1 BvR 608/99
32 Bundesverfassungsgericht 27. 9. 2000 – 1 BvR 2176/98

Kapitel 4
1 vgl. hierzu und zu den folgenden Ausführungen auch die Kommentare zur Handwerksordnung: Aberle; Honig; Siegert/Musielak;
Eyermann/Fröhler/Honig;
Mirbach, H. G.: Ihr Recht auf selbständige Arbeit, Norman Rentrop Verlag
2 Landmann/Rohmer: Gewerbeordnung, Einl. Rdnr. 31 vgl. auch Herrmann/Heuer/Raupach: Einkommensteuer- und Körperschaftsteuergesetz, Kommentar, § 15, A III
3 OLG Köln, GewArch 1984, 290
4 vgl. hierzu die Übersicht bei Mirbach, H. G. (1993): Ihr Recht auf selbständige Arbeit, 45–50
5 vgl. BVerwG 16. 9. 1966 – 1 C 53/65 sowie 17. 4. 1964 – VII C 228/59; vgl. auch ausführlich Mirbach, a. a. O., 51–59
6 Auf die Darstellung des Witwen- und Erbenprivilegs nach § 7 Abs. 6 HWO wird jedoch verzichtet, weil diese Möglichkeit ohnehin keine dauerhafte Perspektive bietet und die Leser dieses Buches vermutlich weniger interessieren dürfte.
6a Honig, Handwerksordnung (Kommentar), München 1993 § 49 Rdnr. 16
6b BVerfG 17. 7. 1961, 1 BvL 44/55
7 Mirbach, a. a. O., 111 f.; Mirbach zeigt hierin einen Widerspruch in der Rechtsprechung des BVerwG auf.
9 VGH Bad.-Württbg., 7. 2. 1986 – 14 S 3285/84
9a Honig, *Betriebs-Berater* 1994, 1444
10 vgl. Anhang dieses Buches
11 Prof. Dr. Joachim Rottmann in: Mirbach, a. a. O., XI
11a vgl. beispielsweise OVG Lüneburg, 26. 11. 1987, 8 OVG A 43/86
11b Bundestagsdrucksache 12/5918, 53
12 Mirbach a. a. O., 35
12a Bundestagsdrucksache 12/5918, 52
12b Bundestagsdrucksache 12/5918, 53
13 Zur Verfassungsmäßigkeit der EWG-Handwerks-Verordnung vgl. ausführlich Mirbach, a. a. O., 141–148

14 EuGH, 27. 9. 1989, 130/88 – 89/C 272/11
15 Honig, G.: WiVerw. 1980/2, 125
16 ders. a. a. O., 132
17 ders, a. a. O., 137
18 BVerwG 16. 4. 1991 – 1 C 50/88
19 BVerwG 6. 12. 1963 – VII C 129/60, GewArch 1964, 104 f.; gegensätzlich: OVG Koblenz 8. 4. 1983, GewArch 1983, 194 sowie BayVGH 20. 7. 1990, EzGewR § 1 Abs. 2 HWO Nr. 21
20 vgl. auch Mirbach, a. a. O., 85–87
21 nach Sternberg: Abgrenzung zwischen Handwerk und freier Kunst, in: WiVerw. 1986, 130; vgl. grundlegend auch Maaßen, W.: Kunst oder Gewerbe? Heidelberg 1996
22 Sternberg, a. a. O.; Roemer-Blum: Zur Abgrenzung zwischen Handwerk und Kunst, in: GewArch 1986, 9
23 Alpers, Svetlana: Rembrandt als Unternehmer, Köln 1990
24 BFH IV R 33/90, zit. nach *Handelsblatt* 25. 11. 1991
25 VG Augsburg, GewArch. 1986, 133 f.
26 BVerwG 11. 12. 1990, 1 C 41.88
27 VGH Baden-Württemberg, 7. 11. 1984, GewArch. 1984, 64; BayOblG, 16. 12. 1986 – 3 Ob OWi 34/86
28 BFH 14. 12. 1976, BStBl. 1977 II 472; BFH 29. 11. 1964, BStBl, 1964 III 45
29 BFH, 26. 9. 1968, BStBl. 1969, II 70
30 Mirbach, a. a. O., 56; vgl. auch die Begründung des Gesetzgebers, warum handwerksähnliche Gewerbebetriebe ohne Befähigungsnachweis möglich sind.
31 BVerwG 24. 10. 67 – 1 C 57/65
32 vgl. kritisch Stober, NJW 1989, 573: »Die Rechtsprechung ist schon deshalb unübersichtlich, weil das Kriterium ›wesentlich‹ zu unbestimmt ist, um eine klare und überzeugende Abgrenzung zu ermöglichen, die aber wegen der damit verbundenen Rechtsfolgen ... dringend geboten ist.«
33 BVerwG 16. 1. 1968 – 1 C 58/65, GewArch 1968, 161 (162); Mirbach, a. a. O., 59
34 Bundesverfassungsgericht 31. 3. 2000 1 BvR 608/99
35 Schriftlicher Bericht des Ausschusses für Mittelstandsfragen vom 2. 6. 1965; zu Bundestagsdrucksache IV/3461, 5
36 Siegert, a. a. O., § 18 Rdnr. 5-12
37 vgl. die Kritik von Etzold, Hans-Joachim, in: GewArch 1983, 183
38 vgl. Siegert, a. a. O., § 1 Rdnr. 18 ff.; Mirbach, a. a. O., 52; Müller, G.: Die Abgrenzung Handwerk/Industrie in der Tiefbau-Branche, in: GewArch. 1986, 79

39 BVerwG 17. 4. 1964 – VII C 228/59, GewArch 1964, 251

40 BAG 27. 6. 1984

41 BVerwG 12. 2. 1965 – VII C 77.64, BVerwGE 20, 267

42 BVerwG 17. 4. 1964 a. a. O., 251

43 BVerwG 12. 2. 1965 a. a. O.

44 BVerwG 17. 4. 1964, a. a. O., 252

45 Berliner Senatsverwaltung für Wirtschaft und Technologie,
    Schreiben vom 4. 9. 2000, zit in Bundestags-Ausschuss-
    drucksache 14/2180, S. 28; Mirbach a. a. O., 78 f.: »Für die
    Erstellung allgemeiner Statistiken ist der Bürger nicht ver-
    antwortlich; dies ist Aufgabe des Staates oder eventuell
    auch der Handwerksorganisationen ... Angesichts der
    Bedeutung des betroffenen Grundrechts der Berufsfreiheit –
    Artikel 12 Abs. 1 Grundgesetz – geht es nicht an, Schwierig-
    keiten im Bereich der statistischen Ermittlung im Ergebnis
    zu Lasten des einzelnen, zu Lasten seiner verfassungsmäßig
    geschützten Rechte zu umgehen. Ergeben sich unüber-
    windliche Probleme bei der statistischen Ermittlung, so ist
    vielmehr nach dem Grundsatz ›im Zweifel für die Berufsfrei-
    heit‹ zu verfahren. Nur dies entspricht auch der streng an der
    Berufsfreiheit orientierten Ausführung des Bundesverfas-
    sungsgerichts.«

46 Bayer. VGH v. 19. 5. 1958, 146 VI-57

47 OVG Münster, 13. 9. 1976, IV A 141/74

48 OVG Münster, 7. 1. 1959, IV A 1664/56

49 OVG Nordrhein-Westfalen, 10. 5. 1977, IV A 901/75

50 BVerwG, 19. 8. 1986 – 1 C 2.84

51 siehe Anhang Nr. 19

52 BVerwG 11. 5. 1979 – 5 C 16.79

53 BVerwG 9. 5. 1986 – 1 C 3.84

54 BVerwG 23. 6. 1983 – 5 C 37.81, GewArch 84,96, vgl. auch
    Siegert a. a. O. § 3 Rdnr. 25

55 Eyermann/Fröhler/Honig: Handwerksordnung, 3. Auflage
    1976, § 3 Rdnr. 26

58 Bundesverfassungsgericht 27. 9. 2000 – 1 BvR 2176/98

59 vgl. Honig GewA 1991, 13: »Daß man nur deswegen einen
    stehenden Gewerbebetrieb annimmt, weil der Handwerker
    die im Reisegewerbe vertriebenen Produkte daheim selbst
    hergestellt hat, wird sich wohl nicht halten lassen.«

59a vgl. Amtsblatt für Schleswig-Holstein 1988 Nr. 50/51, 514
    oder die Fachliche Weisung W/G Nr. 1/85 vom 1. 10. 1985
    (Freie und Hansestadt Hamburg, Behörde für Wirtschaft,
    Verkehr und Landwirtschaft – Amt für Wirtschaft)

60   vgl. auch Schaub, Günter: Ich mache mich selbständig, § 14
      IV; OLG Koblenz GewArch 1984, 58
60a   vgl. hierzu Ziff. 7 der ReisegewVwV vom 10. 10. 1991, RdErl.
      des Hessischen Ministeriums für Wirtschaft, Verkehr und
      Technologie Az.: II a 2 – 73 a – 28 – 07 – 02
61   vgl. auch Siegert, a. a. O. § 1 Rdnr. 7
62   VGH Bad.-Württ. 20. 11. 1972, GewArch 1973, 159. Mit sei-
      nem Beschluß vom 12. 9. 1995 (Az: 14 S. 1215/95) hat der
      VGH-Bad.-Württ. versucht, eine nicht sehr überzeugende
      Abkehr von seiner freiheitlichen Rechtsprechung zu vollzie-
      hen. Der Beschluß ist durch die Entscheidung des BVerfG
      vom 27. 9. 2000 hinfällig.
63   vgl. Friauf, a. a. O., § 55, Rdnr. 15
64   dass. 16 ff.; Sieg/Leifermann/Tettinger § 55, Rdnr. 8, VGH
      Bad.-Württ. 20. 11. 1972, a. O.
65   Die Bestellung zu einer allgemeinen Informationserteilung,
      Vorführung oder Warenpräsentation ist keine »vorherge-
      hende Bestellung«. BGH 25. 10. 1989, AZ VIII ZR 345/88
66   Sieg/Leifermann/Tettinger § 55, Rdnr. 8; VGH Bad.-Württ.
      20. 11. 1972, a. a. O.

Kapitel 5
1   Honig 1993 a. a. O., § 17
1a   Friauf § 55, Rdnr. 72 mit weiteren Verweisen
2   BGH 23. 6. 1997 – II ZR 220/95. Zur Schwarzarbeit siehe
      auch BGH 21. 12. 2000 – VII ZR 192/98).
3   Einen guten Überblick über Möglichkeiten und Grenzen
      der Werbung nach dem UWG, Rabattgesetz und der Zuga-
      beverordnung bietet: Dietz, Karlheinz (1992): Werbung: Was
      ist erlaubt? Was ist verboten? WRS-Mustertexte Bd. 18.
4   Dietz, a. a. O., 28 f.
4a   OLG Karlsruhe, 16. 2. 1978, GewArch 78/374
5   Im Falle eines Zahntechnikerbetriebes hat das OLG
      München allerdings den bloßen Verstoß schon als sittenwid-
      rig angesehen: »Etwas anderes gilt bei Leistungen, die die
      eines zahntechnischen Labors, die der Volksgesundheit die-
      nen und deren nicht ordnungsgemäße Ausführung zu er-
      heblichen Gesundheitsschädigungen führen kann. Hier ge-
      nügt allein der Verstoß« (OLG München 31. 1. 1991, Gew
      Arch 91/352).
6   vgl. z. B. zum Begriff Gebäudereinigung: OLG Stuttgart
      28. 5. 1982, 2 U 231/81; Innendekoration: LG Landshut
      2. 2. 1990, HK.O. 1728/89; Kraftfahrzeugmechanikerhand-

werk: LG Frankfurt 3. 6. 1981, 2/6 O 157/81, Fotografen: OLG München 3. 12. 1992, GewArch 1993/204.

7 Weitere nützliche Tips und Verhaltensmaßnahmen vgl. Dietz, a. a. O., 100–121

8 OLG Karlsruhe 26. 9. 1989, GewArch 1990, 20, zit. nach Friauf § 55 Rdnr. 69

Rat und Rechtshilfe

Berufsverband unabhängiger HandwerkerInnen e. V.
Klein Breese 13
29497 Woltersdorf
Tel. 0 58 41 – 97 39 00
Fax 0 58 41 – 97 39 01
Internet: http://www.aries.de/BUH/index.html

IFHandwerk e. V., Interessengemeinschaft freier und kritischer
Handwerkerinnen und Handwerker
Sülldorfer Weg 4
22869 Schenefeld b. Hamburg
Tel.: 0 40 – 39 90 03 32
Fax: 0 40 – 39 90 03 32
Internet: http://www.ifhandwerk.de

Vorteile einer Mitgliedschaft im IFHandwerk e. V.:
Als Fördermitglied des Interessenverbandes erhalten
Sie regelmäßig aktuelle Informationen. Und das ist Ihr
Nutzen, wenn Sie Mitglied werden:

1. **Beratung:** Als Fördermitglied können Sie den
   kostenlosen telefonischen Beratungsservice des
   Verbands (Ärger mit der Handwerkskammer und
   Behörden) in Anspruch nehmen. Wenn Sie bedroht
   werden, vermitteln wir Ihnen kostenlos Experten,
   die Sie gerichtlich und außergerichtlich vertreten.
2. **Kontakte und Erfahrungsaustausch:** Im Interes-
   senverband lernen Sie Gleichgesinnte kennen und
   können sich gemeinsam austauschen.
3. **Information und Weiterbildung:** Als Fördermitglied erhalten Sie kostenlos den regelmäßig
   erscheinenden IFHandwerksberater zugeschickt.
   An den Verbandsseminaren können Sie zum Vor-
   zugspreis teilnehmen.

4. **Interessenvertretung:** Handwerkerinnen und Handwerker werden in Deutschland gegenüber ausländischer Konkurrenz benachteiligt. Der Meisterzwang und die Pflichtmitgliedschaft in den Handwerkskammern müssen fallen. Wir setzen uns dafür ein. Dafür brauchen wir zahlreiche Fördermitglieder. Denn nur ein zahlenmäßig starker Verband hat in der Politik Gewicht.

5. **Finanzielle Vorteile:** Als Fördermitglied bekommen Sie eine spezielle Haftpflichtversicherung, die Sie auch als Handwerker ohne Meisterbrief im Schadensfall absichert. Als Fördermitglied erhalten Sie zudem zahlreiche Vergünstigungen und Spezialangebote. So bekommen Sie bei T-Online 20 % Rabatt, bei T-D1 15–20 % für Handys und Zubehör. Wenn Sie ein Auto mieten müssen: Die Hertz-Autovermietung bietet Ihnen bis zu 30 % Preisnachlaß als Fördermitglied.

Aufnahmeformular anfordern:
per Fax: 0 40-39 90 03 31 oder
im Internet: www.ifhandwerk.de
IFHandwerk

Gesetze, Verordnungen, Urteile

1. Grundgesetz Artikel 12 und 19

Art. 12 (Freiheit des Berufs)
(1) Alle Deutschen haben das Recht, Beruf, Arbeitsplatz und Ausbildungsstätte frei zu wählen. Die Berufsausübung kann durch Gesetz oder auf Grund eines Gesetzes geregelt werden.

Art. 19 (Einschränkung von Grundrechten)
(1) Soweit nach diesem Grundgesetz ein Grundrecht durch Gesetz oder auf Grund eines Gesetzes eingeschränkt werden kann, muß das Gesetz allgemein und nicht nur für den Einzelfall gelten. Außerdem muß das Gesetz das Grundrecht unter Angabe des Artikels nennen.
(2) In keinem Falle darf ein Grundrecht in seinem Wesensgehalt angetastet werden.
(3) Die Grundrechte gelten auch für inländische juristische Personen, soweit sie ihrem Wesen nach auf diese anwendbar sind.
(4) Wird jemand durch die öffentliche Gewalt in seinen Rechten verletzt, so steht ihm der Rechtsweg offen. Soweit eine andere Zuständigkeit nicht begründet ist, ist der ordentliche Rechtsweg gegeben. Artikel 10 Abs. 2 Satz 2 bleibt unberührt.

2. Gesetz zur Ordnung des Handwerks (Handwerksordnung) (Auszug)

Erster Teil
Ausübung eines Handwerks
Erster Abschnitt
Berechtigung zum selbständigen Betrieb eines Handwerks
§ 1 [Handwerksbetrieb; Eintragung in die Handwerksrolle]

(1) Der selbständige Betrieb eines Handwerks als stehendes Gewerbe ist nur den in der Handwerksrolle eingetragenen natürlichen und juristischen Personen und Personengesellschaften (selbständige Handwerker) gestattet. Personengesellschaften im Sinne dieses Gesetzes sind Personenhandelsgesellschaften und Gesellschaften des Bürgerlichen Rechts.

(2) Ein Gewerbebetrieb ist Handwerksbetrieb im Sinne dieses Gesetzes, wenn er handwerksmäßig betrieben wird und ein Gewerbe vollständig umfaßt, das in der Anlage A aufgeführt ist, oder Tätigkeiten ausgeübt werden, die für dieses Gewerbe wesentlich sind (wesentliche Tätigkeiten).

(3) Das Bundesministerium für Wirtschaft und Technologie wird ermächtigt, durch Rechtsverordnung mit Zustimmung des Bundesrates die Anlage A zu diesem Gesetz dadurch zu ändern, daß es darin aufgeführte Gewerbe streicht, ganz oder teilweise zusammenfaßt oder trennt, Bezeichnungen für sie festsetzt oder die Gewerbegruppen aufteilt, soweit es die technische und wirtschaftliche Entwicklung erfordert.

§ 2 [Anwendung des Gesetzes auf öffentlich-rechtliche Unternehmen und Nebenbetriebe]

Die Vorschriften dieses Gesetzes für selbständige Handwerker gelten auch

1. für gewerbliche Betriebe des Bundes, der Länder, der Gemeinden und der sonstigen juristischen Personen des öffentlichen Rechts, in denen Waren zum Absatz an Dritte handwerksmäßig hergestellt oder Leistungen für Dritte handwerksmäßig bewirkt werden,
2. für handwerkliche Nebenbetriebe, die mit einem Versorgungs- oder sonstigen Betrieb der in Nummer 1 bezeichneten öffentlich-rechtlichen Stellen verbunden sind,
3. für handwerkliche Nebenbetriebe, die mit einem Unternehmen des Handwerks, der Industrie, des Handels, der Landwirtschaft oder sonstiger Wirtschafts- und Berufzweige verbunden sind.

§ 3 [Nebenbetrieb; Hilfsbetrieb]

(1) Ein handwerklicher Nebenbetrieb im Sinne des § 2 Nr. 2 und 3 liegt vor, wenn in ihm Waren zum Absatz an Dritte handwerksmäßig hergestellt

oder Leistungen für Dritte handwerksmäßig bewirkt werden, es sei denn, daß eine solche Tätigkeit nur in unerheblichem Umfange ausgeübt wird, oder daß es sich um einen Hilfsbetrieb handelt.

(2) Eine Tätigkeit im Sinne des Absatzes 1 ist unerheblich, wenn sie während eines Jahres den durchschnittlichen Umsatz und die durchschnittliche Arbeitszeit eines ohne Hilfskräfte Vollzeit arbeitenden Betriebes des betreffenden Handwerkszweiges nicht übersteigt.

(3) Hilfsbetriebe im Sinne des Absatzes 1 sind unselbständige, der wirtschaftlichen Zweckbestimmung des Hauptbetriebes dienende Handwerksbetriebe, wenn sie

1. Arbeiten für den Hauptbetrieb oder für andere dem Inhaber des Hauptbetriebes ganz oder überwiegend gehörende Betriebe ausführen oder

2. Leistungen an Dritte bewirken, die
    a) als handwerkliche Arbeiten untergeordneter Art zur gebrauchsfertigen Überlassung üblich sind oder
    b) in unentgeltlichen Pflege-, Instandhaltungs- oder Instandsetzungsarbeiten bestehen oder
    c) in entgeltlichen Pflege-, Instandhaltungs- oder Instandsetzungsarbeiten an solchen Gegenständen bestehen, die in dem Hauptbetrieb selbst erzeugt worden sind, sofern die Übernahme dieser Arbeiten bei der Lieferung vereinbart worden ist, oder
    d) auf einer vertraglichen oder gesetzlichen Gewährleistungspflicht beruhen.

§ 4 [Fortführung des Betriebes nach dem Tode des selbständigen Handwerkers oder eines leitenden Gesellschafters]

(1) Nach dem Tode eines selbständigen Handwerkers dürfen der Ehegatte, der Erbe bis zur Vollendung des fünfundzwanzigsten Lebensjahres, der Testamentsvollstrecker, Nachlaßverwalter, Nachlaßinsolvenzverwalter oder Nachlaßpfleger den Betrieb fortführen. Die Handwerkskammer kann Erben bis zur Dauer von zwei Jahren über das fünfundzwanzigste Lebensjahr hinaus die Fortführung des Betriebes gestatten. Das gleiche gilt für Erben, die beim Tode des Handwerkers das fünfundzwanzigste Lebensjahr bereits vollendet haben.

(2) Nach Ablauf eines Jahres seit dem Tode des selbständigen Handwerkers darf der Betrieb nur fortgeführt werden, wenn er von einem Handwerker geleitet wird, der die Voraussetzungen für die Eintragung in die Handwerksrolle erfüllt, die Handwerkskammer kann in Härtefällen diese Frist verlängern. Zur Verhütung von Gefahren für die öffentliche Sicherheit kann die höhere Verwaltungsbehörde bereits vor Ablauf der in Satz 1 genannten Frist die Fortführung des Betriebes davon abhängig machen,

daß er von einem Handwerker geleitet wird, der die Voraussetzungen für die Eintragung in die Handwerksrolle erfüllt.

(3) Nach dem Tode eines den Betrieb einer Personengesellschaft leitenden Gesellschafters (§ 7 Abs. 4) dürfen der Ehegatte oder der Erbe bis zur Vollendung des fünfundzwanzigsten Lebensjahres die Leitung des Betriebes für die Dauer eines Jahres übernehmen, ohne den Voraussetzungen des § 7 Abs. 1, 2, 3 oder 7 zu genügen; die Handwerkskammer kann in Härtefällen diese Frist verlängern. Zur Verhütung von Gefahren für die öffentliche Sicherheit kann die höhere Verwaltungsbehörde die Fortführung des Betriebes davon abhängig machen, daß er von einem Handwerker geleitet wird, der die Voraussetzungen für die Eintragung in die Handwerksrolle erfüllt.

(4) Die Landesregierungen werden ermächtigt, durch Rechtsverordnung die zuständigen Behörden abweichend von Absatz 2 Satz 2 und Absatz 3 Satz 2 zu bestimmen. Sie können diese Ermächtigung auf oberste Landesbehörden übertragen.

§ 5 [Arbeiten in anderen Handwerken]

Wer ein Handwerk nach § 1 betreibt, kann hierbei auch Arbeiten in anderen Handwerken ausführen, wenn sie mit dem Leistungsangebot seines Handwerks technisch oder fachlich zusammenhängen oder es wirtschaftlich ergänzen.

§ 5 a [Übermittlung von Daten]

(1) Öffentliche Stellen, die in Verfahren aufgrund dieses Gesetzes zu beteiligen sind, können über das Ergebnis unterrichtet werden, soweit dies zur Erfüllung ihrer Aufgaben erforderlich ist. Der Empfänger darf die übermittelten Daten nur für den Zweck verarbeiten oder nutzen, für dessen Erfüllung sie ihm übermittelt worden sind.

(2) Handwerkskammern, Handwerksinnungen und Kreishandwerkerschaften dürfen sich gegenseitig, auch durch Übermittlung personenbezogener Daten, unterrichten, soweit dies zur Erfüllung ihrer gesetzlichen Aufgaben erforderlich ist und soweit dieses Gesetz keine besonderen Vorschriften enthält.

Zweiter Abschnitt
Handwerksrolle

§ 6 [Handwerksrolle; Datenübermittlung]

(1) Die Handwerkskammer hat ein Verzeichnis zu führen, in welches die selbständigen Handwerker ihres Bezirks nach Maßgabe der Anlage D Abschnitt I zu diesem Gesetz mit dem von ihnen zu betreibenden Hand-

werk oder bei Ausübung mehrerer Handwerke mit diesen Handwerken einzutragen sind (Handwerksrolle).

(2) Für die Eintragung eines selbständigen Handwerkers in die Handwerksrolle, der im Inland keine gewerbliche Niederlassung unterhält, ist die Handwerkskammer zuständig, in deren Bezirk er den selbständigen Betrieb des Handwerks als stehendes Gewerbe erstmalig beginnen will.

(3) Eine Einzelauskunft aus der Handwerksrolle ist jedem zu erteilen, der ein berechtigtes Interesse glaubhaft darlegt. Eine listenmäßige Übermittlung von Daten aus der Handwerksrolle an nicht-öffentliche Stellen ist unbeschadet des Absatzes 4 zulässig, wenn sie zur Erfüllung der Aufgaben der Handwerkskammer erforderlich ist oder wenn der Auskunftbegehrende ein berechtigtes Interesse an der Kenntnis der zu übermittelnden Daten glaubhaft darlegt und kein Grund zu der Annahme besteht, daß der Betroffene ein schutzwürdiges Interesse an dem Ausschluß der Übermittlung hat. Ein solcher Grund besteht nicht, wenn Vor- und Familienname des Betriebsinhabers oder des gesetzlichen Vertreters oder des Betriebsleiters oder des für die technische Leitung des Betriebes verantwortlichen persönlich haftenden Gesellschafters, die Firma, das ausgeübte Handwerk oder die Anschrift der gewerblichen Niederlassung übermittelt werden. Die Übermittlung von Daten nach den Sätzen 2 und 3 ist nicht zulässig, wenn der Gewerbetreibende widersprochen hat. Auf die Widerspruchsmöglichkeit sind die Gewerbetreibenden vor der ersten Übermittlung schriftlich hinzuweisen.

(4) Öffentlichen Stellen sind auf Ersuchen Daten aus der Handwerksrolle zu übermitteln, soweit die Kenntnis tatsächlicher oder rechtlicher Verhältnisse selbständiger Handwerker (§ 1 Abs. 1) zur Erfüllung ihrer Aufgaben erforderlich ist.

(5) Der Empfänger darf die übermittelten Daten nur für den Zweck verarbeiten oder nutzen, zu dessen Erfüllung sie ihm übermittelt werden.

(6) Für das Verändern und Sperren der Daten in der Handwerksrolle gelten die Datenschutzgesetze der Länder.

§ 7 [Eintragungen]

(1) In die Handwerksrolle wird eingetragen, wer in dem von ihm zu betreibenden Handwerk oder in einem diesem verwandten Handwerk die Meisterprüfung bestanden hat. Das Bundesministerium für Wirtschaft und Technologie bestimmt durch Rechtsverordnung mit Zustimmung des Bundesrates, welche Handwerke sich so nahestehen, daß die Beherrschung des einen Handwerks die fachgerechte Ausübung wesentlicher Tätigkeiten des anderen Handwerks ermöglicht (verwandte Handwerke).

(2) In die Handwerksrolle wird ferner eingetragen, wer eine der Meisterprüfung für die Ausübung des betreffenden Handwerks mindestens

gleichwertige andere deutsche Prüfung erfolgreich abgelegt hat und die Gesellenprüfung in dem zu betreibenden Handwerk oder in einem mit diesem verwandten Handwerk oder eine Abschlußprüfung in einem dem zu betreibenden Handwerk entsprechenden anerkannten Ausbildungsberuf bestanden hat oder in dem zu betreibenden Handwerk oder in einem mit diesem für verwandt erklärten Handwerk mindestens drei Jahre praktisch tätig gewesen ist. Der Abschlußprüfung an einer deutschen Hochschule gleichgestellt sind Diplome, die in einem anderen Mitgliedstaat der Europäischen Gemeinschaft oder einem anderen Vertragsstaat des Abkommens über den Europäischen Wirtschaftsraum erworben wurden und entsprechend der Richtlinie 89/48/EWG des Rates vom 21. Dezember 1988 über eine allgemeine Regelung zur Anerkennung der Hochschuldiplome, die eine mindestens dreijährige Berufsausbildung abschließen (ABl. EG 1989 Nr. L 19 S. 16), anzuerkennen sind. Die Entscheidung, ob die Voraussetzungen für die Eintragung erfüllt sind, trifft die Handwerkskammer. Das Bundesministerium für Wirtschaft und Technologie kann durch Rechtsverordnung mit Zustimmung des Bundesrates bestimmen, welche Prüfungen die Voraussetzungen des Satzes 1 erfüllen.

(2 a) Das Bundesministerium für Wirtschaft und Technologie kann durch Rechtsverordnung mit Zustimmung des Bundesrates bestimmen, daß in die Handwerksrolle einzutragen ist, wer in einem anderen Mitgliedstaat der Europäischen Gemeinschaft oder in einem anderen Vertragsstaat des Abkommens über den Europäischen Wirtschaftsraum eine der Meisterprüfung für die Ausübung des zu betreibenden Gewerbes oder wesentlicher Tätigkeiten dieses Gewerbes gleichwertige Berechtigung zur Ausübung eines Gewerbes erworben hat.

(3) In die Handwerksrolle wird ferner eingetragen, wer eine Ausnahmebewilligung nach § 8 oder § 9 für das zu betreibende Handwerk oder für ein diesem verwandtes Handwerk besitzt.

(4) Eine juristische Person wird in die Handwerksrolle eingetragen, wenn der Betriebsleiter die Voraussetzungen für die Eintragung in die Handwerksrolle erfüllt. Eine Personengesellschaft wird in die Handwerksrolle eingetragen, wenn für die technische Leitung ein persönlich haftender Gesellschafter verantwortlich ist, der die Voraussetzungen für die Eintragung in die Handwerksrolle erfüllt.

(5) Der Inhaber eines handwerklichen Nebenbetriebes (§ 2 Nr. 2 und 3) wird in die Handwerksrolle eingetragen, wenn der Leiter des Nebenbetriebes die Voraussetzungen für die Eintragung in die Handwerksrolle erfüllt.

(6) Wer ein Handwerk nach § 1 betreibt, wird mit einem anderen, damit wirtschaftlich im Zusammenhang stehenden Gewerbe der Anlage A in die Handwerksrolle eingetragen, wenn der Betriebsleiter für dieses Gewerbe

oder für ein mit diesem verwandtes Gewerbe die Voraussetzungen für die Eintragung in die Handwerksrolle erfüllt.

(7) In die Handwerksrolle wird eingetragen, wer für das zu betreibende Gewerbe oder für ein mit diesem verwandtes Gewerbe eine Ausübungsberechtigung nach § 7 a besitzt.

(8) Nach dem Tode eines selbständigen Handwerkers werden der Ehegatte und die Erben in die Handwerksrolle eingetragen, wenn der Betrieb von ihnen nach § 4 fortgeführt wird.

(9) Vertriebene und Spätaussiedler, die vor dem erstmaligen Verlassen ihrer Herkunftsgebiete eine der Meisterprüfung gleichwertige Prüfung im Ausland bestanden haben, sind in die Handwerksrolle einzutragen. Satz 1 ist auf Vertriebene, die am 2. Oktober 1990 ihren ständigen Aufenthalt in dem in Artikel 3 des Einigungsvertrages genannten Gebiet hatten, anzuwenden.

§ 7 a [Ausübungsberechtigung für andere Gewerbe]

(1) Wer ein Handwerk nach § 1 betreibt, erhält eine Ausübungsberechtigung für ein anderes Gewerbe der Anlage A oder für wesentliche Tätigkeiten dieses Gewerbes, wenn die hierfür erforderlichen Kenntnisse und Fertigkeiten nachgewiesen sind; dabei sind auch seine bisherigen beruflichen Erfahrungen und Tätigkeiten zu berücksichtigen.

(2) § 8 Abs. 2 bis 4 gilt entsprechend.

§ 8 [Ausnahmebewilligung]

(1) In Ausnahmefällen ist eine Bewilligung zur Eintragung in die Handwerksrolle (Ausnahmebewilligung) zu erteilen, wenn die zur selbständigen Ausübung des von dem Antragsteller zu betreibenden Handwerks notwendigen Kenntnisse und Fertigkeiten nachgewiesen sind; dabei sind auch seine bisherigen beruflichen Erfahrungen und Tätigkeiten zu berücksichtigen. Ein Ausnahmefall liegt vor, wenn die Ablegung der Meisterprüfung zum Zeitpunkt der Antragstellung oder danach für ihn eine unzumutbare Belastung bedeuten würde. Ein Ausnahmefall liegt auch dann vor, wenn der Antragsteller eine Prüfung auf Grund einer nach § 42 Abs. 2 dieses Gesetzes oder § 46 Abs. 2, § 81 Abs. 4 oder § 95 Abs. 4 des Berufsbildungsgesetzes erlassenen Rechtsverordnung bestanden hat, die in wesentlichen fachlichen Punkten mit der Meisterprüfung für ein Gewerbe der Anlage A übereinstimmt.

(2) Die Ausnahmebewilligung kann unter Auflagen oder Bedingungen oder befristet erteilt und auf einen wesentlichen Teil der Tätigkeiten beschränkt werden, die zu einem in der Anlage A zu diesem Gesetz aufgeführten Gewerbe gehören; in diesem Falle genügt der Nachweis der hierfür erforderlichen Kenntnisse und Fertigkeiten.

(3) Die Ausnahmebewilligung wird auf Antrag des Gewerbetreibenden von der höheren Verwaltungsbehörde nach Anhörung der Handwerkskammer zu den Voraussetzungen der Absätze 1 und 2 und des § 1 Abs. 2 erteilt. Die Handwerkskammer kann eine Stellungnahme der fachlich zuständigen Innung oder Berufsvereinigung einholen, wenn der Antragsteller ausdrücklich zustimmt. Sie hat ihre Stellungnahme einzuholen, wenn der Antragsteller es verlangt. Die Landesregierungen werden ermächtigt, durch Rechtsverordnung zu bestimmen, daß abweichend von Satz 1 an Stelle der höheren Verwaltungsbehörde eine andere Behörde zuständig ist. Sie können diese Ermächtigung auf oberste Landesbehörden übertragen.

(4) Gegen die Entscheidung steht neben dem Antragsteller auch der Handwerkskammer der Verwaltungsrechtsweg offen; die Handwerkskammer ist beizuladen.

§ 9 [Ausnahmebewilligung für Angehörige der EWG-Mitgliedstaaten]

Das Bundesministerium für Wirtschaft und Technologie wird ermächtigt, durch Rechtsverordnung mit Zustimmung des Bundesrates zur Durchführung von Richtlinien der Europäischen Gemeinschaft über die Niederlassungsfreiheit und den freien Dienstleistungsverkehr und zur Durchführung des Abkommens über den Europäischen Wirtschaftsraum zu bestimmen, unter welchen Voraussetzungen Staatsangehörigen der Mitgliedstaaten der Europäischen Gemeinschaft oder eines anderen Vertragsstaates des Abkommens über den Europäischen Wirtschaftsraum eine Ausnahmebewilligung zur Eintragung in die Handwerksrolle außer in den Fällen des § 8 Abs. 1 zu erteilen ist. § 8 Abs. 2 bis 4 findet Anwendung.

§ 10 [Handwerkskarte]

(1) Die Eintragung in die Handwerksrolle erfolgt auf Antrag oder von Amts wegen.

(2) Über die Eintragung in die Handwerksrolle hat die Handwerkskammer eine Bescheinigung auszustellen (Handwerkskarte). In die Handwerkskarte sind einzutragen der Name und die Anschrift des selbständigen Handwerkers, der Betriebssitz, das zu betreibende Handwerk und bei Ausübung mehrerer Handwerke diese Handwerke sowie der Zeitpunkt der Eintragung in die Handwerksrolle. In den Fällen des § 7 Abs. 4, 5 und 6 ist zusätzlich der Name des Betriebsleiters, des für die technische Leitung verantwortlichen persönlich haftenden Gesellschafters oder des Leiters eines Nebenbetriebes einzutragen. Die Höhe der für die Ausstellung der Handwerkskarte zu entrichtenden Gebühr wird durch die Handwerkskammer mit Genehmigung der obersten Landesbehörde bestimmt.

§ 11 [Mitteilungspflicht der Handwerkskammer]

Die Handwerkskammer hat dem Gewerbetreibenden die beabsichtigte Eintragung in die Handwerksrolle gegen Empfangsbescheinigung mitzuteilen; gleichzeitig und in gleicher Weise hat sie dies der Industrie- und Handelskammer mitzuteilen, wenn der Gewerbetreibende dieser angehört.

§ 12 [Verwaltungsrechtsweg]

Gegen die Entscheidung über die Eintragung eines der Industrie- und Handelskammer angehörigen Gewerbetreibenden in die Handwerksrolle steht neben dem Gewerbetreibenden auch der Industrie- und Handelskammer der Verwaltungsrechtsweg offen.

§ 13 [Löschung in der Handwerksrolle]

(1) Die Eintragung in die Handwerksrolle wird auf Antrag oder von Amts wegen gelöscht, wenn die Voraussetzungen für die Eintragung nicht vorliegen.

(2) Wird der Gewerbebetrieb nicht handwerksmäßig betrieben, so kann auch die Industrie- und Handelskammer die Löschung der Eintragung beantragen.

(3) Die Handwerkskammer hat dem Gewerbetreibenden die beabsichtigte Löschung der Eintragung in die Handwerksrolle gegen Empfangsbescheinigung mitzuteilen.

(4) Wird die Eintragung in die Handwerksrolle gelöscht, so ist die Handwerkskarte an die Handwerkskammer zurückzugeben.

(5) Die nach Absatz 1 in der Handwerksrolle gelöschten Daten sind für weitere dreißig Jahre ab dem Zeitpunkt der Löschung in einer gesonderten Datei zu speichern. Eine Einzelauskunft aus dieser Datei ist jedem zu erteilen, der ein berechtigtes Interesse glaubhaft darlegt, soweit der Betroffene kein schutzwürdiges Interesse an dem Ausschluß der Übermittlung hat. § 6 Abs. 4 bis 6 gilt entsprechend.

§ 14 [Beschränkung des Antrags auf Löschung]

Ein in die Handwerksrolle eingetragener selbständiger Handwerker kann die Löschung mit der Begründung, daß der Gewerbebetrieb kein Handwerksbetrieb ist, erst nach Ablauf eines Jahres seit Eintritt der Unanfechtbarkeit der Eintragung und nur dann beantragen, wenn sich die Voraussetzungen für die Eintragung wesentlich geändert haben. Satz 1 gilt für den Antrag der Industrie- und Handelskammer nach § 13 Abs. 2 entsprechend.

§ 15 [Erneuter Eintragungsantrag nach Ablehnung]

Ist einem Gewerbetreibenden die Eintragung in die Handwerksrolle abgelehnt worden, so kann er die Eintragung mit der Begründung, daß der

Gewerbebetrieb nunmehr Handwerksbetrieb ist, erst nach Ablauf eines Jahres seit Eintritt der Unanfechtbarkeit der Ablehnung und nur dann beantragen, wenn sich die Voraussetzungen für die Ablehnung wesentlich geändert haben.

§ 16 [Anzeigepflicht bei Betriebsbeginn; Untersagung der Fortsetzung]

(1) Wer den Betrieb eines Handwerks nach § 1 anfängt, hat gleichzeitig mit der nach § 14 der Gewerbeordnung zu erstattenden Anzeige der hiernach zuständigen Behörde die über die Eintragung in der Handwerksrolle ausgestellte Handwerkskarte (§ 10 Abs. 2) vorzulegen.

(2) Der selbständige Handwerker hat ferner der Handwerkskammer, in deren Bezirk seine gewerbliche Niederlassung liegt oder die nach § 6 Abs. 2 für seine Eintragung in die Handwerksrolle zuständig ist, unverzüglich den Beginn und die Beendigung seines Betriebes und in den Fällen des § 4 und des § 7 Abs. 4 und 5 die Bestellung und Abberufung des Betriebsleiters anzuzeigen; bei juristischen Personen sind auch die Namen der gesetzlichen Vertreter, bei Personengesellschaften die Namen der für die technische Leitung verantwortlichen und der vertretungsberechtigten Gesellschafter anzuzeigen.

(3) Wird der selbständige Betrieb eines Handwerks als stehendes Gewerbe entgegen den Vorschriften dieses Gesetzes ausgeübt, so kann die zuständige Behörde von Amts wegen oder auf Antrag der Handwerkskammer die Fortsetzung des Betriebes untersagen. Lehnt die Behörde einen Antrag nach Satz 1 ab, so steht der Handwerkskammer der Verwaltungsrechtsweg offen. Die Industrie- und Handelskammer ist beizuladen. Die Landesregierung oder die von ihr ermächtigte Stelle bestimmt die zuständige Behörde.

(4) Die Ausübung des untersagten Gewerbes durch den Gewerbetreibenden kann durch Schließung der Betriebs- und Geschäftsräume oder durch andere geeignete Maßnahmen verhindert werden.

§ 17 [Auskunftspflicht und -verweigerungsrecht; Betriebsüberwachung]

(1) Die in der Handwerksrolle eingetragenen oder in diese einzutragenden Gewerbetreibenden sind verpflichtet, der Handwerkskammer die für die Prüfung der Eintragungsvoraussetzungen erforderliche Auskunft über Art und Umfang ihres Betriebes, über die Zahl der im Betrieb beschäftigten gelernten und ungelernten Personen und über handwerkliche Prüfungen des Betriebsinhabers und des Betriebsleiters sowie über die vertragliche und praktische Ausgestaltung des Betriebsleiterverhältnisses zu erteilen. Die Handwerkskammer kann für die Erteilung der Auskunft eine Frist setzen.

(2) Die Beauftragten der Handwerkskammer sind befugt, zu dem in Absatz 1 bezeichneten Zweck Grundstücke und Geschäftsräume des Aus-

kunftspflichtigen zu betreten und dort Prüfungen und Besichtigungen vorzunehmen. Der Auskunftspflichtige hat diese Maßnahmen zu dulden. Das Grundrecht der Unverletzlichkeit der Wohnung (Artikel 13 des Grundgesetzes) wird insoweit eingeschränkt.

(3) Der Auskunftspflichtige kann die Auskunft auf solche Fragen verweigern, deren Beantwortung ihn selbst oder einen der in § 383 Abs. 1 Nr. 1 bis 3 der Zivilprozeßordnung* bezeichneten Angehörigen der Gefahr strafgerichtlicher Verfolgung oder eines Verfahrens nach dem Gesetz über Ordnungswidrigkeiten aussetzen würde.

(4) Sofern ein Gewerbetreibender ohne Angabe von Name und Anschrift unter einem Telekommunikationsanschluß Handwerksleistungen anbietet und Anhaltspunkte dafür bestehen, daß er den selbständigen Betrieb eines Handwerks als stehendes Gewerbe entgegen den Vorschriften dieses Gesetzes ausübt, ist der Anbieter der Telekommunikationsdienstleistung verpflichtet, den Handwerkskammern auf Verlangen Namen und Anschrift des Anschlußinhabers unentgeltlich mitzuteilen.

Dritter Abschnitt
Handwerksähnliche Gewerbe

§ 18 [Handwerksähnliche Gewerbe; Anzeigepflicht]
(1) Wer den selbständigen Betrieb eines handwerksähnlichen Gewerbes als stehendes Gewerbe beginnt oder beendet, hat dies unverzüglich der Handwerkskammer, in deren Bezirk seine gewerbliche Niederlassung liegt, anzuzeigen. Bei juristischen Personen sind auch die Namen der gesetzlichen Vertreter, bei Personengesellschaften die Namen der vertretungsberechtigten Gesellschafter anzuzeigen.

(2) Ein Gewerbe ist handwerksähnlich im Sinne dieses Gesetzes, wenn es in einer handwerksähnlichen Betriebsform betrieben wird und in der Anlage B zu diesem Gesetz aufgeführt ist.

(3) Das Bundesministerium für Wirtschaft und Technologie wird ermächtigt, durch Rechtsverordnung mit Zustimmung des Bundesrates die Anlage B zu diesem Gesetz dadurch zu ändern, daß es darin aufgeführte Gewerbe streicht, ganz oder teilweise zusammenfaßt oder trennt, Bezeich-

---

* Die Nrn. 1 bis 3 des § 383 Abs. 1 Zivilprozeßordnung lauten:
  »1. der Verlobte einer Partei;
  2. Der Ehegatte einer Partei, auch wenn die Ehe nicht mehr besteht;
  3. diejenigen, die mit einer Partei in gerader Linie verwandt oder verschwägert, in der Seitenlinie bis zum dritten Grad verwandt oder bis zum zweiten Grad verschwägert sind oder waren;«

nungen für sie festsetzt oder die Gewerbegruppen aufteilt, soweit es die technische und wirtschaftliche Entwicklung erfordert.

§ 19 [Verzeichnis der Inhaber handwerksähnlicher Betriebe]

Die Handwerkskammer hat ein Verzeichnis zu führen, in welches die Inhaber handwerksähnlicher Betriebe nach Maßgabe der Anlage D Abschnitt II zu diesem Gesetz mit dem von ihnen betriebenen handwerksähnlichen Gewerbe oder bei Ausübung mehrerer handwerksähnlicher Gewerbe mit diesen Gewerben einzutragen sind. § 6 Abs. 3 bis 7 gilt entsprechend.

§ 20 [Anwendbarkeit von Vorschriften]

Auf handwerksähnliche Gewerbe finden § 10 Abs. 1, die §§ 11, 12, 13 Abs. 1 bis 3, 5, §§ 14, 15 und 17 entsprechend Anwendung.

Zweiter Teil
Berufsbildung im Handwerk
Erster Abschnitt
Berechtigung zum Einstellen und Ausbilden
§ 21 [Persönliche und fachliche Eignung]

(1) Lehrlinge (Auszubildende) darf nur einstellen, wer persönlich geeignet ist. Lehrlinge (Auszubildende) darf nur ausbilden, wer persönlich und fachlich geeignet ist.

(2) Persönlich nicht geeignet ist insbesondere, wer

1. Kinder und Jugendliche nicht beschäftigen darf oder
2. wiederholt oder schwer gegen dieses Gesetz oder die auf Grund dieses Gesetzes erlassenen Vorschriften und Bestimmungen verstoßen hat.

(3) Fachlich geeignet ist, wer die Meisterprüfung in dem Handwerk, in dem ausgebildet werden soll, bestanden hat oder wer nach § 22 ausbildungsberechtigt ist.

(4) Wer fachlich nicht geeignet ist oder wer nicht selbst ausbildet, darf Lehrlinge (Auszubildende) nur dann einstellen, wenn er einen Ausbilder bestellt, der persönlich und fachlich für die Berufsausbildung geeignet ist.

§ 22 [Fachliche Eignung]

(1) Wer eine Abschlußprüfung an einer deutschen Hochschule oder einer öffentlichen oder staatlich anerkannten deutschen Ingenieurschule bestanden hat, ist in dem Handwerk fachlich geeignet, das der Fachrichtung dieser Abschlußprüfung entspricht, wenn er in dem Handwerk, in dem ausgebildet werden soll, die Gesellenprüfung oder eine entsprechende Abschlußprüfung bestanden hat oder mindestens vier Jahre praktisch tätig gewesen ist. Der Abschlußprüfung an einer deutschen Hochschule gleichgestellt sind Diplome, die in einem anderen Mitgliedstaat der Europäischen Gemeinschaft oder einem anderen Vertragsstaat des Abkommens über den Europäischen Wirtschaftsraum erworben wurden und entsprechend der Richtlinie des Rates 89/48/EWG anzuerkennen sind.

(2) Die für die Berufsausbildung in einem Handwerk erforderliche fachliche Eignung ist auf Antrag durch die nach Landesrecht zuständige Behörde nach Anhören der Handwerkskammer Personen zuzuerkennen, die eine anerkannte Prüfung einer Ausbildungsstätte oder vor einer Prüfungsbehörde bestanden haben, in der mindestens die gleichen Anforderungen gestellt werden wie in der Meisterprüfung, und wenn sie in dem Handwerk, in dem ausgebildet werden soll, die Gesellenprüfung oder eine entsprechende Abschlußprüfung bestanden haben oder mindestens vier Jahre praktisch tätig gewesen sind. Das Bundesministerium für Wirtschaft und Technologie kann im Einvernehmen mit dem Bundesministerium für Bil-

dung, Wissenschaft, Forschung und Technologie nach Anhören des Ständigen Ausschusses des Bundesinstituts für Berufsbildung durch Rechtsverordnung, die nicht der Zustimmung des Bundesrates bedarf, bestimmen, welche Prüfungen nach Satz 1 den Anforderungen einer Meisterprüfung entsprechen.

(3) Die nach Landesrecht zuständige Behörde kann Personen, die den Voraussetzungen der Absätze 1 und 2 oder des § 21 Abs. 3 nicht entsprechen, die fachliche Eignung nach Anhören der Handwerkskammer widerruflich zuerkennen.

(4) In Handwerksbetrieben, die nach dem Tode des selbständigen Handwerkers für Rechnung des Ehegatten oder der nach § 4 berechtigten Erben fortgeführt werden, können bis zum Ablauf eines Jahres nach dem Tode des Ausbildenden auch Personen als für die Berufsausbildung fachlich geeignet gelten, welche die Meisterprüfung nicht abgelegt haben, sofern sie in dem Handwerk, in dem ausgebildet werden soll, die Gesellenprüfung oder eine entsprechende Abschlußprüfung bestanden haben oder mindestens vier Jahre selbständig oder als Werkmeister oder in ähnlicher Stellung tätig gewesen sind. Die nach Landesrecht zuständige Behörde kann in begründeten Fällen nach Anhören der Handwerkskammer diese Frist verlängern.

§ 23 [Eignung der Ausbildungsstätte]

(1) Lehrlinge (Auszubildende) dürfen nur eingestellt werden, wenn

1. die Ausbildungsstätte nach Art und Einrichtung für die Berufsausbildung geeignet ist,
2. die Zahl der Lehrlinge (Auszubildenden) in einem angemessenen Verhältnis zur Zahl der Ausbildungsplätze oder zur Zahl der beschäftigten Fachkräfte steht, es sei denn, daß anderenfalls die Berufsausbildung nicht gefährdet wird.

(2) Eine Ausbildungsstätte, in der die erforderlichen Kenntnisse und Fertigkeiten nicht in vollem Umfang vermittelt werden können, gilt als geeignet, wenn dieser Mangel durch Ausbildungsmaßnahmen außerhalb der Ausbildungsstätte behoben wird.

§ 23 a [Eignungsfeststellung]

(1) Die Handwerkskammer hat darüber zu wachen, daß die persönliche und fachliche Eignung sowie die Eignung der Ausbildungsstätte vorliegen.

(2) Werden Mängel der Eignung festgestellt, so hat die Handwerkskammer, falls der Mangel zu beheben und eine Gefährdung des Lehrlings (Auszubildenden) nicht zu erwarten ist, den Ausbildenden aufzufordern, innerhalb einer von ihr gesetzten Frist den Mangel zu beseitigen. Ist der

Mangel der Eignung nicht zu beheben oder ist eine Gefährdung des Lehrlings (Auszubildenden) zu erwarten oder wird der Mangel nicht innerhalb der gesetzten Frist beseitigt, so hat die Handwerkskammer der nach Landesrecht zuständigen Behörde dies mitzuteilen.

§ 24 [Untersagung des Einstellens und Ausbildens]

(1) Die nach Landesrecht zuständige Behörde hat das Einstellen und Ausbilden zu untersagen, wenn die persönliche oder fachliche Eignung nicht oder nicht mehr vorliegt.

(2) Die nach Landesrecht zuständige Behörde hat ferner für eine bestimmte Ausbildungsstätte das Einstellen und Ausbilden zu untersagen, wenn die Voraussetzungen nach § 23 nicht oder nicht mehr vorliegen.

(3) Vor der Untersagung sind die Beteiligten und die Handwerkskammer zu hören. Dies gilt nicht in den Fällen des § 21 Abs. 2 Nr. 1.

Zweiter Abschnitt
Ausbildungsordnung, Änderung der Ausbildungszeit

§ 25 [Ausbildungsordnung]

(1) Als Grundlage für eine geordnete und einheitliche Berufsausbildung sowie zu ihrer Anpassung an die technischen, wirtschaftlichen und gesellschaftlichen Erfordernisse und deren Entwicklung kann das Bundesministerium für Wirtschaft und Technologie im Einvernehmen mit dem Bundesministerium für Bildung, Wissenschaft, Forschung und Technologie durch Rechtsverordnung, die nicht der Zustimmung des Bundesrates bedarf, für Gewerbe der Anlage A Ausbildungsberufe staatlich anerkennen und Ausbildungsordnungen erlassen. Dabei können in einem Gewerbe mehrere Ausbildungsberufe staatlich anerkannt werden, soweit dies wegen der Breite des Gewerbes erforderlich ist; die in diesen Berufen abgelegten Abschlußprüfungen sind Prüfungen im Sinne des § 49 Abs. 1 Satz 1.

(2) Die Ausbildungsordnung hat mindestens festzulegen

1. die Bezeichnung des Ausbildungsberufes,
2. die Ausbildungsdauer; sie soll nicht mehr als drei und nicht weniger als zwei Jahre betragen,
3. die Fertigkeiten und Kenntnisse, die Gegenstand der Berufsausbildung sind (Ausbildungsberufsbild),
4. eine Anleitung zur sachlichen und zeitlichen Gliederung der Fertigkeiten und Kenntnisse (Ausbildungsrahmenplan),
5. die Prüfungsanforderungen.

In der Ausbildungsordnung kann vorgesehen werden, daß berufliche Bildung durch Fernunterricht vermittelt wird. Dabei kann bestimmt werden, daß nur solche Fernlehrgänge verwendet werden dürfen, die nach § 12 Abs. 1 des Fernunterrichtsschutzgesetzes vom 24. August 1976 (Bundesgesetzbl. I S. 2525) zugelassen oder nach § 15 Abs. 1 des Fernunterrichtsschutzgesetzes als geeignet anerkannt worden sind.

(3) Werden Gewerbe in der Anlage A zu diesem Gesetz gestrichen, zusammengefaßt oder getrennt und wird das Berufsausbildungsverhältnis nicht gekündigt (§ 15 Abs. 2 Nr. 2 Berufsbildungsgesetz), so gelten für die weitere Berufsausbildung die bisherigen Vorschriften.

§ 26 [Stufenausbildung]

(1) Die Ausbildungsordnung kann sachlich und zeitlich besonders geordnete, aufeinander aufbauende Stufen der Berufsausbildung festlegen. Nach den einzelnen Stufen soll sowohl ein Ausbildungsabschluß, der zu einer Berufstätigkeit befähigt, die dem erreichten Ausbildungsstand entspricht, als auch die Fortsetzung der Berufsausbildung in weiteren Stufen möglich sein.

(2) In einer ersten Stufe beruflicher Grundbildung sollen als breite Grundlage für die weiterführende berufliche Fachbildung und als Vorbereitung auf eine vielseitige berufliche Tätigkeit Grundfertigkeiten und Grundkenntnisse vermittelt und Verhaltensweisen geweckt werden, die einem möglichst großen Bereich von Tätigkeiten gemeinsam sind.

(3) In einer darauf aufbauenden Stufe allgemeiner beruflicher Fachbildung soll die Berufsausbildung möglichst für mehrere Fachrichtungen gemeinsam fortgeführt werden. Dabei ist besonders das fachliche Verständnis zu vertiefen und die Fähigkeit des Lehrlings (Auszubildenden) zu fördern, sich schnell in neue Aufgaben und Tätigkeiten einzuarbeiten.

(4) In weiteren Stufen der besonderen beruflichen Fachbildung sollen die zur Ausübung einer qualifizierten Berufstätigkeit erforderlichen praktischen und theoretischen Kenntnisse und Fertigkeiten vermittelt werden.

(5) Die Ausbildungsordnung kann bestimmen, daß bei Prüfungen, die vor Abschluß einzelner Stufen abgenommen werden, die Vorschriften über die Gesellenprüfung entsprechend gelten.

(6) In den Fällen des Absatzes 1 kann die Ausbildungsdauer (§ 25 Abs. 2 Nr. 1) unterschritten werden.

§ 26 a [Ausbildung außerhalb der Ausbildungsstätten]

Die Ausbildungsordnung kann festlegen, daß die Berufsausbildung in geeigneten Einrichtungen außerhalb der Ausbildungsstätte durchgeführt wird, wenn und soweit es die Berufsausbildung erfordert.

§ 27 [Ausschließlichkeitsgrundsatz]

(1) Für einen anerkannten Ausbildungsberuf darf nur nach der Ausbildungsordnung ausgebildet werden.

(2) Zur Entwicklung und Erprobung neuer Ausbildungsformen kann das Bundesministerium für Wirtschaft und Technologie im Einvernehmen mit dem Bundesministerium für Bildung, Wissenschaft, Forschung und Technologie nach Anhören des Ständigen Ausschusses des Bundesinstituts für Berufsbildung (§§ 50 ff. Berufsbildungsgesetz) durch Rechtsverordnung, die nicht der Zustimmung des Bundesrates bedarf, Ausnahmen zulassen, die auch auf eine bestimmte Art und Zahl von Ausbildungsstätten beschränkt werden können.

§ 27 a [Abkürzung und Verlängerung der Ausbildungszeit]

(1) Das Bundesministerium für Wirtschaft und Technologie kann im Einvernehmen mit dem Bundesministerium für Bildung, Wissenschaft, Forschung und Technologie nach Anhören des Ständigen Ausschusses des Bundesinstituts für Berufsbildung durch Rechtsverordnung bestimmen, daß der Besuch einer berufsbildenden Schule oder die Berufsausbildung in einer sonstigen Einrichtung ganz oder teilweise auf die Ausbildungszeit anzurechnen ist.

(2) Die Handwerkskammer hat auf Antrag die Ausbildungszeit zu kürzen, wenn zu erwarten ist, daß der Lehrling (Auszubildende) das Ausbildungsziel in der gekürzten Zeit erreicht.

(3) In Ausnahmefällen kann die Handwerkskammer auf Antrag des Lehrlings (Auszubildenden) die Ausbildungszeit verlängern, wenn die Verlängerung erforderlich ist, um das Ausbildungsziel zu erreichen.

(4) Vor der Entscheidung nach den Absätzen 2 und 3 sind die Beteiligten zu hören.

§ 27 b [Gesamtausbildungszeit]

Werden in einem Betrieb zwei verwandte Handwerke ausgeübt, so kann in beiden Handwerken in einer verkürzten Gesamtausbildungszeit gleichzeitig ausgebildet werden. Das Bundesministerium für Wirtschaft und Technologie bestimmt im Einvernehmen mit dem Bundesministerium für Bildung, Wissenschaft, Forschung und Technologie durch Rechtsverordnung, für welche verwandte Handwerke eine Gesamtausbildungszeit vereinbart werden kann und die Dauer der Gesamtausbildungszeit.

Dritter Abschnitt
Verzeichnis der Berufsausbildungsverhältnisse

§ 28 [Lehrlingsrolle; Datenschutz]

(1) Die Handwerkskammer hat zur Regelung, Überwachung, Förderung und zum Nachweis der Berufsausbildung in anerkannten Ausbildungsberufen ein Verzeichnis der in ihrem Bezirk bestehenden Berufsausbildungsverhältnisse nach Maßgabe der Anlage D Abschnitt III zu diesem Gesetz einzurichten und zu führen (Lehrlingsrolle). Die Eintragung ist für den Lehrling (Auszubildenden) gebührenfrei.

(2) Die nach Absatz 1 gespeicherten Daten dürfen an öffentliche und nicht-öffentliche Stellen übermittelt werden, soweit dies zu den in Absatz 1 genannten Zwecken erforderlich ist. Werden Daten an nicht-öffentliche Stellen übermittelt, so ist der Betroffene hiervon zu benachrichtigen, es sei denn, daß er von der Übermittlung auf andere Weise Kenntnis erlangt.

(3) Der Empfänger darf die übermittelten Daten nur für den Zweck verarbeiten oder nutzen, zu dessen Erfüllung sie ihm übermittelt werden. Bei Übermittlungen an nicht-öffentliche Stellen hat die übermittelnde Stelle den Empfänger hiervon zu unterrichten.

(4) Für das Verändern und Sperren der Daten in der Lehrlingsrolle gelten die Datenschutzgesetze der Länder.

(5) Die Eintragungen sind am Ende des Kalenderjahres, in dem das Berufsausbildungsverhältnis beendet wird, in der Lehrlingsrolle zu löschen.

(6) Die nach Absatz 5 gelöschten Daten sind in einer gesonderten Datei zu speichern, solange und soweit dies für den Nachweis der Berufsausbildung erforderlich ist, höchstens jedoch 60 Jahre. Die Übermittlung von Daten ist nur unter den Voraussetzungen des Absatzes 2 zulässig.

(7) Die Handwerkskammer darf Daten aus dem Berufsausbildungsvertrag, die nicht nach Absatz 1 oder Absatz 6 gespeichert sind, nur für die in Absatz 1 genannten Zwecke sowie in den Fällen des § 5 Abs. 2 Berufsbildungsförderungsgesetz in Verbindung mit § 74 Berufsbildungsgesetz übermitteln.

§ 29 [Eintragen, Ändern, Löschen]

(1) Ein Berufsausbildungsvertrag und Änderungen seines wesentlichen Inhalts sind in die Lehrlingsrolle einzutragen, wenn

1. der Berufsausbildungsvertrag den gesetzlichen Vorschriften und der Ausbildungsordnung entspricht,
2. die persönliche und fachliche Eignung sowie die Eignung der Ausbildungsstätte für das Einstellen und Ausbilden vorliegen und
3. für Auszubildende unter 18 Jahren die ärztliche Bescheinigung über

die Erstuntersuchung nach § 32 Abs. 1 des Jugendarbeitsschutzgesetzes zur Einsicht vorgelegt wird.

(2) Die Eintragung ist abzulehnen oder zu löschen, wenn die Eintragungsvoraussetzungen nicht vorliegen und der Mangel nicht nach § 23 a Abs. 2 behoben wird. Die Eintragung ist ferner zu löschen, wenn die ärztliche Bescheinigung über die erste Nachuntersuchung nach § 33 Abs. 1 des Jugendarbeitsschutzgesetzes nicht spätestens am Tage der Anmeldung des Auszubildenden zur Zwischenprüfung zur Einsicht vorgelegt und der Mangel nicht nach § 23 a Abs. 2 behoben wird.

§ 30 [Antrag]

(1) Der Ausbildende hat unverzüglich nach Abschluß des Berufsausbildungsvertrages die Eintragung in die Lehrlingsrolle zu beantragen. Eine Ausfertigung der Vertragsniederschrift ist beizufügen. Entsprechendes gilt bei Änderungen des wesentlichen Vertragsinhalts.

(2) Der Ausbildende hat anzuzeigen

1. eine vorausgegangene allgemeine und berufliche Ausbildung des Lehrlings (Auszubildenden),
2. die Bestellung von Ausbildern.

Vierter Abschnitt
Prüfungswesen

§ 31 [Gesellenprüfung]

(1) In den anerkannten Ausbildungsberufen (Handwerken) sind Gesellenprüfungen durchzuführen. Die Prüfung kann zweimal wiederholt werden.

(2) Dem Prüfling ist ein Zeugnis auszustellen. Dem Ausbildenden werden auf dessen Verlangen die Ergebnisse der Zwischen- und Abschlußprüfung übermittelt.

(3) Die Prüfung ist für den Lehrling (Auszubildenden) gebührenfrei.

§ 32 [Prüfungsgegenstand]

Durch die Gesellenprüfung ist festzustellen, ob der Prüfling die erforderlichen Fertigkeiten beherrscht, die notwendigen praktischen und theoretischen Kenntnisse besitzt und mit dem ihm im Berufsschulunterricht vermittelten, für die Berufsausbildung wesentlichen Lehrstoff vertraut ist. Die Ausbildungsordnung ist zugrunde zu legen.

§ 33 [Prüfungsausschüsse]

(1) Für die Abnahme der Gesellenprüfung errichtet die Handwerkskammer Prüfungsausschüsse. Mehrere Handwerkskammern können bei einer

von ihnen gemeinsame Prüfungsausschüsse errichten. Die Handwerkskammer kann Handwerksinnungen ermächtigen, Gesellenprüfungsausschüsse zu errichten, wenn die Leistungsfähigkeit der Handwerksinnung die ordnungsgemäße Durchführung der Prüfung sicherstellt.

(2) Werden von einer Handwerksinnung Gesellenprüfungsausschüsse errichtet, so sind sie für die Abnahme der Gesellenprüfung aller Lehrlinge (Auszubildenden) der in der Handwerksinnung vertretenen Handwerke ihres Bezirks zuständig, soweit nicht die Handwerkskammer etwas anderes bestimmt.

§ 34 [Zusammensetzung, Berufung]

(1) Der Prüfungsausschuß besteht aus mindestens drei Mitgliedern. Die Mitglieder müssen für die Prüfungsgebiete sachkundig und für die Mitwirkung im Prüfungswesen geeignet sein.

(2) Dem Prüfungsausschuß müssen als Mitglieder selbständige Handwerker oder Betriebsleiter, die die Voraussetzungen für die Eintragung in die Handwerksrolle erfüllen, und Arbeitnehmer in gleicher Zahl sowie mindestens ein Lehrer einer berufsbildenden Schule angehören. Mindestens zwei Drittel der Gesamtzahl der Mitglieder müssen selbständige Handwerker und Arbeitnehmer sein. Die Mitglieder haben Stellvertreter. Die Mitglieder und die Stellvertreter werden längstens für fünf Jahre berufen oder gewählt.

(3) Die selbständigen Handwerker müssen in dem Handwerk, für das der Prüfungsausschuß errichtet ist, die Meisterprüfung abgelegt haben oder zum Ausbilden berechtigt sein. Die Arbeitnehmer müssen die Gesellenprüfung in dem Handwerk, für das der Prüfungsausschuß errichtet ist, oder eine entsprechende Abschlußprüfung in einem anerkannten Ausbildungsberuf nach § 25 Berufsbildungsgesetz bestanden haben und handwerklich tätig sein. Arbeitnehmer, die eine entsprechende ausländische Befähigung erworben haben und handwerklich tätig sind, können in den Prüfungsausschuß berufen werden.

(4) Die Mitglieder werden von der Handwerkskammer berufen. Die Arbeitnehmer der von der Handwerkskammer errichteten Prüfungsausschüsse werden auf Vorschlag der Mehrheit der Gesellenvertreter in der Vollversammlung der Handwerkskammer berufen. Der Lehrer einer berufsbildenden Schule wird im Einvernehmen mit der Schulaufsichtsbehörde oder der von ihr bestimmten Stelle berufen.

(5) Für die mit Ermächtigung der Handwerkskammer von der Handwerksinnung errichteten Prüfungsausschüsse werden die selbständigen Handwerker von der Innungsversammlung, die Arbeitnehmer von dem Gesellenausschuß gewählt. Der Lehrer einer berufsbildenden Schule wird im Einvernehmen mit der Schulaufsichtsbehörde oder der von ihr

bestimmten Stelle nach Anhörung der Handwerksinnung von der Handwerkskammer berufen.

(6) Die Mitglieder der Prüfungsausschüsse können nach Anhörung der an ihrer Berufung Beteiligten aus wichtigem Grund abberufen werden. Die Absätze 4 und 5 gelten für die Stellvertreter entsprechend.

(7) Die Tätigkeit im Prüfungsausschuß ist ehrenamtlich. Für bare Auslagen und für Zeitversäumnis ist, soweit eine Entschädigung nicht von anderer Seite gewährt wird, eine angemessene Entschädigung zu zahlen, deren Höhe von der Handwerkskammer mit Genehmigung der obersten Landesbehörde festgesetzt wird.

(8) Von Absatz 2 darf nur abgewichen werden wenn anderenfalls die erforderliche Zahl von Mitgliedern des Prüfungsausschusses nicht berufen werden kann.

§ 35 [Vorsitz, Beschlußfähigkeit, Abstimmung]

Der Prüfungsausschuß wählt aus seiner Mitte einen Vorsitzenden und dessen Stellvertreter. Der Vorsitzende und sein Stellvertreter sollen nicht derselben Mitgliedergruppe angehören. Der Prüfungsausschuß ist beschlußfähig, wenn zwei Drittel der Mitglieder, mindestens drei, mitwirken. Er beschließt mit der Mehrheit der abgegebenen Stimmen. Bei Stimmengleichheit gibt die Stimme des Vorsitzenden den Ausschlag.

§ 36 [Zulassung zur Gesellenprüfung]

(1) Zur Gesellenprüfung ist zuzulassen,

1. wer die Ausbildungszeit zurückgelegt hat oder wessen Ausbildungszeit nicht später als zwei Monate nach dem Prüfungstermin endet,
2. wer an vorgeschriebenen Zwischenprüfungen teilgenommen sowie vorgeschriebene Berichtshefte geführt hat und
3. wessen Berufsausbildungsverhältnis in die Lehrlingsrolle eingetragen oder aus einem Grunde nicht eingetragen ist, den weder der Lehrling (Auszubildende) noch dessen gesetzlicher Vertreter zu vertreten hat.

(2) Über die Zulassung zur Gesellenprüfung entscheidet der Vorsitzende des Prüfungsausschusses. Hält er die Zulassungsvoraussetzungen nicht für gegeben, so entscheidet der Prüfungsausschuß.

§ 37 [Zulassung in besonderen Fällen]

(1) Der Lehrling (Auszubildende) kann nach Anhören des Ausbildenden und der Berufsschule vor Ablauf seiner Ausbildungszeit zur Gesellenprüfung zugelassen werden, wenn seine Leistungen dies rechtfertigen.

(2) Zur Gesellenprüfung ist auch zugelassen, wer nachweist, daß er mindestens das Zweifache der Zeit, die als Ausbildungszeit vorgeschrieben ist, in dem Beruf tätig gewesen ist, in dem er die Prüfung ablegen will.

Hiervon kann abgesehen werden, wenn durch Vorlage von Zeugnissen oder auf andere Weise glaubhaft dargetan wird, daß der Bewerber Kenntnisse und Fertigkeiten erworben hat, die die Zulassung zur Prüfung rechtfertigen. Ausländische Bildungsabschlüsse und Zeiten der Berufstätigkeit im Ausland sind dabei zu berücksichtigen.

(3) Zur Gesellenprüfung ist ferner zuzulassen, wer in einer berufsbildenden Schule oder einer sonstigen Einrichtung ausgebildet worden ist, wenn diese Ausbildung der Berufsausbildung in einem anerkannten Ausbildungsberuf (Handwerk) entspricht. Das Bundesministerium für Wirtschaft und Technologie kann im Einvernehmen mit dem Bundesministerium für Bildung, Wissenschaft, Forschung und Technologie nach Anhören des Ständigen Ausschusses des Bundesinstituts für Berufsbildung durch Rechtsverordnung bestimmen, welche Schulen oder Einrichtungen die Voraussetzungen des Satzes 1 erfüllen.

§ 38 [Prüfungsordnung]

(1) Die Handwerkskammer hat eine Prüfungsordnung für die Gesellenprüfung zu erlassen. Die Prüfungsordnung muß die Zulassung, die Gliederung der Prüfung, die Bewertungsmaßstäbe, die Erteilung der Prüfungszeugnisse, die Folgen von Verstößen gegen die Prüfungsordnung und die Wiederholungsprüfung regeln. Der Ständige Ausschuß des Bundesinstituts für Berufsbildung erläßt für die Prüfungsordnung Richtlinien.

(2) Die Prüfungsordnung bedarf der Genehmigung der zuständigen obersten Landesbehörde.

§ 39 [Zwischenprüfungen]

Während der Berufsausbildung ist zur Ermittlung des Ausbildungsstandes mindestens eine Zwischenprüfung entsprechend der Ausbildungsordnung durchzuführen, bei der Stufenausbildung für jede Stufe. §§ 31 bis 33 gelten entsprechend.

§ 40 [Gleichstellung von Prüfungszeugnissen]

(1) Das Bundesministerium für Wirtschaft und Technologie kann im Einvernehmen mit dem Bundesministerium für Bildung, Wissenschaft, Forschung und Technologie nach Anhören des Ständigen Ausschusses des Bundesinstituts für Berufsbildung durch Rechtsverordnung Prüfungszeugnisse von Ausbildungsstätten oder Prüfungsbehörden den Zeugnissen über das Bestehen der Gesellenprüfung gleichstellen, wenn die Berufsausbildung und die in der Prüfung nachzuweisenden Fertigkeiten und Kenntnisse gleichwertig sind.

(2) Das Bundesministerium für Wirtschaft und Technologie kann im Einvernehmen mit dem Bundesministerium für Bildung, Wissenschaft, Forschung und Technologie nach Anhören des Ständigen Ausschusses des

Bundesinstituts für Berufsbildung durch Rechtsverordnung im Ausland erworbene Prüfungszeugnisse den entsprechenden Zeugnissen über das Bestehen der Gesellenprüfung gleichstellen, wenn in den Prüfungen der Gesellenprüfung gleichwertige Anforderungen gestellt werden.

Fünfter Abschnitt
Regelung und Überwachung der Berufsausbildung

§ 41 [Regelungsbefugnis]

Soweit Vorschriften nicht bestehen, regelt die Handwerkskammer die Durchführung der Berufsausbildung im Rahmen der gesetzlichen Vorschriften.

§ 41 a [Überwachung]

(1) Die Handwerkskammer überwacht die Durchführung der Berufsausbildung und fördert sie durch Beratung der Ausbildenden und der Lehrlinge (Auszubildenden). Sie hat zu diesem Zweck Ausbildungsberater zu bestellen. § 111 ist anzuwenden.

(2) Die zuständige Stelle teilt der Aufsichtsbehörde nach dem Jugendarbeitsschutzgesetz Wahrnehmungen mit, die für die Durchführung des Jugendarbeitsschutzgesetzes von Bedeutung sein können.

Sechster Abschnitt
Berufliche Fortbildung, berufliche Umschulung

§ 42 [Berufliche Fortbildung]

(1) Nachweis von Kenntnissen, Fertigkeiten und Erfahrungen, die durch berufliche Fortbildung erworben worden sind, kann die Handwerkskammer Prüfungen durchführen; sie müssen den besonderen Erfordernissen beruflicher Erwachsenenbildung entsprechen. Die Vorschriften über die Meisterprüfung bleiben unberührt. Die Handwerkskammer regelt den Inhalt, das Ziel, die Anforderungen, das Verfahren dieser Prüfungen, die Zulassungsvoraussetzungen und errichtet Prüfungsausschüsse; § 31 Abs. 2, §§ 34, 35, 38 und 40 gelten entsprechend.

(2) Als Grundlage für eine geordnete und einheitliche berufliche Fortbildung sowie zu ihrer Anpassung an die technischen, wirtschaftlichen und gesellschaftlichen Erfordernisse und deren Entwicklung kann das Bundesministerium für Bildung, Wissenschaft, Forschung und Technologie im Einvernehmen mit dem Bundesministerium für Wirtschaft und Technologie nach Anhören des Ständigen Ausschusses des Bundesinstituts für Berufsbildung durch Rechtsverordnung; die nicht der Zustimmung des

Bundesrates bedarf, den Inhalt, das Ziel, die Prüfungsanforderungen, das Prüfungsverfahren sowie die Zulassungsvoraussetzungen und die Bezeichnung des Abschlusses bestimmen. In der Rechtsverordnung kann ferner vorgesehen werden, daß die berufliche Fortbildung durch Fernunterricht vermittelt wird. Dabei kann bestimmt werden, daß nur solche Fernlehrgänge verwendet werden dürfen, die nach § 12 Abs. 1 des Fernunterrichtsschutzgesetzes zugelassen oder nach § 15 Abs. I des Fernunterrichtsschutzgesetzes als geeignet anerkannt worden sind.

§ 42 a [Berufliche Umschulung]

(1) Maßnahmen der beruflichen Umschulung müssen nach Inhalt, Art, Ziel und Dauer den besonderen Erfordernissen der beruflichen Erwachsenenbildung entsprechen.

(2) Zum Nachweis von Kenntnissen, Fertigkeiten und Erfahrungen, die durch berufliche Umschulung erworben worden sind, kann die Handwerkskammer Prüfungen durchführen; sie müssen den besonderen Erfordernissen beruflicher Erwachsenenbildung entsprechen. Die Handwerkskammer regelt den Inhalt, das Ziel, die Anforderungen, das Verfahren dieser Prüfungen, die Zulassungsvoraussetzungen und errichtet Prüfungsausschüsse; § 31 Abs. 2, §§ 34, 35, 38, 40 und 42 Abs. 2 gelten entsprechend.

(3) Bei der Umschulung für einen anerkannten Ausbildungsberuf sind das Ausbildungsberufsbild (§ 25 Abs. 2 Nr. 2), der Ausbildungsrahmenplan (§ 25 Abs. 2 Nr. 3) und die Prüfungsanforderungen (§ 25 Abs. 2 Nr. 4) unter Berücksichtigung der besonderen Erfordernisse der beruflichen Erwachsenenbildung zugrunde zu legen. Das Bundesministerium für Bildung, Wissenschaft, Forschung und Technologie kann im Einvernehmen mit dem Bundesministerium für Wirtschaft und Technologie nach Anhören des Ständigen Ausschusses des Bundesinstituts für Berufsbildung durch Rechtsverordnung, die nicht der Zustimmung des Bundesrates bedarf, Inhalt, Art, Ziel und Dauer der beruflichen Umschulung bestimmen.

(4) Die Handwerkskammer hat die Durchführung der Umschulung zu überwachen. Die §§ 23 a, 24 und 41 a sowie die Vorschriften des Dritten Abschnitts gelten entsprechend.

Achter Abschnitt
Berufsbildungsausschuß

§ 43 [Errichtung]

(1) Die Handwerkskammer errichtet einen Berufsbildungsausschuß. Ihm gehören sechs selbständige Handwerker, sechs Arbeitnehmer und sechs Lehrer an berufsbildenden Schulen an, die Lehrer mit beratender Stimme.

(2) Die selbständigen Handwerker werden von der Gruppe der selbständigen Handwerker, die Arbeitnehmer von der Gruppe der Vertreter der Gesellen und der anderen Arbeitnehmer mit einer abgeschlossenen Berufsausbildung in der Vollversammlung gewählt. Die Lehrer an berufsbildenden Schulen werden von der nach Landesrecht zuständigen Behörde als Mitglieder berufen. Die Amtszeit der Mitglieder beträgt längstens fünf Jahre.

(3) § 34 Abs. 7 gilt entsprechend.

(4) Die Mitglieder können nach Anhören der an ihrer Berufung Beteiligten aus wichtigem Grund abberufen werden.

(5) Die Mitglieder haben Stellvertreter, die bei Verhinderung der Mitglieder an deren Stelle treten. Absätze 1 bis 4 gelten für die Stellvertreter entsprechend.

(6) Der Berufsbildungsausschuß wählt aus seiner Mitte einen Vorsitzenden und dessen Stellvertreter. Der Vorsitzende und sein Stellvertreter sollen nicht derselben Mitgliedergruppe angehören.

§ 44 [Aufgaben]

(1) Der Berufsbildungsausschuß ist in allen wichtigen Angelegenheiten der beruflichen Bildung zu unterrichten und zu hören.

(2) Vor einer Beschlußfassung in der Vollversammlung über Vorschriften zur Durchführung der Berufsbildung, insbesondere nach §§ 41, 42 und 42 a, ist die Stellungnahme des Berufsbildungsausschusses einzuholen. Der Berufsbildungsausschuß kann der Vollversammlung auch von sich aus Vorschläge für Vorschriften zur Durchführung der Berufsbildung vorlegen. Die Stellungnahmen und Vorschläge des Berufsbildungsausschusses sind zu begründen.

(3) Die Vorschläge und Stellungnahmen des Berufsbildungsausschusses gelten vorbehaltlich der Vorschrift des Satzes 2 als von der Vollversammlung angenommen, wenn sie nicht mit einer Mehrheit von drei Vierteln der Mitglieder der Vollversammlung in ihrer nächsten Sitzung geändert oder abgelehnt werden. Beschlüsse, zu deren Durchführung die für Berufsbildung im laufenden Haushalt vorgesehenen Mittel nicht ausreichen oder zu deren Durchführung in folgenden Haushaltsjahren Mittel bereitgestellt

werden müssen, die die Ausgaben für Berufsbildung des laufenden Haushalts nicht unwesentlich übersteigen, bedürfen der Zustimmung der Vollversammlung.

§ 44 a [Beschlußfähigkeit, Abstimmung]

(1) Der Berufsbildungsausschuß ist beschlußfähig, wenn mehr als die Hälfte seiner stimmberechtigten Mitglieder anwesend ist. Er beschließt mit der Mehrheit der abgegebenen Stimmen.

(2) Zur Wirksamkeit eines Beschlusses ist es erforderlich, daß der Gegenstand bei der Einberufung des Ausschusses bezeichnet ist, es sei denn, daß er mit Zustimmung von zwei Dritteln der stimmberechtigten Mitglieder nachträglich auf die Tagesordnung gesetzt wird.

§ 44 b [Geschäftsordnung]

Der Berufsbildungsausschuß gibt sich eine Geschäftsordnung. Sie kann die Bildung von Unterausschüssen vorsehen und bestimmen, daß ihnen nicht nur Mitglieder des Ausschusses angehören. Für die Unterausschüsse gelten § 43 Abs. 2 bis 6 und § 44 a entsprechend.

Dritter Teil
Meisterprüfung, Meistertitel
Erster Abschnitt
Meisterprüfung
§ 45 [Berufsbild, Meisterprüfung]

Als Grundlage für ein geordnetes und einheitliches Meisterprüfungswesen kann das Bundesministerium für Wirtschaft und Technologie im Einvernehmen mit dem Bundesministerium für Bildung, Wissenschaft, Forschung und Technologie durch Rechtsverordnung, die nicht der Zustimmung des Bundesrates bedarf, bestimmen,

1. welche Tätigkeiten, Kenntnisse und Fertigkeiten den einzelnen Handwerken zum Zwecke der Meisterprüfung zuzurechnen sind (Meisterprüfungsberufsbild),
2. welche Anforderungen in der Meisterprüfung zu stellen sind.

§ 46 [Meisterprüfung]

Die Meisterprüfung kann nur in einem Gewerbe, das in der Anlage A zu diesem Gesetz aufgeführt ist, abgelegt werden.

(2) Durch die Meisterprüfung ist festzustellen, ob der Prüfling befähigt ist, einen Handwerksbetrieb selbständig zu führen und Lehrlinge ordnungsgemäß auszubilden; der Prüfling hat in vier selbständigen Prüfungsteilen darzutun, ob er die in seinem Handwerk gebräuchlichen Arbeiten meisterhaft verrichten kann (Teil I), die erforderlichen fachtheoretischen Kenntnisse (Teil II), die erforderlichen betriebswirtschaftlichen, kaufmännischen und rechtlichen Kenntnisse (Teil III) sowie die erforderlichen berufs- und arbeitspädagogischen Kenntnisse (Teil IV) besitzt. Bei der Prüfung in Teil I und Teil II können in der Rechtsverordnung nach § 45 Schwerpunkte gebildet werden. Für die anderen Bereiche dieser Teile sind die wesentlichen Grundkenntnisse und Grundfertigkeiten nachzuweisen, die die fachgerechte Ausübung auch dieser Tätigkeiten ermöglichen.

(3) Der Prüfling ist von der Ablegung der Teile III und IV der Meisterprüfung befreit, wenn er die Meisterprüfung in einem anderen Handwerk bestanden hat. Der Prüfling ist von der Ablegung des Teils III der Meisterprüfung befreit, wenn er in einer Prüfung auf Grund einer nach § 42 Abs. 2 dieses Gesetzes oder § 46 Abs. 2, § 81 Abs. 4 oder § 95 Abs. 4 des Berufsbildungsgesetzes erlassenen Rechtsverordnung oder in einer anderen Prüfung vor einer öffentlichen oder staatlich anerkannten Bildungseinrichtung oder vor einem staatlichen Prüfungsausschuß dem Teil III der Meisterprüfung vergleichbare Kenntnisse nachgewiesen worden sind. Er ist auf Antrag von der Ablegung der Prüfung in gleichartigen Prüfungsfächern durch den Meisterprüfungsausschuß zu befreien, wenn er die Meisterprüfung in einem anderen Handwerk bestanden hat. Prüflinge, die

andere deutsche staatliche oder staatlich anerkannte Prüfungen mit Erfolg abgelegt haben, sind auf Antrag durch den Meisterprüfungsausschuß von einzelnen Teilen der Meisterprüfung zu befreien, wenn bei diesen Prüfungen mindestens die gleichen Anforderungen gestellt werden wie in der Meisterprüfung. Der Abschlußprüfung an einer deutschen Hochschule gleichgestellt sind Diplome, die in einem anderen Mitgliedstaat der Europäischen Gemeinschaft oder einem anderen Vertragsstaat des Abkommens über den Europäischen Wirtschaftsraum erworben wurden und entsprechend der Richtlinie 89/48/EWG anzuerkennen sind. Das Bundesministerium für Wirtschaft und Technologie kann im Einvernehmen mit dem Bundesministerium für Bildung, Wissenschaft, Forschung und Technologie durch Rechtsverordnung mit Zustimmung des Bundesrates bestimmen, welche Prüfungen nach Satz 3 den Anforderungen einer Meisterprüfung entsprechen und das Ausmaß der Befreiung regeln.

(4) Der Prüfling ist auf Antrag durch den Meisterprüfungsausschuß von der Ablegung der Prüfung in Teil IV der Meisterprüfung zu befreien, wenn er eine nach dem Berufsbildungsgesetz, dem Seemannsgesetz- oder dem Bundesbeamtengesetz geregelte Prüfung bestanden hat, deren Anforderungen den in Teil IV der Meisterprüfung geregelten Anforderungen entsprechen.

§ 47 [Meisterprüfungsausschüsse]

(1) Die Meisterprüfung wird durch Meisterprüfungsausschüsse abgenommen. Für die Handwerke werden Meisterprüfungsausschüsse als staatliche Prüfungsbehörden am Sitz der Handwerkskammer für ihren Bezirk errichtet. Die oberste Landesbehörde kann in besonderen Fällen die Errichtung eines Meisterprüfungsausschusses für mehrere Handwerkskammerbezirke anordnen und hiermit die für den Sitz des Meisterprüfungsausschusses zuständige höhere Verwaltungsbehörde beauftragen. Soll der Meisterprüfungsausschuß für Handwerkskammerbezirke mehrerer Länder zuständig sein, so bedarf es hierfür des Einvernehmens der beteiligten obersten Landesbehörden. Die Landesregierungen werden ermächtigt, durch Rechtsverordnung zu bestimmen, daß abweichend von Satz 3 an Stelle der obersten Landesbehörde die höhere Verwaltungsbehörde zuständig ist. Sie können diese Ermächtigung auf oberste Landesbehörden übertragen.

(2) Die höhere Verwaltungsbehörde errichtet die Meisterprüfungsausschüsse nach Anhörung der Handwerkskammer und ernennt auf Grund ihrer Vorschläge die Mitglieder und die Stellvertreter für längstens fünf Jahre. Die Geschäftsführung der Meisterprüfungsausschüsse liegt bei der Handwerkskammer.

§ 48 [Zusammensetzung des Meisterprüfungsausschusses]

(1) Der Meisterprüfungsausschuß besteht aus fünf Mitgliedern; für die Mitglieder sind Stellvertreter zu berufen. Die Mitglieder und die Stellvertreter sollen das vierundzwanzigste Lebensjahr vollendet haben.

(2) Der Vorsitzende braucht nicht Handwerker zu sein; er soll dem Handwerk, für welches der Meisterprüfungsausschuß errichtet ist, nicht angehören.

(3) Zwei Beisitzer müssen das Handwerk, für das der Meisterprüfungsausschuß errichtet ist, mindestens seit einem Jahr selbständig als stehendes Gewerbe betreiben und in diesem Handwerk die Meisterprüfung abgelegt haben oder das Recht zum Ausbilden von Lehrlingen besitzen.

(4) Ein Beisitzer soll ein Geselle sein, der in dem Handwerk, für das der Meisterprüfungsausschuß errichtet ist, die Meisterprüfung abgelegt hat oder das Recht zum Ausbilden von Lehrlingen besitzt und handwerklich tätig ist.

(5) Für die Abnahme der Prüfung in der wirtschaftlichen Betriebsführung sowie in den kaufmännischen, rechtlichen und berufserzieherischen Kenntnissen soll ein Beisitzer bestellt werden, der in diesen Prüfungsgebieten besonders sachkundig ist und dem Handwerk nicht anzugehören braucht.

(6) § 34 Abs. 6 Satz 1 und Abs. 7 gelten entsprechend.

§ 49 [Zulassung zur Prüfung]

(1) Zur Meisterprüfung ist zuzulassen, wer eine Gesellenprüfung oder eine entsprechende Abschlußprüfung in einem anerkannten Ausbildungsberuf bestanden hat und in dem Handwerk, in dem er die Meisterprüfung ablegen will, oder in einem mit diesem verwandten Handwerk oder in einem entsprechenden Beruf eine mehrjährige Tätigkeit ausgeübt hat oder zum Ausbilden von Lehrlingen in dem Handwerk, in dem er die Meisterprüfung ablegen will, fachlich geeignet ist. Für die Zeit der Berufstätigkeit dürfen nicht mehr als drei Jahre gefordert werden. Eine Berufstätigkeit ist nicht erforderlich, wenn der Prüfling bereits eine Meisterprüfung oder eine entsprechende Prüfung nach dem Berufsbildungsgesetz abgelegt hat.

(2) Der erfolgreiche Abschluß einer Fachschule ist bei einjährigen Fachschulen mit einem Jahr, bei mehrjährigen Fachschulen mit zwei Jahren auf die Berufstätigkeit anzurechnen.

(3) Ist der Prüfling in dem Handwerk, in dem er die Meisterprüfung ablegen will, als selbständiger Handwerker, als Werkmeister oder in ähnlicher Stellung tätig gewesen oder weist er eine der Gesellentätigkeit gleichwertige praktische Tätigkeit nach, so ist die Zeit dieser Tätigkeit anzurechnen.

(4) Die Handwerkskammer kann auf Antrag

1. eine auf drei Jahre festgesetzte Dauer der Gesellentätigkeit unter besonderer Berücksichtigung der in der Gesellenprüfung und während der Gesellenzeit nachgewiesenen beruflichen Befähigung abkürzen,

2. in Ausnahmefällen von den Voraussetzungen der Absätze 1 bis 4 ganz oder teilweise befreien,

3. unter Berücksichtigung ausländischer Bildungsabschlüsse und Zeiten der Berufstätigkeit im Ausland von den Voraussetzungen der Absätze 1 bis 4 ganz oder teilweise befreien.

Die Handwerkskammer kann eine Stellungnahme des Meisterprüfungsausschusses einholen.

(5) Die Zulassung wird vom Vorsitzenden des Meisterprüfungsausschusses ausgesprochen. Hält der Vorsitzende die Zulassungsvoraussetzungen nicht für gegeben, so entscheidet der Prüfungsausschuß.

§ 50 [Prüfungskosten; Zulassungs- und Prüfungsverfahren]

(1) Die durch die Abnahme der Meisterprüfung entstehenden Kosten trägt die Handwerkskammer. Das Zulassungs- und Prüfungsverfahren wird durch eine von der Handwerkskammer mit Genehmigung der obersten Landesbehörde zu erlassende Meisterprüfungsordnung geregelt.

(2) Das Bundesministerium für Wirtschaft und Technologie wird ermächtigt, durch Rechtsverordnung mit Zustimmung des Bundesrates Vorschriften über das Zulassungs- und Prüfungsverfahren nach Absatz 1 Satz 2 zu erlassen.

§ 50 a [Gleichstellung ausländischer Prüfungszeugnisse]

Das Bundesministerium für Wirtschaft und Technologie kann im Einvernehmen mit dem Bundesministerium für Bildung, Wissenschaft, Forschung und Technologie durch Rechtsverordnung mit Zustimmung des Bundesrates im Ausland erworbene Prüfungszeugnisse den entsprechenden Zeugnissen über das Bestehen einer deutschen Meisterprüfung gleichstellen, wenn an den Bildungsgang und in den Prüfungen gleichwertige Anforderungen gestellt werden. Die Vorschriften des Bundesvertriebenengesetzes bleiben unberührt.

Zweiter Abschnitt
Meistertitel

§ 51 [Meistertitel]

Die Ausbildungsbezeichnung Meister/Meisterin in Verbindung mit einem Handwerk (§ 1 Abs. 2) oder in Verbindung mit einer anderen Ausbildungsbezeichnung, die auf eine Tätigkeit in einem Handwerk oder in mehreren

Handwerken hinweist, darf nur führen, wer für dieses Handwerk oder für diese Handwerke die Meisterprüfung bestanden hat.

§ 54 [Aufgabe der Innung]

(1) Aufgabe der Handwerksinnung ist, die gemeinsamen gewerblichen Interessen ihrer Mitglieder zu fördern. Insbesondere hat sie

1. den Gemeingeist und die Berufsehre zu pflegen,
2. ein gutes Verhältnis zwischen Meistern, Gesellen und Lehrlingen anzustreben,
3. entsprechend den Vorschriften der Handwerkskammer die Lehrlingsausbildung zu regeln und zu überwachen sowie für die berufliche Ausbildung der Lehrlinge zu sorgen und ihre charakterliche Entwicklung zu fördern,
4. die Gesellenprüfungen abzunehmen und hierfür Gesellenprüfungsausschüsse zu errichten, sofern sie von der Handwerkskammer dazu ermächtigt ist,
5. das handwerkliche Können der Meister und Gesellen zu fördern; zu diesem Zweck kann sie insbesondere Fachschulen errichten oder unterstützen und Lehrgänge veranstalten,
6. bei der Verwaltung der Berufsschulen gemäß den bundes- und landesrechtlichen Bestimmungen mitzuwirken,
7. das Genossenschaftswesen im Handwerk zu fördern,
8. über Angelegenheiten der in ihr vertretenen Handwerke den Behörden Gutachten und Auskünfte zu erstatten,
9. die sonstigen handwerklichen Organisationen und Einrichtungen in der Erfüllung ihrer Aufgaben zu unterstützen,
10. die von der Handwerkskammer innerhalb ihrer Zuständigkeit erlassenen Vorschriften und Anordnungen durchzuführen.

(2) Die Handwerksinnung soll

1. zwecks Erhöhung der Wirtschaftlichkeit der Betriebe ihrer Mitglieder Einrichtungen zur Verbesserung der Arbeitsweise und der Betriebsführung schaffen und fördern,
2. bei der Vergebung öffentlicher Lieferungen und Leistungen die Vergebungsstellen beraten,
3. das handwerkliche Pressewesen unterstützen.

(3) Die Handwerksinnung kann

1. Tarifverträge abschließen, soweit und solange solche Verträge nicht durch den Innungsverband für den Bereich der Handwerksinnung geschlossen sind,
2. für ihre Mitglieder und deren Angehörige Unterstützungskassen für Fälle der Krankheit, des Todes, der Arbeitsunfähigkeit oder sonstiger Bedürftigkeit errichten,

3. bei Streitigkeiten zwischen den Innungsmitgliedern und ihren Auftraggebern auf Antrag vermitteln.

(4) Die Handwerksinnung kann auch sonstige Maßnahmen zur Förderung der gemeinsamen gewerblichen Interessen der Innungsmitglieder durchführen.

(5) Die Errichtung und die Rechtsverhältnisse der Innungskrankenkassen richten sich nach den hierfür geltenden bundesrechtlichen Bestimmungen.

§ 58 [Innungsmitglieder]

(1) Mitglied bei der Handwerksinnung kann jeder selbständige Handwerker werden, der das Handwerk ausübt, für welches die Handwerksinnung gebildet ist. Die Handwerksinnung kann durch Satzung im Rahmen ihrer örtlichen Zuständigkeit bestimmen, daß Gewerbetreibende, die ein dem Handwerk, für welches die Handwerksinnung gebildet ist, fachlich oder wirtschaftlich nahestehendes handwerksähnliches Gewerbe ausüben, Mitglied der Handwerksinnung werden können.

(2) Übt ein selbständiger Handwerker mehrere Handwerke aus, so kann er allen für diese Handwerke gebildeten Handwerksinnungen angehören.

(3) Einem selbständigen Handwerker oder einem Gewerbetreibenden, der ein handwerksähnliches Gewerbe ausübt, das den gesetzlichen und satzungsgemäßen Vorschriften entspricht, darf der Eintritt in die Handwerksinnung nicht versagt werden.

(4) Von der Erfüllung der gesetzlichen und satzungsmäßigen Bedingungen kann zugunsten einzelner nicht abgesehen werden.

Dritter Abschnitt
Kreishandwerkerschaften

§ 86 [Kreishandwerkerschaft]

Die Handwerksinnungen, die in einem Stadt- oder Landkreis ihren Sitz haben, bilden die Kreishandwerkerschaft. Die Handwerkskammer kann eine andere Abgrenzung zulassen.

§ 87 [Aufgaben]

Die Kreishandwerkerschaft hat die Aufgabe,

1. die Gesamtinteressen des selbständigen Handwerks und handwerksähnlichen Gewerbes sowie die gemeinsamen Interessen der Handwerksinnungen ihres Bezirks wahrzunehmen,
2. die Handwerksinnungen bei der Erfüllung ihrer Aufgaben zu unterstützen,

3. Einrichtungen zur Förderung und Vertretung der gewerbliches, wirtschaftlichen und sozialen Interessen der Mitglieder der Handwerksinnungen zu schaffen oder zu unterstützen,

4. die Behörden bei den das selbständige Handwerk und das handwerksähnliche Gewerbe ihres Bezirks berührenden Maßnahmen zu unterstützen und ihnen Anregungen, Auskünfte und Gutachten zu erteilen,

5. die Geschäfte der Handwerksinnungen auf deren Ansuchen zu führen.

Vierter Abschnitt
Handwerkskammern

§ 90 [Handwerkskammern]

(1) Zur Vertretung der Interessen des Handwerks werden Handwerkskammern errichtet, sie sind Körperschaften des öffentlichen Rechtes.

(2) Zur Handwerkskammer gehören die selbständigen Handwerker und die Inhaber handwerksähnlicher Betriebe des Handwerkskammerbezirks sowie die Gesellen, andere Arbeitnehmer mit einer abgeschlossenen Berufsausbildung und die Lehrlinge dieser Gewerbetreibenden.

(3) Die Handwerkskammern werden von der obersten Landesbehörde errichtet, diese bestimmt deren Bezirk, der sich in der Regel mit dem der höheren Verwaltungsbehörde decken soll. Die oberste Landesbehörde kann den Bezirk der Handwerkskammer ändern; in diesem Falle muß eine Vermögensauseinandersetzung erfolgen, welche der Genehmigung durch die oberste Landesbehörde bedarf. Können sich die beteiligten Handwerkskammern hierüber nicht einigen, so entscheidet die oberste Landesbehörde.

§ 91 [Aufgaben]

(1) Aufgabe der Handwerkskammer ist insbesondere,

1. die Interessen des Handwerks zu fördern und für einen gerechten Ausgleich der Interessen der einzelnen Handwerke und ihrer Organisationen zu sorgen,

2. die Behörden in der Förderung des Handwerks durch Anregungen, Vorschläge und durch Erstattung von Gutachten zu unterstützen und regelmäßig Berichte über die Verhältnisse des Handwerks zu erstatten,

3. die Handwerksrolle (§ 6) zu führen,

4. die Berufsausbildung zu regeln (§ 41), Vorschriften hierfür zu erlassen ihre Durchführung zu überwachen (§ 41 a) sowie eine Lehrlingsrolle (§ 28 Satz 1) zu führen,

4 a. Vorschriften für Prüfungen im Rahmen einer beruflichen Fortbildung oder Umschulung zu erlassen und Prüfungsausschüsse hierfür zu errichten,

5. Gesellenprüfungsordnungen für die einzelnen Handwerke zu erlassen (§ 38), Prüfungsausschüsse für die Abnahme der Gesellenprüfungen zu errichten oder Handwerksinnungen zu der Errichtung von Gesellenprüfungsausschüssen zu ermächtigen (§ 37) und die ordnungsmäßige Durchführung der Gesellenprüfungen zu überwachen,

6. Meisterprüfungsordnungen für die einzelnen Handwerke zu erlassen (§ 50) und die Geschäfte des Meisterprüfungsausschusses (§ 47 Abs. 2) zu führen,

7. die technische und betriebswirtschaftliche Fortbildung der Meister und Gesellen zur Erhaltung und Steigerung der Leistungsfähigkeit des Handwerks in Zusammenarbeit mit den Innungsverbänden zu fördern, die erforderlichen Einrichtungen hierfür zu schaffen oder zu unterstützen und zu diesem Zweck eine Gewerbeförderungsstelle zu unterhalten,

8. Sachverständige zur Erstattung von Gutachten über Waren, Leistungen und Preise von Handwerkern zu bestellen und zu vereidigen,

9. die wirtschaftlichen Interessen des Handwerks und die ihnen dienenden Einrichtungen, insbesondere das Genossenschaftswesen zu fördern,

10. die Formgestaltung im Handwerk zu fördern,

11. Vermittlungsstellen zur Beilegung von Streitigkeiten zwischen selbständigen Handwerkern und ihren Auftraggebern einzurichten,

12. Ursprungszeugnisse über in Handwerksbetrieben gefertigte Erzeugnisse und andere dem Wirtschaftsverkehr dienende Bescheinigungen auszustellen, soweit nicht Rechtsvorschriften diese Aufgaben anderen Stellen zuweisen,

13. die Maßnahmen zur Unterstützung notleidender Handwerker sowie Gesellen und anderer Arbeitnehmer mit einer abgeschlossenen Berufsausbildung zu treffen oder zu unterstützen.

(2) Absatz 1 Nr. 4, 4 a und 5 gilt für die Berufsbildung in nichthandwerklichen Berufen entsprechend, soweit sie in Handwerksbetrieben oder handwerksähnlichen Betrieben durchgeführt wird. Die Handwerkskammer kann gemeinsam mit der Industrie- und Handelskammer Prüfungsausschüsse errichten.

(3) Die Handwerkskammer soll in allen wichtigen das Handwerk und das handwerkliche Gewerbe berührenden Angelegenheiten gehört werden.

(4) Absatz 1 Nr. 1, 2 und 7 bis 13 findet auf handwerksähnliche Gewerbe entsprechende Anwendung.

§ 111 [Überwachung der Lehrlingsausbildung; Auskunftspflicht der Gewerbetreibenden]

(1) Die in die Handwerksrolle und in das Verzeichnis der handwerksähnlichen Betriebe eingetragenen Gewerbetreibenden haben der Handwerkskammer die zur Durchführung von Rechtsvorschriften über die Berufsbildung und der von der Handwerkskammer erlassenen Vorschriften, Anordnungen und der sonstigen von ihr getroffenen Maßnahmen erforderlichen Auskünfte zu erteilen und Unterlagen vorzulegen. Die Handwerkskammer kann für die Erteilung der Auskunft eine Frist setzen.

(2) Die von der Handwerkskammer mit der Einholung von Auskünften beauftragten Personen sind befugt, zu dem in Absatz 1 bezeichneten Zweck die Betriebsräume, Betriebseinrichtungen und Ausbildungsplätze sowie die für den Aufenthalt und die Unterkunft der Lehrlinge und Gesellen bestimmten Räume oder Einrichtungen zu betreten und dort Prüfungen und Besichtigungen vorzunehmen. Der Auskunftspflichtige hat die Maßnahme von Satz 1 zu dulden. Das Grundrecht der Unverletzlichkeit der Wohnung (Artikel 13 des Grundgesetzes) wird insoweit eingeschränkt.

(3) Der Auskunftspflichtige kann die Auskunft auf solche Fragen verweigern, deren Beantwortung ihn selbst oder einen der in § 383 Abs. 1 Nr. 1 bis 3 der Zivilprozeßordnung bezeichneten Angehörigen der Gefahr strafgerichtlicher Verfolgung oder eines Verfahrens nach dem Gesetz über Ordnungswidrigkeiten aussetzen würde.

§ 112 [Ordnungsgeld]

(1) Die Handwerkskammer kann bei Zuwiderhandlungen gegen die von ihr innerhalb ihrer Zuständigkeit erlassenen Vorschriften oder Anordnungen Ordnungsgeld bis zu fünfhundert Euro festsetzen.

(2) Das Ordnungsgeld muß vorher schriftlich angedroht werden. Die Androhung und die Festsetzung des Ordnungsgeldes sind dem Betroffenen zuzustellen.

(3) Gegen die Androhung und die Festsetzung des Ordnungsgeldes steht dem Betroffenen der Verwaltungsrechtsweg offen.

(4) Das Ordnungsgeld fließt der Handwerkskammer zu. Es wird auf Antrag des Vorstandes der Handwerkskammer nach Maßgabe des § 113 Abs. 2 Satz 1 beigetrieben.

§ 113 [Beitrage und Gebühren]

(1) Die durch die Errichtung und Tätigkeit der Handwerkskammer entstehenden Kosten werden, soweit sie nicht anderweitig gedeckt sind, von den selbständigen Handwerkern und den Inhabern handwerksähnlicher Betriebe nach einem von der Handwerkskammer mit Genehmigung der obersten Landesbehörde festgesetzten Beitragsmaßstab getragen.

(2) Die Handwerkskammer kann als Beiträge auch Grundbeiträge, Zusatzbeiträge und außerdem Sonderbeiträge erheben. Die Beiträge können nach der Leistungskraft der beitragspflichtigen Kammerzugehörigen gestaffelt werden. Soweit die Handwerkskammer Beiträge nach dem Gewerbesteuermeßbetrag, Gewerbeertrag oder Gewinn aus Gewerbebetrieb bemißt, richtet sich die Zulässigkeit der Mitteilung der hierfür erforderlichen Besteuerungsgrundlagen durch die Finanzbehörden für die Beitragsbemessung nach § 31 der Abgabenordnung. Die Handwerkskammern und ihre Gemeinschaftseinrichtungen, die öffentliche Stellen im Sinne des § 2 Abs. 2 des Bundesdatenschutzgesetzes sind, sind berechtigt, zur Festsetzung der Beiträge die genannten Bemessungsgrundlagen bei den Finanzbehörden zu erheben. Bis zum 31. Dezember 1997 können die Beiträge in dem in Artikel 3 des Einigungsvertrages genannten Gebiet auch nach dem Umsatz, der Beschäftigtenzahl oder nach der Lohnsumme bemessen werden. Soweit die Beiträge nach der Lohnsumme bemessen werden, sind die beitragspflichtigen Kammerzugehörigen verpflichtet, der Handwerkskammer Auskunft durch Übermittlung eines Doppels des Lohnnachweises nach § 165 des Siebten Buches Sozialgesetzbuch zu geben. Soweit die Handwerkskammer Beiträge nach der Zahl der Beschäftigten bemißt, ist sie berechtigt, bei den beitragspflichtigen Kammerzugehörigen die Zahl der Beschäftigten zu erheben. Die übermittelten Daten dürfen nur für Zwecke der Beitragsfestsetzung gespeichert und genutzt sowie gemäß § 5 Nr. 7 des Statistikregistergesetzes zum Aufbau und zur Führung des Statistikregisters den statistischen Ämtern der Länder und dem Statistischen Bundesamt übermittelt werden. Die beitragspflichtigen Kammerzugehörigen sind verpflichtet, der Handwerkskammer Auskunft über die zur Festsetzung der Beiträge erforderlichen Grundlagen zu erteilen; die Handwerkskammer ist berechtigt, die sich hierauf beziehenden Geschäftsunterlagen einzusehen und für die Erteilung der Auskunft eine Frist zu setzen.

(3) Die Beiträge der selbständigen Handwerker und der Inhaber handwerksähnlicher Betriebe werden von den Gemeinden auf Grund einer von der Handwerkskammer aufzustellenden Aufbringungsliste nach den für Gemeindeabgaben geltenden landesrechtlichen Vorschriften eingezogen und beigetrieben. Die Gemeinden können für ihre Tätigkeit eine angemessene Vergütung von der Handwerkskammer beanspruchen, deren Höhe im Streitfall die höhere Verwaltungsbehörde festsetzt. Die Landesregierung kann durch Rechtsverordnung auf Antrag der Handwerkskammer eine andere Form der Beitragseinziehung und Beitragsbeitreibung zulassen. Die Landesregierung kann die Ermächtigung auf die zuständige oberste Landesbehörde übertragen.

(4) Die Handwerkskammer kann nur Amtshandlungen und für die Inan-

spruchnahme besonderer Einrichtungen oder Tätigkeiten mit Genehmigung der obersten Landesbehörde Gebühren erheben. Für ihre Beitreibung gilt Absatz 3.

§ 115 [Aufsicht über Handwerkskammer; Auflösung der Vollversammlung]

(1) Die oberste Landesbehörde führt die Staatsaufsicht über die Handwerkskammer. Die Staatsaufsicht beschränkt sich darauf, soweit nicht anderes bestimmt ist, daß Gesetz und Satzung beachtet, insbesondere die den Handwerkskammern übertragenen Aufgaben erfüllt werden.

(2) Die Aufsichtsbehörde kann, falls andere Aufsichtsmittel nicht ausreichen, die Vollversammlung auflösen, wenn sich die Kammer trotz wiederholter Aufforderung nicht im Rahmen der für sie geltenden Rechtsvorschriften hält. Innerhalb von drei Monaten nach Eintritt der Unanfechtbarkeit der Anordnung über die Auflösung ist eine Neuwahl vorzunehmen. Der bisherige Vorstand führt seine Geschäfte bis zum Amtsantritt des neuen Vorstandes weiter und bereitet die Neuwahl der Vollversammlung vor.

Fünfter Teil
Bußgeld, Übergangs- und Schlußvorschriften
Erster Abschnitt
Bußgeldvorschriften
§ 117 [Ordnungswidrigkeiten]

(1) Ordnungswidrig handelt, wer

1. entgegen § 1 ein Handwerk als stehendes Gewerbe selbständig betreibt,
2. entgegen § 51 die Ausbildungsbezeichnung »Meister« führt.

(2) Die Ordnungswidrigkeit nach Absatz 1 Nr. 1 kann mit einer Geldbuße bis zu zehntausend Euro, die Ordnungswidrigkeit nach Absatz 1 Nr. 2 kann mit einer Geldbuße bis zu fünftausend Euro geahndet werden.

§ 118 [Weitere Ordnungswidrigkeiten]

(1) Ordnungswidrig handelt, wer

1. eine Anzeige nach § 16 Abs. 2 oder § 18 Abs. 1 nicht, nicht richtig, nicht vollständig oder nicht rechtzeitig erstattet,
2. entgegen § 17 Abs. 1 oder Abs. 2 Satz 2, § 111 Abs. 1 oder Abs. 2 Satz 2 oder § 113 Abs. 2 Satz 8, auch in Verbindung mit § 73 Abs. 3, eine Auskunft nicht, nicht richtig, nicht vollständig oder nicht rechtzeitig erteilt, Unterlagen nicht vorlegt oder das Betreten von Grundstücken oder Geschäftsräumen oder die Vornahme von Prüfungen oder Besichtigungen nicht duldet,
3. Lehrlinge (Auszubildende) einstellt oder ausbildet, obwohl er nach § 21 Abs. 2 Nr. 1 persönlich oder nach § 21 Abs. 3 fachlich nicht geeignet ist,
4. entgegen § 21 Abs. 4 einen Ausbilder bestellt, obwohl dieser nach § 21 Abs. 2 Nr. 1 persönlich oder nach § 21 Abs. 3 fachlich nicht geeignet ist oder diesem das Ausbilden nach § 24 untersagt worden ist,
5. Lehrlinge (Auszubildende) einstellt oder ausbildet, obwohl ihm das Einstellen oder Ausbilden nach § 24 untersagt worden ist,
6. entgegen § 30 die Eintragung in die Lehrlingsrolle nicht oder nicht rechtzeitig beantragt oder eine Ausfertigung der Vertragsniederschrift nicht beifügt.

(2) Die Ordnungswidrigkeiten nach Absatz 1 Nr. 1, 2 und 6 können mit einer Geldbuße bis zu eintausend Euro, die Ordnungswidrigkeiten nach Absatz 1 Nr. 3 bis 5 können mit einer Geldbuße bis zu fünftausend Euro geahndet werden.

§ 118 a [Unterrichtung der Handwerkskammer]

Die zuständige Behörde unterrichtet die zuständige Handwerkskammer über die Einleitung von und die abschließende Entscheidung in Verfahren wegen Ordnungswidrigkeiten nach den §§ 117 und 118. Gleiches gilt für Verfahren wegen Ordnungswidrigkeiten nach dem Gesetz zur Bekämpfung der Schwarzarbeit in der Fassung der Bekanntmachung vom 29. Januar 1982, zuletzt geändert durch Anlage I Kapitel VIII Sachgebiet E Nr. 3 des Einigungsvertrages vom 31. August 1990 in Verbindung mit Artikel 1 des Gesetzes vom 23. September 1990 (BGBl. 1990 II S. 885, 1038), in seiner jeweils geltenden Fassung, soweit Gegenstand des Verfahrens eine handwerkliche Tätigkeit ist.

Zweiter Abschnitt
Übergangsvorschriften

§ 119 [Erhaltung der Berechtigung, ein Handwerk zu betreiben]

(1) Die bei Inkrafttreten dieses Gesetzes vorhandene Berechtigung eines Gewerbetreibenden, ein Handwerk als stehendes Gewerbe selbständig zu betreiben, bleibt bestehen. Für juristische Personen, Personengesellschaften und Betriebe im Sinne des § 7 Abs. 5 oder 6 gilt dies nur, wenn und solange der Betrieb von einer Person geleitet wird, die am 1. April 1998 Betriebsleiter oder nur die technische Leitung verantwortlicher persönlich haftender Gesellschafter oder Leiter eines Betriebes im Sinne des § 7 Abs. 5 und 6 ist; das gleiche gilt für Personen, die eine dem Betriebsleiter vergleichbare Stellung haben. Soweit die Berechtigung zur Ausübung eines selbständigen Handwerks anderen bundesrechtlichen Beschränkungen als den in diesem Gesetz bestimmten unterworfen ist, bleiben diese Vorschriften unberührt.

(2) Ist ein nach Absatz 1 Satz 1 berechtigter Gewerbetreibender bei Inkrafttreten dieses Gesetzes nicht in der Handwerksrolle eingetragen, so ist er auf Antrag oder von Amts wegen binnen drei Monaten in die Handwerksrolle einzutragen.

(3) Die Absätze 1 und 2 gelten für Gewerbe, die in die Anlage A zu diesem Gesetz aufgenommen werden, entsprechend. In diesen Fällen darf nach dem Wechsel des Betriebsleiters einer juristischen Person oder eines für die technische Leitung verantwortlichen persönlich haftenden Gesellschafters einer Personengesellschaft oder des Leiters eines Betriebes im Sinne des § 7 Abs. 5 oder 6 der Betrieb für die Dauer von drei Jahren fortgeführt werden, ohne daß die Voraussetzungen für die Eintragung in die Handwerksrolle erfüllt sind. Zur Verhütung von Gefahren für die öffentliche Sicherheit kann die höhere Verwaltungsbehörde die Fortführung des Betriebes davon abhängig machen, daß er von einem Handwerker geleitet wird, der die Voraussetzungen für die Eintragung in die Handwerksrolle erfüllt.

(4) Werden in der Anlage A zu diesem Gesetz aufgeführte Gewerbe durch

Gesetz oder durch eine nach § 1 Abs. 3 erlassene Rechtsverordnung zusammengefaßt, so ist der selbständige Handwerker, der eines der zusammengefaßten Handwerke betreibt, mit dem durch die Zusammenfassung entstandenen Handwerk in die Handwerksrolle einzutragen.

(5) Soweit durch Gesetz oder durch Rechtsverordnung nach § 1 Abs. 3 Gewerbe der Anlage A zusammengefaßt werden, gelten die vor dem Inkrafttreten der jeweiligen Änderungsvorschrift nach § 25 erlassenen Ausbildungsordnungen und die nach § 45 erlassenen Rechtsvorschriften für die Meisterprüfung bis zum Erlaß neuer Rechtsverordnungen nach diesem Gesetz fort. Satz 1 gilt entsprechend für noch bestehende Vorschriften gemäß § 122 Abs. 2 und 4.

(6) Soweit durch Gesetz Gewerbe von Anlage A in Anlage B überführt werden, gilt für Ausbildungsordnungen Absatz 5 entsprechend mit der Maßgabe, daß der jeweilige Ausbildungsberuf als staatlich anerkannter Ausbildungsberuf nach § 25 Berufsbildungsgesetz gilt. In den Fällen des Satzes 1 sind zum Zeitpunkt des Inkrafttretens der Zweiten Gesetzes zur Änderung der Handwerksordnung und anderer handwerksrechtlicher Vorschriften laufende Meisterprüfungsverfahren nach den bis dahin geltenden Vorschriften abzuschließen.

(7) In den Fällen des Absatzes 3 Satz 1 liegt ein Ausnahmefall nach § 8 Abs. 1 Satz 2 auch dann vor, wenn zum Zeitpunkt der Antragstellung für das zu betreibende Handwerk eine Rechtsverordnung nach § 45 noch nicht in Kraft getreten ist.

§ 120 [Erhaltung der Befugnis zur Lehrlingsausbildung]
(1) Die am 31. März 1998 vorhandene Befugnis zur Einstellung oder zur Ausbildung von Lehrlingen (Auszubildenden) in Handwerksbetrieben bleibt erhalten.

(2) Wer bis zum 31. März 1998 die Befugnis zur Ausbildung von Lehrlingen (Auszubildenden) in einem Gewerbe erworben hat, das in die Anlage A zu diesem Gesetz aufgenommen wird, gilt im Sinne des § 21 Abs. 3 als fachlich geeignet.

§ 121 [Der Meisterprüfung gleichgestellte Prüfungen]
Der Meisterprüfung im Sinne des § 46 bleiben die in § 133 Abs. 10 der Gewerbeordnung bezeichneten Prüfungen gleichgestellt, sofern sie vor Inkrafttreten dieses Gesetzes abgelegt worden sind.

§ 122 [Gesellen- und Meisterprüfungsvorschriften bei Trennung oder Zusammenfassung von Handwerken]
(1) Werden in der Anlage A zu diesem Gesetz aufgeführte Handwerke durch Gesetz oder durch eine nach § 1 Abs. 3 erlassene Rechtsverordnung getrennt oder zusammengefaßt, so können auch solche Personen als Bei-

sitzer der Gesellen- oder Meisterprüfungsausschüsse der durch die Trennung oder Zusammenfassung entstandenen Handwerke berufen werden, die in dem getrennten Handwerk oder in einem der zusammengefaßten Handwerke die Gesellen- oder Meisterprüfung abgelegt haben oder das Recht zum Ausbilden von Lehrlingen besitzen und im Falle der § 48 Abs. 3 seit mindestens einem Jahr als selbständige Handwerker tätig sind.

(2) Die für die einzelnen Handwerke geltenden Gesellen- und Meisterprüfungsvorschriften sind bis zum Erlaß der in den § 25 Abs. 1 und § 38 sowie § 45 Abs. 1 Nr. 2 und § 50 Satz 2 vorgesehenen Prüfungsordnungen anzuwenden, soweit sie nicht mit diesem Gesetz in Widerspruch stehen.

(3) Die für die einzelnen Handwerke geltenden Berufsbilder sind bis zum Erlaß von Rechtsverordnungen nach § 45 Nr. 1 anzuwenden.

(4) Die für die einzelnen Handwerke geltenden Fachlichen Vorschriften sind bis zum Erlaß von Rechtsverordnungen nach § 25 und § 45 Nr. 2 anzuwenden.

§ 123 [Zulassung zur Meisterprüfung]

(1) Beantragt ein Gewerbetreibender, der bei Inkrafttreten dieses Gesetzes berechtigt ist, ein Handwerk als stehendes Gewerbe selbständig zu betreiben, in diesem Handwerk zur Meisterprüfung zugelassen zu werden, so gelten für die Zulassung zur Prüfung die Bestimmungen der §§ 49 und 50 mit folgender Maßgabe:

1. der Nachweis einer Ausbildungszeit oder einer Gesellenprüfung ist nicht erforderlich;

2. es genügt der Nachweis einer fünfjährigen Tätigkeit als Facharbeiter oder selbständiger Gewerbetreibender in dem Handwerk, in welchem die Meisterprüfung abgelegt werden soll; ist die Gesellenprüfung oder eine Abschlußprüfung (§ 49 Abs. 2) in diesem Handwerk abgelegt, so genügt der Nachweis einer zweijährigen Tätigkeit.

(2) Absatz 1 gilt entsprechend für ein Gewerbe, das in die Anlage A aufgenommen wird.

3. Anlage A zu dem Gesetz zur Ordnung des Handwerks (Handwerksordnung)

Verzeichnis
der Gewerbe, die als Handwerk betrieben werden können
(§ 1 Abs. 2)

I Gruppe der Bau- und Ausbaugewerbe
 1 Maurer und Betonbauer (die bisherigen Einzelberufe Maurer, Beton- und Stahlbetonbauer, Feuerungs- und Schornsteinbauer wurden zusammengefaßt)
 2 Ofen- und Luftheizungsbauer (zusammengefaßt: Backofenbauer, Kachelofen- und Luftheizungsbauer)
 3 Zimmerer
 4 Dachdecker
 5 Straßenbauer
 6 Wärme-, Kälte- und Schallschutzisolierer
 7 Fliesen-, Platten- und Mosaikleger
 8 Betonstein- und Terrazzohersteller
 9 Estrichleger
10 Brunnenbauer
11 Steinmetzen und Steinbildhauer
12 Stukkateure
13 Maler und Lackierer
14 Gerüstbauer (neuer, meisterpflichtiger Beruf)
15 Schornsteinfeger

II Gruppe der Elektro- und Metallgewerbe
16 Metallbauer
17 Chirurgiemechaniker
18 Karosserie- und Fahrzeugbauer (zusammengefaßt: Karosserie- und Fahrzeugbauer sowie Wagner)
19 Feinwerkmechaniker (zusammengefaßt: Maschinenbaumechaniker, Werkzeugmacher, Dreher, Feinmechaniker)
20 Zweiradmechaniker
21 Kälteanlagenbauer
22 Informationstechniker (zusammengefaßt: Büroinformationselektroniker, Radio- und Fernsehtechniker)
23 Kraftfahrzeugtechniker (zusammengefaßt: Kraftfahrzeugmechaniker und Kraftfahrzeugelektriker)
24 Landmaschinenmechaniker
25 Büchsenmacher
26 Klempner

27 Installateur und Heizungsbauer (zusammengefaßt: Gas- und Wasserinstallateure, Zentralheizungs- und Lüftungsbauer)

28 Behälter- und Apparatebauer (früher: Kupferschmied)

29 Elektrotechniker (zusammengefaßt: Elektroinstallateur, Elektromechaniker, Fernmeldeanlagenelektroniker)

30 Elektromaschinenbauer

31 Uhrmacher

32 Graveure

33 Metallbildner (zusammengefaßt: Gold-, Silber- und Aluminiumschlä-
   ger, Ziseleure, Gürtler und Metalldrücker)

34 Galvaniseure (zusammengefaßt: Galvaniseure, Metallschleifer)

35 Metall- und Glockengießer (zusammengefaßt: Metallformer und
   Metallgießer, Glockengießer)

36 Schneidwerkzeugmechaniker

37 Gold- und Silberschmiede (zusammengefaßt: Goldschmiede, Silberschmiede)

III Gruppe der Holzgewerbe

38 Tischler

39 Parkettleger

40 Rolladen- und Jalousiebauer

41 Boots- und Schiffsbauer (zusammengefaßt)

42 Modellbauer

43 Drechsler (Elfenbeinschnitzer) und Holzspielzeugmacher (zusammengefaßt)

44 Holzbildhauer

45 Böttcher

46 Korbmacher

IV Gruppe der Bekleidungs-, Textil- und Ledergewerbe

47 Damen- und Herrenschneider (zusammengefaßt)

48 Sticker

49 Modisten (zusammengefaßt mit dem Hut- und Mützenmacher)

50 Weber

51 Seiler

52 Segelmacher

53 Kürschner

54 Schuhmacher

55 Sattler und Feintäschner (zusammengefaßt)

56 Raumausstatter

V Gruppe der Nahrungsmittelgewerbe

57 Bäcker

58 Konditoren

59 Fleischer
60 Müller
61 Brauer und Mälzer
62 Weinküfer

VI Gruppe der Gewerbe für Gesundheits- und Körperpflege sowie der chemischen und Reinigungsgewerbe
63 Augenoptiker
64 Hörgeräteakustiker
65 Orthopädietechniker (zusammengefaßt: Orthopädiemechaniker und Bandagisten)
66 Orthopädieschumacher
67 Zahntechniker
68 Friseure
69 Textilreiniger
70 Wachszieher
71 Gebäudereiniger

VII Gruppe der Glas-, Papier-, keramischen und sonstigen Gewerbe
72 Glaser
73 Glasveredler
74 Feinoptiker
75 Glasbläser und Glasapparatebauer (zusammengefaßt: Glasapparatebauer und Thermometermacher)
76 Glas- und Porzellanmaler
77 Edelsteinschleifer und -graveure (zusammengefaßt)
78 Fotografen
79 Buchbinder
80 Buchdrucker, Schriftsetzer, Drucker
81 Siebdrucker
82 Keramiker
83 Flexografen (zusammengefaßt: Flexografen, Chemigrafen, Stereotypeure, Galvanoplastiker)
84 Orgel- und Harmoniumbauer
85 Klavier- und Cembalobauer
86 Handzuginstrumentenmacher
87 Geigenbauer
88 Bogenmacher
89 Metallblasinstrumentenmacher (zusammengefaßt mit dem Schlagzeugmacher. Die wesentliche Tätigkeit Schlagzeugmacher ist nun in Anlage B)
90 Holzblasinstrumentenmacher
91 Zupfinstrumentenmacher

92 Vergolder
93 Schilder- und Lichtreklamehersteller
94 Vulkaniseure und Reifenmechaniker

4. Anlage B zu dem Gesetz zur Ordnung des Handwerks (Handwerksordnung)

Verzeichnis der Gewerbe,
die handwerksähnlich betrieben werden können
(§ 18 Abs. 2)

I Gruppe der Bau- und Ausbaugewerbe

1 Eisenflechter (neu)
2 Bautentrocknungsgewerbe
3 Bodenleger
4 Asphaltierer (ohne Straßenbau)
5 Fuger (im Hochbau)
6 Holz- und Bautenschutzgewerbe (Mauerschutz und Holzimprägnierung in Gebäuden)
7 Rammgewerbe (Einrammen von Pfählen im Wasserbau)
8 Betonbohrer und -schneider
9 Theater- und Ausstattungsmaler

II Gruppe der Metallgewerbe

10 Herstellung von Drahtgestellen für Dekorationszwecke in Sonderanfertigung
11 Metallschleifer und Metallpolierer
12 Metallsägen-Schärfer
13 Tankschutzbetriebe (Korrosionsschutz von Öltanks für Feuerungsanlagen ohne chemische Verfahren)
14 Fahrzeugverwerter
15 Rohr- und Kanalreiniger
16 Kabelverleger im Hochbau (ohne Anschlußarbeiten)

III Gruppe der Holzgewerbe

17 Holzschuhmacher
18 Holzblockmacher
19 Daubenhauer
20 Holz-Leitermacher (Sonderanfertigung)
21 Muldenhauer
22 Holzreifenmacher
23 Holzschindelmacher
24 Einbau von genormten Baufertigteilen (z. B. Fenster, Türen, Zargen, Regale)
25 Bürsten- und Pinselmacher (neu)

IV Gruppe der Bekleidungs-, Textil- und Ledergewerbe

26 Bügelanstalten für Herren-Oberbekleidung

27 Dekorationsnäher (ohne Schaufensterdekoration)
28 Fleckteppichhersteller
29 Klöppler
30 Theaterkostümnäher
31 Plisseebrenner
32 Posamentierer
33 Stoffmaler
34 Stricker (neu)
35 Textil-Handdrucker
36 Kunststopfer
37 Änderungsschneider (vorher: Flickschneider)
38 Handschuhmacher
39 Ausführung einfacher Schuhreparaturen (neu)
40 Gerber (neu)

V Gruppe der Nahrungsmittelgewerbe
41 Innerei-Fleischer (Kuttler)
42 Speiseeishersteller (mit Vertrieb von Speiseeis mit üblichem Zube-
    hör)
43 Fleischzerleger, Ausbeiner

**VI Gruppe der Gewerbe für Gesundheits- und Körperpflege sowie der
    chemischen und Reinigungsgewerbe**
44 Appreteure, Dekateure
45 Schnellreiniger
46 Teppichreiniger
47 Getränkeleitungsreiniger
48 Kosmetiker (früher: Schönheitspfleger)
49 Maskenbildner

VII Gruppe der sonstigen Gewerbe
50 Bestattungsgewerbe
51 Lampenschirmhersteller (Sonderanfertigung)
52 Klavierstimmer
53 Theaterplastiker
54 Requisiteure
55 Schirmmacher (neu)
56 Steindrucker (neu)
57 Schlagzeugmacher (neu)

5. Anlage D zu dem Gesetz zur Ordnung des Handwerks (Handwerksordnung)

Art der personenbezogenen Daten in der Handwerksrolle, in dem Verzeichnis der Inhaber handwerksähnlicher Betriebe und in der Lehrlingsrolle

I. In der Handwerksrolle dürfen folgende Daten gespeichert werden:

1. bei natürlichen Personen

   a) Vor- und Familienname, Geburtsname, Geburtsdatum und Staatsangehörigkeit des Betriebsinhabers, bei nicht voll geschäftsfähigen Personen auch der Vor- und Familienname des gesetzlichen Vertreters; im Falle des § 4 Abs. 2 der Handwerksordnung sind auch Vor- und Familienname, Geburtsdatum und Staatsangehörigkeit des Betriebsleiters sowie die für ihn in Betracht kommenden Angaben nach Buchstabe e einzutragen;

   b) die Firma, wenn der selbständige Handwerker eine Firma führt, die sich auf den Handwerksbetrieb bezieht;

   c) Ort und Straße der gewerblichen Niederlassung;

   d) das zu betreibende Handwerk oder bei Ausübung mehrerer Handwerke diese Handwerke;

   e) die Bezeichnung der Rechtsvorschriften, nach denen der selbständige Handwerker die Voraussetzungen für die Eintragung in die Handwerksrolle erfüllt und in dem zu betreibenden Handwerk zur Ausbildung von Lehrlingen befugt ist; hat der selbständige Handwerker die zur Ausübung des zu betreibenden Handwerks notwendigen Kenntnisse und Fertigkeiten durch eine Prüfung nachgewiesen, so sind auch Art, Ort und Zeitpunkt dieser Prüfung sowie die Stelle, vor der die Prüfung abgelegt wurde, einzutragen;

   f) der Zeitpunkt der Eintragung in die Handwerksrolle;

2. bei juristischen Personen

   a) die Firma oder der Name der juristischen Person sowie Ort und Straße der gewerblichen Niederlassung;

   b) Vor- und Familienname, Geburtsdatum und Staatsangehörigkeit der gesetzlichen Vertreter;

   c) das zu betreibende Handwerk oder bei Ausübung mehrerer Handwerke diese Handwerke;

   d) Vor- und Familienname, Geburtsdatum und Staatsangehörigkeit des Betriebsleiters sowie die für ihn in Betracht kommenden Angaben nach Nummer 1 Buchstabe e;

   e) der Zeitpunkt der Eintragung in die Handwerksrolle;

3. bei Personengesellschaften

a) bei Personengesellschaften die Firma, bei Gesellschaften des Bürgerlichen Rechts die Bezeichnung, unter der sie das Handwerk betreiben, sowie der Ort und Straße der gewerblichen Niederlassung;

b) Vor- und Familienname, Geburtsdatum und Staatsangehörigkeit des für die technische Leitung des Betriebes verantwortlichen persönlich haftenden Gesellschafters, Angaben über eine Vertretungsbefugnis und die für ihn in Betracht kommenden Angaben nach Nummer 1 Buchstabe e;

c) Vor- und Familienname, Geburtsdatum und Staatsangehörigkeit der übrigen Gesellschafter, Angaben über eine Vertretungsbefugnis und die für sie in Betracht kommenden Angaben nach Nummer 1 Buchstabe e;

d) das zu betreibende Handwerk oder bei Ausübung mehrerer Handwerke diese Handwerke;

e) der Zeitpunkt der Eintragung in die Handwerksrolle;

4. bei handwerklichen Nebenbetrieben

a) Angaben über den Inhaber des Nebenbetriebes in entsprechender Anwendung der Nummer 1 Buchstabe a bis c, Nummer 2 Buchstabe a und b und Nummer 3 Buchstabe a und c;

b) das zu betreibende Handwerk oder bei Ausübung mehrerer Handwerke diese Handwerke;

c) Bezeichnung oder Firma und Gegenstand sowie Ort und Straße der gewerblichen Niederlassung des Unternehmens, mit dem der Nebenbetrieb verbunden ist;

d) Bezeichnung oder Firma sowie Ort und Straße der gewerblichen Niederlassung des Nebenbetriebes;

e) Vor- und Familienname, Geburtsdatum und Staatsangehörigkeit des Leiters des Nebenbetriebes und die für ihn in Betracht kommenden Angaben nach Nummer 1 Buchstabe e;

f) der Zeitpunkt der Eintragung in die Handwerksrolle.

II. Abschnitt I gilt entsprechend für das Verzeichnis der Inhaber handwerksähnlicher Betriebe. Dieses Verzeichnis braucht nicht die gleichen Angaben wie die Handwerksrolle zu enthalten. Mindestinhalt sind die wesentlichen betrieblichen Verhältnisse einschließlich der wichtigsten persönlichen Daten des Betriebsinhabers.

III. In der Lehrlingsrolle dürfen folgende personenbezogene Daten gespeichert werden:

1. bei den Ausbildenden,

a) die in der Handwerksrolle eingetragen sind:

b) die Eintragungen in der Handwerksrolle, soweit sie für die Zwecke der Führung der Lehrlingsrolle erforderlich sind;
   die nicht in der Handwerksrolle eingetragen sind:

c) Die der Eintragung nach Abschnitt I 1 a entsprechenden Daten mit Ausnahme der Daten zum Betriebsleiter zum Zeitpunkt der Eintragung in die Handwerksrolle und der Angaben zu Abschnitt I 1 e, soweit sie für die Zwecke der Lehrlingsrolle erforderlich sind;

2. bei den Ausbildern:
   Familienname, Geburtsname, Vorname, Geschlecht, Geburtsdatum, Art der fachlichen Eignung;

3. bei den Auszubildenden:
   a) beim Lehrling:
      Familienname, Geburtsname, Vorname, Geschlecht, Geburtsdatum, Staatsangehörigkeit, Schulbildung, Schulabschluß, Abgangsklasse,
   b) erforderlichenfalls bei gesetzlichen Vertretern:
      Familienname, Vorname und Anschrift;

4. beim Ausbildungsverhältnis:
   Ausbildungsberuf, Ausbildungszeit, Probezeit, Anschrift der Ausbildungsstätte, wenn diese vom Betriebssitz abweicht.

6. Übergangsgesetz aus Anlaß des Zweiten Gesetzes zur Änderung der Handwerksordnung und anderer handwerksrechtlicher Vorschriften

vom 25. 3. 1998 (BGBl. I S. 596, 604, verkündet als Artikel 2 des Gesetzes)
geändert am 16. 3. 2000

§ 1

(1) Die wesentliche Tätigkeit Herstellung und Reparatur von Ziegeldächern des Gewerbes Nummer 4 Dachdecker der Anlage A zur Handwerksordnung wird auch dem Gewerbe Nummer 3 Zimmerer der Anlage A zur Handwerksordnung als wesentliche Tätigkeit zugeordnet.

(2) Die wesentliche Tätigkeit Herstellung und Reparatur von Dachstühlen des Gewerbes Nummer 3 Zimmerer der Anlage A zur Handwerksordnung wird auch dem Gewerbe Nummer 4 Dachdecker der Anlage A zur Handwerksordnung als wesentliche Tätigkeit zugeordnet.

(3) Die wesentliche Tätigkeit Lackierung von Karosserien und Fahrzeugen des Gewerbes Nummer 13 Maler und Lackierer der Anlage A zur Handwerksordnung wird auch den Gewerben Nummer 18 Karosserie- und Fahrzeugbauer und Nummer 23 Kraftfahrzeugtechniker der Anlage A zur Handwerksordnung als wesentliche Tätigkeit zugeordnet. Die wesentliche Tätigkeit Reparatur von Karosserien und Fahrzeugen der Gewerbe Nummer 18 Karosserie- und Fahrzeugbauer und Nummer 23 Kraftfahrzeugtechniker der Anlage A zur Handwerksordnung wird auch dem Gewerbe Nummer 13 Maler und Lackierer der Anlage A zur Handwerksordnung als wesentliche Tätigkeit zugeordnet, soweit dies zur Vorbereitung der Lackierung von Fahrzeugen und Karosserien erforderlich ist.

(4) Die wesentliche Tätigkeit Aufstellen von Arbeits- und Schutzgerüsten des Gewerbes Nummer 14 Gerüstbauer der Anlage A zur Handwerksordnung wird auch den Gewerben Nummer 1 Maurer und Betonbauer, 3 Zimmerer, 4 Dachdecker, 5 Straßenbauer, 6 Wärme-, Kälte- und Schallschutzisolierer, 7 Fliesen-, Platten- und Mosaikleger, 8 Betonstein- und Terrazzohersteller, 9 Estrichleger, 10 Brunnenbauer, 11 Steinmetzen und Steinbildhauer, 12 Stukkateure, 13 Maler und Lackierer, 15 Schornsteinfeger, 16 Metallbauer, 21 Kälteanlagenbauer, 26 Klempner, 29 Elektrotechniker, 38 Tischler, 71 Gebäudereiniger, 72 Glaser sowie 93 Schilder- und Lichterreklamehersteller der Anlage A zur Handwerksordnung als wesentliche Tätigkeit zugeordnet.

(5) Das Gewerbe Nummer 22 Informationstechniker umfaßt nicht die strukturierte Verkabelung als wesentliche Tätigkeit.

(6) Die wesentliche Tätigkeit Herstellung und Reparatur von Energieversorgungsanschlüssen des Gewerbes Nummer 27 Installateur und Heizungsbauer der Anlage A zur Handwerksordnung wird auch dem Gewerbe Nummer 2 Ofen- und Luftheizungsbauer der Anlage A zur Handwerksordnung als wesentliche Tätigkeit zugeordnet.

(7) Die wesentliche Tätigkeit Flachglasbemalung des Gewerbes Nummer 76 Glas- und Porzellanmaler der Anlage A zur Handwerksordnung wird auch dem Gewerbe Nummer 72 Glaser der Anlage A zur Handwerksordnung als wesentliche Tätigkeit zugeordnet. Die wesentliche Tätigkeit Hohlglasbemalung des Gewerbes Nummer 76 Glas- und Porzellanmaler der Anlage A zur Handwerksordnung wird auch dem Gewerbe Nummer 73 Glasveredler der Anlage A zur Handwerksordnung als wesentliche Tätigkeit zugeordnet.

(8) Der Akustik- und Trockenbau ist keine wesentliche Tätigkeit eines der in der Anlage A zur Handwerksordnung aufgeführten Gewerbe.

§ 2

Soweit durch Artikel 1 des Zweiten Gesetzes zur Änderung der Handwerksordnung und anderer handwerksrechtlicher Vorschriften vom 25. 3. 1998 (BGBl. I S. 596, 604) Gewerbe in der Anlage A zur Handwerksordnung in der Fassung der Bekanntmachung vom 28. Dezember 1965 (BGBl. I 1996 S. 1), die zuletzt gemäß Artikel 33 der Verordnung vom 21. September 1997 (BGBl. I S. 2390) geändert worden ist, zu Gewerben zusammengefaßt werden, werden die wesentlichen Tätigkeiten der bisherigen Gewerbe beibehalten, soweit in § 1 nicht etwas anderes bestimmt ist. Satz 1 gilt entsprechend, soweit Gewerbe eine neue Bezeichnung erhalten.

7. Gewerbeordnung (GewO) (Auszug)

vom 21. 6. 1869, zuletzt geändert am 22. 5. 2002

Titel I
Allgemeine Bestimmungen

§ 1 Grundsatz der Gewerbefreiheit

(1) Der Betrieb eines Gewerbes ist jedermann gestattet, soweit nicht durch dieses Gesetz Ausnahmen oder Beschränkungen vorgeschrieben oder zugelassen sind.

(2) Wer gegenwärtig zum Betrieb eines Gewerbes berechtigt ist, kann von demselben nicht deshalb ausgeschlossen werden, weil er den Erfordernissen dieses Gesetzes nicht genügt.

§ 3 Betrieb verschiedener Gewerbe

Der gleichzeitige Betrieb verschiedener Gewerbe sowie desselben Gewerbes in mehreren Betriebs- oder Verkaufsstätten ist gestattet. Eine Beschränkung der Handwerker auf den Verkauf der selbstverfertigten Waren findet nicht statt.

Titel II
Stehendes Gewerbe

I. Allgemeine Erfordernisse

§ 14 Anzeigepflicht

(1) Wer den selbständigen Betrieb eines stehenden Gewerbes oder den Betrieb einer Zweigniederlassung oder einer unselbständigen Zweigstelle anfängt, muß dies der für den betreffenden Ort zuständigen Behörde gleichzeitig anzeigen. Das gleiche gilt, wenn

1. der Betrieb verlegt wird,
2. der Gegenstand des Gewerbes gewechselt oder auf Waren oder Leistungen ausgedehnt wird, die bei Gewerbebetrieben der angemeldeten Art nicht geschäftsüblich sind, oder
3. der Betrieb aufgegeben wird.

Die Anzeige dient dem Zweck, der zuständigen Behörde die Überwachung der Gewerbeausübung zu ermöglichen. Die erhobenen Daten dürfen von der für die Entgegennahme der Anzeige und die Überwachung der Gewerbeausübung zuständigen Behörde nur für diesen Zweck verarbeitet oder genutzt werden. Steht die Aufgabe des Betriebes eindeutig fest und ist die Abmeldung nicht innerhalb eines angemessenen Zeitraums erfolgt, kann die Behörde die Abmeldung von Amts wegen vornehmen.

(2) Absatz 1 gilt auch für den Handel mit Arzneimitteln, mit Losen von Lotterien und Ausspielungen sowie mit Bezugs- und Anteilscheinen auf solche Lose und für den Betrieb von Wettannahmestellen aller Art.

(3) Wer die Aufstellung von Automaten (Waren-, Leistungs- und Unterhaltungsautomaten jeder Art) als selbständiges Gewerbe betreibt, muß die Anzeige nach Absatz 1 allen Behörden erstatten, in deren Zuständigkeitsbereich Automaten aufgestellt werden. Die zuständige Behörde kann Angaben über den Aufstellungsort der einzelnen Automaten verlangen.

(4) Für die Anzeigen ist

1. in den Fällen des Absatzes 1 Satz 1 (Beginn des Betriebes) ein Vordruck nach dem Muster der Anlage 1 (Gewerbeanmeldung – GewA 1),

2. in den Fällen des Absatzes 1 Satz 2 Nr. 1 (Verlegung des Betriebes) und in den Fällen des Absatzes 1 Satz 2 Nr. 2 (Wechsel oder Ausdehnung des Gegenstandes des Gewerbes) ein Vordruck nach dem Muster der Anlage 2 (Gewerbeummeldung – GewA 2),

3. in den Fällen des Absatzes 1 Satz 2 Nr. 3 (Aufgabe des Betriebes) ein Vordruck nach dem Muster der Anlage 3 (Gewerbeabmeldung – GewA 3)

zu verwenden. Die Vordrucke sind vollständig, in der vorgeschriebenen Anzahl und gut lesbar auszufüllen.

(5) Die zuständige Behörde darf regelmäßig die Daten der Gewerbeanzeigen übermitteln an

1. die Industrie- und Handelskammer zur Wahrnehmung der in den §§ 1, 3 und 5 des Gesetzes zur vorläufigen Regelung des Rechts der Industrie- und Handelskammern genannten sowie der nach § 1 Abs. 4 desselben Gesetzes übertragenen Aufgaben ohne die Feld-Nummmer 33,

2. die Handwerkskammer zur Wahrnehmung der in § 91 der Handwerksordnung genannten, insbesondere der ihr durch die §§ 6, 19 und 28 der Handwerksordnung zugewiesenen und sonstiger durch Gesetz übertragener Aufgaben ohne die Feld-Nummer 33,

3. die für den Immissionsschutz zuständige Landesbehörde zur Durchführung arbeitsschutzrechtlicher sowie immissionsschutzrechtlicher Vorschriften ohne die Feld-Nummern 8, 10, 27 bis 31 und 33,

3a. die für den technischen und sozialen Arbeitsschutz, einschließlich den Entgeltschutz nach dem Heimarbeitsgesetz zuständige Landesbehörde zur Durchführung ihrer Aufgaben ohne die Feld-Nummern 8, 10, 27 bis 31 und 33,

4. das Eichamt zur Wahrnehmung der im Eichgesetz, in der Eichordnung sowie in der Fertigpackungsverordnung gesetzlich festgelegten Aufgaben, und zwar nur die Feld-Nummern 1, 3, 4, 11, 12, 15 und 17,

5. die Bundesanstalt für Arbeit zur Wahrnehmung der in den §§ 304 bis 306, 308, 404 Abs. 2, §§ 406 und 407 des Dritten Buches Sozialgesetzbuch sowie der im Arbeitnehmerüberlassungsgesetz genannten Aufgaben nach dem Wirtschaftsnummer-Erprobungsgesetz vom 22. Mai 2002 (BGBl. S. 1644) ohne die Feld-Nummer 33, bei der Abmeldung ohne die Feld-Nummern 8, 10 bis 16 und 18 bis 33,

6. den Hauptverband der gewerblichen Berufsgenossenschaften ausschließlich zur Weiterleitung an die zuständige Berufsgenossenschaft für die Erfüllung der ihr durch Gesetz übertragenen Aufgaben ohne die Feld-Nummern 10, 28, 30, 31 und 33,

7. die Allgemeine Ortskrankenkasse für den Einzug der Sozialversicherungsbeiträge und für die Weiterleitung an die anderen in ihrem Zuständigkeitsbereich tätigen Krankenkassen (§§ 28 h und 28 i Viertes Buch Sozialgesetzbuch) zu dem gleichen Zweck ohne die Feld-Nummern 28 bis 31 und 33, bei der Abmeldung ohne die Feld-Nummern 8, 10 bis 16, 18, 20 bis 22, 24 bis 26, 28, 32 und 33,

8. das Registergericht, soweit es sich um die Abmeldung einer im Handels- oder Genossenschaftsregister eingetragenen Haupt- oder Zweigniederlassung handelt, für Maßnahmen zur Herstellung der inhaltlichen Richtigkeit des Handelsregisters gemäß § 132 Abs. 1 des Gesetzes über die Angelegenheiten der freiwilligen Gerichtsbarkeit oder des Genossenschaftsregisters gemäß § 160 des Gesetzes betreffend die Erwerbs- und Wirtschaftsgenossenschaften, und zwar ohne die Feld-Nummern 6 bis 8, 10 bis 13, 18, 19, 21, 22 und 27 bis 33.

§ 138 der Abgabenordnung bleibt unberührt.

(6) Öffentlichen Stellen, soweit sie nicht als öffentlich-rechtliche Unternehmen am Wettbewerb teilnehmen, dürfen fallweise aus der Gewerbeanzeige

1. Name,

2. betriebliche Anschrift,

3. angezeigte Tätigkeit

des Gewerbetreibenden übermittelt werden, soweit dies zur Erfüllung der in ihre Zuständigkeit fallenden Aufgaben erforderlich ist. Weitere Daten aus der Gewerbeanzeige dürfen ihnen übermittelt werden, wenn

1. dies zur Abwehr erheblicher Nachteile für das Gemeinwohl oder einer sonst unmittelbar drohenden Gefahr für die öffentliche Sicherheit erforderlich ist oder

2. die Empfänger die Daten beim betroffenen Gewerbetreibenden nur mit unverhältnismäßig hohem Aufwand erheben könnten oder von einer solchen Datenerhebung nach der Art der Aufgabe, zu der die Daten erforderlich sind, abgesehen werden muß und

kein Grund zu der Annahme besteht, daß das schutzwürdige Interesse des Gewerbetreibenden überwiegt.

(7) Für die regelmäßige oder fallweise Weitergabe von Daten innerhalb der Verwaltungseinheit, der die nach Absatz 1 zuständige Behörde angehört, gilt Absatz 6 entsprechend. Im automatisierten Abrufverfahren ist sie zulässig, soweit dies unter besonderer Berücksichtigung der schutzwürdigen Interessen der Gewerbetreibenden und der Aufgaben der beteiligten Stellen wegen der Vielzahl der Weitergaben oder ihrer Eilbedürftigkeit angemessen ist. Die Datenempfänger sowie der Anlaß und Zweck des Abrufs sind vom Leiter der Verwaltungseinheit schriftlich festzulegen. Die speichernde Stelle protokolliert bei dem Abruf die Datenempfänger sowie Anlaß und Zweck der Abrufe. Eine mindestens stichprobenweise Protokollauswertung ist durch die speichernde Stelle zu gewährleisten. Die Protokolldaten dürfen nur zur Kontrolle der Zulässigkeit der Abrufe verwendet werden und sind nach sechs Monaten zu löschen.

(8) Öffentlichen Stellen, soweit sie als öffentlich-rechtliche Unternehmen am Wettbewerb teilnehmen, und nicht-öffentlichen Stellen dürfen aus der Gewerbeanzeige

1. Name,
2. betriebliche Anschrift,
3. angezeigte Tätigkeit

des Gewerbetreibenden übermittelt werden, wenn der Auskunftsbegehrende ein berechtigtes Interesse an der Kenntnis der Daten glaubhaft macht. Die Übermittlung weiterer Daten aus der Gewerbeanzeige ist zulässig, wenn der Auskunftsbegehrende ein rechtliches Interesse, insbesondere zur Geltendmachung von Rechtsansprüchen, an der Kenntnis der zu übermittelnden Daten glaubhaft macht und kein Grund zu der Annahme besteht, daß das schutzwürdige Interesse des Gewerbetreibenden überwiegt.

(8 a) Über die Gewerbeanzeigen werden monatliche Erhebungen als Bundesstatistik durchgeführt. Für die Erhebungen besteht Auskunftspflicht. Auskunftspflichtig sind die nach den Absätzen 1 bis 3 Anzeigepflichtigen, die diese Pflicht durch Erstattung der Anzeige im Durchschreibeverfahren erfüllen. Die zuständigen Behörden übermitteln die Gewerbeanzeigen monatlich an die statistischen Ämter der Länder mit den Feld-Nummern

1. 1 bis 4 als Hilfsmerkmale für den Betriebsinhaber,
2. 10 und 12 bis 14 als Hilfsmerkmale für den Betrieb,
3. 8, 15 bis 25, 27, 29 und 32 als Erhebungsmerkmale.

Die statistischen Ämter der Länder dürfen die Angaben zu den Feld-Nummern 1 und 3 für die Bestimmung der Rechtsform bis zum Abschluß der

nach § 12 Abs. 1 des Bundesstatistikgesetzes vorgesehenen Prüfung aus-
werten. Ferner dürfen sie nähere Angaben zu den Feld-Nummern 15 und
16 unmittelbar bei den Auskunftspflichtigen erfragen, soweit die gemel-
dete Tätigkeit sonst den Wirtschaftszweigen der statistischen Systematik
der Europäischen Gemeinschaft gemäß Verordnung (EWG) Nr. 3037/90
des Rates vom 9. Oktober 1990 (ABl. EG Nr. L 293 S. 1) nicht zugeordnet
werden kann.

(9) Weitere Übermittlungen der nach den Absätzen 1 bis 4 erhobenen
Daten für andere Zwecke sind nur zulässig, soweit die Kenntnis der zu
übermittelnden Daten zur Verfolgung von Straftaten erforderlich ist oder
eine besondere Rechtsvorschrift dies vorsieht.

(10) Der Empfänger darf die übermittelten Daten nur für den Zweck verarbeiten oder nutzen, zu dessen Erfüllung sie ihm übermittelt werden.

(11) Für das Verändern, Sperren oder Löschen der nach den Absätzen 1
bis 4 erhobenen Daten gelten die Datenschutzgesetze der Länder.

§ 15 Empfangsbescheinigung, Betrieb ohne Zulassung

(1) Die Behörde bescheinigt innerhalb dreier Tage den Empfang der
Anzeige.

(2) Wird ein Gewerbe, zu dessen Ausübung eine Erlaubnis, Genehmigung, Konzession oder Bewilligung (Zulassung) erforderlich ist, ohne diese Zulassung betrieben, so kann die Fortsetzung des Betriebes von der
zuständigen Behörde verhindert werden. Das gleiche gilt, wenn ein
Gewerbe von einer ausländischen juristischen Person begonnen wird,
deren Rechtsfähigkeit im Inland nicht anerkannt wird.

§ 15 a Anbringung von Namen und Firma

(1) Gewerbetreibende, die eine offene Verkaufsstelle haben, eine Gaststätte betreiben oder eine sonstige offene Betriebsstätte haben, sind verpflichtet, ihren Familiennamen mit mindestens einem ausgeschriebenen
Vornamen an der Außenseite oder am Eingang der offenen Verkaufsstelle,
der Gaststätte oder der sonstigen offenen Betriebsstätte in deutlich lesbarer Schrift anzubringen.

(2) Gewerbetreibende, für die eine Firma im Handelsregister eingetragen
ist, haben außerdem ihre Firma in der in Absatz 1 bezeichneten Weise
anzubringen; ist aus der Firma der Familienname des Geschäftsinhabers
mit einem ausgeschriebenen Vornamen zu ersehen, genügt die Anbringung der Firma.

(3) Auf offene Handelsgesellschaften, Kommanditgesellschaften und
Kommanditgesellschaften auf Aktien finden diese Vorschriften mit der
Maßgabe Anwendung, daß für die Namen der persönlich haftenden
Gesellschafter gilt, was in betreff der Namen der Gewerbetreibenden

bestimmt ist. Juristische Personen, die eine offene Verkaufsstelle haben, eine Gaststätte betreiben oder eine sonstige offene Betriebsstätte haben, haben ihre Firma oder ihren Namen in der in Absatz 1 bezeichneten Weise anzubringen.

(4) Sind mehr als zwei Beteiligte vorhanden, deren Namen hiernach in der Aufschrift anzugeben wären, so genügt es, wenn die Namen von zweien mit einem das Vorhandensein weiterer Beteiligter andeutenden Zusatz aufgenommen werden. Die zuständige Behörde kann im einzelnen Fall die Angabe der Namen aller Beteiligten anordnen.

(5) Die Absätze 1 bis 4 gelten entsprechend für den Betrieb einer Spielhalle oder eines ähnlichen Unternehmens sowie für die Aufstellung von Automaten außerhalb der Betriebsräume des Aufstellers. An den Automaten ist auch die Anschrift des Aufstellers anzubringen.

§ 15 b Namensangabe im Schriftverkehr

(1) Gewerbetreibende, für die keine Firma im Handelsregister eingetragen ist, müssen auf allen Geschäftsbriefen, die an einen bestimmten Empfänger gerichtet werden, ihren Familiennamen mit mindestens einem ausgeschriebenen Vornamen angeben. Der Angaben nach Satz 1 bedarf es nicht bei Mitteilungen oder Berichten, die im Rahmen einer bestehenden Geschäftsverbindung ergehen und für die üblicherweise Vordrucke verwendet werden, in denen lediglich die im Einzelfall erforderlichen besonderen Angaben eingefügt zu werden brauchen. Bestellscheine gelten als Geschäftsbriefe im Sinne des Satzes 1; Satz 2 ist nicht auf sie anzuwenden.

(2) Ausländische juristische Personen müssen auf allen Geschäftsbriefen im Sinne des Absatzes 1, die von einer gewerblichen Zweigniederlassung oder unselbständigen Zweigstelle im Inland ausgehen, den Ort und den Staat ihres satzungsmäßigen Sitzes sowie ihre gesetzlichen Vertreter mit dem Familiennamen und mindestens einem ausgeschriebenen Vornamen angeben.

(3) Absatz 2 findet keine Anwendung auf ausländische juristische Personen, die nach den Rechtsvorschriften eines Mitgliedstaates der Europäischen Union oder der anderen Vertragsstaaten des Abkommens über den Europäischen Wirtschaftsraum gegründet sind und ihren satzungsmäßigen Sitz, ihre Hauptverwaltung oder ihre Hauptniederlassung innerhalb der Europäischen Union haben. Für juristische Personen, die nach den Rechtsvorschriften eines Mitgliedstaates der Europäischen Union oder der anderen Vertragsstaaten des Abkommens über den Europäischen Wirtschaftsraum gegründet worden sind und ihren satzungsmäßigen Sitz, jedoch weder ihre Hauptverwaltung noch ihre Hauptniederlassung innerhalb der Europäischen Union haben, gilt dies nur, wenn ihre Tätigkeit in tatsächlicher und dauerhafter Verbindung mit der Wirtschaft eines Mitgliedstaates steht.

§ 34 c Makler, Bauträger, Baubetreuer

(1) Wer gewerbsmäßig

1. den Abschluß von Verträgen über
   a) Grundstücke, grundstücksgleiche Rechte, gewerbliche Räume, Wohnräume oder Darlehen,
   b) den Erwerb von Anteilscheinen einer Kapitalanlagegesellschaft, von ausländischen Investmentanteilen, von sonstigen öffentlich angebotenen Vermögensanlagen, die für gemeinsame Rechnung der Anleger verwaltet werden, oder von öffentlich angebotenen Anteilen an einer und von verbrieften Forderungen gegen eine Kapitalgesellschaft oder Kommanditgesellschaft

   vermitteln oder die Gelegenheit zum Abschluß solcher Verträge nachweisen,

2. Bauvorhaben
   a) als Bauherr im eigenen Namen für eigene oder fremde Rechnung vorbereiten oder durchführen und dazu Vermögenswerte von Erwerbern, Mietern, Pächtern oder sonstigen Nutzungsberechtigten oder von Bewerbern um Erwerbs- oder Nutzungsrechte verwenden,
   b) als Baubetreuer im fremden Namen für fremde Rechnung wirtschaftlich vorbereiten oder durchführen

will, bedarf der Erlaubnis der zuständigen Behörde. Die Erlaubnis kann inhaltlich beschränkt und mit Auflagen verbunden werden, soweit dies zum Schutze der Allgemeinheit oder der Auftraggeber erforderlich ist; unter denselben Voraussetzungen ist auch die nachträgliche Aufnahme, Änderung und Ergänzung von Auflagen zulässig.

(2) Die Erlaubnis ist zu versagen, wenn

1. Tatsachen die Annahme rechtfertigen, daß der Antragsteller oder eine der mit der Leitung des Betriebes oder einer Zweigniederlassung beauftragten Personen die für den Gewerbebetrieb erforderliche Zuverlässigkeit nicht besitzt: die erforderliche Zuverlässigkeit besitzt in der Regel nicht, wer in den letzten fünf Jahren vor Stellung des Antrages wegen eines Verbrechens oder wegen Diebstahls, Unterschlagung, Erpressung, Betruges, Untreue, Urkundenfälschung, Hehlerei, Wuchers oder einer Insolvenzstraftat rechtskräftig verurteilt worden ist, oder

2. der Antragsteller in ungeordneten Vermögensverhältnissen lebt; dies ist in der Regel der Fall, wenn über das Vermögen des Antragstellers das Insolvenzverfahren eröffnet worden oder er in das vom Insolvenzgericht oder vom Vollstreckungsgericht zu führende Verzeichnis (§ 26 Abs. 2 Insolvenzordnung, § 915 Zivilprozeßordnung) eingetragen ist.

(3) Das Bundesministerium für Wirtschaft und Technologie wird ermächtigt, durch Rechtsverordnung mit Zustimmung des Bundesrates zum

Schutze der Allgemeinheit und der Auftraggeber Vorschriften zu erlassen über den Umfang der Verpflichtungen des Gewerbetreibenden bei der Ausübung des Gewerbes, insbesondere über die Verpflichtungen

1. ausreichende Sicherheiten zu leisten oder eine zu diesem Zweck geeignete Versicherung abzuschließen, sofern der Gewerbetreibende Vermögenswerte des Auftraggebers erhält oder verwendet,

2. die erhaltenen Vermögenswerte des Auftraggebers getrennt zu verwalten,

3. nach der Ausführung des Auftrages dem Auftraggeber Rechnung zu legen,

4. der zuständigen Behörde Anzeige beim Wechsel der mit der Leitung des Betriebes oder einer Zweigniederlassung beauftragten Personen zu erstatten und hierbei bestimmte Angaben zu machen,

5. dem Auftraggeber die für die Beurteilung des Auftrages und des zu vermittelnden oder nachzuweisenden Vertrages jeweils notwendigen Informationen schriftlich oder mündlich zu geben,

6. Bücher zu führen einschließlich der Aufzeichnung von Daten über einzelne Geschäftsvorgänge sowie über die Auftraggeber.

In der Rechtsverordnung nach Satz 1 kann ferner die Befugnis des Gewerbetreibenden zur Entgegennahme und zur Verwendung von Vermögenswerten des Auftraggebers beschränkt werden, soweit dies zum Schutze des Auftraggebers erforderlich ist. Außerdem kann in der Rechtsverordnung der Gewerbetreibende verpflichtet werden, die Einhaltung der nach Satz 1 Nr. 1 bis 6 und Satz 2 erlassenen Vorschriften auf seine Kosten regelmäßig sowie aus besonderem Anlaß prüfen zu lassen und den Prüfungsbericht der zuständigen Behörde vorzulegen, soweit es zur wirksamen Überwachung erforderlich ist; hierbei können die Einzelheiten der Prüfung, insbesondere deren Anlaß, Zeitpunkt und Häufigkeit, die Auswahl, Bestellung und Abberufung der Prüfer, deren Rechte, Pflichten und Verantwortlichkeit, der Inhalt des Prüfungsberichts, die Verpflichtungen des Gewerbetreibenden gegenüber dem Prüfer sowie das Verfahren bei Meinungsverschiedenheiten zwischen dem Prüfer und dem Gewerbetreibenden geregelt werden.

(4) *(Weggefallen)*

(5) Die Absätze 1 bis 3 gelten nicht für

1. Betreuungsunternehmen im Sinne des § 37 Abs. 2 des Zweiten Wohnungsbaugesetzes oder des § 22 c Abs. 2 des Wohnungsbaugesetzes für das Saarland, solange sie diese Eigenschaft behalten,

2. Kreditinstitute, für die eine Erlaubnis nach § 32 Abs. 1 des Gesetzes über das Kreditwesen erteilt wurde, und für Zweigstellen von Unternehmen im Sinne des § 53 b Abs. 1 Satz 1 des Gesetzes über das Kreditwesen,

3. Finanzdienstleistungsinstitute in bezug auf Vermittlungstätigkeiten,

für die ihnen eine Erlaubnis nach § 32 Abs. 1 des Gesetzes über das Kreditwesen erteilt wurde oder nach § 64 e Abs. 2 des Gesetzes über das Kreditwesen als erteilt gilt,

3a. Gewerbetreibende im Sinne des Absatzes 1 Satz 1 Nr. 1 Buchstabe b in bezug auf Vermittlungstätigkeiten nach Maßgabe des § 2 Abs. 10 Satz 1 des Gesetzes über das Kreditwesen,

4. Gewerbetreibende, die lediglich zur Finanzierung der von ihnen abgeschlossenen Warenverkäufe oder zu erbringenden Dienstleistungen den Abschluß von Verträgen über Darlehen vermitteln oder die Gelegenheit zum Abschluß solcher Verträge nachweisen,

5. Zweigstellen von Unternehmen mit Sitz in einem anderen Mitgliedstaat der Europäischen Union, die nach § 53 b Abs. 7 des Gesetzes über das Kreditwesen Darlehen zwischen Kreditinstituten vermitteln dürfen, soweit sich ihre Tätigkeit nach Absatz 1 auf die Vermittlung von Darlehen zwischen Kreditinstituten beschränkt,

6. Verträge, soweit Teilzeitnutzung von Wohngebäuden im Sinne des § 1 des Teilzeit-Wohnrechtsgesetzes vom 20. Dezember 1996 (BGBl. I S. 2154) gemäß Absatz 1 Satz 1 Nr. 1 nachgewiesen oder vermittelt wird.

§ 35 Gewerbeuntersagung wegen Unzuverlässigkeit

(1) Die Ausübung eines Gewerbes ist von der zuständigen Behörde ganz oder teilweise zu untersagen, wenn Tatsachen vorliegen, welche die Unzuverlässigkeit des Gewerbetreibenden oder einer mit der Leitung des Gewerbebetriebes beauftragten Person in bezug auf dieses Gewerbe dartun, sofern die Untersagung zum Schutze der Allgemeinheit oder der im Betrieb Beschäftigten erforderlich ist. Die Untersagung kann auch auf die Tätigkeit als Vertretungsberechtigter eines Gewerbetreibenden oder als mit der Leitung eines Gewerbebetriebes beauftragte Person sowie auf einzelne andere oder auf alle Gewerbe erstreckt werden, soweit die festgestellten Tatsachen die Annahme rechtfertigen, daß der Gewerbetreibende auch für diese Tätigkeiten oder Gewerbe unzuverlässig ist. Das Untersagungsverfahren kann fortgesetzt werden, auch wenn der Betrieb des Gewerbes während des Verfahrens aufgegeben wird.

(2) Dem Gewerbetreibenden kann auf seinen Antrag von der zuständigen Behörde gestattet werden, den Gewerbebetrieb durch einen Stellvertreter (§ 45) fortzuführen, der die Gewähr für eine ordnungsgemäße Führung des Gewerbebetriebes bietet.

(3) Will die Verwaltungsbehörde in dem Untersagungsverfahren einen Sachverhalt berücksichtigen, der Gegenstand der Urteilsfindung in einem Strafverfahren gegen einen Gewerbetreibenden gewesen ist, so kann sie zu dessen Nachteil von dem Inhalt des Urteils insoweit nicht abweichen, als es sich bezieht auf

1. die Feststellung des Sachverhalts,
2. die Beurteilung der Schuldfrage oder
3. die Beurteilung der Frage, ob er bei weiterer Ausübung des Gewerbes erhebliche rechtswidrige Taten im Sinne des § 70 des Strafgesetzbuches begehen wird und ob zur Abwehr dieser Gefahren die Untersagung des Gewerbes angebracht ist.

Absatz 1 Satz 2 bleibt unberührt. Die Entscheidung über ein vorläufiges Berufsverbot (§ 132 a der Strafprozeßordnung), der Strafbefehl und die gerichtliche Entscheidung, durch welche die Eröffnung des Hauptverfahrens abgelehnt wird, stehen einem Urteil gleich; dies gilt auch für Bußgeldentscheidungen, soweit sie sich auf die Feststellungen des Sachverhalts und die Beurteilung der Schuldfrage beziehen.

(3 a) *(Weggefallen)*

(4) Vor der Untersagung sollen, soweit besondere staatliche Aufsichtsbehörden bestehen, die Aufsichtsbehörden, ferner die zuständige Industrie- und Handelskammer oder Handwerkskammer und, soweit es sich um eine Genossenschaft handelt, auch der Prüfungsverband gehört werden, dem die Genossenschaft angehört. Ihnen sind die gegen den Gewerbetreibenden erhobenen Vorwürfe mitzuteilen und die zur Abgabe der Stellungnahme erforderlichen Unterlagen zu übersenden. Die Anhörung der vorgenannten Stellen kann unterbleiben, wenn Gefahr im Verzuge ist; in diesem Falle sind diese Stellen zu unterrichten.

(5) *(Weggefallen)*

(6) Dem Gewerbetreibenden ist von der zuständigen Behörde auf Grund eines an die Behörde zu richtenden schriftlichen Antrages die persönliche Ausübung des Gewerbes wieder zu gestatten, wenn Tatsachen die Annahme rechtfertigen, daß eine Unzuverlässigkeit im Sinne des Absatzes 1 nicht mehr vorliegt. Vor Ablauf eines Jahres nach Durchführung der Untersagungsverfügung kann die Wiederaufnahme nur gestattet werden, wenn hierfür besondere Gründe vorliegen.

(7) Zuständig ist die Behörde, in deren Bezirk der Gewerbetreibende eine gewerbliche Niederlassung unterhält oder in den Fällen des Absatzes 2 oder 6 unterhalten will. Bei Fehlen einer gewerblichen Niederlassung sind die Behörden zuständig, in deren Bezirk das Gewerbe ausgeübt wird oder ausgeübt werden soll. Für die Vollstreckung der Gewerbeuntersagung sind auch die Behörden zuständig, in deren Bezirk das Gewerbe ausgeübt wird oder ausgeübt werden soll.

(7 a) Die Untersagung kann auch gegen Vertretungsberechtigte oder mit der Leitung des Gewerbebetriebes beauftragte Personen ausgesprochen werden. Das Untersagungsverfahren gegen diese Personen kann unabhängig von dem Verlauf des Untersagungsverfahrens gegen den Gewer-

betreibenden fortgesetzt werden. Die Absätze 1 und 3 bis 7 sind entsprechend anzuwenden.

(8) Soweit für einzelne Gewerbe besondere Untersagungs- oder Betriebsschließungsvorschriften bestehen, die auf die Unzuverlässigkeit des Gewerbetreibenden abstellen, oder eine für das Gewerbe erteilte Zulassung wegen Unzuverlässigkeit der Gewerbetreibenden zurückgenommen oder widerrufen werden kann, sind die Absätze 1 bis 7 a nicht anzuwenden. Dies gilt nicht für Vorschriften, die Gewerbeuntersagungen oder Betriebsschließungen durch strafgerichtliches Urteil vorsehen.

(9) Die Absätze 1 bis 8 sind auf Genossenschaften entsprechend anzuwenden, auch wenn sich ihr Geschäftsbetrieb auf den Kreis der Mitglieder beschränkt; sie finden ferner Anwendung auf den Handel mit Arzneimitteln, mit Losen von Lotterien und Ausspielungen sowie mit Bezugs- und Anteilscheinen auf solche Lose und auf den Betrieb von Wettannahmestellen aller Art.

§§ 35 a, 35 b
(Weggefallen)

§ 36 Öffentliche Bestellung von Sachverständigen

(1) Personen, die als Sachverständige auf den Gebieten der Wirtschaft einschließlich des Bergwesens, der Hochsee- und Küstenfischerei sowie der Land- und Forstwirtschaft einschließlich des Garten- und Weinbaues tätig sind oder tätig werden wollen, sind auf Antrag durch die von den Landesregierungen bestimmten oder nach Landesrecht zuständigen Stellen für bestimmte Sachgebiete öffentlich zu bestellen, sofern für diese Sachgebiete ein Bedarf an Sachverständigenleistungen besteht, sie hierfür besondere Sachkunde nachweisen und keine Bedenken gegen ihre Eignung bestehen. Sie sind darauf zu vereidigen, daß sie ihre Sachverständigenaufgaben unabhängig, weisungsfrei, persönlich, gewissenhaft und unparteiisch erfüllen und ihre Gutachten entsprechend erstatten werden. Die öffentliche Bestellung kann inhaltlich beschränkt, mit einer Befristung erteilt und mit Auflagen verbunden werden.

(2) Absatz 1 gilt entsprechend für die öffentliche Bestellung und Vereidigung von besonders geeigneten Personen, die auf den Gebieten der Wirtschaft

1. bestimmte Tatsachen in bezug auf Sachen, insbesondere die Beschaffenheit, Menge, Gewicht oder richtige Verpackung von Waren feststellen oder

2. die ordnungsmäßige Vornahme bestimmter Tätigkeiten überprüfen.

(3) Die Landesregierungen können durch Rechtsverordnung die zur Durchführung der Absätze 1 und 2 erforderlichen Vorschriften über die Voraussetzungen für die Bestellung sowie über die Befugnisse und Ver-

pflichtungen der öffentlich bestellten und vereidigten Sachverständigen bei der Ausübung ihrer Tätigkeit erlassen, insbesondere über

1. die persönlichen Voraussetzungen einschließlich altersmäßiger Anforderungen, den Beginn und das Ende der Bestellung,
2. die in Betracht kommenden Sachgebiete einschließlich der Bestellungsvoraussetzungen,
3. den Umfang der Verpflichtungen des Sachverständigen bei der Ausübung seiner Tätigkeit, über die Verpflichtungen
   a) zur unabhängigen, weisungsfreien, persönlichen, gewissenhaften und unparteiischen Leistungserbringung,
   b) zum Abschluß einer Berufshaftpflichtversicherung und zum Umfang der Haftung,
   c) zur Fortbildung und zum Erfahrungsaustausch,
   d) zur Einhaltung von Mindestanforderungen bei der Erstellung von Gutachten,
   e) bei der Errichtung von Haupt- und Zweigniederlassungen,
   f) zur Aufzeichnung von Daten über einzelne Geschäftsvorgänge sowie über die Auftraggeber,

und hierbei auch die Stellung des hauptberuflich tätigen Sachverständigen regeln.

(4) Soweit die Landesregierung weder von ihrer Ermächtigung nach Absatz 3 noch nach § 155 Abs. 3 Gebrauch gemacht hat, können Körperschaften des öffentlichen Rechts, die für die öffentliche Bestellung und Vereidigung von Sachverständigen zuständig sind, durch Satzung die in Absatz 3 genannten Vorschriften erlassen.

(5) Die Absätze 1 bis 4 finden keine Anwendung, soweit sonstige Vorschriften des Bundes über die öffentliche Bestellung oder Vereidigung von Personen bestellen oder soweit Vorschriften der Länder über die öffentliche Bestellung oder Vereidigung von Personen auf den Gebieten der Hochsee- und Küstenfischerei, der Land- und Forstwirtschaft einschließlich des Garten- und Weinbaues sowie der Landesvermessung bestellen oder erlassen werden.

§ 37
(Weggefallen)

§ 38 Überwachungsbedürftige Gewerbe

(1) Bei den Gewerbezweigen

1. An- und Verkauf von
   a) hochwertigen Konsumgütern, insbesondere Unterhaltungselektronik, Computern, optischen Erzeugnissen, Fotoapparaten, Videokameras, Teppichen, Pelz- und Lederbekleidung,

    b) Kraftfahrzeugen und Fahrrädern,

    c) Edelmetallen und edelmetallhaltigen Legierungen sowie Waren aus Edelmetall oder edelmetallhaltigen Legierungen,

    d) Edelsteinen, Perlen und Schmuck,

    e) Altmetallen, soweit sie nicht unter Buchstabe c fallen,

    durch auf den Handel mit Gebrauchtwaren spezialisierte Betriebe,

2. Auskunftserteilung über Vermögensverhältnisse und persönliche Angelegenheiten (Auskunfteien, Detekteien),

3. Vermittlung von Eheschließungen, Partnerschaften und Bekanntschaften,

4. Betrieb von Reisebüros und Vermittlung von Unterkünften,

5. Vertrieb und Einbau von Gebäudesicherungseinrichtungen einschließlich der Schlüsseldienste,

6. Herstellen und Vertreiben spezieller diebstahlsbezogener Öffnungswerkzeuge

hat die zuständige Behörde unverzüglich nach Erstattung der Gewerbeanmeldung oder der Gewerbeummeldung nach § 14 die Zuverlässigkeit des Gewerbetreibenden zu überprüfen. Zu diesem Zweck hat der Gewerbetreibende unverzüglich ein Führungszeugnis nach § 30 Abs. 5 Bundeszentralregistergesetz und eine Auskunft aus dem Gewerbezentralregister nach § 150 Abs. 5 zur Vorlage bei der Behörde zu beantragen. Kommt er dieser Verpflichtung nicht nach, hat die Behörde diese Auskünfte von Amts wegen einzuholen.

(2) Bei begründeter Besorgnis der Gefahr der Verletzung wichtiger Gemeinschaftsgüter kann ein Führungszeugnis oder eine Auskunft aus dem Gewerbezentralregister auch bei anderen als den in Absatz 1 genannten gewerblichen Tätigkeiten angefordert oder eingeholt werden.

(3) Die Landesregierungen können durch Rechtsverordnung für die in Absatz 1 genannten Gewerbezweige bestimmen, in welcher Weise die Gewerbetreibenden ihre Bücher zu führen und dabei Daten über einzelne Geschäftsvorgänge, Geschäftspartner, Kunden und betroffene Dritte aufzuzeichnen haben.

(4) Absatz 1 Satz 1 Nr. 2 gilt nicht für Kreditinstitute und Finanzdienstleistungsinstitute, für die eine Erlaubnis nach § 32 Abs. 1 des Gesetzes über das Kreditwesen erteilt wurde, sowie für Zweigniederlassungen von Unternehmen mit Sitz in einem anderen Mitgliedstaat der Europäischen Union, die nach § 53 b Abs. 1 Satz 1 oder Abs. 7 des Gesetzes über das Kreditwesen im Inland tätig sind, wenn die Erbringung von Handelsauskünften durch die Zulassung der zuständigen Behörden des Herkunftsmitgliedstaats abgedeckt ist.

§ 42 Gewerbliche Niederlassung

(1) Wer zum selbständigen Betrieb eines stehenden Gewerbes befugt ist, darf dieses unbeschadet der Vorschriften des Titels III auch außerhalb der Räume seiner gewerblichen Niederlassung ausüben.

(2) Eine gewerbliche Niederlassung im Sinne des Absatzes 1 ist nur vorhanden, wenn der Gewerbetreibende im Geltungsbereich dieses Gesetzes einen zum dauernden Gebrauch eingerichteten, ständig oder in regelmäßiger Wiederkehr von ihm genutzten Raum für den Betrieb seines Gewerbes besitzt.

§§ 42 a – 44 a
(Weggefallen)

§ 45 Stellvertreter

Die Befugnisse zum stehenden Gewerbebetrieb können durch Stellvertreter ausgeübt werden; diese müssen jedoch den für das in Rede stehende Gewerbe insbesondere vorgeschriebenen Erfordernissen genügen.

§ 46 Fortführung des Gewerbes

(1) Nach dem Tode eines Gewerbetreibenden darf das Gewerbe für Rechnung des überlebenden Ehegatten durch einen nach § 45 befähigten Stellvertreter betrieben werden, wenn die für den Betrieb einzelner Gewerbe bestehenden besonderen Vorschriften nicht etwas anderes bestimmen.

(2) Das gleiche gilt für minderjährige Erben während der Minderjährigkeit sowie bis zur Dauer von zehn Jahren nach dem Erbfall für den Nachlaßverwalter, Nachlaßpfleger oder Testamentsvollstrecker.

(3) Die zuständige Behörde kann in den Fällen der Absätze 1 und 2 gestatten, daß das Gewerbe bis zur Dauer eines Jahres nach dem Tode des Gewerbetreibenden auch ohne den nach § 45 befähigten Stellvertreter betrieben wird.

§ 47 Stellvertretung in besonderen Fällen

Inwiefern für die nach den §§ 33 i, 34, 34 a, 34 b, 34 c und 36 konzessionierten oder angestellten Personen eine Stellvertretung zulässig ist, hat in jedem einzelnen Falle die Behörde zu bestimmen, welcher die Konzessionierung oder Anstellung zusteht.

§ 48 Übertragung von Realgewerbeberechtigungen

Realgewerbeberechtigungen können auf jede nach den Vorschriften dieses Gesetzes zum Betriebe des Gewerbes befähigte Person in der Art übertragen werden, daß der Erwerber die Gewerbeberechtigung für eigene Rechnung ausüben darf.

§ 49 Erlöschen von Erlaubnissen

(1) *(Weggefallen)*

(2) Die Konzessionen und Erlaubnisse nach den §§ 30, 33 a und 33 i erlöschen, wenn der Inhaber innerhalb eines Jahres nach deren Erteilung den Betrieb nicht begonnen oder während eines Zeitraumes von einem Jahr nicht mehr ausgeübt hat.

(3) Die Fristen können aus wichtigem Grund verlängert werden.

§ 50
(Weggefallen)

§ 51 Untersagung wegen überwiegender Nachteile und Gefahren

Wegen überwiegender Nachteile und Gefahren für das Gemeinwohl kann die fernere Benutzung einer jeden gewerblichen Anlage durch die zuständige Behörde zu jeder Zeit untersagt werden. Doch muß dem Besitzer alsdann für den erweislichen Schaden Ersatz geleistet werden. Die Sätze 1 und 2 gelten nicht für Anlagen, soweit sie den Vorschriften des Bundes-Immissionsschutzgesetzes unterliegen.

§ 52 Übergangsregelung

Die Bestimmung des § 51 findet auch auf die zur Zeit der Verkündung des gegenwärtigen Gesetzes bereits vorhandenen gewerblichen Anlagen Anwendung; doch entspringt aus der Untersagung der ferneren Benutzung kein Anspruch auf Entschädigung, wenn bei der früher erteilten Genehmigung ausdrücklich vorbehalten worden ist, dieselbe ohne Entschädigung zu widerrufen.

§§ 53 – 54
(Weggefallen)

Titel III
Reisegewerbe

§ 55 Reisegewerbekarte

(1) Ein Reisegewerbe betreibt, wer gewerbsmäßig ohne vorhergehende Bestellung außerhalb seiner gewerblichen Niederlassung (§ 42 Abs. 2) oder ohne eine solche zu haben

1. selbständig oder unselbständig in eigener Person Waren feilbietet oder Bestellungen aufsucht (vertreibt) oder ankauft, Leistungen anbietet oder Bestellungen auf Leistungen aufsucht oder

2. selbständig unterhaltende Tätigkeiten als Schausteller oder nach Schaustellerart ausübt.

(2) Wer ein Reisegewerbe betreiben will, bedarf der Erlaubnis (Reisegewerbekarte).

(3) Die Reisegewerbekarte kann inhaltlich beschränkt, mit einer Befristung erteilt und mit Auflagen verbunden werden, soweit dies zum Schutze der Allgemeinheit oder der Verbraucher erforderlich ist; unter denselben Voraussetzungen ist auch die nachträgliche Aufnahme, Änderung und Ergänzung von Auflagen zulässig.

§ 55 a Reisegewerbekartenfreie Tätigkeiten

(1) Einer Reisegewerbekarte bedarf nicht, wer

1. gelegentlich der Veranstaltung von Messen, Ausstellungen, öffentlichen Festen oder aus besonderem Anlaß mit Erlaubnis der zuständigen Behörde Waren feilbietet;
2. selbstgewonnene Erzeugnisse der Land- und Forstwirtschaft, des Gemüse-, Obst- und Gartenbaues, der Geflügelzucht und Imkerei sowie der Jagd und Fischerei vertreibt; das gleiche gilt für die in dem Erzeugerbetrieb beschäftigten Personen,
3. Tätigkeiten der in § 55 Abs. 1 Nr. 1 genannten Art in der Gemeinde seines Wohnsitzes oder seiner gewerblichen Niederlassung ausübt, sofern die Gemeinde nicht mehr als 10 000 Einwohner zählt;
4. Blindenwaren und Zusatzwaren im Sinne des Blindenwarenvertriebsgesetzes vertreibt und im Besitz eines Blindenwaren-Vertriebsausweises ist;
5. auf Grund einer Erlaubnis nach § 4 des Milch- und Margarinegesetzes Milch oder bei dieser Tätigkeit auch Milcherzeugnisse abgibt; das gleiche gilt für die in dem Gewerbebetrieb beschäftigten Personen;
6. Versicherungsverträge oder Bausparverträge vermittelt oder abschließt;
7. ein Gewerbe auf Grund einer Erlaubnis nach §§ 34 a, 34 b oder 34 c ausübt; das gleiche gilt für die in dem Gewerbebetrieb beschäftigten Personen;
8. in einem nicht ortsfesten Geschäftsraum eines Kreditinstituts oder eines Unternehmens im Sinne des § 53 b Abs. 1 Satz 1 oder Abs. 7 des Gesetzes über das Kreditwesen tätig ist, wenn in diesem Geschäftsraum ausschließlich banktübliche Geschäfte betrieben werden, zu denen diese Unternehmen nach dem Gesetz über das Kreditwesen befugt sind; die Verbote des § 56 Abs. 1 Nr. 1 Buchstabe h, Nr. 2 Buchstabe a und Nr. 6 finden keine Anwendung;
9. von einer nicht ortsfesten Verkaufsstelle oder einer anderen Einrichtung in regelmäßigen, kürzeren Zeitabständen an derselben Stelle Lebensmittel oder andere Waren des täglichen Bedarfs vertreibt; das Verbot des § 56 Abs. 1 Nr. 3 Buchstabe b findet keine Anwendung;
10. Druckwerke auf öffentlichen Wegen, Straßen, Plätzen oder an anderen öffentlichen Orten feilbietet.

(2) Die zuständige Behörde kann für besondere Verkaufsveranstaltungen Ausnahmen von dem Erfordernis der Reisegewerbekarte zulassen.

§ 55 b Weitere reisegewerbekartenfreie Tätigkeiten, Gewerbelegitimationskarte

(1) Eine Reisegewerbekarte ist nicht erforderlich, soweit der Gewerbetreibende andere Personen im Rahmen ihres Geschäftsbetriebes aufsucht. Dies gilt auch für Handlungsreisende und andere Personen, die im Auftrag und im Namen eines Gewerbetreibenden tätig werden.

(2) Personen, die für ein Unternehmen mit Sitz im Geltungsbereich dieses Gesetzes geschäftlich tätig sind, ist auf Antrag von der zuständigen Behörde eine Gewerbelegitimationskarte nach dem in den zwischenstaatlichen Verträgen vorgesehenen Muster für Zwecke des Gewerbebetriebes in anderen Staaten auszustellen. Für die Erteilung und die Versagung der Gewerbelegitimationskarte gelten § 55 Abs. 3 und § 57 entsprechend, soweit nicht in zwischenstaatlichen Verträgen oder durch Rechtsetzung dazu befugter überstaatlicher Gemeinschaften etwas anderes bestimmt ist.

§ 55 c Anzeigepflicht

Wer als selbständiger Gewerbetreibender auf Grund des § 55 a Abs. 1 Nr. 3, 9 oder 10 einer Reisegewerbekarte nicht bedarf, hat den Beginn des Gewerbes der zuständigen Behörde anzuzeigen, soweit er sein Gewerbe nicht bereits nach § 14 Abs. 1 bis 3 anzumelden hat. § 14 Abs. 1 Satz 2 bis 4, Abs. 4, 6 bis 8 und 9 bis 11 sowie § 15 Abs. 1 gelten entsprechend.

§ 55 d
(Weggefallen)

§ 55 e Sonn- und Feiertagsruhe

(1) An Sonn- und Feiertagen sind die in § 55 Abs. 1 Nr. 1 genannten Tätigkeiten mit Ausnahme des Feilbietens von Waren im Reisegewerbe verboten. Dies gilt nicht für die unter § 55 b Abs. 1 fallende Tätigkeit, soweit sie von selbständigen Gewerbetreibenden ausgeübt wird.

(2) Ausnahmen können von der zuständigen Behörde zugelassen werden. Das Bundesministerium für Wirtschaft und Technologie kann durch Rechtsverordnung im Einvernehmen mit dem Bundesministerium für Arbeit und Sozialordnung und mit Zustimmung des Bundesrates die Voraussetzungen bestimmen, unter denen Ausnahmen zugelassen werden dürfen.

§ 55 f Haftpflichtversicherung

Das Bundesministerium für Wirtschaft und Technologie wird ermächtigt, durch Rechtsverordnung mit Zustimmung des Bundesrates zum Schutze der Allgemeinheit und der Veranstaltungsteilnehmer für Tätigkeiten nach § 55 Abs. 1 Nr. 2, die mit besonderen Gefahren verbunden sind, Vorschriften über die Verpflichtung des Gewerbetreibenden zum Abschluß und zum Nachweis des Bestehens einer Haftpflichtversicherung zu erlassen.

§ 56 Im Reisegewerbe verbotene Tätigkeiten

(1) Im Reisegewerbe sind verboten

1. der Vertrieb von
    a) *(weggefallen)*
    b) Giften und gifthaltigen Waren; zugelassen ist das Aufsuchen von Bestellungen auf Pflanzenschutzmittel, Schädlingsbekämpfungsmittel sowie auf Holzschutzmittel, für die nach baurechtlichen Vorschriften ein Prüfbescheid mit Prüfzeichen erteilt worden ist,
    c) *(weggefallen)*
    d) Bruchbändern, medizinischen Leibbinden, medizinischen Stützapparaten und Bandagen, orthopädischen Fußstützen, Brillen und Augengläsern; zugelassen sind Schutzbrillen,
    e) *(weggefallen)*
    f) elektromedizinischen Geräten einschließlich elektronischer Hörgeräte; zugelassen sind Geräte mit unmittelbarer Wärmeeinwirkung,
    g) *(weggefallen)*
    h) Wertpapieren, Lotterielosen, Bezugs- und Anteilscheinen auf Wertpapiere und Lotterielose; zugelassen ist der Verkauf von Lotterielosen im Rahmen genehmigter Lotterien zu gemeinnützigen Zwecken auf öffentlichen Wegen, Straßen oder Plätzen oder anderen öffentlichen Orten,
    i) Schriften, die unter Zusicherung von Prämien oder Gewinnen vertrieben werden;
2. das Feilbieten und der Ankauf von
    a) Edelmetallen (Gold, Silber, Platin und Platinbeimetallen) und edelmetallhaltigen Legierungen in jeder Form sowie Waren mit Edelmetallauflagen; zugelassen sind Silberschmuck bis zu einem Verkaufspreis von 40 Euro und Waren mit Silberauflagen,
    b) Edelsteinen, Schmucksteinen und synthetischen Steinen sowie von Perlen,
    c) Bäumen, Sträuchern und Rebenpflanzgut;
3. das Feilbieten von
    a) *(weggefallen)*
    b) geistigen Getränken; zugelassen sind Bier und Wein in fest verschlossenen Behältnissen,
    c) *(weggefallen)*
    d) *(weggefallen)*

e) *(weggefallen)*

f) Waren in der Art, daß sie versteigert werden; die zuständige Behörde kann für ihren Bezirk Ausnahmen für die Versteigerung leicht verderblicher Waren zulassen;

4. *(weggefallen)*

5. die Ausübung des Friseurhandwerks durch Personen, die die Voraussetzungen für die Eintragung in die Handwerksrolle nicht erfüllen;

6. der Abschluß sowie die Vermittlung von Rückkaufgeschäften (§ 34 Abs. 4) und die für den Darlehensnehmer entgeltliche Vermittlung von Darlehensgeschäften.

(2) Das Bundesministerium für Wirtschaft und Technologie kann durch Rechtsverordnung mit Zustimmung des Bundesrates Ausnahmen von den in Absatz 1 aufgeführten Beschränkungen zulassen, soweit hierdurch eine Gefährdung der Allgemeinheit oder der öffentlichen Sicherheit oder Ordnung nicht zu besorgen ist. Die gleiche Befugnis stellt den Landesregierungen für den Bereich ihres Landes zu, solange und soweit das Bundesministerium für Wirtschaft und Technologie von seiner Ermächtigung keinen Gebrauch gemacht hat. Die zuständige Behörde kann im Einzelfall für ihren Bereich Ausnahmen von den Verboten des Absatzes 1 mit dem Vorbehalt des Widerrufs und für einen Zeitraum bis zu fünf Jahren zulassen, wenn sich aus der Person des Antragstellers oder aus sonstigen Umständen keine Bedenken ergeben; § 55 Abs. 3 und § 60 c Abs. 1 gelten für die Ausnahmebewilligung entsprechend.

(3) Die Vorschriften des Absatzes 1 finden auf die in § 55 b Abs. 1 bezeichneten gewerblichen Tätigkeiten keine Anwendung. Verboten ist jedoch das Feilbieten von Bäumen, Sträuchern und Rebenpflanzgut bei land- und forstwirtschaftlichen Betrieben sowie bei Betrieben des Obst-, Garten- und Weinbaues.

§ 56 a Ankündigung des Gewerbebetriebs, Wanderlager

(1) Öffentliche Ankündigungen, die für Zwecke des Gewerbebetriebes erlassen werden, müssen den Namen mit mindestens einem ausgeschriebenen Vornamen oder die Firma sowie die Anschrift des Gewerbetreibenden enthalten, in dessen Namen die Geschäfte abgeschlossen werden sollen. Wird für einen Gewerbebetrieb eine Verkaufsstelle oder eine andere Einrichtung benutzt, so müssen an dieser die in Satz 1 genannten Angaben, mit Ausnahme der Anschrift, in einer für jedermann erkennbaren Weise angebracht werden.

(2) Die Veranstaltung eines Wanderlagers zum Vertrieb von Waren ist zwei Wochen vor Beginn der für den Ort der Veranstaltung zuständigen Behörde anzuzeigen, wenn auf die Veranstaltung durch öffentliche Ankündigung hingewiesen werden soll; in der öffentlichen Ankündigung

ist die Art der Ware, die vertrieben wird, anzugeben. Im Zusammenhang mit Veranstaltungen nach Satz 1 dürfen unentgeltliche Zuwendungen (Waren oder Leistungen) einschließlich Preisausschreiben, Verlosungen und Ausspielungen nicht angekündigt werden. Die Anzeige ist in zwei Stücken einzureichen; sie hat zu enthalten

1. den Ort und die Zeit der Veranstaltung,
2. den Namen des Veranstalters und desjenigen, für dessen Rechnung die Waren vertrieben werden, sowie die Wohnung oder die gewerbliche Niederlassung dieser Personen,
3. den Wortlaut und die Art der beabsichtigten öffentlichen Ankündigungen.

Das Wanderlager darf an Ort und Stelle nur durch den in der Anzeige genannten Veranstalter oder einen von ihm schriftlich bevollmächtigten Vertreter geleitet werden; der Name des Vertreters ist der Behörde in der Anzeige mitzuteilen.

(3) Die nach Absatz 2 zuständige Behörde kann die Veranstaltung eines Wanderlagers untersagen, wenn die Anzeige nach Absatz 2 nicht rechtzeitig oder nicht wahrheitsgemäß oder nicht vollständig erstattet ist oder wenn die öffentliche Ankündigung nicht den Vorschriften des Absatzes 2 Satz 1 zweiter Halbsatz und Satz 2 entspricht.

§ 57 Versagung der Reisegewerbekarte

Die Reisegewerbekarte ist zu versagen, wenn Tatsachen die Annahme rechtfertigen, daß der Antragsteller die für die beabsichtigte Tätigkeit erforderliche Zuverlässigkeit nicht besitzt.

§§ 57 a, 58
(Weggefallen)

§ 59 Untersagung reisegewerbekartenfreier Tätigkeiten

Soweit nach § 55 a oder § 55 b eine Reisegewerbekarte nicht erforderlich ist, kann die reisegewerbliche Tätigkeit unter der Voraussetzung des § 57 untersagt werden. § 35 Abs. 1 Satz 2 und 3, Abs. 3, 4, 6, 7 a und 8 gilt entsprechend.

§ 60
(Weggefallen)

§ 60 a Veranstaltung von Spielen

(1) *(Weggefallen)*

(2) Warenspielgeräte dürfen im Reisegewerbe nur aufgestellt werden, wenn die Voraussetzungen des § 33 c Abs. 1 Satz 2 erfüllt sind. Wer im Reisegewerbe ein anderes Spiel im Sinne des § 33 d Abs. 1 Satz 1 veranstalten

will, bedarf der Erlaubnis der für den jeweiligen Ort der Gewerbeausübung zuständigen Behörde. Die Erlaubnis darf nur erteilt werden, wenn
der Veranstalter eine von dem für seinen Wohnsitz oder in Ermangelung
eines solchen von dem für seinen gewöhnlichen Aufenthaltsort zuständigen Landeskriminalamt erteilte Unbedenklichkeitsbescheinigung im Sinne des § 33 e Abs. 4 besitzt. § 33 d Abs. 1 Satz 2, Abs. 3 bis 5, die §§ 33 e, 33 f
Abs. 1 und 2 Nr. 1 sowie die §§ 33 g und 33 h gelten entsprechend.

(3) Wer im Reisegewerbe eine Spielhalle oder ein ähnliches Unternehmen
betreiben will, bedarf der Erlaubnis der für den jeweiligen Ort der Gewerbeausübung zuständigen Behörde. § 33 i gilt entsprechend.

(4) Die Landesregierungen können durch Rechtsverordnung das Verfahren bei den Landeskriminalämtern (Absatz 2 Satz 3) regeln.

§ 60 b Volksfest, Anzeigepflicht

(1) Ein Volksfest ist eine im allgemeinen regelmäßig wiederkehrende,
zeitlich begrenzte Veranstaltung, auf der eine Vielzahl von Anbietern
unterhaltende Tätigkeiten im Sinne des § 55 Abs. 1 Nr. 2 ausübt und Waren
feilbietet, die üblicherweise auf Veranstaltungen dieser Art angeboten
werden.

(2) § 68 a Satz 1 erster Halbsatz und Satz 2, § 69 Abs. 1 und 2 sowie die
§§ 69 a bis 71 a finden entsprechende Anwendung; jedoch bleiben die
§§ 55 bis 60 a und 60 c bis 61 a unberührt.

(3) Wer ein Volksfest veranstalten will, hat dies unter Angabe von Ort und
Zeit der Veranstaltung sowie seines Namens, Vornamens und seiner
Anschrift der für den Ort der Veranstaltung zuständigen Behörde drei
Wochen vor Beginn schriftlich anzuzeigen. Die Anzeige ist nicht erforder-
lich, sofern der Veranstalter die Behörde bereits aus anderem Anlaß
schriftlich von der beabsichtigten Veranstaltung in Kenntnis gesetzt hat.

§ 60 c Mitführen und Vorzeigen der Reisegewerbekarte

(1) Der Inhaber einer Reisegewerbekarte ist verpflichtet, sie während der
Ausübung des Gewerbebetriebes bei sich zu führen, auf Verlangen den
zuständigen Behörden oder Beamten vorzuzeigen und seine Tätigkeit auf
Verlangen bis zur Herbeischaffung der Reisegewerbekarte einzustellen.
Auf Verlangen hat er die von ihm geführten Waren vorzulegen.

(2) In den Fällen des § 55 Abs. 1 Nr. 2 ist der Inhaber der Reisegewerbekarte, der die Tätigkeit nicht in eigener Person ausübt, verpflichtet, einem im
Betrieb Beschäftigten eine Zweitschrift der Reisegewerbekarte auszuhändigen. Für den Inhaber der Zweitschrift gilt Absatz 1 Satz 1 entsprechend.

§ 60 d Verhinderung der Gewerbeausübung

Die Ausübung des Reisegewerbes entgegen § 55 Abs. 2, § 56 Abs. 1 oder 3 Satz 2, § 56 a Abs. 3, § 59, § 60 a Abs. 2 Satz 1 oder 2 oder Abs. 3 Satz 1, § 60 c Abs. 1 Satz 1, auch in Verbindung mit Abs. 2 Satz 2, § 61 a oder entgegen einer auf Grund des § 55 f erlassenen Rechtsverordnung kann von der zuständigen Behörde verhindert werden.

§ 61 Örtliche Zuständigkeit

Für die Erteilung, die Versagung, die Rücknahme und den Widerruf der Reisegewerbekarte, für die in § 55 c, 56 Abs. 2 Satz 3 und § 59 genannten Aufgaben und für die Erteilung der Zweitschrift der Reisegewerbekarte ist die Behörde örtlich zuständig, in deren Bezirk der Betroffene seinen gewöhnlichen Aufenthalt hat. Ändert sich während des Verfahrens der gewöhnliche Aufenthalt, so kann die bisher zuständige Behörde das Verfahren fortsetzen, wenn die nunmehr zuständige Behörde zustimmt.

§ 61 a Anwendbarkeit von Vorschriften des stehenden Gewerbes

Für die Ausübung des Bewachungsgewerbes, des Versteigerergewerbes und des Gewerbes der Makler, Bauträger und Baubetreuer als Reisegewerbe gelten § 34 b Abs. 5 bis 7 und 10, § 34 c Abs. 5 sowie die auf Grund des § 34 a Abs. 2, des § 34 b Abs. 8 und des § 34 c Abs. 3 erlassenen Rechtsvorschriften entsprechend.

§§ 62, 63
(Weggefallen)

Titel IV
Messen, Ausstellungen, Märkte

§ 64 Messe

(1) Eine Messe ist eine zeitlich begrenzte, im allgemeinen regelmäßig wiederkehrende Veranstaltung, auf der eine Vielzahl von Ausstellern das wesentliche Angebot eines oder mehrerer Wirtschaftszweige ausstellt und überwiegend nach Muster an gewerbliche Wiederverkäufer, gewerbliche Verbraucher oder Großabnehmer vertreibt.

(2) Der Veranstalter kann in beschränktem Umfang an einzelnen Tagen während bestimmter Öffnungszeiten Letztverbraucher zum Kauf zulassen.

§ 65 Ausstellung

Eine Ausstellung ist eine zeitlich begrenzte Veranstaltung, auf der eine Vielzahl von Ausstellern ein repräsentatives Angebot eines oder mehrerer Wirtschaftszweige oder Wirtschaftsgebiete ausstellt und vertreibt oder über dieses Angebot zum Zweck der Absatzförderung informiert.

§ 66 Großmarkt

Ein Großmarkt ist eine Veranstaltung, auf der eine Vielzahl von Anbietern bestimmte Waren oder Waren aller Art im wesentlichen an gewerbliche Wiederverkäufer, gewerbliche Verbraucher oder Großabnehmer vertreibt.

§ 67 Wochenmarkt

(1) Ein Wochenmarkt ist eine regelmäßig wiederkehrende, zeitlich begrenzte Veranstaltung, auf der eine Vielzahl von Anbietern eine oder mehrere der folgenden Warenarten feilbietet:

1. Lebensmittel im Sinne des § 1 des Lebensmittel- und Bedarfsgegenständegesetzes mit Ausnahme alkoholischer Getränke; zugelassen sind alkoholische Getränke, soweit sie aus selbstgewonnenen Erzeugnissen des Weinbaus, der Landwirtschaft oder des Obst- und Gartenbaus hergestellt wurden; der Zukauf von Alkohol zur Herstellung von Obstlikören und Obstgeisten, bei denen die Ausgangsstoffe nicht selbst vergoren werden, durch den Urproduzenten ist zulässig;

2. Produkte des Obst- und Gartenbaues, der Land- und Forstwirtschaft und der Fischerei;

3. rohe Naturerzeugnisse mit Ausnahme des größeren Viehs.

(2) Die Landesregierungen können zur Anpassung des Wochenmarktes an die wirtschaftliche Entwicklung und die örtlichen Bedürfnisse der Verbraucher durch Rechtsverordnung bestimmen, daß über Absatz 1 hinaus bestimmte Waren des täglichen Bedarfs auf allen oder bestimmten Wochenmärkten feilgeboten werden dürfen.

§ 68 Spezialmarkt und Jahrmarkt

(1) Ein Spezialmarkt ist eine im allgemeinen regelmäßig in größeren Zeitabständen wiederkehrende, zeitlich begrenzte Veranstaltung, auf der eine Vielzahl von Anbietern bestimmte Waren feilbietet.

(2) Ein Jahrmarkt ist eine im allgemeinen regelmäßig in größeren Zeitabständen wiederkehrende, zeitlich begrenzte Veranstaltung, auf der eine Vielzahl von Anbietern Waren aller Art feilbietet.

(3) Auf einem Spezialmarkt oder Jahrmarkt können auch Tätigkeiten im Sinne des § 60 b Abs. 1 ausgeübt werden; die §§ 55 bis 60 a und 60 c bis 61 a bleiben unberührt.

§ 68 a Verabreichen von Getränken und Speisen

Auf Märkten dürfen alkoholfreie Getränke und zubereitete Speisen, auf anderen Veranstaltungen im Sinne der §§ 64 bis 68 Kostproben zum Verzehr an Ort und Stelle verabreicht werden. Im übrigen gelten für das Verabreichen von Getränken und zubereiteten Speisen zum Verzehr an Ort und Stelle die allgemeinen Vorschriften.

§ 69 Festsetzung

(1) Die zuständige Behörde hat auf Antrag des Veranstalters eine Veranstaltung, die die Voraussetzungen der §§ 64, 65, 66, 67 oder 68 erfüllt, nach Gegenstand, Zeit, Öffnungszeiten und Platz für jeden Fall der Durchführung festzusetzen. Auf Antrag können, sofern Gründe des öffentlichen Interesses nicht entgegenstehen, Volksfeste, Großmärkte, Wochenmärkte, Spezialmärkte und Jahrmärkte für einen längeren Zeitraum oder auf Dauer, Messen und Ausstellungen für die innerhalb von zwei Jahren vorgesehenen Veranstaltungen festgesetzt werden.

(2) Die Festsetzung eines Wochenmarktes, eines Jahrmarktes oder eines Spezialmarktes verpflichtet den Veranstalter zur Durchführung der Veranstaltung.

(3) Wird eine festgesetzte Messe oder Ausstellung oder ein festgesetzter Großmarkt nicht oder nicht mehr durchgeführt, so hat der Veranstalter dies der zuständigen Behörde unverzüglich schriftlich anzuzeigen.

§ 69 a Ablehnung der Festsetzung, Auflagen

(1) Der Antrag auf Festsetzung ist abzulehnen, wenn

1. die Veranstaltung nicht die in den §§ 64, 65, 66, 67 oder 68 aufgestellten Voraussetzungen erfüllt,
2. Tatsachen die Annahme rechtfertigen, daß der Antragsteller oder eine der mit der Leitung der Veranstaltung beauftragten Personen die für die Durchführung der Veranstaltung erforderliche Zuverlässigkeit nicht besitzt,
3. die Durchführung der Veranstaltung dem öffentlichen Interesse widerspricht, insbesondere der Schutz der Veranstaltungteilnehmer vor Gefahren für Leben oder Gesundheit nicht gewährleistet ist oder sonstige erhebliche Störungen der öffentlichen Sicherheit oder Ordnung zu befürchten sind oder
4. die Veranstaltung, soweit es sich um einen Spezialmarkt oder einen Jahrmarkt handelt, vollständig oder teilweise in Ladengeschäften abgehalten werden soll.

(2) Die zuständige Behörde kann im öffentlichen Interesse, insbesondere wenn dies zum Schutz der Veranstaltungteilnehmer vor Gefahren für Leben oder Gesundheit oder sonst zur Abwehr von erheblichen Gefahren für die öffentliche Sicherheit oder Ordnung erforderlich ist, die Festsetzung mit Auflagen verbinden; unter denselben Voraussetzungen ist auch die nachträgliche Aufnahme, Änderung und Ergänzung von Auflagen zulässig.

§ 69 b Änderung und Aufhebung der Festsetzung

(1) Die zuständige Behörde kann in dringenden Fällen vorübergehend die Zeit, die Öffnungszeiten und den Platz der Veranstaltung abweichend von der Festsetzung regeln.

(2) Die zuständige Behörde hat die Festsetzung zurückzunehmen, wenn bei ihrer Erteilung ein Ablehnungsgrund nach § 69 a Abs. 1 Nr. 3 vorgelegen hat; im übrigen kann sie die Festsetzung zurücknehmen, wenn nachträglich Tatsachen bekannt werden, die eine Ablehnung der Festsetzung gerechtfertigt hätten. Sie hat die Festsetzung zu widerrufen, wenn nachträglich ein Ablehnungsgrund nach § 69 a Abs. 1 Nr. 3 eintritt; im übrigen kann sie die Festsetzung widerrufen, wenn nachträglich Tatsachen eintreten, die eine Ablehnung der Festsetzung rechtfertigen würden.

(3) Auf Antrag des Veranstalters hat die zuständige Behörde die Festsetzung zu ändern; § 69 a gilt entsprechend. Auf Antrag des Veranstalters hat die zuständige Behörde die Festsetzung aufzuheben, die Festsetzung eines Wochenmarktes, Jahrmarktes oder Volksfestes jedoch nur, wenn die Durchführung der Veranstaltung dem Veranstalter nicht zugemutet werden kann.

§ 70 Recht zur Teilnahme an einer Veranstaltung

(1) Jedermann, der dem Teilnehmerkreis der festgesetzten Veranstaltung angehört, ist nach Maßgabe der für alle Veranstaltungsteilnehmer geltenden Bestimmungen zur Teilnahme an der Veranstaltung berechtigt.

(2) Der Veranstalter kann, wenn es für die Erreichung des Veranstaltungszwecks erforderlich ist, die Veranstaltung auf bestimmte Ausstellergruppen, Anbietergruppen und Besuchergruppen beschränken, soweit dadurch gleichartige Unternehmen nicht ohne sachlich gerechtfertigten Grund unmittelbar oder mittelbar unterschiedlich behandelt werden.

(3) Der Veranstalter kann aus sachlich gerechtfertigten Gründen, insbesondere wenn der zur Verfügung stehende Platz nicht ausreicht, einzelne Aussteller, Anbieter oder Besucher von der Teilnahme ausschließen.

§ 70 a Untersagung der Teilnahme an einer Veranstaltung

Die zuständige Behörde kann einem Aussteller oder Anbieter die Teilnahme an einer bestimmten Veranstaltung oder einer oder mehreren Arten von Veranstaltungen im Sinne der §§ 64 bis 68 untersagen, wenn Tatsachen die Annahme rechtfertigen, daß er die hierfür erforderliche Zuverlässigkeit nicht besitzt.

§ 70 b Anbringung von Namen und Firma

Auf Veranstaltungen im Sinne der §§ 65 bis 68 finden die Vorschriften des § 15 a über die Anbringung des Namens und der Firma entsprechende Anwendung.

§ 71 Vergütung

Der Veranstalter darf bei Volksfesten, Wochenmärkten und Jahrmärkten eine Vergütung nur für die Überlassung von Raum und Ständen und für die Inanspruchnahme von Versorgungseinrichtungen und Versorgungsleistungen einschließlich der Abfallbeseitigung fordern. Daneben kann der Veranstalter bei Volksfesten und Jahrmärkten eine Beteiligung an den Kosten für die Werbung verlangen. Landesrechtliche Bestimmungen über die Erhebung von Benutzungsgebühren durch Gemeinden und Gemeindeverbände bleiben unberührt.

§ 71 a Öffentliche Sicherheit oder Ordnung

Den Ländern bleibt es vorbehalten, Vorschriften zur Aufrechterhaltung der öffentlichen Sicherheit oder Ordnung auf Veranstaltungen im Sinne der §§ 64 bis 68 zu erlassen.

§ 71 b Anwendbarkeit von Vorschriften des stehenden Gewerbes

Für Veranstaltungen nach den §§ 64 bis 68 gilt § 61 a entsprechend.

V. Aufsicht
§ 139 b Gewerbeaufsichtsbehörde

(1) Die Aufsicht über die Ausführung der Bestimmungen der §§ 120 b, 120 d, 120 e, 133 g bis 134, 134 i und 139 aa ist ausschließlich oder neben den ordentlichen Polizeibehörden besonderen von den Landesregierungen zu ernennenden Beamten zu übertragen. Denselben stehen bei Ausübung dieser Aufsicht alle amtlichen Befugnisse der Ortspolizeibehörden, insbesondere das Recht zur jederzeitigen Besichtigung und Prüfung der Anlagen zu. Die amtlich zu ihrer Kenntnis gelangenden Geschäfts- und Betriebsverhältnisse der ihrer Besichtigung und Prüfung unterliegenden Anlagen dürfen sie nur zur Verfolgung von Gesetzwidrigkeiten und zur Erfüllung von gesetzlich geregelten Aufgaben zum Schutz der Umwelt den dafür zuständigen Behörden offenbaren. Soweit es sich bei Geschäfts- und Betriebsverhältnissen um Informationen über die Umwelt im Sinne des Umweltinformationsgesetzes handelt, richtet sich die Befugnis zu ihrer Offenbarung nach dem Umweltinformationsgesetz.

(2) Die Ordnung der Zuständigkeitsverhältnisse zwischen diesen Beamten und den ordentlichen Polizeibehörden bleibt der verfassungsmäßigen Regelung in den einzelnen Ländern vorbehalten.

(3) Die erwähnten Beamten haben Jahresberichte über ihre amtliche Tätigkeit zu erstatten. Diese Jahresberichte oder Auszüge aus denselben sind dem Bundesrat* und dem Reichstag* vorzulegen.

---

* Jetzt Bundesrat und Bundestag.

(4) Die auf Grund der Bestimmungen der §§ 120 b, 120 d, 120 e, 133 g bis 134, 134 i und 139 aa auszuführenden amtlichen Besichtigungen und Prüfungen müssen die Arbeitgeber zu jeder Zeit, namentlich auch in der Nacht, während des Betriebs gestatten.

(5) Die Arbeitgeber sind ferner verpflichtet, den genannten Beamten oder der Polizeibehörde diejenigen statistischen Mitteilungen über die Verhältnisse ihrer Arbeitnehmer zu machen, welchen vom Bundesministerium für Arbeit und Sozialordnung durch Rechtsverordnung mit Zustimmung des Bundesrates oder von der Landesregierung unter Festsetzung der dabei zu beobachtenden Fristen und Formen vorgeschrieben werden.

(5a) *(weggefallen)*

(6) Die Beauftragten der zuständigen Behörden sind befugt, die Unterkünfte, auf die sich die Pflichten der Arbeitgeber nach § 120 c und nach den auf Grund des § 120 e Abs. 3 erlassenen Rechtsverordnungen beziehen, zu betreten und zu besichtigen. Gegen den Willen der Unterkunftsinhaber ist dies jedoch nur zur Verhütung dringender Gefahren für die öffentliche Sicherheit oder Ordnung zulässig. Das Grundrecht der Unverletzlichkeit der Wohnung (Artikel 13 des Grundgesetzes) wird insoweit eingeschränkt.

(7) Ergeben sich im Einzelfall für die für den Arbeitsschutz zuständigen Landesbehörden konkrete Anhaltspunkte für

1. eine Beschäftigung oder Tätigkeit von Ausländern ohne erforderliche Genehmigung nach § 284 Abs. 1 Satz 1 des Dritten Buches Sozialgesetzbuch,
2. Verstöße gegen die Mitwirkungspflicht nach § 60 Abs. 1 Satz 1 Nr. 2 des Ersten Buches Sozialgesetzbuch gegenüber einer Dienststelle der Bundesanstalt für Arbeit, einem Träger der gesetzlichen Kranken-, Pflege-, Unfall- oder Rentenversicherung oder einem Träger der Sozialhilfe oder gegen die Meldepflicht nach § 8 a des Asylbewerberleistungsgesetzes,
3. Verstöße gegen das Gesetz zur Bekämpfung der Schwarzarbeit,
4. Verstöße gegen das Arbeitnehmerüberlassungsgesetz,
5. Verstöße gegen Vorschriften des Vierten und Siebten Buches Sozialgesetzbuch über die Verpflichtung zur Zahlung von Sozialversicherungsbeiträgen,
6. Verstöße gegen das Ausländergesetz,
7. Verstöße gegen die Steuergesetze,

unterrichten sie die für die Verfolgung und Ahndung der Verstöße nach den Nummern 1 bis 7 zuständigen Behörden, die Träger der Sozialhilfe sowie die Behörden nach § 63 des Ausländergesetzes.

(8) In den Fällen des Absatzes 7 arbeiten die für den Arbeitsschutz zuständigen Landesbehörden insbesondere mit folgenden Behörden zusammen:

1. den Arbeitsämtern,
2. den Trägern der Krankenversicherung als Einzugsstellen für die Sozialversicherungsbeiträge,
3. den Trägern der Unfallversicherung,
4. den nach Landesrecht für die Verfolgung und Ahndung von Verstößen
gegen das Gesetz zur Bekämpfung der Schwarzarbeit zuständigen
Behörden,
5. den in § 63 des Ausländergesetzes genannten Behörden,
6. den Finanzbehörden,
7. den Hauptzollämtern,
8. den Rentenversicherungsträgern,
9. den Trägern der Sozialhilfe.

Titel X
Straf- und Bußgeldvorschriften

§ 143
(Weggefallen)

§ 144 Verletzung von Vorschriften über erlaubnisbedürftige stehende Gewerbe

(1) Ordnungswidrig handelt, wer vorsätzlich oder fahrlässig

1. ohne die erforderliche Erlaubnis
   a) *(weggefallen)*
   b) nach § 30 Abs. 1 eine dort bezeichnete Anstalt betreibt,
   c) nach § 33 a Abs. 1 Satz 1 Schaustellungen von Personen in seinen
   Geschäftsräumen veranstaltet oder für deren Veranstaltung seine
   Geschäftsräume zur Verfügung stellt,
   d) nach § 33 c Abs. 1 Satz 1 ein Spielgerät aufstellt, nach § 33 d Abs. 1
   Satz 1 ein anderes Spiel veranstaltet oder nach § 33 i Abs. 1 Satz 1
   eine Spielhalle oder ein ähnliches Unternehmen betreibt,
   e) nach § 34 Abs. 1 Satz 1 das Geschäft eines Pfandleihers oder Pfand-
   vermittlers betreibt,
   f) nach § 34 a Abs. 1 Satz 1 Leben oder Eigentum fremder Personen
   bewacht,
   g) nach § 34 b Abs. 1 fremde bewegliche Sachen, fremde Grundstücke
   oder fremde Rechte versteigert oder
   h) nach § 34 c Abs. 1 Satz 1 Nr. 1 den Abschluß von Verträgen der dort
   bezeichneten Art vermittelt oder die Gelegenheit hierzu nachweist
   oder nach § 34 c Abs. 1 Satz 1 Nr. 2 als Bauherr oder Baubetreuer
   Bauvorhaben in der dort bezeichneten Weise vorbereitet oder
   durchführt oder
2. ohne eine nach § 47 erforderliche Erlaubnis das Gewerbe durch einen
Stellvertreter ausüben läßt.

(2) Ordnungswidrig handelt auch, wer vorsätzlich oder fahrlässig

1. einer auf Grund des § 33 f Abs. 1 Nr. 1, 2 oder 4, § 33 g Nr. 2, § 34 Abs. 2, § 34 a Abs. 2 oder 3, § 34 b Abs. 8, § 34 c Abs. 3 oder § 38 Abs. 3 erlassenen Rechtsverordnung zuwiderhandelt, soweit sie für einen bestimmten Tatbestand auf diese Bußgeldvorschrift verweist,

2. entgegen § 34 Abs. 4 bewegliche Sachen mit Gewährung des Rückkaufrechts ankauft,

3. einer vollziehbaren Auflage nach § 33 a Abs. 1 Satz 3, § 33 c Abs. 1 Satz 3, § 33 d Abs. 1 Satz 2, § 33 e Abs. 3, § 33 i Abs. 1 Satz 2, § 34 Abs. 1 Satz 2, § 34 a Abs. 1 Satz 2, § 34 b Abs. 3, § 34 c Abs. 1 Satz 2 oder § 26 Abs. 1 Satz 3 oder einer vollziehbaren Anordnung nach § 33 c Abs. 3 Satz 3 zuwiderhandelt oder

4. ein Spielgerät ohne die nach § 33 c Abs. 3 Satz 1 erforderliche Bestätigung der zuständigen Behörde aufstellt.

(3) Ordnungswidrig handelt ferner, wer vorsätzlich oder fahrlässig

1. entgegen § 30 b orthopädische Maßschuhe anfertigt oder

2. bei einer Versteigerung einer Vorschrift des § 34 b Abs. 6 oder 7 zuwiderhandelt.

(4) Die Ordnungswidrigkeit kann in den Fällen des Absatzes 1 mit einer Geldbuße bis zu fünftausend Euro, in den Fällen des Absatzes 2 mit einer Geldbuße bis zu zweitausendfünfhundert Euro, in den Fällen des Absatzes 3 mit einer Geldbuße bis zu eintausend Euro geahndet werden.

§ 145 Verletzung von Vorschriften über das Reisegewerbe

(1) Ordnungswidrig handelt, wer vorsätzlich oder fahrlässig

1. ohne die nach § 55 Abs. 2 erforderliche Reisegewerbekarte ein Reisegewerbe betreibt,

2. einer auf Grund des § 55 f erlassenen Rechtsverordnung zuwiderhandelt, soweit sie für einen bestimmten Tatbestand auf die Bußgeldvorschrift verweist,

3. entgegen einer vollziehbaren Anordnung nach § 59 ein Reisegewerbe ausübt oder

4. ohne die nach § 60 a Abs. 2 Satz 2 oder Abs. 3 Satz 1 erforderliche Erlaubnis ein dort bezeichnetes Reisegewerbe betreibt.

(2) Ordnungswidrig handelt auch, wer vorsätzlich oder fahrlässig

1. einer auf Grund des § 60 a Abs. 2 Satz 4 in Verbindung mit § 33 f Abs. 1 oder § 33 g Nr. 2 erlassenen Rechtsverordnung zuwiderhandelt, soweit sie für einen bestimmten Tatbestand auf diese Bußgeldvorschrift verweist,

2. Waren im Reisegewerbe

a) entgegen § 56 Abs. 1 Nr. 1 vertreibt,

b) entgegen § 56 Abs. 1 Nr. 2 feilbietet oder ankauft oder entgegen § 56 Abs. 1 Nr. 3 feilbietet,

3. *(weggefallen)*

4. *(weggefallen)*

5. entgegen § 56 Abs. 1 Nr. 5 das Friseurhandwerk ausübt,

6. entgegen § 56 Abs. 1 Nr. 6 Rückkauf- oder Darlehensgeschäfte abschließt oder vermittelt oder

7. einer vollziehbaren Auflage nach

 a) § 55 Abs. 3, auch in Verbindung mit § 56 Abs. 2 Satz 3 zweiter Halbsatz,

 b) § 60 a Abs. 2 Satz 4 in Verbindung mit § 33 d Abs. 1 Satz 2 oder

 c) § 60 a Abs. 3 Satz 2 in Verbindung mit § 33 i Abs. 1 Satz 2

zuwiderhandelt.

(3) Ordnungswidrig handelt ferner, wer vorsätzlich oder fahrlässig

1. entgegen § 55 c oder § 60 b Abs. 3 Satz 1 eine Anzeige nicht, nicht richtig, nicht vollständig oder nicht rechtzeitig erstattet,

2. an Sonn- oder Feiertagen eine im § 55 e Abs. 1 bezeichnete Tätigkeit im Reisegewerbe ausübt,

3. a) entgegen § 56 Abs. 2 Satz 3 zweiter Halbsatz in Verbindung mit § 60 c Abs. 1 Satz 1 die Ausnahmebewilligung,

 b) entgegen § 60 c Abs. 1 Satz 1 die Reisegewerbekarte oder

 c) entgegen § 60 c Abs. 2 Satz 2 in Verbindung mit Abs. 1 Satz 1 die Zweitschrift der Reisegewerbekarte

 nicht bei sich führt oder nicht vorzeigt oder seine Tätigkeit nicht einstellt,

4. entgegen § 60 c Abs. 1 Satz 2, auch in Verbindung mit § 56 Abs. 2 Satz 3, die geführten Waren nicht vorlegt,

5. Namen, Vornamen, Firma oder Anschrift des Gewerbetreibenden, in dessen Namen die Geschäfte abgeschlossen werden sollen, entgegen § 56 a Abs. 1 Satz 1 nicht angibt oder entgegen § 56 a Abs. 1 Satz 2 Namen, Vornamen oder Firma nicht oder nicht in der vorgeschriebenen Weise anbringt,

6. entgegen § 56 a Abs. 2 Satz 1 die Veranstaltung eines Wanderlagers nicht, nicht richtig, nicht vollständig oder nicht rechtzeitig anzeigt oder die Art der Ware oder die Absicht zum Vertrieb der Ware in der öffentlichen Ankündigung nicht angibt,

7. entgegen § 56 a Abs. 2 Satz 2 unentgeltliche Zuwendungen einschließlich Preisausschreiben, Verlosungen oder Ausspielungen ankündigt,

8. entgegen § 56 a Abs. 2 Satz 4 als Veranstalter ein Wanderlager von einer Person leiten läßt, die in der Anzeige nicht genannt ist,

9. einer vollziehbaren Anordnung nach § 56 a Abs. 3 zuwiderhandelt oder

10. entgegen § 60 c Abs. 2 Satz 1 keinem im Betrieb Beschäftigten eine Zweitschrift der Reisegewerbekarte aushändigt.

(4) Die Ordnungswidrigkeit kann in den Fällen des Absatzes 1 mit einer Geldbuße bis zu fünftausend Euro, in den Fällen des Absatzes 2 mit einer Geldbuße bis zu zweitausendfünfhundert Euro, in den Fällen des Absatzes 3 mit einer Geldbuße bis zu eintausend Euro geahndet werden.

§ 146 Verletzung sonstiger Vorschriften über die Ausübung eines Gewerbes

(1) Ordnungswidrig handelt, wer vorsätzlich oder fahrlässig

1. einer vollziehbaren Anordnung
   a) nach § 35 Abs. 1 Satz 1 oder 2,
   b) nach § 35 Abs. 7 a Satz 1, 3 in Verbindung mit Abs. 1 Satz 1 oder 2 oder
   c) nach § 35 Abs. 9 in Verbindung mit den in den Buchstaben a oder b genannten Vorschriften
   zuwiderhandelt,
1 a. einer mit einer Erlaubnis nach § 35 Abs. 2, auch in Verbindung mit Abs. 9, verbundenen vollziehbaren Auflage zuwiderhandelt oder
2. entgegen einer vollziehbaren Anordnung nach § 51 Satz 1 eine gewerbliche Anlage benutzt.

(2) Ordnungswidrig handelt ferner, wer vorsätzlich oder fahrlässig

1. entgegen § 14 Abs. 1 bis 3 eine Anzeige nicht, nicht richtig, nicht vollständig oder nicht rechtzeitig erstattet,
2. entgegen § 15 a Namen, Firma oder Anschrift, nicht oder nicht in der vorgeschriebenen Weise anbringt,
3. entgegen § 15 b auf Geschäftsbriefen die vorgeschriebenen Angaben nicht oder nicht vollständig macht,
4. entgegen § 29 Abs. 1, auch in Verbindung mit Abs. 4, eine Auskunft nicht, nicht richtig, nicht vollständig oder nicht rechtzeitig erteilt,
5. im Wochenmarktverkehr andere als nach § 67 Abs. 1 oder 2 zugelassene Waren feilhält,
6. entgegen § 69 Abs. 3 eine Anzeige nicht, nicht richtig oder nicht rechtzeitig erstattet,
7. einer vollziehbaren Auflage nach § 69 a Abs. 2, auch in Verbindung mit § 60 b Abs. 2 erster Halbsatz, zuwiderhandelt,
8. entgegen einer vollziehbaren Untersagung nach § 70 a, auch in Verbindung mit § 60 b Abs. 2 erster Halbsatz, an einer Veranstaltung teilnimmt,
9. entgegen § 70 b, auch in Verbindung mit § 60 b Abs. 2 erster Halbsatz, Name oder Firma nicht oder nicht in der vorgeschriebenen Weise anbringt oder

10. entgegen einer nach § 133 Abs. 2 Satz 1 ergangenen Rechtsverordnung die Berufsbezeichnung »Baumeister« oder eine Berufsbezeichnung führt, die das Wort »Baumeister« enthält und auf eine Tätigkeit
im Baugewerbe hinweist.

(3) Die Ordnungswidrigkeit kann in den Fällen des Absatzes 1 mit einer
Geldbuße bis zu fünftausend Euro, in den Fällen des Absatzes 2 Nr. 4, 4a
und 7 mit einer Geldbuße bis zu zweitausendfünfhundert Euro, in den
übrigen Fällen des Absatzes 2 mit einer Geldbuße bis zu eintausend Euro
geahndet werden.

§ 148 Strafbare Verletzung gewerberechtlicher Vorschriften

Mit Freiheitsstrafe bis zu einem Jahr oder mit Geldstrafe wird bestraft,
wer

1. eine in § 144 Abs. 1, § 145 Abs. 1, 2 Nr. 2, 5 oder 6 oder § 146 Abs. 1
bezeichnete Zuwiderhandlung beharrlich wiederholt oder
2. durch eine in § 144 Abs. 1 Nr. 1 Buchstabe b, Abs. 2 Nr. 1, § 145 Abs. 1, 2
Nr. 1 oder 2, § 146 Abs. 1 oder § 147 Abs. 1 bezeichnete Zuwiderhandlung Leben oder Gesundheit eines anderen oder fremde Sachen von
bedeutendem Wert gefährdet.

§ 148 a Strafbare Verletzung von Prüferpflichten

(1) Mit Freiheitsstrafe bis zu drei Jahren oder mit Geldstrafe wird bestraft,
wer als Prüfer oder als Gehilfe eines Prüfers über das Ergebnis einer Prüfung nach § 16 Abs. 1 oder 2 der Makler- und Bauträgerverordnung falsch
berichtet oder erhebliche Umstände im Bericht verschweigt.

(2) Handelt der Täter gegen Entgelt oder in der Absicht, sich oder einen
anderen zu bereichern oder einen anderen zu schädigen, so ist die Strafe
Freiheitsstrafe bis zu fünf Jahren oder Geldstrafe.

§ 148 b Fahrlässige Hehlerei von Edelmetallen und Edelsteinen

Wer gewerbsmäßig mit den in § 147 a Abs. 1 bezeichneten Gegenständen
Handel treibt oder gewerbsmäßig Edelmetalle und edelmetallhaltige
Legierungen und Rückstände hiervon schmilzt, probiert oder scheidet
oder aus den Gemengen und Verbindungen von Edelmetallabfällen mit
Stoffen anderer Art Edelmetalle wiedergewinnt und beim Betrieb eines
derartigen Gewerbes einen der in § 147 a Abs. 1 bezeichneten Gegenstände, von dem er fahrlässig nicht erkannt hat, daß ihn ein anderer gestohlen
oder sonst durch eine gegen ein fremdes Vermögen gerichtete rechtswidrige Tat erlangt hat, ankauft oder sich oder einem Dritten verschafft, ihn
absetzt oder absetzen hilft, um sich oder einen anderen zu bereichern, wird
mit Freiheitsstrafe bis zu einem Jahr oder mit Geldstrafe bestraft.

Titel XI
Gewerbezentralregister

§ 149 Einrichtung eines Gewerbezentralregisters

(1) Bei dem Bundeszentralregister wird ein Gewerbezentralregister eingerichtet.

(2) In das Register sind einzutragen

1. die vollziehbaren und die nicht mehr anfechtbaren Entscheidungen einer Verwaltungsbehörde, durch die wegen Unzuverlässigkeit oder Ungeeignetheit

    a) ein Antrag auf Zulassung (Erlaubnis, Genehmigung, Konzession, Bewilligung) zu einem Gewerbe oder einer sonstigen wirtschaftlichen Unternehmung abgelehnt oder eine erteilte Zulassung zurückgenommen oder widerrufen,

    b) die Ausübung eines Gewerbes, die Tätigkeit als Vertretungsberechtigter einer gewerbetreibenden oder als mit der Leitung eines Gewerbebetriebes beauftragte Person oder der Betrieb oder die Leitung einer sonstigen wirtschaftlichen Unternehmung untersagt,

    c) ein Antrag auf Erteilung eines Befähigungsscheines nach § 20 des Sprengstoffgesetzes abgelehnt oder ein erteilter Befähigungsschein entzogen oder

    d) im Rahmen eines Gewerbebetriebes oder einer sonstigen wirtschaftlichen Unternehmung die Befugnis zur Einstellung oder Ausbildung von Auszubildenden entzogen oder die Beschäftigung, Beaufsichtigung, Anweisung oder Ausbildung von Kindern und Jugendlichen verboten

    wird.

2. Verzichte auf eine Zulassung zu einem Gewerbe oder einer sonstigen wirtschaftlichen Unternehmung während eines Rücknahme- oder Widerrufsverfahrens,

3. rechtskräftige Bußgeldentscheidungen wegen einer Ordnungswidrigkeit, insbesondere auch solche wegen einer Steuerordnungswidrigkeit, die

    a) bei oder in Zusammenhang mit der Ausübung eines Gewerbes oder dem Betrieb einer sonstigen wirtschaftlichen Unternehmung oder

    b) bei der Tätigkeit in einem Gewerbe oder einer sonstigen wirtschaftlichen Unternehmung von einem Vertreter oder Beauftragten im Sinne des § 9 des Gesetzes über Ordnungswidrigkeiten oder von einer Person, die in einer Rechtsvorschrift ausdrücklich als Verantwortlicher bezeichnet ist,

    begangen worden ist, wenn die Geldbuße mehr als 200 Euro beträgt.

Von der Eintragung sind Entscheidungen und Verzichte ausgenommen, die nach § 28 des Straßenverkehrsgesetzes in das Verkehrszentralregister einzutragen sind.

§ 150 Auskunft auf Antrag des Betroffenen

(1) Auf Antrag erteilt die Registerbehörde einer Person Auskunft über den sie betreffenden Inhalt des Registers.

(2) Der Antrag ist bei der gemäß § 155 Abs. 2 bestimmten Behörde zu stellen. Der Antragsteller hat seine Identität und, wenn er als gesetzlicher Vertreter handelt, seine Vertretungsmacht nachzuweisen; er kann sich bei der Antragstellung nicht durch einen Bevollmächtigten vertreten lassen. Die Behörde nimmt die Gebühr für die Auskunft entgegen, behält davon drei Achtel ein und führt den Restbetrag an die Bundeskasse ab.

(3) Wohnt der Antragsteller außerhalb des Geltungsbereichs dieses Gesetzes, so kann er den Antrag unmittelbar bei der Registerbehörde stellen. Absatz 2 Satz 2 gilt entsprechend.

(4) Die Übersendung der Auskunft an eine andere Person als den Betroffenen ist nicht zulässig.

(5) Für die Vorbereitung der Entscheidung über einen Antrag auf Zulassung zu einem Gewerbe oder einer sonstigen wirtschaftlichen Unternehmung, auf Erteilung eines Befähigungsscheins nach § 20 des Sprengstoffgesetzes oder zur Überprüfung der Zuverlässigkeit nach § 38 Abs. 1 kann die Auskunft auch zur Vorlage bei einer Behörde beantragt werden. Wird die Auskunft zur Vorlage bei einer Behörde beantragt, ist sie der Behörde unmittelbar zu übersenden. Die Behörde hat dem Betroffenen auf Verlangen Einsicht in die Auskunft zu gewähren.

§ 150 a Auskunft an Behörden

(1) Auskünfte aus dem Register werden für

1. die Verfolgung wegen einer
   a) in § 148 Nr. 1,
   b) in § 404 Abs. 1 Nr. 2, Abs. 2 Nr. 3 des Dritten Buches Sozialgesetzbuch, § 5 Abs. 1 und 2 des Arbeitnehmer-Entsendegesetzes, in § 16 Abs. 1 bis 2 des Arbeitnehmerüberlassungsgesetzes und in den §§ 1, 2 und 4 des Gesetzes zur Bekämpfung der Schwarzarbeit
   bezeichneten Ordnungswidrigkeit,

2. die Vorbereitung
   a) der Entscheidung über die in § 149 Abs. 2 Nr. 1 Buchstabe a und c bezeichneten Anträge,
   b) der übrigen in § 149 Abs. 2 Nr. 1 Buchstabe a bis d bezeichneten Entscheidungen,
   c) von Verwaltungsentscheidungen auf Grund des Straßenverkehrs-

gesetzes, des Fahrlehrergesetzes, des Fahrpersonalgesetzes, des Binnenschiffahrtsaufgabengesetzes oder der auf Grund dieser Gesetze erlassenen Rechtsvorschriften über Eintragungen, die das Personenbeförderungsgesetz oder das Güterkraftverkehrsgesetz betreffen,

3. die Vorbereitung von Rechtsvorschriften und allgemeinen Verwaltungsvorschriften, insoweit nur in anonymisierter Form,

erteilt. Auskunftsberechtigt sind die Behörden, denen die in Satz 1 bezeichneten Aufgaben obliegen.

(2) Auskünfte aus dem Register werden ferner

1. den Gerichten und Staatsanwaltschaften über die in § 149 Abs. 2 Nr. 1 und 2 bezeichneten Eintragungen für Zwecke der Rechtspflege, zur Verfolgung von Straftaten nach § 148 Nr. 1, nach § 92 Abs. 1 Nr. 4 des Ausländergesetzes und § 12 Abs. 4 Nr. 2 des Jugendschutzgesetzes auch über die in § 149 Abs. 2 Nr. 3 bezeichneten Eintragungen,

2. den Kriminaldienst verrichtenden Dienststellen der Polizei für Zwecke der Verhütung und Verfolgung der in § 74 c Abs. 1 Nr. 1 bis 6 des Gerichtsverfassungsgesetzes aufgeführten Straftaten über die in § 149 Abs. 2 Nr. 1 und 2 bezeichneten Eintragungen,

3. den zuständigen Behörden für die Aufhebung der in § 149 Abs. 2 Nr. 3 bezeichneten Bußgeldentscheidungen, auch wenn die Geldbuße weniger als 200 Euro beträgt,

erteilt.

(3) Auskünfte über Bußgeldentscheidungen wegen einer Steuerordnungswidrigkeit dürfen nur in den in Absatz 1 Nr. 1 und 2 genannten Fällen erteilt werden.

(4) Die auskunftsberechtigten Stellen haben den Zweck anzugeben, für den die Auskunft benötigt wird.

(5) Die nach Absatz 1 Satz 2 auskunftsberechtigte Behörde hat dem Betroffenen auf Verlangen Einsicht in die Auskunft aus dem Register zu gewähren.

(6) Die Auskünfte aus dem Register dürfen nur den mit der Entgegennahme oder Bearbeitung betrauten Bediensteten zur Kenntnis gebracht werden.

§ 150 b Auskunft für die wissenschaftliche Forschung

(1) Der Generalbundesanwalt kann gestatten, daß Hochschulen, andere Einrichtungen, die wissenschaftliche Forschung betreiben, und öffentliche Stellen Auskunft aus dem Register erhalten, soweit diese für die Durchführung bestimmter wissenschaftlicher Forschungsarbeiten erforderlich ist.

(2) Die Auskunft ist zulässig, soweit das öffentliche Interesse an der Forschungsarbeit das schutzwürdige Interesse des Betroffenen an dem Ausschluß der Auskunft erheblich überwiegt.

(3) Die Auskunft wird in anonymisierter Form erteilt, wenn der Zweck der Forschungsarbeit unter Verwendung solcher Informationen erreicht werden kann.

(4) Vor Erteilung der Auskunft wird vom Generalbundesanwalt zur Geheimhaltung verpflichtet, wer nicht Amtsträger oder für den öffentlichen Dienst besonders Verpflichteter ist. § 1 Abs. 2 und 3 des Verpflichtungsgesetzes findet entsprechende Anwendung.

(5) Die personenbezogenen Informationen dürfen nur für die Forschungsarbeit verwendet werden, für die die Auskunft erteilt worden ist. Die Verwendung für andere Forschungsarbeiten oder die Weitergabe richtet sich nach den Absätzen 1 bis 4 und bedarf der Zustimmung des Generalbundesanwalts.

(6) Die Informationen sind gegen unbefugte Kenntnisnahme durch Dritte zu schützen. Die wissenschaftliche Forschung betreibende Stelle hat dafür zu sorgen, daß die Verwendung der personenbezogenen Informationen räumlich und organisatorisch getrennt von der Erfüllung solcher Verwaltungsaufgaben oder Geschäftszwecke erfolgt, für die diese Informationen gleichfalls von Bedeutung sein können.

(7) Sobald der Forschungszweck es erlaubt, sind die personenbezogenen Informationen zu anonymisieren. Solange dies noch nicht möglich ist, sind die Merkmale gesondert aufzubewahren, mit denen Einzelangaben über persönliche oder sachliche Verhältnisse einer bestimmten oder bestimmbaren Person zugeordnet werden können. Sie dürfen mit den Einzelangaben nur zusammengeführt werden, soweit der Forschungszweck dies erfordert.

(8) Wer nach den Absätzen 1 bis 3 personenbezogene Informationen erhalten hat, darf diese nur veröffentlichen, wenn dies für die Darstellung von Forschungsergebnissen über Ereignisse der Zeitgeschichte unerläßlich ist.

(9) Ist der Empfänger eine nicht-öffentliche Stelle, gilt § 38 des Bundesdatenschutzgesetzes mit der Maßgabe, daß die Aufsichtsbehörde die Ausführung der Vorschriften über den Datenschutz auch dann überwacht, wenn keine hinreichenden Anhaltspunkte für eine Verletzung dieser Vorschriften vorliegen oder wenn der Empfänger die personenbezogenen Informationen nicht in Dateien verarbeitet.

§ 151 Eintragungen in besonderen Fällen
(1) In den Fällen des § 149 Abs. 2 Nr. 1 Buchstabe a und b ist die Eintragung auch bei

1. dem Vertretungsberechtigten einer juristischen Person,
2. der mit der Leitung des Betriebs oder einer Zweigniederlassung beauftragten Person,

die unzuverlässig oder ungeeignet sind, vorzunehmen, in den Fällen des § 149 Abs. 2 Nr. 1 Buchstabe b jedoch nur, sofern dem Betroffenen die Ausübung eines Gewerbes oder die Tätigkeit als Vertretungsberechtigter eines Gewerbetreibenden oder als mit der Leitung eines Gewerbebetriebes beauftragte Person nicht selbst untersagt worden ist.

(2) Wird eine nach § 149 Abs. 2 Nr. 1 eingetragene vollziehbare Entscheidung unanfechtbar, so ist dies in das Register einzutragen.

(3) Sind in einer Bußgeldentscheidung mehrere Geldbußen festgesetzt (§ 20 des Gesetzes über Ordnungswidrigkeiten), von denen nur ein Teil einzutragen ist, so sind lediglich diese einzutragen.

(4) In das Register ist der rechtskräftige Beschluß einzutragen, durch den das Gericht hinsichtlich einer eingetragenen Bußgeldentscheidung die Wiederaufnahme des Verfahrens anordnet (§ 85 Abs. 1 des Gesetzes über Ordnungswidrigkeiten).

(5) Wird durch die endgültige Entscheidung in dem Wiederaufnahmeverfahren die frühere Entscheidung aufrechterhalten, so ist dies in das Register einzutragen. Andernfalls wird die Eintragung nach Absatz 4 aus dem Register entfernt. Enthält die neue Entscheidung einen einzutragenden Inhalt, so ist dies mitzuteilen.

§ 152 Entfernung von Eintragungen

(1) Wird eine nach § 149 Abs. 2 Nr. 1 eingetragene Entscheidung aufgehoben oder eine solche Entscheidung oder ein nach § 149 Abs. 2 Nr. 2 eingetragener Verzicht durch eine spätere Entscheidung gegenstandslos, so wird die Entscheidung oder der Verzicht aus dem Register entfernt.

(2) Ebenso wird verfahren, wenn die Behörde eine befristete Entscheidung erlassen hat oder in der Mitteilung an das Register bestimmt hat, daß die Entscheidung nur für eine bestimmte Frist eingetragen werden soll, und diese Frist abgelaufen ist.

(3) Das gleiche gilt, wenn die Vollziehbarkeit einer nach § 149 Abs. 2 Nr. 1 eingetragenen Entscheidung auf Grund behördlicher oder gerichtlicher Entscheidung entfällt.

(4) Eintragungen, die eine über 80 Jahre alte Person betreffen, werden aus dem Register entfernt.

(5) Wird ein Bußgeldbescheid in einem Strafverfahren aufgehoben (§ 86 Abs. 1, § 102 Abs. 2 des Gesetzes über Ordnungswidrigkeiten), so wird die Eintragung aus dem Register entfernt.

(6) Eintragungen über Personen, deren Tod der Registerbehörde amtlich

mitgeteilt worden ist, werden ein Jahr nach dem Eingang der Mitteilung aus dem Register entfernt. Während dieser Zeit darf über die Eintragungen keine Auskunft erteilt werden.

(7) Eintragungen über juristische Personen und Personenvereinigungen nach § 149 Abs. 2 Nr. 1 und 2 werden nach Ablauf von zwanzig Jahren seit dem Tag der Eintragung aus dem Register entfernt. Enthält das Register mehrere Eintragungen, so ist die Entfernung einer Eintragung erst zulässig, wenn für alle Eintragungen die Voraussetzungen der Entfernung vorliegen.

§ 153 Tilgung von Eintragungen

(1) Die Eintragungen nach § 149 Abs. 2 Nr. 3 sind nach Ablauf einer Frist

1. von drei Jahren, wenn die Höhe der Geldbuße nicht mehr als 300 Euro beträgt,
2. von fünf Jahren in den übrigen Fällen,

zu tilgen.

(2) Der Lauf der Frist beginnt mit dem Tage des Eintritts der Rechtskraft der Entscheidung. Dieser Zeitpunkt bleibt auch maßgebend, wenn eine Entscheidung im Wiederaufnahmeverfahren rechtskräftig abgeändert worden ist.

(3) Enthält das Register mehrere Eintragungen, so ist die Tilgung einer Eintragung erst zulässig, wenn bei allen Eintragungen die Frist des Absatzes 1 abgelaufen ist.

(4) Eine zu tilgende Eintragung wird ein Jahr nach Eintritt der Voraussetzungen für die Tilgung aus dem Register entfernt. Während dieser Zeit darf über die Eintragung keine Auskunft erteilt werden.

(5) Ist die Eintragung im Register getilgt worden oder ist sie zu tilgen, so dürfen die Ordnungswidrigkeit und die Bußgeldentscheidung nicht mehr zum Nachteil des Betroffenen verwertet werden. Dies gilt nicht, wenn der Betroffene die Zulassung zu einem Gewerbe oder einer sonstigen wirtschaftlichen Unternehmung beantragt, falls die Zulassung sonst zu einer erheblichen Gefährdung der Allgemeinheit führen würde, oder der Betroffene die Aufhebung einer die Ausübung des Gewerbes oder einer sonstigen wirtschaftlichen Unternehmung untersagenden Entscheidung beantragt.

(6) Absatz 5 ist entsprechend anzuwenden auf rechtskräftige Bußgeldentscheidungen wegen Ordnungswidrigkeiten im Sinne des § 149 Abs. 2 Nr. 3, bei denen die Geldbuße nicht mehr als 200 Euro beträgt, sofern seit dem Eintritt der Rechtskraft der Entscheidung mindestens drei Jahre vergangen sind.

§ 153 a Mitteilungen zum Gewerbezentralregister

(1) Die Behörden und die Gerichte teilen dem Gewerbezentralregister die einzutragenden Entscheidungen, Feststellungen und Tatsachen mit. § 30 der Abgabenordnung steht den Mitteilungen von Entscheidungen im Sinne des § 149 Abs. 2 Nr. 3 nicht entgegen.

(2) Erhält die Registerbehörde eine Mitteilung über die Änderung des Namens einer Person, über die das Register eine Eintragung enthält, so ist der neue Name bei der Eintragung zu vermerken.

§ 153 b Verwaltungsvorschriften

Die näheren Bestimmungen über den Aufbau des Registers trifft das Bundesministerium der Justiz im Einvernehmen mit dem Bundesministerium für Wirtschaft und Technologie. Soweit die Bestimmungen die Erfassung und Aufbereitung der Daten sowie die Auskunftserteilung betreffen, werden sie von der Bundesregierung mit Zustimmung des Bundesrates getroffen.

Schlußbestimmungen

§ 154 Ausnahmen von Titel VII

(1) Von den Bestimmungen in Titel VII finden keine Anwendung

1. die Bestimmungen der §§ 105 bis 139 i auf Gehilfen und Lehrlinge in Apotheken;
2. die Bestimmungen der §§ 105, 113 bis 119 b sowie die Bestimmungen der §§ 120 b bis 139 aa auf Handlungsgehilfen und Handlungslehrlinge;
3. die Bestimmungen der §§ 133 g bis 134 und 134 i auf Arbeitnehmer in Apotheken und auf diejenigen Arbeitnehmer in Handelsgeschäften, welche nicht in einem zu dem Handelsgeschäfte gehörigen Betriebe mit der Herstellung oder Bearbeitung von Waren beschäftigt sind, auf Heilanstalten und Genesungsheime, auf Musikaufführungen, Schaustellungen, theatralische Vorstellungen oder sonstige Lustbarkeiten.

(2) Die Bestimmungen der §§ 133 g, 139 aa und 139 b finden auf Arbeitgeber und Arbeitnehmer in Hüttenwerken, in Zimmerplätzen und anderen Bauhöfen, in Werften sowie in Werkstätten der Tabakindustrie auch dann entsprechende Anwendung, wenn in ihnen in der Regel weniger als zehn Arbeitnehmer beschäftigt werden; auf Arbeitgeber und Arbeitnehmer in Ziegeleien und über Tage betriebenen Brüchen und Gruben finden die Bestimmungen auch dann entsprechende Anwendung, wenn in diesen Betrieben in der Regel mindestens fünf Arbeitnehmer beschäftigt werden.

(3) Die Bestimmungen der §§ 139 aa und 139 b finden auf Arbeitgeber und Arbeitnehmer in Werkstätten, in welchen durch elementare Kraft (Dampf,

Wind, Wasser, Gas, Luft, Elektrizität usw.) bewegte Triebwerke nicht bloß vorübergehend zur Verwendung kommen, auch wenn in ihnen in der Regel weniger als zehn Arbeitnehmer beschäftigt werden, entsprechende Anwendung.

(4) Auf andere Werkstätten, in denen in der Regel weniger als zehn Arbeitnehmer beschäftigt werden, und auf Bauten, bei denen in der Regel weniger als zehn Arbeitnehmer beschäftigt werden, können die Bestimmungen der §§ 139 aa und 139 b durch Rechtsverordnung des Bundesministerium für Arbeit und Sozialordnung[1] mit Zustimmung des Bundesrates ganz oder teilweise ausgedehnt werden.

(5) Rechtsverordnungen nach Absatz 4 können auch für bestimmte Bezirke erlassen werden. Sie sind dem Bundestag zur Kenntnisnahme vorzulegen und im Bundesgesetzblatt zu veröffentlichen.

§ 154 a Anwendung des Titels VII auf Bergwerke, Salinen u. ä.

Die Bestimmungen des § 114 a Abs. 1 Satz 1 und Abs. 4, des § 114 b Abs. 1, der §§ 114 c bis 119 a, des § 134 Abs. 2, der §§ 139 aa und 139 b finden auf die Besitzer und Arbeitnehmer von Bergwerken, Salinen, Aufbereitungsanstalten und unterirdisch betriebenen Brüchen oder Gruben entsprechende Anwendung, und zwar auch für den Fall, daß in ihnen in der Regel weniger als zehn Arbeitnehmer beschäftigt werden.

§ 155 Landesrecht, Zuständigkeiten

(1) Wo in diesem Gesetz auf die Landesgesetze verwiesen ist, sind unter den letzteren auch die verfassungs- oder gesetzmäßig erlassenen Rechtsverordnungen zu verstehen.

(2) Die Landesregierungen oder die von ihnen bestimmten Stellen bestimmen die für die Ausführung dieses Gesetzes und der nach diesem Gesetz ergangenen Rechtsverordnungen zuständigen Behörden, soweit in diesem Gesetz nichts anderes bestimmt ist.

(3) Die Landesregierungen werden ermächtigt, ihre Befugnis zum Erlaß von Rechtsverordnungen auf oberste Landesbehörden und, ausgenommen in den Fällen der §§ 114 c und 120 e Abs. 2 Satz 1, auf andere Behörden zu übertragen und dabei zu bestimmen, daß diese ihre Befugnis durch Rechtsverordnung auf nachgeordnete oder ihrer Aufsicht unterstehende Behörden weiter übertragen können.

(4) *(Weggefallen)*

(5) Die Senate der Länder Berlin, Bremen und Hamburg sowie die Regierung des Landes Schleswig-Holstein werden ermächtigt, Vorschriften, in

---

1 **Amtl. Anm.:** Zuständige Stelle gemäß Artikel 129 Abs. 1 Satz 1 des Grundgesetzes.

denen Aufgaben auf die höheren Verwaltungsbehörden übertragen werden, dem besonderen Verwaltungsaufbau ihrer Länder anzupassen.

§ 155 a Versagung der Auskunft zu Zwecken des Zeugenschutzes

Für die Versagung der Auskunft zu Zwecken des Zeugenschutzes gilt § 44 a des Bundeszentralregistergesetzes entsprechend.

§ 156
(Weggefallen)

Gewerbe-Anmeldung - GewA 1 Anlage 1 (zu § 14 Abs. 4)

Name der entgegennehmenden Gemeinde	Gemeindekennzahl	GewA 1

Signierfelder – bitte freilassen –

1	0	1		Gemeindekennzahl
	1–3			4–11

Gewerbe-Anmeldung nach § 14 GewO oder § 55 c GewO

Bitte mit Schreibmaschine oder in Blockschrift vollständig und gut lesbar ausfüllen sowie die zutreffenden Kästchen ankreuzen.

Angaben zum Betriebs-Inhaber
Bei Personengesellschaften (z. B. OHG) ist für jeden geschäftsführenden Gesellschafter ein eigener Vordruck auszufüllen. Bei juristischen Personen ist bei Feld Nr. 3 bis 9 und Feld Nr. 30 und 31 der gesetzliche Vertreter anzugeben (bei inländischer AG wird auf diese Angaben verzichtet). Die Angaben für weitere gesetzliche Vertreter zu diesen Nummern sind auf der Rückseite des Vordrucks ☐ oder einem Beiblatt ☐ oder weiteren Vordrucken ☐ gemacht.

Nummer des Unternehmens

	12–20

1 Im Handels-, Genossenschafts- oder Vereinsregister eingetragener Name

2 Ort und Nr. der Eintragung

Nummer der Betriebsstätte

	21–29

3 Familienname

4 Vornamen

5 Geburtsname (nur bei Abweichung vom Familiennamen)

Postleitzahl		Art
30–34		35–36

6 Geburtsdatum   **7** Geburtsort (Ort, Kreis, Land)

Nummer

	37–44

8 Staatsangehörigkeit

Rechtsform		Staatsangehörigkeit
45–46		47–49

deutsch ☐   andere: ☐

9 Anschrift der Wohnung
Straße, Haus-Nr.   PLZ   Ort

Telefon-Nr.
Telefax-Nr.

Angaben zum Betrieb

10 Zahl der geschäftsführenden Gesellschafter (nur bei Personengesellschaften)
Zahl der gesetzlichen Vertreter (nur bei juristischen Personen)

11 Vertretungsberechtigte Person (nur bei inländischen Aktiengesellschaften, Zweigniederlassungen und unselbständigen Zweigstellen)
Familienname   Vornamen

12 Anschrift der Betriebsstätte
Straße, Haus-Nr.   PLZ   Ort

Telefon-Nr.
Telefax-Nr.

13 Anschrift der Hauptniederlassung
Straße, Haus-Nr.   PLZ   Ort

Telefon-Nr.
Telefax-Nr.

noch Gewerbe-Anmeldung - GewA 1 Anlage 1 (zu § 14 Abs. 4)

14	Anschrift der früheren Betriebsstätte		Telefon-Nr.
	Straße, Haus-Nr.	PLZ Ort	Telefax-Nr.

15 Angemeldete Tätigkeit (genau angeben: z. B. Herstellung von Möbeln, Elektroinstallationen und Elektroeinzelhandel, Großhandel mit Lebensmitteln usw.):
bei mehreren Tätigkeiten bitte Schwerpunkt unterstreichen

17 Datum des Beginns der angemeldeten Tätigkeit

18 Art des angemeldeten Betriebes

Industrie	Handwerk	Handel	Sonstiges	19	Anzahl der voraussichtlich im angemeldeten Betrieb beschäftigten Arbeitnehmer:

Die Anmeldung wird erstattet für
20 eine Hauptniederlassung   eine Zweigniederlassung   eine unselbständige Zweigstelle

21 ein Automatenaufstellungsgewerbe   22 ein Reisegewerbe

Wegen 23 Neuerrichtung des Betriebes   24 Übernahme eines bereits bestehenden Betriebes (z. B. durch Kauf, Pacht, Erbfolge, Änderung der Rechtsform, Gesellschaftereintritt)

26 Name des früheren Betriebsinhabers (falls bekannt)

Falls der Betriebsinhaber für die angemeldete Tätigkeit eine Erlaubnis benötigt, in die Handwerksrolle einzutragen oder Ausländer ist:

28 Liegt eine Erlaubnis vor?   Nein   Ja, erteilt am/ von (Behörde):

29 Liegt eine Handwerkskarte vor?   Nein   Ja, ausgestellt am/von (Handwerkskammer):

30 Liegt eine Aufenthalts-genehmigung vor?   Nein   Ja, erteilt am/von (Behörde):

31 Die Aufenthaltsgenehmigung enthält keine Auflage oder Beschränkung   Nein   enthält folgende Auflage oder Beschränkung:

Hinweis: Diese Anzeige berechtigt nicht zum Beginn des Gewerbebetriebes, wenn noch eine Erlaubnis oder eine Eintragung in die Handwerksrolle notwendig ist. Zuwiderhandlungen können mit Geldbuße oder Geldstrafe oder Freiheitsstrafe geahndet werden. Die Fortsetzung eines derartigen Betriebes kann verhindert werden.

32 _____   33   _____   An die entgegennehmende Gemeinde
    (Datum)   Unterschrift

Art					Systematikschlüssel
					50 - 54

Datum

55 - 60

Anzahl Arbeitnehmer

61   62 - 66

Grad d. Selbständigkeit   67

Grund   68

Handwerksrolle   69

Datum der Anzeige

70 - 73

Gewerbe-Ummeldung - GewA 2 Anlage 2 (zu § 14 Abs. 4)

Name der entgegennehmenden Gemeinde

Gemeindekennzahl

GewA 2

Signierfelder – bitte freilassen –

2	0	1		Gemeindekennzahl
1-3				4-11

Gewerbe-Ummeldung nach § 14 GewO oder § 55 c GewO

Bitte mit Schreibmaschine oder in Blockschrift vollständig und gut lesbar ausfüllen sowie die zutreffenden Kästchen ankreuzen.

Nummer des Unternehmens

12-20

Angaben zum Betriebs-Inhaber

Bei Personengesellschaften (z. B. OHG) ist für jeden geschäftsführenden Gesellschafter ein eigener Vordruck auszufüllen. Bei juristischen Personen ist bei Feld Nr. 3 und 9 und Feld Nr. 30 und 31 der gesetzliche Vertreter anzugeben (bei inländischer AG wird auf diese Angaben verzichtet). Die Angaben für weitere gesetzliche Vertreter sind auf der Rückseite des Vordrucks ☐ oder einem Beiblatt ☐ gemacht.

Nummer der Betriebsstätte

21-29

1 Im Handels-, Genossenschafts- oder Vereinsregister eingetragener Name ☐ oder weiteren Vordrucks 2 Ort und Nr. der Eintragung

3 Familienname 4 Vornamen

5 Geburtsname (nur bei Abweichung vom Familiennamen)

6 Geburtsdatum 7 Geburtsort (Ort, Kreis, Land)

8 Staatsangehörigkeit

☐ deutsch ☐ andere:

9 Anschrift der Wohnung

Straße, Haus-Nr. PLZ Ort

Postleitzahl Art

30-34 35-36

Nummer

37-44

Rechtsform Staatsangehörigkeit

45-46 47-49

Telefon-Nr.
Telefax-Nr.

Angaben zum Betrieb

11 Vertretungsberechtigte Person (nur bei inländischen Aktiengesellschaften, Zweigniederlassungen und unselbständigen Zweigstellen)

10 Zahl der geschäftsführenden Gesellschafter (nur bei Personengesellschaften)
Zahl der gesetzlichen Vertreter (nur bei juristischen Personen)

Familienname Vornamen

12 Anschrift der Betriebsstätte

Straße, Haus-Nr. PLZ Ort Telefon-Nr.
Telefax-Nr.

13 Anschrift der Hauptniederlassung

Straße, Haus-Nr. PLZ Ort Telefon-Nr.
Telefax-Nr.

noch Gewerbe-Ummeldung - GewA 2 Anlage 2 (zu § 14 Abs. 4)

14	Anschrift der früheren Betriebsstätte (nur bei Verlegung)			Telefon-Nr.
	Straße, Haus-Nr.	PLZ	Ort	Telefax-Nr.

Nach der Änderung, Erweiterung oder Verlegung	15	wird neu ausgeübt (genau angeben: z. B. Herstellung von Möbeln, Elektroinstallationen und Elektroeinzelhandel, Großhandel mit Lebensmitteln usw.); bei mehreren Tätigkeiten bitte Schwerpunkt unterstreichen
	16	wird neu ausgeübt (genau angeben: z. B. Herstellung von Möbeln, Elektroinstallationen und Elektroeinzelhandel, Großhandel mit Lebensmitteln usw.); bei mehreren Tätigkeiten bitte Schwerpunkt unterstreichen

17	Datum der Änderung, Erweiterung oder Verlegung

18	Art des angemeldeten Betriebes				19	Anzahl der voraussichtlich im angemeldeten Betrieb beschäftigten Arbeitnehmer:
	Industrie	Handwerk	Handel	Sonstiges		

Systematikschlüssel 50 - 54

Die Ummeldung wird erstattet für	20	eine Hauptniederlassung	eine Zweigniederlassung	eine unselbständige Zweigstelle
	21	ein Automatenaufstellungsgewerbe	22	ein Reisegewerbe

55 - 59 Datum

Wegen	23	Änderung der Betriebstätigkeit (z. B. Umwandlung eines Großhandels in einen Einzelhandel)
	24	Erweiterung der Betriebstätigkeit (z. B. Erweiterung eines Großhandels um einen Einzelhandel)
	25	Verlegung des Betriebes

60 - 65 Datum

Falls der Betriebsinhaber für die angemeldete Tätigkeit eine Erlaubnis benötigt, in die Handwerksrolle einzutragen oder Ausländer ist:

Art   Anzahl Arbeitnehmer

28	Liegt eine Erlaubnis vor?	Nein	Ja, erteilt am/von (Behörde):

66   67 - 71

Grad d. Selbständigkeit

29	Liegt eine Handwerkskarte vor?	Nein	Ja, ausgestellt am/von (Handwerkskammer):

72

Grund 73 74 75

30	Liegt eine Aufenthalts-genehmigung vor?	Nein	Ja, erteilt am/von (Behörde):

Handwerksrolle   Datum der Anzeige

31	Die Aufenthaltsgenehmigung enthält keine Auflage oder Beschränkung	Nein	enthält folgende Auflage oder Beschränkung:

76   77 - 80

Hinweis: Diese Anzeige berechtigt nicht zum Beginn des Gewerbebetriebes, wenn noch eine Erlaubnis oder eine Eintragung in die Handwerksrolle notwendig ist. Zuwiderhandlungen können mit Geldbuße und Geldstrafe oder Freiheitsstrafe geahndet werden. Die Fortsetzung eines derartigen Betriebes kann verhindert werden.

An die entgegennehmende Gemeinde

32		33	
(Datum)		Unterschrift	

Gewerbe-Abmeldung - GewA 3 Anlage 3 (zu § 14 Abs. 4)

Signierfelder – bitte freilassen –

3	0	1		Gemeindekennzahl
1-3				4-11

Name der entgegennehmenden Gemeinde

Gemeindekennzahl

GewA 3

Gewerbe-Abmeldung nach § 14 GewO oder § 55 c GewO

Bitte mit Schreibmaschine oder in Blockschrift vollständig und gut lesbar ausfüllen sowie die zutreffenden Kästchen ankreuzen.

Angaben zum Betriebs- inhaber: Bei Personengesellschaften (z. B. OHG) ist für jeden geschäftsführenden Gesellschafter ein eigener Vordruck auszufüllen. Bei juristischen Personen ist bei Feld Nr. 3 bis 9 der gesetzliche Vertreter anzugeben (bei inländischer AG wird auf diese Angaben verzichtet). Die Angaben für weitere gesetzliche Vertreter zu diesen Nummern sind auf der

Nummer des Unternehmens

12 - 20

Nummer der Betriebsstätte

21 - 29

Rückseite des Vordrucks ☐ oder einem Beiblatt ☐ oder weiteren Vordrucken ☐ gemacht.

1 Im Handels-, Genossenschafts- oder Vereinsregister eingetragener Name ☐ 2 Ort und Nr. der Eintragung

3 Familienname

4 Vornamen

Art

Postleitzahl

30 - 34

35 - 36

5 Geburtsname (nur bei Abweichung vom Familiennamen)

Nummer

37 - 44

6 Geburtsdatum   **7** Geburtsort (Ort, Kreis, Land)

8 Staatsangehörigkeit

Rechtsform

45 - 46

Staatsangehörigkeit

47 - 49

☐ deutsch   ☐ andere:

9 Anschrift der Wohnung

Straße, Haus-Nr.   PLZ   Ort

Telefon-Nr.
Telefax-Nr.

Angaben zum Betrieb

10 Zahl der geschäftsführenden Gesellschafter (nur bei Personengesellschaften)
Zahl der gesetzlichen Vertreter (nur bei juristischen Personen)

11 Vertretungsberechtigte Person (nur bei inländischen Aktiengesellschaften, Zweigniederlassungen und unselbständigen Zweigstellen)

Familienname   Vornamen

12 Anschrift der Betriebsstätte

Straße, Haus-Nr.   PLZ   Ort

Telefon-Nr.
Telefax-Nr.

13 Anschrift der Hauptniederlassung

Straße, Haus-Nr.   PLZ   Ort

Telefon-Nr.
Telefax-Nr.

noch Gewerbe-Abmeldung - GewA 3 Anlage 3 (zu § 14 Abs. 4)

14 Falls an einem anderen Ort eine Neuerrichtung beabsichtigt ist: Anschrift der künftigen Betriebsstätte

Straße, Haus-Nr.   PLZ   Ort   Telefon-Nr.   Telefax-Nr.

15 Abgemeldete Tätigkeit (genau angeben: z. B. Herstellung von Möbeln, Elektroinstallationen und Elektroeinzelhandel, Großhandel mit Lebensmitteln usw.):
bei mehreren Tätigkeiten bitte Schwerpunkt unterstreichen

17 Datum der Betriebsaufgabe

18 Art des abgemeldeten Betriebes

Industrie   Handwerk   Handel   Sonstiges

19 Anzahl der zuletzt im abgemeldeten Betrieb beschäftigten Arbeitnehmer: Systematikschlüssel   50 - 54

Die Abmeldung wird erstattet für

20 eine Hauptniederlassung   eine Zweigniederlassung   eine unselbständige Zweigstelle

21 ein Automatenaufstellungsgewerbe   **22** ein Reisegewerbe

Datum   55 - 60

23 vollständiger Aufgabe des gesamten Betriebes

24 teilweise Aufgabe eines weiterhin bestehenden Betriebes (z. B. Aufgabe einer Zweigniederlassung)

25 Aufgabe eines weiterhin bestehenden Betriebes (z. B. wegen Verkauf einer Zweigniederlassung)

Anzahl Arbeitnehmer   62 - 66

Wegen

Änderung der Rechtsform, Austritt als Gesellschafter)

26 Name des künftigen Betriebsinhabers (falls bekannt)

Art   67

61

27 Gründe für die Betriebsaufgabe (z. B. Alter, Betriebsübergabe, wirtschaftliche Schwierigkeiten, Insolvenzverfahren usw.)

Grad d. Selbständigkeit   68
Grund

Ursache   69

Hinweis: Eine Wiederaufnahme der abgemeldeten Tätigkeit ist erneut anzeigepflichtig.

32   **33**

(Datum)   Unterschrift

An die entgegennehmende Gemeinde

Datum der Anzeige   70 - 73

8. Makler- und Bauträgerverordnung – MaBV – (Verordnung über die Pflichten der Makler-, Darlehens- und Anlagenvermittler, Bauträger und Baubetreuer)

vom 20. 6. 1974 (BGBl. I S. 1314) in der Fassung vom 7. 11. 1990 (BGBl. I S. 2479), zuletzt geändert am 16. 6. 1998 (BGBl. I S. 1291)

§ 1 Anwendungsbereich

Diese Verordnung gilt für Gewerbetreibende, die nach § 34 c Abs. 1 der Gewerbeordnung der Erlaubnis bedürfen. Gewerbetreibende, die

1. als Versicherungs- oder Bausparkassenvertreter im Rahmen ihrer Tätigkeit für ein der Aufsicht des Bundesaufsichtsamtes für das Versicherungswesen unterliegendes Versicherungsunternehmen oder für eine der Aufsicht des Bundesaufsichtsamtes für das Kreditwesen unterliegende Bausparkasse den Abschluß von Verträgen über Darlehen vermitteln oder die Gelegenheit zum Abschluß solcher Verträge nachweisen oder

2. den Abschluß von Verträgen über die Nutzung der von ihnen für Rechnung Dritter verwalteten Grundstücke, grundstücksgleichen Rechte, gewerblichen Räume oder Wohnräume vermitteln oder die Gelegenheit zum Abschluß solcher Verträge nachweisen,

unterliegen hinsichtlich dieser Tätigkeit nicht den Vorschriften dieser Verordnung.

§ 2 Sicherheitsleistung, Versicherung

(1) Bevor der Gewerbetreibende zur Ausführung des Auftrages Vermögenswerte des Auftraggebers erhält oder zu deren Verwendung ermächtigt wird, hat er dem Auftraggeber in Höhe dieser Vermögenswerte Sicherheit zu leisten oder eine zu diesem Zweck geeignete Versicherung abzuschließen; dies gilt nicht in den Fällen des § 34 c Abs. 1 Satz 1 Nr. 2 Buchstabe a der Gewerbeordnung, sofern dem Auftraggeber Eigentum an einem Grundstück übertragen oder ein Erbbaurecht bestellt oder übertragen werden soll. Zu sichern sind Schadensersatzansprüche des Auftraggebers wegen etwaiger von dem Gewerbetreibenden und den Personen, die er zur Verwendung der Vermögenswerte ermächtigt hat, vorsätzlich begangener unerlaubter Handlungen, die sich gegen die in Satz 1 bezeichneten Vermögenswerte richten.

(2) Die Sicherheit kann nur durch die Stellung eines Bürgen geleistet wer-

den. Als Bürge können nur Körperschaften des öffentlichen Rechts mit Sitz im Geltungsbereich dieser Verordnung, Kreditinstitute, die im Inland zum Geschäftsbetrieb befugt sind, sowie Versicherungsunternehmen bestellt werden, die zum Betrieb der Bürgschaftsversicherung im Inland befugt sind. Die Bürgschaftserklärung muß den Verzicht auf die Einrede der Vorausklage enthalten. Die Bürgschaft darf nicht vor dem Zeitpunkt ablaufen, der sich aus Absatz 5 ergibt.

(3) Versicherungen sind nur dann im Sinne des Absatzes 1 geeignet, wenn

1. das Versicherungsunternehmen zum Betrieb der Vertrauensschadensversicherung im Inland befugt ist und
2. die allgemeinen Versicherungsbedingungen dem Zweck dieser Verordnung gerecht werden, insbesondere den Auftraggeber aus dem Versicherungsvertrag auch in den Fällen des Konkurs- und des Vergleichsverfahrens des Gewerbetreibenden unmittelbar berechtigen.

(4) Sicherheiten und Versicherungen können nebeneinander geleistet und abgeschlossen werden. Sie können für jeden einzelnen Auftrag oder für mehrere gemeinsam geleistet oder abgeschlossen werden. Der Gewerbetreibende hat dem Auftraggeber die zur unmittelbaren Inanspruchnahme von Sicherheiten und Versicherungen erforderlichen Urkunden auszuhändigen, bevor er Vermögenswerte des Auftraggebers erhält oder zu deren Verwendung ermächtigt wird.

(5) Die Sicherheiten und Versicherungen sind aufrechtzuerhalten

1. in den Fällen des § 34 c Abs. 1 Satz 1 Nr. 1 der Gewerbeordnung bis der Gewerbetreibende die Vermögenswerte an den in dem Auftrag bestimmten Empfänger übermittelt hat,
2. in den Fällen des § 34 c Abs. 1 Satz 1 Nr. 2 Buchstabe a der Gewerbeordnung, sofern ein Nutzungsverhältnis begründet werden soll, bis zur Einräumung des Besitzes und Begründung des Nutzungsverhältnisses,
3. in den Fällen des § 34 c Abs. 1 Satz 1 Nr. 2 Buchstabe b der Gewerbeordnung bis zur Rechnungslegung, sofern die Rechnungslegungspflicht gemäß § 8 Abs. 2 entfällt, endet die Sicherungspflicht mit der vollständigen Fertigstellung des Bauvorhabens.

Erhält der Gewerbetreibende Vermögenswerte des Auftraggebers in Teilbeträgen, oder wird er ermächtigt, hierüber in Teilbeträgen zu verfügen, endet die Verpflichtung aus Absatz 1 Satz 1, erster Halbsatz, in bezug auf die Teilbeträge, sobald er dem Auftraggeber die ordnungsgemäße Verwendung dieser Vermögenswerte nachgewiesen hat; die Sicherheiten und Versicherungen für den letzten Teilbetrag sind bis zu dem in Satz 1 bestimmten Zeitpunkt aufrechtzuerhalten.

§ 3 Besondere Sicherungspflichten für Bauträger

(1) Der Gewerbetreibende darf in den Fällen des § 34 c Abs. 1 Satz 1 Nr. 2 Buchstabe a der Gewerbeordnung, sofern dem Auftraggeber Eigentum an einem Grundstück übertragen oder ein Erbbaurecht bestellt oder übertragen werden soll, Vermögenswerte des Auftraggebers zur Ausführung des Auftrages erst entgegennehmen oder sich zu deren Verwendung ermächtigen lassen, wenn

1. der Vertrag zwischen dem Gewerbetreibenden und dem Auftraggeber rechtswirksam ist und die für seinen Vollzug erforderlichen Genehmigungen vorliegen, diese Voraussetzungen durch eine schriftliche Mitteilung des Notars bestätigt und dem Gewerbetreibenden keine vertraglichen Rücktrittsrechte eingeräumt sind;

2. zur Sicherung des Anspruchs des Auftraggebers auf Eigentumsübertragung oder Bestellung oder Übertragung eines Erbbaurechts an dem Vertragsobjekt eine Vormerkung an der vereinbarten Rangstelle im Grundbuch eingetragen ist; bezieht sich der Anspruch auf Wohnungs- oder Teileigentum oder ein Wohnungs- oder Teilerbbaurecht, so muß außerdem die Begründung dieses Rechts im Grundbuch vollzogen sein;

3. die Freistellung des Vertragsobjekts von allen Grundpfandrechten, die der Vormerkung im Range vorgehen oder gleichstehen und nicht übernommen werden sollen, gesichert ist, und zwar auch für den Fall, daß das Bauvorhaben nicht vollendet wird;

4. die Baugenehmigung erteilt worden ist oder, wenn eine Baugenehmigung nicht oder nicht zwingend vorgesehen ist,
   a) von der zuständigen Behörde bestätigt worden ist, daß
      aa) die Baugenehmigung als erteilt gilt oder
      bb) nach den baurechtlichen Vorschriften mit dem Vorhaben begonnen werden darf, oder,
   b) wenn eine derartige Bestätigung nicht vorgesehen ist, von dem Gewerbetreibenden bestätigt worden ist, daß
      aa) die Baugenehmigung als erteilt gilt oder
      bb) nach den baurechtlichen Vorschriften mit dem Bauvorhaben begonnen werden darf,
   und nach Eingang dieser Bestätigung beim Auftraggeber mindestens ein Monat vergangen ist.

Die Freistellung nach Satz 1 Nr. 3 ist gesichert, wenn gewährleistet ist, daß die nicht zu übernehmenden Grundpfandrechte im Grundbuch gelöscht werden, und zwar, wenn das Bauvorhaben vollendet wird, unverzüglich nach Zahlung der geschuldeten Vertragssumme, andernfalls unverzüglich nach Zahlung des dem erreichten Bautenstand entsprechenden Teils der geschuldeten Vertragssumme durch den Auftraggeber. Für den Fall, daß das Bauvorhaben nicht vollendet wird, kann sich der Kreditgeber vorbehalten, an Stelle der Freistellung alle vom Auftraggeber vertragsgemäß im Rahmen des Absatzes 2 bereits geleisteten Zahlungen bis zum anteiligen Wert des Vertragsobjekts zurückzuzahlen. Die zur Sicherung der Freistellung erforderlichen Erklärungen einschließlich etwaiger Erklärungen nach Satz 3 müssen dem Auftraggeber ausgehändigt worden sein. Liegen sie bei Abschluß des notariellen Vertrages bereits vor, muß auf sie in dem Vertrag Bezug genommen sein; andernfalls muß der Vertrag einen ausdrücklichen Hinweis auf die Verpflichtung des Gewerbetreibenden zur Aushändigung der Erklärungen und deren notwendigen Inhalt enthalten.

(2) Der Gewerbetreibende darf in den Fällen des Absatzes 1 die Vermögenswerte ferner in bis zu sieben Teilbeträgen entsprechend dem Bauablauf entgegennehmen oder sich zu deren Verwendung ermächtigen lassen. Die Teilbeträge können aus den nachfolgenden Vomhundertsätzen zusammengesetzt werden:

1. 30 vom Hundert der Vertragssumme in den Fällen, in denen Eigentum an einem Grundstück übertragen werden soll, oder 20 vom Hundert der Vertragssumme in den Fällen, in denen ein Erbbaurecht bestellt oder übertragen werden soll, nach Beginn der Erdarbeiten,
2. von der restlichen Vertragssumme
   - 40 vom Hundert nach Rohbaufertigstellung, einschließlich Zimmererarbeiten,
   - 8 vom Hundert für die Herstellung der Dachflächen und Dachrinnen,
   - 3 vom Hundert für die Rohinstallation der Heizungsanlagen,
   - 3 vom Hundert für die Rohinstallation der Sanitäranlagen,
   - 3 vom Hundert für die Rohinstallation der Elektroanlagen,
   - 10 vom Hundert für den Fenstereinbau, einschließlich der Verglasung,
   - 6 vom Hundert für den Innenputz, ausgenommen Beiputzarbeiten,
   - 3 vom Hundert für den Estrich,
   - 4 vom Hundert für die Fliesenarbeiten im Sanitärbereich,
   - 12 vom Hundert nach Bezugsfertigkeit und Zug um Zug gegen Besitzübergabe,
   - 3 vom Hundert für die Fassadenarbeiten,
   - 5 vom Hundert nach vollständiger Fertigstellung.

Sofern einzelne der in Satz 2 Nr. 2 genannten Leistungen nicht anfallen, wird der jeweilige Vomhundertsatz anteilig auf die übrigen Raten verteilt. Betrifft das Bauvorhaben einen Altbau, so gelten die Sätze 1 und 2 mit der Maßgabe entsprechend, daß der hiernach zu errechnende Teilbetrag für schon erbrachte Leistungen mit Vorliegen der Voraussetzungen des Absatzes 1 entgegengenommen werden kann.

(3) Der Gewerbetreibende darf in den Fällen des § 34 c Abs. 1 Satz 1 Nr. 2 Buchstabe a der Gewerbeordnung, sofern ein Nutzungsverhältnis begründet werden soll, Vermögenswerte des Auftraggebers zur Ausführung des Auftrages in Höhe von 20 vom Hundert der Vertragssumme nach Vertragsabschluß entgegennehmen oder sich zu deren Verwendung ermächtigen lassen; im übrigen gelten Absatz 1 Satz 1 Nr. 1 und 4 und Absatz 2 entsprechend.

§ 4 Verwendung von Vermögenswerten des Auftraggebers

(1) Der Gewerbetreibende darf Vermögenswerte des Auftraggebers, die er erhalten hat oder zu deren Verwendung er ermächtigt worden ist, nur verwenden

1. in den Fällen des § 34 c Abs. 1 Satz 1 Nr. 1 der Gewerbeordnung zur Erfüllung des Vertrages, der durch die Vermittlung oder die Nachweistätigkeit des Gewerbetreibenden zustande gekommen ist,

2. in den Fällen des § 34 c Abs. 1 Satz 1 Nr. 2 der Gewerbeordnung zur Vorbereitung und Durchführung des Bauvorhabens, auf das sich der Auftrag bezieht; als Bauvorhaben gilt das einzelne Gebäude, bei Einfamilienreihenhäusern die einzelne Reihe.

(2) Der Gewerbetreibende darf in den Fällen des § 34 c Abs. 1 Satz 1 Nr. 2 Buchstabe b der Gewerbeordnung, in denen er das Bauvorhaben für mehrere Auffraggeber vorbereitet und durchführt, die Vermögenswerte der Auftraggeber nur im Verhältnis der Kosten der einzelnen Einheiten zu den Gesamtkosten des Bauvorhabens verwenden.

§ 5 Hilfspersonal

Ermächtigt der Gewerbetreibende andere Personen, Vermögenswerte des Auftraggebers zur Ausführung des Auftrages entgegenzunehmen oder zu verwenden, so hat er sicherzustellen, daß dies nur nach Maßgabe der §§ 3 und 4 geschieht.

§ 6 Getrennte Vermögensverwaltung

(1) Erhält der Gewerbetreibende zur Ausführung des Auftrages Vermögenswerte des Auftraggebers, so hat er sie von seinem Vermögen und dem seiner sonstigen Auftraggeber getrennt zu verwalten. Dies gilt nicht für vertragsgemäß im Rahmen des § 3 Abs. 2 oder 3 Satz 1 geleistete Zahlungen.

(2) Der Gewerbetreibende hat Gelder, die er vom Auftraggeber erhält, unverzüglich für Rechnung des Auftraggebers auf ein Sonderkonto bei einem Kreditinstitut im Sinne des § 2 Abs. 2 Satz 2 einzuzahlen und auf diesem Konto bis zur Verwendung im Sinne des § 4 zu belassen. Er hat dem Kreditinstitut offenzulegen, daß die Gelder für fremde Rechnung eingelegt werden und hierbei den Namen, Vornamen und die Anschrift des Auf-

traggebers anzugeben. Er hat das Kreditinstitut zu verpflichten, den Auftraggeber unverzüglich zu benachrichtigen, wenn die Einlage von dritter Seite gepfändet oder das Konkursverfahren oder das Vergleichsverfahren zur Abwendung des Konkurses über das Vermögen des Gewerbetreibenden eröffnet wird, und dem Auftraggeber jederzeit Auskunft über den Stand des Kontos zu erteilen. Er hat das Kreditinstitut ferner zu verpflichten, bei diesem Konto weder das Recht der Aufrechnung noch ein Pfand- oder Zurückbehaltungsrecht geltend zu machen, es sei denn wegen Forderungen, die in bezug auf das Konto selbst entstanden sind.

(3) Wertpapiere im Sinne des § 1 Abs. 1 des Gesetzes über die Verwahrung und Anschaffung von Wertpapieren, die der Gewerbetreibende vom Auftraggeber erhält, hat er unverzüglich für Rechnung des Auftraggebers einem Kreditinstitut im Sinne des § 2 Abs. 2 Satz 2 zur Verwahrung anzuvertrauen. Absatz 2 Satz 2 bis 4 ist anzuwenden.

§ 7 Ausnahmevorschrift

(1) Gewerbetreibende im Sinne des § 34 c Abs. 1 Satz 1 Nr. 2 Buchstabe a der Gewerbeordnung, die dem Auftraggeber Eigentum an einem Grundstück zu übertragen oder ein Erbbaurecht zu bestellen oder zu übertragen haben, sind von den Verpflichtungen des § 3 Abs. 1 und 2, des § 4 Abs. 1 und der §§ 5 und 6, die übrigen Gewerbetreibenden im Sinn des § 34 c Abs. 1 der Gewerbeordnung sind von den Verpflichtungen des § 2, des § 3 Abs. 3 und der §§ 4 bis 6 freigestellt, sofern sie Sicherheit für alle etwaigen Ansprüche des Auftraggebers auf Rückgewähr oder Auszahlung seiner Vermögenswerte im Sinne des § 2 Abs. 1 Satz 1 geleistet haben. § 2 Abs. 2, Abs. 4 Satz 2 und 3 und Abs. 5 Satz 1 gilt entsprechend. In den Fällen des § 34 c Abs. 1 Satz 1 Nr. 2 Buchstabe a der Gewerbeordnung, in denen dem Auftraggeber Eigentum an einem Grundstück übertragen oder ein Erbbaurecht bestellt oder übertragen werden soll, ist die Sicherheit aufrechtzuerhalten, bis die Voraussetzungen des § 3 Abs. 1 erfüllt sind und das Vertragsobjekt vollständig fertiggestellt ist. Ein Austausch der Sicherungen der §§ 2 bis 6 und derjenigen des § 7 ist zulässig.

(2) Der Gewerbetreibende ist von den in Absatz 1 Satz 1 erwähnten Verpflichtungen auch dann freigestellt, wenn es sich bei dem Auftraggeber um

1. eine juristische Person des öffentlichen Rechts oder ein öffentlich-rechtliches Sondervermögen oder
2. einen in das Handelsregister oder das Genossenschaftsregister eingetragenen Kaufmann

handelt und der Auftraggeber in gesonderter Urkunde auf die Anwendung dieser Bestimmungen verzichtet. Im Falle des Satzes 1 Nr. 2 hat sich der Gewerbetreibende vom Auftraggeber dessen Eigenschaft als Kauf-

mann durch einen Auszug aus dem Handelsregister oder dem Genossenschaftsregister nachweisen zu lassen.

§ 8 Rechnungslegung

(1) Hat der Gewerbetreibende zur Ausführung des Auftrages Vermögenswerte des Auftraggebers erhalten oder verwendet, so hat er dem Auftraggeber nach Beendigung des Auftrages über die Verwendung dieser Vermögenswerte Rechnung zu legen. § 259 des Bürgerlichen Gesetzbuchs ist
anzuwenden.

(2) Die Verpflichtung, Rechnung zu legen, entfällt, soweit der Auftraggeber nach Beendigung des Auftrages dem Gewerbetreibenden gegenüber
schriftlich darauf verzichtet oder der Gewerbetreibende mit den Vermögenswerten des Auftraggebers eine Leistung zu einem Festpreis zu erbringen hat.

§ 9 Anzeigepflicht

Der Gewerbetreibende hat der zuständigen Behörde die jeweils mit der
Leitung des Betriebes oder einer Zweigniederlassung beauftragten Personen unverzüglich anzuzeigen. Dies gilt bei juristischen Personen auch für
die nach Gesetz, Satzung oder Gesellschaftsvertrag jeweils zur Vertretung
berufenen Personen. In der Anzeige sind Name, Geburtsname, sofern er
vom Namen abweicht, Vornamen, Staatsangehörigkeit, Geburtstag,
Geburtsort und Anschrift der betreffenden Personen anzugeben.

§ 10 Buchführungspflicht

(1) Der Gewerbetreibende hat von der Annahme des Auftrages an nach
Maßgabe der folgenden Vorschriften Aufzeichnungen zu machen sowie
Unterlagen und Belege übersichtlich zu sammeln. Die Aufzeichnungen
sind unverzüglich und in deutscher Sprache vorzunehmen.

(2) Aus den Aufzeichnungen und Unterlagen sämtlicher Gewerbetreibender müssen ersichtlich sein

1. der Name und Vorname oder die Firma sowie die Anschrift des Auftraggebers,
2. folgende Angaben, soweit sie im Einzelfall in Betracht kommen,
   a) das für die Vermittler- oder Nachweistätigkeit oder für die Tätigkeit
      als Baubetreuer vom Auftraggeber zu entrichtende Entgelt; Woh-
      nungsvermittler haben das Entgelt in einem Bruchteil oder Vielfa-
      chen der Monatsmiete anzugeben;
   b) ob der Gewerbetreibende zur Entgegennahme von Zahlungen oder
      sonstigen Leistungen ermächtigt ist;
   c) Art und Höhe der Vermögenswerte des Auftraggebers, die der
      Gewerbetreibende zur Ausführung des Auftrages erhalten oder zu
      deren Verwendung er ermächtigt werden soll;

d) daß der Gewerbetreibende den Auftraggeber davon unterrichtet hat, daß er von ihm nur im Rahmen des § 3 Vermögenswerte entgegennehmen oder sich zu deren Verwendung ermächtigen lassen und diese Vermögenswerte nur im Rahmen des § 4 verwenden darf, es sei denn, daß nach § 7 verfahren wird;

e) Art, Höhe und Umfang der vom Gewerbetreibenden für die Vermögenswerte zu leistenden Sicherheit und abzuschließenden Versicherung, Name oder Firma und Anschrift des Bürgen und der Versicherung;

f) Vertragsdauer.

(3) Aus den Aufzeichnungen und Unterlagen von Gewerbetreibenden im Sinne des § 34 c Abs. 1 Satz 1 Nr. 1 der Gewerbeordnung müssen ferner folgende Angaben ersichtlich sein, soweit sie im Einzelfall in Betracht kommen,

1. bei der Vermittlung oder dem Nachweis der Gelegenheit zum Abschluß von Verträgen über den Erwerb von Grundstücken oder grundstücksgleichen Rechten: Lage, Größe und Nutzungsmöglichkeit des Grundstücks, Art, Alter und Zustand des Gebäudes, Ausstattung, Wohn- und Nutzfläche, Zahl der Zimmer, Höhe der Kaufpreisforderung einschließlich zu übernehmender Belastungen, Name, Vorname und Anschrift des Veräußerers;

2. bei der Vermittlung oder dem Nachweis der Gelegenheit zum Abschluß von Verträgen über die Nutzung von Grundstücken oder grundstücksgleichen Rechten: Lage, Größe und Nutzungsmöglichkeit des Grundstücks, Art, Alter und Zustand des Gebäudes, Ausstattung, Wohn- und Nutzfläche, Zahl der Zimmer, Höhe der Mietzinsforderung sowie gegebenenfalls Höhe eines Baukostenzuschusses, einer Kaution, einer Mietvorauszahlung, eines Mieterdarlehens oder einer Abstandssumme, Name, Vorname und Anschrift des Vermieters;

3. bei der Vermittlung oder dem Nachweis der Gelegenheit zum Abschluß von Verträgen über die Nutzung von gewerblichen Räumen oder Wohnräumen: Lage des Grundstücks und der Räume, Ausstattung, Nutz- und Wohnfläche, Zahl der Räume, Höhe der Mietforderung sowie gegebenenfalls Höhe eines Baukostenzuschusses, einer Kaution, einer Mietvorauszahlung, eines Mieterdarlehens oder einer Abstandssumme, Name, Vorname und Anschrift des Vermieters;

4. *(aufgehoben)*

5. bei der Vermittlung oder dem Nachweis der Gelegenheit zum Abschluß von Verträgen über den Erwerb von Anteilscheinen einer Kapitalanlagegesellschaft oder von ausländischen Investmentanteilen: Firma und Sitz der Kapitalanlagegesellschaft oder der ausländischen Investmentgesellschaft sowie je ein Stück der Vertragsbedingungen und des Ver-

kaufsprospekts (§ 19 des Gesetzes über Kapitalanlagegesellschaften und § 3 des Gesetzes über den Vertrieb ausländischer Investmentanteile und über die Besteuerung der Erträge aus ausländischen Investmentanteilen); bei der Vermittlung oder dem Nachweis der Gelegenheit zum Abschluß von Verträgen über den Erwerb von ausländischen Investmentanteilen außerdem Angaben darüber, ob die ausländische Investmentgesellschaft in ihrem Sitzland in Hinblick auf das Investmentgeschäft einer staatlichen Aufsicht untersteht, ob und wann die ausländische Investmentgesellschaft die Absicht, ihre Anteile öffentlich zu vertreiben, dem Bundesaufsichtsamt für das Kreditwesen angezeigt hat sowie ob und wann das Bundesaufsichtsamt für das Kreditwesen den öffentlichen Vertrieb untersagt hat oder die Rechte aus der Vertriebsanzeige durch Verzicht erloschen sind;

6. bei der Vermittlung oder dem Nachweis der Gelegenheit zum Abschluß von Verträgen über den Erwerb von sonstigen öffentlich angebotenen Vermögensanlagen, die für gemeinsame Rechnung der Anleger verwaltet werden, sowie über den Erwerb von öffentlich angebotenen Anteilen an einer Kommanditgesellschaft:

a) die Kosten, die insgesamt jeweils von jeder Zahlung des Erwerbers abgezogen werden;

b) die laufenden Kosten, die darüber hinaus jährlich nach den Vertragsbedingungen einbehalten werden;

c) *(aufgehoben)*

d) ob rechtsverbindlich öffentliche Finanzierungshilfen zugesagt worden sind;

e) ob die eingezahlten Gelder von einem Kreditinstitut treuhänderisch verwaltet werden, sowie Firma und Sitz dieses Kreditinstituts;

f) ob bei einer Kommanditgesellschaft die Kapitalanteile von Kommanditisten als Treuhänder für die Anleger gehalten werden, sowie Name, Vorname oder Firma und Anschrift oder Sitz dieser Treuhänder;

g) wie hoch der Anteil der Fremdfinanzierung an der gesamten Finanzierung ist, ob die Kredite fest zugesagt sind und von wem;

h) ob ein Kontrollorgan für die Geschäftsführung bestellt ist und welche Befugnisse es hat;

i) ob die Haftung des Erwerbers auf die Einlage beschränkt ist;

j) ob weitere Zahlungsverpflichtungen für den Erwerber bestehen oder entstehen können;

k) Firma und Sitz des Unternehmens, das die angebotene Vermögensanlage verwaltet, oder der Gesellschaft, deren Anteile angeboten werden;

7. bei der Vermittlung oder dem Nachweis der Gelegenheit zum Abschluß von Verträgen über den Erwerb von öffentlich angebotenen Anteilen

an einer Kapitalgesellschaft oder verbrieften Forderungen gegen eine Kapitalgesellschaft oder Kommanditgesellschaft:

a) Firma, Sitz und Zeitpunkt der Gründung der Gesellschaft;

b) ob und an welchen Börsen die Anteile oder Forderungen gehandelt werden;

c) ob ein Emissionsprospekt und ein Börsenprospekt vorliegen;

d) nach welchem Recht sich die Beziehungen zwischen dem Erwerber und der Gesellschaft richten;

e) sämtliche mit dem Erwerb verbundenen Kosten;

bei verbriefen Forderungen außerdem Angaben über Zinssatz, Ausgabekurs, Tilgungs- und Rückzahlungsbedingungen und Sicherheiten.

(4) Aus den Aufzeichnungen und Unterlagen von Gewerbetreibenden im Sinne des § 34 c Abs. 1 Satz 1 Nr. 2 der Gewerbeordnung müssen zusätzlich zu den Angaben nach Absatz 2 folgende Angaben ersichtlich sein, soweit sie im Einzelfall in Betracht kommen,

1. bei Bauvorhaben, die ganz oder teilweise zur Veräußerung bestimmt sind: Lage und Größe des Baugrundstücks, das Bauvorhaben mit den von der Bauaufsicht genehmigten Plänen nebst Baubeschreibung, sofern das Bauvorhaben nicht genehmigungspflichtig ist, neben den vorerwähnten Plänen und der Baubeschreibung die Bestätigung der Behörde oder des Gewerbetreibenden gemäß § 3 Abs. 1 Satz 1 Nr. 4 Buchstabe a oder b, der Zeitpunkt der Fertigstellung, die Kaufsache, die Kaufpreisforderung, die Belastungen, die Finanzierung, soweit sie nicht vom Erwerber erbracht werden soll;

2. bei Bauvorhaben, die ganz oder teilweise vermietet, verpachtet oder in anderer Weise zur Nutzung überlassen werden sollen: Lage und Größe des Baugrundstücks, das Bauvorhaben mit den von der Bauaufsicht genehmigten Plänen nebst Baubeschreibung, sofern das Bauvorhaben nicht genehmigungspflichtig ist, neben den vorerwähnten Plänen und der Baubeschreibung die Bestätigung der Behörde oder des Gewerbetreibenden gemäß § 3 Abs. 1 Satz 1 Nr. 4 Buchstabe a oder b, der Zeitpunkt der Fertigstellung, der Vertragsgegenstand, die Mietzins-, Pachtzins- oder sonstige Forderung, die darüber hinaus zu erbringenden laufenden Leistungen und die etwaigen einmaligen Leistungen, die nicht zur Vorbereitung oder Durchführung des Bauvorhabens verwendet werden sollen;

3. bei Bauvorhaben, die der Gewerbetreibende als Baubetreuer wirtschaftlich vorbereiten oder durchführen soll: Lage und Größe des Baugrundstücks, das Bauvorhaben mit Plänen und Baubeschreibung, der Zeitpunkt der Fertigstellung, die veranschlagten Kosten, die Kostenobergrenze und die von dem Gewerbetreibenden bei Dritten zu beschaffende Finanzierung.

(5) Aus den Aufzeichnungen, Unterlagen und Belegen sämtlicher Gewerbetreibender müssen ferner ersichtlich sein, soweit dies im Einzelfall in Betracht kommt,

1. Art und Höhe der Vermögenswerte des Auftraggebers, die der Gewerbetreibende zur Ausführung des Auftrages erhalten hat oder zu deren Verwendung er ermächtigt wurde,

2. das für die Vermittler- oder Nachweistätigkeit oder für die Tätigkeit als Baubetreuer vom Auftraggeber entrichtete Entgelt,

3. eine Bestätigung des Auftraggebers über die Aushändigung der in § 2 Abs. 4 Satz 3 bezeichneten Unterlagen,

4. Kopie der Bürgschaftsurkunde und des Versicherungsscheins,

5. Verwendungen von Vermögenswerten des Auftraggebers durch den Gewerbetreibenden nach Tag und Höhe, in den Fällen des § 2 Abs. 5 Satz 2 auch eine Bestätigung des Auftraggebers darüber, daß ihm die ordnungsgemäße Verwendung der Teilbeträge nachgewiesen worden ist,

6. Tag und Grund der Auftragsbeendigung,

7. Tag der Beendigung des Bürgschaftsvertrages und der Versicherung,

8. die in § 7 Abs. 2 erwähnten Unterlagen,

9. Nachweis, daß dem Auftraggeber die in § 11 bezeichneten Angaben rechtzeitig und vollständig mitgeteilt worden sind.

(6) Sonstige Vorschriften über Aufzeichnungs- und Buchführungspflichten des Gewerbetreibenden und die in §§ 2 und 3 des Gesetzes über die Sicherung der Bauforderungen in der im Bundesgesetzblatt Teil III, Gliederungsnummer 213-2, veröffentlichten bereinigten Fassung in der jeweils geltenden Fassung bleiben unberührt.

§ 11 Informationspflicht

Der Gewerbetreibende hat dem Auftraggeber schriftlich und in deutscher Sprache folgende Angaben mitzuteilen, soweit sie im Einzelfall in Betracht kommen:

1. in den Fällen des § 34 c Abs. 1 Satz 1 Nr. 1 Buchstabe a der Gewerbeordnung, sofern der Abschluß von Verträgen über Grundstücke, grundstücksgleiche Rechte, gewerbliche Räume oder Wohnräume vermittelt oder die Gelegenheit zum Abschluß solcher Verträge nachgewiesen werden soll, unmittelbar nach der Annahme des Auftrages die in § 10 Abs. 2 Nr. 2 Buchstabe a und f erwähnten Angaben und spätestens bei Aufnahme der Vertragsverhandlungen über den vermittelten oder nachgewiesenen Vertragsgegenstand die in § 10 Abs. 2 Nr. 2 Buchstabe b bis e und Abs. 3 Nr. 1 bis 3 erwähnten Angaben,

2. in den Fällen des § 34 c Abs. 1 Satz 1 Nr. 1 Buchstabe b der Gewerbeordnung vor der Annahme des Auftrages die in § 10 Abs. 2 Nr. 2 und Abs. 3 Nr. 5 bis 7 erwähnten Angaben,

3. in den Fällen des § 34 c Abs. 1 Satz 1 Nr. 2 der Gewerbeordnung spätestens bis zur Annahme des Auftrages die in § 10 Abs. 2 Nr. 2 und Abs. 4 erwähnten Angaben. Vor diesem Zeitpunkt hat der Gewerbetreibende dem Auftraggeber die Angaben zu machen, die zur Beurteilung des Auftrages nach dem jeweiligen Verhandlungsstand erforderlich sind. Im Falle des § 10 Abs. 4 Nr. 3 entfällt die Verpflichtung, soweit die Angaben vom Auftraggeber stammen.

§ 12 Unzulässigkeit abweichender Vereinbarungen

Der Gewerbetreibende darf seine Verpflichtungen nach den §§ 2 bis 8 sowie die nach § 2 Abs. 1 zu sichernden Schadenersatzansprüche des Auftraggebers durch vertragliche Vereinbarungen weder ausschließen noch beschränken.

§ 13 Inseratensammlung

(1) Je ein Stück sämtlicher Veröffentlichungen und Werbeschriften, insbesondere Inserate und Prospekte, in denen der Gewerbetreibende Tätigkeiten ankündigt, die den Vorschriften dieser Verordnung unterliegen, ist in der Reihenfolge des Erscheinens übersichtlich zu verwahren. Die gesammelten Inserate müssen einen Hinweis auf die Bezeichnung der Druckschrift und den Tag ihres Erscheinens enthalten. Bei gleichlautenden Dauerinseraten genügt die Verwahrung der erstmaligen Veröffentlichung mit einem Vermerk über alle weiteren Erscheinungstage. Der Gewerbetreibende kann an Stelle der Inserate die Kopien der Anzeigenaufträge und die Rechnungen oder die Kopien der Rechnungen des Verlagsunternehmens, aus denen die Bezeichnung der Druckschrift und der Tag ihres Erscheinens ersichtlich sein müssen, verwahren.

(2) Soweit die Verwahrung einer Veröffentlichung nach Absatz 1 wegen ihrer Art nicht möglich ist, ist ein Vermerk über ihren Inhalt und den Tag ihres Erscheinens zu der Sammlung zu nehmen.

§ 14 Aufbewahrung

(1) Die in den §§ 10 und 13 bezeichneten Geschäftsunterlagen sind 5 Jahre in den Geschäftsräumen aufzubewahren. Die Aufbewahrungsfrist beginnt in den Fällen des § 10 mit dem Schluß des Kalenderjahres, in dem der letzte aufzeichnungspflichtige Vorgang für den jeweiligen Auftrag angefallen ist, in den Fällen des § 13 mit dem Schluß des Kalenderjahres, in dem die letzte Veröffentlichung oder Werbung stattgefunden hat. Vorschriften, die eine längere Frist bestimmen, bleiben unberührt.

(2) Die nach Absatz 1 aufzubewahrenden Unterlagen können auch in Form einer verkleinerten Wiedergabe aufbewahrt werden, wenn gesichert ist, daß die Wiedergabe mit der Urschrift übereinstimmt. Der Gewerbetreibende hat auf Verlangen der zuständigen Behörde auf seine Kosten die

erforderliche Anzahl ohne Hilfsmittel lesbarer Reproduktionen vorzulegen, bei Ermittlungen oder Prüfungen in den Geschäftsräumen sind für verkleinerte Wiedergaben die erforderlichen Lesegeräte bereitzuhalten.

§ 15 *(aufgehoben)*

§ 16 Prüfungen

(1) Gewerbetreibende im Sinne des § 34 c Abs. 1 der Gewerbeordnung haben auf ihre Kosten die Einhaltung der sich aus den §§ 2 bis 14 ergebenden Verpflichtungen für jedes Kalenderjahr durch einen geeigneten Prüfer prüfen zu lassen und der zuständigen Behörde den Prüfungsbericht bis spätestens zum 31. Dezember des darauffolgenden Jahres zu übermitteln. Sofern der Gewerbetreibende im Berichtszeitraum keine nach § 34 c Abs. 1 Satz 1 der Gewerbeordnung erlaubnispflichtige Tätigkeit ausgeübt hat, hat er spätestens bis zu dem in Satz 1 genannten Termin anstelle des Prüfungsberichts eine entsprechende Erklärung zu übermitteln. Der Prüfungsbericht muß einen Vermerk darüber enthalten, ob Verstöße des Gewerbetreibenden festgestellt worden sind. Verstöße sind in dem Vermerk aufzuzeigen. Der Prüfer hat den Vermerk mit Angabe von Ort und Datum zu unterzeichnen.

(2) Die zuständige Behörde ist befugt, Gewerbetreibende im Sinne des § 34 c Abs. 1 der Gewerbeordnung auf deren Kosten aus besonderem Anlaß im Rahmen einer außerordentlichen Prüfung durch einen geeigneten Prüfer überprüfen zu lassen. Der Prüfer wird von der zuständigen Behörde bestimmt. Absatz 1 Satz 2 bis 4 gilt entsprechend.

(3) Geeignete Prüfer sind

1. Wirtschaftsprüfer, vereidigte Buchprüfer, Wirtschaftsprüfungs- und Buchprüfungsgesellschaften,
2. Prüfungsverbände, zu deren gesetzlichem oder satzungsmäßigem Zweck die regelmäßige und außerordentliche Prüfung ihrer Mitglieder gehört, sofern
   a) von ihren gesetzlichen Vertretern mindestens einer Wirtschaftsprüfer ist,
   b) sie die Voraussetzungen des § 63 b Abs. 5 des Gesetzes betreffend die Erwerbs- und Wirtschaftsgenossenschaften erfüllen oder
   c) sie sich für ihre Prüfungstätigkeit selbständiger Wirtschaftsprüfer oder vereidigter Buchprüfer oder einer Wirtschaftsprüfungs- oder Buchprüfungsgesellschaft bedienen.

Bei Gewerbetreibenden im Sinne des § 34 c Abs. 1 Satz 1 Nr. 1 Buchstabe a der Gewerbeordnung können mit der Prüfung nach den Absätzen 1 und 2 auch andere Personen, die öffentlich bestellt oder zugelassen worden sind und die auf Grund Ihrer Vorbildung und Erfahrung in der Lage sind, eine ordnungsgemäße Prüfung in dem jeweiligen Gewerbebetrieb durchzuführen, sowie deren Zusammenschlüsse betraut werden. Ungeeignet für eine Prüfung sind Personen, bei denen die Besorgnis der Befangenheit besteht.

§ 17 Rechte und Pflichten der an der Prüfung Beteiligten

(1) Der Gewerbetreibende hat dem Prüfer die Einsicht in die Bücher, Aufzeichnungen und Unterlagen zu gestatten.. Er hat ihm alle Aufklärungen und Nachweise zu geben, die der Prüfer für eine sorgfältige Prüfung benötigt.

(2) Der Prüfer ist zur gewissenhaften und unparteiischen Prüfung und zur Verschwiegenheit verpflichtet. Er darf nicht unbefugt Geschäfts- und Betriebsgeheimnisse verwerten, die er bei seiner Tätigkeit erfahren hat. Ein Prüfer, der vorsätzlich oder fahrlässig seine Pflichten verletzt, ist dem Gewerbetreibenden zum Ersatz des daraus entstehenden Schadens verpflichtet. Mehrere Personen haften als Gesamtschuldner.

§ 18 Ordnungswidrigkeiten

Ordnungswidrig im Sinne des § 144 Abs. 2 Nr. 1 der Gewerbeordnung handelt, wer

1. Vermögenswerte des Auftraggebers annimmt oder sich zu deren Verwendung ermächtigen läßt, bevor er
    a) nach § 2 Abs. 1 Sicherheit geleistet oder eine Versicherung abgeschlossen oder
    b) die in § 2 Abs. 4 Satz 3 bezeichneten Urkunden ausgehändigt hat,
2. entgegen § 2 Abs. 5, auch in Verbindung mit § 7 Abs. 1 Satz 2, oder § 7 Abs. 1 Satz 3 die Sicherheit oder Versicherung nicht aufrechterhält,
3. einer Vorschrift des § 3 über die Entgegennahme oder die Ermächtigung zur Verwendung von Vermögenswerten des Auftraggebers zuwiderhandelt,
4. einer Vorschrift des § 4 über die Verwendung von Vermögenswerten des Auftraggebers zuwiderhandelt,
5. einer Vorschrift des § 6 Abs. 1, Abs. 2 Satz 1 oder 2, Abs. 3 Satz 1 oder Abs. 3 Satz 2 in Verbindung mit Abs. 2 Satz 2 über die getrennte Vermögensverwaltung zuwiderhandelt,
6. entgegen § 9 die Anzeige nicht, nicht richtig, nicht vollständig oder nicht rechtzeitig erstattet,
7. entgegen § 10 Abs. 1 bis 5 erforderliche Aufzeichnungen nicht, nicht richtig, nicht vollständig, nicht ordnungsgemäß oder nicht rechtzeitig macht oder Unterlagen oder Belege nicht oder nicht übersichtlich sammelt,
8. entgegen § 11 Satz 1 Nr. 1 bis 3 dem Auftraggeber die dort bezeichne-

ten Angaben nicht, nicht richtig, nicht vollständig oder nicht rechtzeitig mitteilt,

9. einer Vorschrift des § 13 über die Verwahrung, Kennzeichnung oder Aufzeichnung von Werbematerial zuwiderhandelt,

10. entgegen § 14 Abs. 1 Satz 1 Geschäftsunterlagen nicht während der vorgeschriebenen Frist aufbewahrt,

11. *(aufgehoben)*

12. entgegen § 16 Abs. 1 Satz 1 oder 2 einen Prüfungsbericht nicht, nicht richtig, nicht vollständig oder nicht rechtzeitig oder eine dort genannte Erklärung nicht, nicht richtig oder nicht rechtzeitig vorlegt oder

13. den Duldungs- oder Mitwirkungspflichten des § 17 Abs. 1 nicht, nicht ausreichend oder nicht rechtzeitig nachkommt.

§ 19 *(Aufhebung von Vorschriften)*

§ 20 Übergangsvorschriften

(1) Gewerbetreibende, die Vermögenswerte des Auftraggebers nach den §§ 3 oder 7 Abs. 1 in der bis zum 28. Februar 1991 geltenden Fassung abzusichern haben, können die Verträge weiterhin nach diesen Vorschriften abwickeln.

(2) Betreuungsunternehmen im Sinne des § 37 Abs. 2 des Zweiten Wohnungsbaugesetzes und des § 22 c Abs. 2 des Wohnungsbaugesetzes für das Saarland, die diese Eigenschaft verlieren, dürfen Vermögenswerte des Auftraggebers von diesem Zeitpunkt an nur noch unter den Voraussetzungen der §§ 2 bis 7 entgegennehmen oder sich zu deren Verwendung ermächtigen lassen.

9. Haustürgeschäfte-Widerrufsrecht im neuen BGB

In der Fassung vom 2. Januar 2002 (BGBl. I 42)

Das Haustürgeschäfte-Widerrufsgesetz von 1986 ist nun Teil des Bürgerlichen Gesetzbuches (BGB). Die folgenden Paragraphen sind für Reisegewerbetreibende von besonderer Bedeutung.

§ 312 Widerrufsrecht bei Haustürgeschäften

(1) Bei einem Vertrag zwischen einem Unternehmer und einem Verbraucher, der eine entgeltliche Leistung zum Gegenstand hat und zu dessen Abschluß der Verbraucher

1. durch mündliche Verhandlungen an seinem Arbeitsplatz oder im Bereich einer Privatwohnung,
2. anläßlich einer vom Unternehmer oder von einem Dritten zumindest auch im Interesse des Unternehmers durchgeführten Freizeitveranstaltung oder
3. im Anschluß an ein überraschendes Ansprechen in Verkehrsmitteln oder im Bereich öffentlich zugänglicher Verkehrsflächen

bestimmt worden ist (Haustürgeschäft), steht dem Verbraucher ein Widerrufsrecht gemäß § 355 zu. Dem Verbraucher kann anstelle des Widerrufsrechts ein Rückgaberecht nach § 356 eingeräumt werden, wenn zwischen dem Verbraucher und dem Unternehmer im Zusammenhang mit diesem oder einem späteren Geschäft auch eine ständige Verbindung aufrechterhalten werden soll.

(2) Die erforderliche Belehrung über das Widerrufs- oder Rückgaberecht muß auf die Rechtsfolgen des § 357 Abs. 1 und 3 hinweisen.

(3) Das Widerrufs- oder Rückgaberecht besteht unbeschadet anderer Vorschriften nicht bei Versicherungsverträgen oder wenn

1. im Falle von Absatz 1 Nr. 1 die mündlichen Verhandlungen, auf denen der Abschluß des Vertrags beruht, auf vorhergehende Bestellung des Verbrauchers geführt worden sind oder
2. die Leistung bei Abschluß der Verhandlungen sofort erbracht und bezahlt wird und das Entgelt 40 Euro nicht übersteigt oder
3. die Willenserklärung des Verbrauchers von einem Notar beurkundet worden ist.

§ 312 f Abweichende Vereinbarungen

Von den Vorschriften dieses Untertitels darf, soweit nicht ein anderes bestimmt ist, nicht zum Nachteil des Verbrauchers oder Kunden abgewichen werden. Die Vorschriften dieses Untertitels finden, soweit nicht ein anderes bestimmt ist, auch Anwendung, wenn sie durch anderweitige Gestaltungen umgangen werden.

§ 346 Wirkungen des Rücktritts

(1) Hat sich eine Vertragspartei vertraglich den Rücktritt vorbehalten oder steht ihr ein gesetzliches Rücktrittsrecht zu, so sind im Falle des Rücktritts die empfangenen Leistungen zurückzugewähren und die gezogenen Nutzungen herauszugeben.

(2) Statt der Rückgewähr hat der Schuldner Wertersatz zu leisten, soweit

1. die Rückgewähr oder die Herausgabe nach der Natur des Erlangten ausgeschlossen ist,
2. er den empfangenen Gegenstand verbraucht, veräußert, belastet, verarbeitet oder umgestaltet hat,
3. der empfangene Gegenstand sich verschlechtert hat oder untergegangen ist; jedoch bleibt die durch die bestimmungsgemäße Ingebrauchnahme entstandene Verschlechterung außer Betracht.

Ist im Vertrag eine Gegenleistung bestimmt, ist sie bei der Berechnung des Wertersatzes zugrunde zu legen.

(3) Die Pflicht zum Wertersatz entfällt,

1. wenn sich der zum Rücktritt berechtigende Mangel erst während der Verarbeitung oder Umgestaltung des Gegenstandes gezeigt hat,
2. soweit der Gläubiger die Verschlechterung oder den Untergang zu vertreten hat oder der Schaden bei ihm gleichfalls eingetreten wäre,
3. wenn im Falle eines gesetzlichen Rücktrittsrechts die Verschlechterung oder der Untergang beim Berechtigten eingetreten ist, obwohl dieser diejenige Sorgfalt beobachtet hat, die er in eigenen Angelegenheiten anzuwenden pflegt. Eine verbleibende Bereicherung ist herauszugeben.

(4) Der Gläubiger kann wegen Verletzung einer Pflicht aus Absatz 1 nach Maßgabe der §§ 280 bis 283 Schadensersatz verlangen.

§ 355 Widerrufsrecht bei Verbraucherverträgen

(1) Wird einem Verbraucher durch Gesetz ein Widerrufsrecht nach dieser Vorschrift eingeräumt, so ist er an seine auf den Abschluß des Vertrags gerichtete Willenserklärung nicht mehr gebunden, wenn er sie fristgerecht widerrufen hat. Der Widerruf muß keine Begründung enthalten und ist in Textform oder durch Rücksendung der Sache innerhalb von zwei Wochen gegenüber dem Unternehmer zu erklären; zur Fristwahrung genügt die rechtzeitige Absendung.

(2) Die Frist beginnt mit dem Zeitpunkt, zu dem dem Verbraucher eine deutlich gestaltete Belehrung über sein Widerrufsrecht, die ihm entspre-

chend den Erfordernissen des eingesetzten Kommunikationsmittels seine Rechte deutlich macht, in Textform mitgeteilt worden ist, die auch Namen und Anschrift desjenigen, gegenüber dem der Widerruf zu erklären ist, und einen Hinweis auf den Fristbeginn und die Regelung des Absatzes 1 Satz 2 enthält. Sie ist vom Verbraucher bei anderen als notariell beurkundeten Verträgen gesondert zu unterschreiben oder mit einer qualifizierten elektronischen Signatur zu versehen. Ist der Vertrag schriftlich abzuschließen, so beginnt die Frist nicht zu laufen, bevor dem Verbraucher auch eine Vertragsurkunde, der schriftliche Antrag des Verbrauchers oder eine Abschrift der Vertragsurkunde oder des Antrags zur Verfügung gestellt werden. Ist der Fristbeginn streitig, so trifft die Beweislast den Unternehmer.

(3) Das Widerrufsrecht erlischt spätestens sechs Monate nach Vertragsschluß. Bei der Lieferung von Waren beginnt die Frist nicht vor dem Tag ihres Eingangs beim Empfänger.

§ 356 Rückgaberecht bei Verbraucherverträgen

(1) Das Widerrufsrecht nach § 355 kann, soweit dies ausdrücklich durch Gesetz zugelassen ist, beim Vertragsschluß auf Grund eines Verkaufsprospekts im Vertrag durch ein uneingeschränktes Rückgaberecht ersetzt werden. Voraussetzung ist, daß

1. im Verkaufsprospekt eine deutlich gestaltete Belehrung über das Rückgaberecht enthalten ist,
2. der Verbraucher den Verkaufsprospekt in Abwesenheit des Unternehmers eingehend zur Kenntnis nehmen konnte und
3. dem Verbraucher das Rückgaberecht in Textform eingeräumt wird.

(2) Das Rückgaberecht kann innerhalb der Widerrufsfrist, die jedoch nicht vor Erhalt der Sache beginnt, und nur durch Rücksendung der Sache oder, wenn die Sache nicht als Paket versandt werden kann, durch Rücknahmeverlangen ausgeübt werden. § 355 Abs. 1 Satz 2 findet entsprechende Anwendung.

§ 362 Erlöschen durch Leistung

(1) Das Schuldverhältnis erlischt, wenn die geschuldete Leistung an den Gläubiger bewirkt wird.

(2) Wird an einen Dritten zum Zwecke der Erfüllung geleistet, so finden die Vorschriften des § 185 Anwendung.

§ 363 Beweislast bei Annahme als Erfüllung

Hat der Gläubiger eine ihm als Erfüllung angebotene Leistung als Erfüllung angenommen, so trifft ihn die Beweislast, wenn er die Leistung deshalb nicht als Erfüllung gelten lassen will, weil sie eine andere als die geschuldete Leistung oder weil sie unvollständig gewesen sei.

§ 364 Annahme an Erfüllungs statt

(1) Das Schuldverhältnis erlischt, wenn der Gläubiger eine andere als die geschuldete Leistung an Erfüllungs statt annimmt.

(2) Übernimmt der Schuldner zum Zwecke der Befriedigung des Gläubigers diesem gegenüber eine neue Verbindlichkeit, so ist im Zweifel nicht anzunehmen, daß er die Verbindlichkeit an Erfüllungs statt übernimmt.

10. Einkommensteuergesetz (Auszug)

§ 15 Einkünfte aus Gewerbebetrieb

(1) Einkünfte aus Gewerbebetrieb sind

1. Einkünfte aus gewerblichen Unternehmen. Dazu gehören auch Einkünfte aus gewerblicher Bodenbewirtschaftung, z. B. aus Bergbauunternehmen und aus Betrieben zur Gewinnung von Torf, Steinen und Erden, soweit sie nicht land- oder forstwirtschaftliche Nebenbetriebe sind;

2. die Gewinnanteile der Gesellschafter einer Offenen Handelsgesellschaft, einer Kommanditgesellschaft und einer anderen Gesellschaft, bei der der Gesellschafter als Unternehmer (Mitunternehmer) des Betriebs anzusehen ist, und die Vergütung, die der Gesellschafter von der Gesellschaft für seine Tätigkeit im Dienst der Gesellschaft oder für die Hingabe von Darlehen oder für die Überlassung von Wirtschaftsgütern bezogen hat. Der mittelbar über eine oder mehrere Personengesellschaften beteiligte Gesellschafter steht dem unmittelbar beteiligten Gesellschafter gleich; er ist als Mitunternehmer des Betriebs der Gesellschaft anzusehen, an der er mittelbar beteiligt ist, wenn er und die Personengesellschaften, die seine Beteiligung vermitteln, jeweils als Mitunternehmer der Betriebe der Personengesellschaften anzusehen sind, an denen sie unmittelbar beteiligt sind;

3. die Gewinnanteile der persönlich haftenden Gesellschafter einer Kommanditgesellschaft auf Aktien, soweit sie nicht auf Anteile am Grundkapital entfallen, und die Vergütungen, die der persönlich haftende Gesellschafter von der Gesellschaft für seine Tätigkeit im Dienst der Gesellschaft oder für die Hingabe von Darlehen oder für die Überlassung von Wirtschaftsgütern bezogen hat.

Satz 1 Nr. 2 und 3 gilt auch für Vergütungen, die als nachträgliche Einkünfte (§ 24 Nr. 2) bezogen werden.

(2) Eine selbständige nachhaltige Betätigung, die mit der Absicht, Gewinn zu erzielen, unternommen wird und sich als Beteiligung am allgemeinen wirtschaftlichen Verkehr darstellt, ist Gewerbebetrieb, wenn die Betätigung weder als Ausübung von Land- und Forstwirtschaft noch als Ausübung eines freien Berufs noch als eine andere selbständige Arbeit anzusehen ist. Eine durch die Betätigung verursachte Minderung der Steuern vom Einkommen ist kein Gewinn im Sinne des Satzes 1. Ein Gewerbebetrieb liegt, wenn seine Voraussetzungen im übrigen gegeben sind, auch dann vor, wenn die Gewinnerzielungsabsicht nur ein Nebenzweck ist.

(3) Als Gewerbebetrieb gilt in vollem Umfang die mit Einkünfteerzielungsabsicht unternommene Tätigkeit

1. einer Offenen Handelsgesellschaft, einer Kommanditgesellschaft oder einer anderen Personengesellschaft, wenn die Gesellschaft auch eine Tätigkeit im Sinne des Absatzes 1 Nr. 1 ausübt,

2. einer Personengesellschaft, die keine Tätigkeit im Sinne des Absatzes 1 Nr. 1 ausübt und bei der ausschließlich eine oder mehrere Kapitalgesellschaften persönlich haftende Gesellschafter sind und nur diese oder Personen, die Nichtgesellschafter sind, zur Geschäftsführung befugt sind (gewerblich geprägte Personengesellschaft). Ist eine gewerblich geprägte Personengesellschaft als persönlich haftender Gesellschafter an einer anderen Personengesellschaft beteiligt, so steht für die Beurteilung, ob die Tätigkeit dieser Personengesellschaft als Gewerbebetrieb gilt, die gewerblich geprägte Personengesellschaft einer Kapitalgesellschaft gleich.

(4) Verluste aus gewerblicher Tierzucht oder gewerblicher Tierhaltung dürfen weder mit anderen Einkünften aus Gewerbebetrieb noch mit Einkünften aus anderen Einkunftsarten ausgeglichen werden; sie dürfen auch nicht nach § 10 d abgezogen werden. Die Verluste mindern jedoch nach Maßgabe des § 10 d die Gewinne, die der Steuerpflichtige in vorangegangenen und in späteren Wirtschaftsjahren aus gewerblicher Tierzucht oder gewerblicher Tierhaltung erzielt hat oder erzielt.

§ 18

(1) Einkünfte aus selbständiger Arbeit sind

1. Einkünfte aus freiberuflicher Tätigkeit. Zu der freiberuflichen Tätigkeit gehören die selbständig ausgeübte wissenschaftliche, künstlerische, schriftstellerische, unterrichtende oder erzieherische Tätigkeit, die selbständige Berufstätigkeit der Ärzte, Zahnärzte, Tierärzte, Rechtsanwälte, Notare, Patentanwälte, Vermessungsingenieure, Ingenieure, Architekten, Handelschemiker, Wirtschaftsprüfer, Steuerberater, beratender Volks- und Betriebswirte, vereidigten Buchprüfer (vereidigten Bücherrevisoren), Steuerbevollmächtigte, Heilpraktiker, Dentisten, Krankengymnasten, Journalisten, Bildberichterstatter, Dolmetscher, Übersetzer, Lotsen und ähnliche Berufe. Ein Angehöriger eines freien Berufs im Sinne der Sätze 1 und 2 ist auch dann freiberuflich tätig, wenn er sich der Mithilfe fachlich vorgebildeter Arbeitskräfte bedient; Voraussetzung ist, daß er auf Grund eigener Fachkenntnisse leitend und eigenverantwortlich tätig wird. Eine Vertretung im Fall vorübergehender Verhinderung steht der Annahme einer leitenden und eigenverantwortlichen Tätigkeit nicht entgegen;

2. Einkünfte der Einnehmer einer staatlichen Lotterie, wenn sie nicht Einkünfte aus Gewerbebetrieb sind;

3. Einkünfte aus sonstiger selbständiger Arbeit, z. B. Vergütung für die

Vollstreckung von Testamenten, für Vermögensverwaltung und für die Tätigkeit als Aufsichtsratsmitglied.

(2) Einkünfte nach Absatz 1 sind auch dann steuerpflichtig, wenn es sich nur um eine vorübergehende Tätigkeit handelt.

(3) Zu den Einkünften aus selbständiger Arbeit gehört auch der Gewinn, der bei der Veräußerung des Vermögens oder eines selbständigen Teils des Vermögens oder eines Anteils am Vermögen erzielt wird, das der selbständigen Arbeit dient. § 16 Abs. 1 Nr. 1 letzter Halbsatz und Abs. 2 bis 4 gilt entsprechend.

(4) § 15 Abs. 1 Nr. 2 und Abs. 2 Sätze 2 und 3 und § 15 a sind entsprechend anzuwenden.

11. Gesetz zur Bekämpfung der Schwarzarbeit

Vom 30. März 1957 (BGBl. I S. 315)
In der Fassung der Bekanntmachung vom 6. Februar 1995
(BGBl. I S. 165)
Zuletzt geändert am 23. 7. 02 (BGBl. I S. 2791 f.)

§ 1 Schwarzarbeit

(1) Ordnungswidrig handelt, wer Dienst- und Werkleistungen in erheblichem Umfange erbringt, obwohl er

1. der Mitteilungspflicht gegenüber einer Dienststelle der Bundesanstalt für Arbeit, einem Träger der gesetzlichen Kranken-, Pflege-, Unfall- oder Rentenversicherung oder einem Träger der Sozialhilfe nach § 60 Abs. 1 Nr. 2 des Ersten Buches Sozialgesetzbuch oder der Meldepflicht nach § 8 Abs. 1 des Asylbewerberleistungsgesetzes nicht nachgekommen ist,

2. der Verpflichtung zur Anzeige vom Beginn des selbständigen Betriebes eines stehenden Gewerbes (§ 14 der Gewerbeordnung) nicht nachgekommen ist oder die erforderliche Reisegewerbekarte (§ 55 der Gewerbeordnung) nicht erworben hat oder

3. ein Handwerk als stehendes Gewerbe selbständig betreibt, ohne in der Handwerksrolle eingetragen zu sein (§ 1 der Handwerksordnung).

(2) Die Ordnungswidrigkeit kann in den Fällen des Absatzes 1 Nr. 1 oder 2 mit einer Geldbuße bis zu dreihunderttausend Euro, in den Fällen des Absatzes 1 Nr. 3 mit einer Geldbuße bis zu einhunderttausend Euro geahndet werden.

(3) Absatz 1 gilt nicht für Dienst- oder Werkleistungen, die auf Gefälligkeit oder Nachbarschaftshilfe beruhen, sowie für Selbsthilfe im Sinne des § 36 Abs. 2 und 4 des Zweiten Wohnungsbaugesetzes in der Fassung der Bekanntmachung vom 30. Juli 1980 (BGBl, I S. 1085).

§ 2 Beauftragung mit Schwarzarbeit

(1) Ordnungswidrig handelt, wer Dienst- oder Werkleistungen in erheblichem Umfange ausführen läßt, indem er eine oder mehrere Personen beauftragt, die diese Leistungen unter Verstoß gegen die in § 1 Abs. 1 genannten Vorschriften erbringen.

(2) Die Ordnungswidrigkeit kann bei Beauftragung einer Person, die gegen § 1 Abs. Nr. 1 oder 2 verstößt, mit einer Geldbuße bis zu dreihunderttausend Euro, sonst mit einer Geldbuße bis zu einhunderttausend Euro geahndet werden.

§ 3 Zusammenarbeit der Behörden

(1) Die nach Landesrecht für die Verfolgung und Ahndung von Ordnungswidrigkeiten nach diesem Gesetz zuständigen Behörden arbeiten insbesondere mit folgenden Behörden zusammen:

1. den Arbeitsämtern,
2. den Trägern der Krankenversicherung als Einzugsstellen für die Sozialversicherungsbeiträge,
3. den in § 63 des Ausländergesetzes genannten Behörden,
4. den Finanzbehörden,
5. den Trägern der Unfallversicherung,
6. den für den Arbeitsschutz zuständigen Landesbehörden,
7. den Behörden der Zollverwaltung,
8. den Rentenversicherungträgern,
9. den Trägern der Sozialhilfe.

(2) Ergeben sich für die nach Landesrecht für die Verfolgung und Ahndung von Ordnungswidrigkeiten nach diesem Gesetz zuständigen Behörden bei der Durchführung dieses Gesetzes im Einzelfall konkrete Anhaltspunkte für

1. Verstöße gegen das Arbeitnehmerüberlassungsgesetz,
2. eine Beschäftigung oder Tätigkeit von nichtdeutschen Arbeitnehmern
   ohne die erforderliche Erlaubnis nach § 284 Abs. 1 Satz 1 des Dritten
   Buches Sozialgesetzbuch,
3. Verstöße gegen die Mitteilungspflicht nach § 60 Abs. 1 Satz 1 Nr. 2 des
   Ersten Buches Sozialgesetzbuch gegenüber einer Dienststelle der Bundesanstalt für Arbeit, einem Träger der gesetzlichen Kranken-, Pflege-,
   Unfall- oder Rentenversicherung oder einem Träger der Sozialhilfe
   oder gegen die Meldepflicht nach § 8 a des Asylbewerberleistungsgesetzes,
4. Verstöße gegen die Vorschriften des Vierten und des Siebten Buches
   Sozialgesetzbuch über die Pflicht zur Zahlung von Sozialversicherungsbeiträgen.
5. Verstöße gegen die Steuergesetze,
6. Verstöße gegen das Ausländergesetz,

unterrichten sie die für die Verfolgung und Ahndung zuständigen Behörden sowie die Behörden nach § 63 des Ausländergesetzes.

(2a) Ergeben sich für die in Absatz 1 Nr. 1 bis 3 und 5 bis 9 genannten
Behörden im Zusammenhang mit der Erfüllung ihrer gesetzlichen Aufgaben Anhaltspunkte für Verstöße gegen die §§ 1, 2, 2a und 4, unterrichten
sie die für die Verfolgung und Ahndung von Ordnungswidrigkeiten nach
diesem Gesetz zuständigen Behörden.

(3) Gerichte und Staatsanwaltschaften sollen den nach diesem Gesetz
zuständigen Behörden Erkenntnisse übermitteln, die aus ihrer Sicht zur

Verfolgung von Ordnungswidrigkeiten nach den §§ 1 oder 2 erforderlich sind, soweit nicht für das Gericht oder die Staatsanwaltschaft erkennbar ist, daß schutzwürdige Interessen der Betroffenen oder anderer Verfahrensbeteiligter an dem Ausschluß der Übermittlung überwiegen. Dabei ist zu berücksichtigen, wie gesichert die zu übermittelnden Erkenntnisse sind.

§ 4 Unlautere Werbung in Medien

(1) Ordnungswidrig handelt, wer für die selbständige Erbringung handwerklicher Dienst- oder Werkleistungen durch eine Anzeige in Zeitungen, Zeitschriften oder anderen Medien oder auf andere Weise wirbt, ohne pflichtgemäß in die Handwerksrolle eingetragen zu sein.

(2) Die Ordnungswidrigkeit kann mit einer Geldbuße bis zu fünfzigtausend Deutsche Mark geahndet werden.

(3) Erfolgen Werbemaßnahmen ohne Angabe von Namen und Anschrift unter einem Telekommunikationsanschluß oder unter einer Chiffre und bestehen in diesem Zusammenhang Anhaltspunkte für einen Verstoß gegen Absatz 1, ist der Anbieter dieser Telekommunikationsleistung oder der Herausgeber der Chiffreanzeige verpflichtet, der Handwerkskammer Namen und Anschrift des Anschlußinhabers oder Auftraggebers der Chiffreanzeige unentgeltlich mitzuteilen. Für die Verfolgung und Ahndung von Ordnungswidrigkeiten nach Absatz 1 können die dafür nach Landesrecht zuständigen Behörden über zentrale Abfragestellen in entsprechender Anwendung des § 90 Abs. 3 und 4 des Telekommunikationsgesetzes Auskunft über Namen und Anschrift des Anschlußinhabers einholen.

§ 5 Ausschluß von öffentlichen Aufträgen

(1) Von der Teilnahme an einem Wettbewerb um einen Bauauftrag der in § 98 Nr. 1 bis 3 und 5 des Gesetzes gegen Wettbewerbsbeschränkungen genannten Auftraggeber sollen Bewerber bis zu einer Dauer von drei Jahren ausgeschlossen werden, die oder deren nach Satzung oder Gesetz Vertretungsberechtigte

1. nach § 2 oder wegen illegaler Beschäftigung (§ 404 Abs. 1 Nr. 2, Abs. 2 Nr. 3, §§ 406, 407 des Dritten Buches Sozialgesetzbuch oder Artikel 1 §§ 15, 15a, 16 Abs. 1, 1b und 2 des Arbeitnehmerüberlassungsgesetzes) oder

2. nach § 266a Abs. 1, 2 und 4 des Strafgesetzbuches zu einer Freiheitsstrafe von mehr als drei Monaten oder einer Geldstrafe von mehr als 90 Tagessätzen verurteilt oder mit einer Geldbuße von wenigstens zweitausendfünfhundert Euro belegt worden sind.

Das Gleiche gilt auch schon vor Durchführung eines Straf- oder Bußgeldverfahrens, wenn im Einzelfall angesichts der Beweislage kein vernünftiger Zweifel an einer schwerwiegenden Verfehlung nach Satz 1 besteht. Die für die Verfolgung oder Ahnung zuständigen Behörden nach Satz 1 Nr. 1 und 2 dürfen den Vergabestellen auf Verlangen die erforderlichen Auskünfte geben. Öffentliche Auftraggeber nach Satz 1 fordern bei Bauaufträgen Auskünfte des Bundeszentralregisters nach § 30 Abs. 5, § 31 des Bundeszentralregistergesetzes und Auskünfte des Gewerbezentralregisters nach § 150a der Gewerbeordnung über rechtskräftige Bußgeldentscheidungen wegen einer in Satz 1 genannten Straftat oder Ordnungswidrigkeit an oder verlangen vom Bewerber die Vorlage entsprechender Auskünfte aus dem Bundeszentralregister oder Gewerbezentralregister, die nicht älter als drei Monate sein dürfen.

(2) Eine Verfehlung nach Absatz 1 steht einer Verletzung von Pflichten nach § 241 Abs. 2 des Bürgerlichen Gesetzbuchs gleich.

§ 6 Zuständigkeit und Vollstreckung

(1) Verwaltungsbehörde im Sinne des § 36 Abs. 1 Nr. 1 des Gesetzes über Ordnungswidrigkeiten ist

1. in den Fällen des § 1 Abs. 1 Nr. 1 und § 2, soweit ein Zusammenhang mit der Ordnungswidrigkeit nach § 1 Abs. 1 Nr. 1 besteht, der zuständige Leistungsträger für seinen Geschäftsbereich,
2. in den übrigen Fällen die nach Landesrecht zuständige Behörde.

(2) Die Geldbußen fließen in die Kasse der Verwaltungsbehörde, die den Bußgeldbescheid erlassen hat.

12. Verordnung über die Festsetzung der Lehrzeitdauer im Handwerk*

Vom 23. November 1960 (BGBl. I S. 851),
geändert durch die Verordnung zur Änderung der Verordnung
über die Festsetzung der Lehrzeitdauer im Handwerk
vom 25. Juli 1969 (BGBl. I S. 1021)

Auf Grund der § 30 Satz 2 des Gesetzes zur Ordnung des Handwerks (Handwerksordnung) vom 17. September 1953 (Bundesgesetzbl. I S. 1411) – zuletzt geändert durch Gesetz vom 26. Dezember 1957 (Bundesgesetzbl. I S. 1883) – wird mit Zustimmung des Bundesrates verordnet:

§ 1

Die Dauer der Lehrzeit für die in der Anlage A zur Handwerksordnung aufgeführten Handwerke wird auf drei Jahre festgesetzt, soweit nicht in § 2 für einzelne Handwerke eine andere Regelung getroffen wird.

§ 2

Die Dauer der Lehrzeit wird für folgende Handwerke auf dreieinhalb Jahre festgesetzt:

Maschinenbauer (Mühlenbauer)	Radio- und Fernsehmechaniker
Werkzeugmacher	Uhrmacher
Mechaniker (Nähmaschinen-,	Graveure
Zweirad- und Kältemechaniker)	Galvaniseure und Metallschleifer
Büromaschinenmechaniker	Goldschmiede
Kraftfahrzeugmechaniker	Silberschmiede
Kraftfahrzeugelektriker	Bootsbauer
Landmaschinenmechaniker	Schiffbauer
Feinmechaniker	Modellbauer
Feinoptiker	Karosseriebauer
Büchsenmacher	Augenoptiker
Gas- und Wasserinstallateure	Orthopädiemechaniker
Kupferschmiede	Chirurgiemechaniker
Elektroinstallateure	Zahntechniker
Elektromechaniker	Orgel- und Harmoniumbauer

---

* Die Ausbildungsdauer wird seit dem 1. September 1969 in den nach § 25 Abs. 1 HwO zu erlassenden Ausbildungsverordnungen für das jeweilige Handwerk festgelegt. Dabei kann von der Lehrzeitdauer abgewichen werden, die in der hier abgedruckten Verordnung für alle Handwerke auf 3 und 3 $\frac{1}{2}$ Jahre festgesetzt worden ist.

Fernmeldemechaniker   Klavier- und Cembalobauer
Elektromaschinenbauer   Holzblasinstrumentenmacher

§ 3

Mit dem Inkrafttreten dieser Verordnung treten die bisherigen Bestimmungen über die Dauer der handwerklichen Lehrzeit außer Kraft.

§ 4

Diese Verordnung gilt nach § 14 des Dritten Überleitungsgesetzes vom 4. Januar 1952 (Bundesgesetzbl. I S. 1) in Verbindung mit § 124 der Handwerksordnung auch im Land Berlin.

§ 5

Diese Verordnung tritt am Tage nach ihrer Verkündigung in Kraft. Sie gilt nicht für Lehrverträge, die vor ihrem Inkrafttreten abgeschlossen worden sind; insoweit verbleibt es bei den in diesen Verträgen vereinbarten Lehrzeiten.

13. Verordnung über gemeinsame Anforderungen in der Meisterprüfung im Handwerk

Vom 18. Juli 2000 (BGBl. I S. 1078)

Auf Grund des § 45 Nr. 2 der Handwerksordnung in der Fassung der Bekanntmachung vom 24. September 1998 (BGBl. I S. 3074) in Verbindung mit Artikel 56 des Zuständigkeitsanpassungs-Gesetzes vom 18. März 1975 (BGBl. I S. 705) und dem Organisationserlaß vom 27. Oktober 1998 (BGBl. I S. 3288) verordnet das Bundesministerium für Wirtschaft und Technologie im Einvernehmen mit dem Bundesministerium für Bildung und Forschung:

Abschnitt 1
Gemeinsame Vorschriften

§ 1 Gliederung und Inhalt der Meisterprüfung

(1) Die Meisterprüfung in Gewerben der Anlage A zur Handwerksordnung umfaßt folgende selbständige Prüfungsteile:

1. die Prüfung der meisterhaften Verrichtung der im jeweiligen Handwerk gebräuchlichen Arbeiten (Teil I),
2. die Prüfung der erforderlichen fachtheoretischen Kenntnisse im jeweiligen Handwerk (Teil II),
3. die Prüfung der erforderlichen betriebswirtschaftlichen, kaufmännischen und rechtlichen Kenntnisse (Teil III) und
4. die Prüfung der erforderlichen berufs- und arbeitspädagogischen Kenntnisse (Teil IV).

(2) Die Prüfungsanforderungen in den Teilen I und II bestimmen sich nach den für die einzelnen Gewerbe der Anlage A zur Handwerksordnung erlassenen Rechtsverordnungen oder nach den gemäß § 119 Abs. 5 und § 122 der Handwerksordnung weiter anzuwendenden Vorschriften. Für die Prüfungsanforderungen in den Teilen III und IV gelten die §§ 4 und 5 dieser Verordnung.

§ 2 Bestehen der Meisterprüfung, Bewertungssystem

(1) Die Meisterprüfung ist insgesamt bestanden, wenn jeder der vier Teile der Meisterprüfung bestanden worden ist. Die Befreiung von einem Teil der Meisterprüfung steht dem Bestehen dieses Teils gleich.

(2) Für die Bewertung der Prüfungsleistungen in den Prüfungsbereichen, in den Prüfungsfächern, in den Handlungsfeldern, in der praktischen Prüfung im Teil IV und im Falle von Ergänzungsprüfungen ist der nachstehende 100-Punkte-Schlüssel anzuwenden:

100 – 92 Punkte	für eine den Anforderungen in besonderem Maße entsprechende Leistung,
unter 92 – 81 Punkte	für eine den Anforderungen voll entsprechende Leistung,
unter 81 – 67 Punkte	für eine den Anforderungen im allgemeinen entsprechende Leistung,
unter 67 – 50 Punkte	für eine Leistung, die zwar Mängel aufweist, aber im ganzen den Anforderungen noch entspricht,
unter 50 – 30 Punkte	für eine Leistung, die den Anforderungen nicht entspricht, jedoch erkennen läßt, daß gewisse Grundkenntnisse noch vorhanden sind,
unter 30 – 0 Punkte	für eine Leistung, die den Anforderungen nicht entspricht und bei der selbst Grundkenntnisse sehr lückenhaft sind oder fehlen.

Der 100-Punkte-Schlüssel ist auch auf Prüfungsleistungen anzuwenden, die innerhalb von Prüfungsbereichen, Prüfungsfächern und Handlungsfeldern zu erbringen und ihrer Natur nach für sich genommen zu bewerten sind.

(3) Die Note für jeden Teil der Meisterprüfung wird auf der Grundlage des gewichteten rechnerischen Durchschnitts der nach Absatz 2 erzielten Punkte festgesetzt. Dabei bedeuten:

100 – 92 Punkte	die Note: sehr gut,
unter 92 – 81 Punkte	die Note: gut,
unter 81 – 67 Punkte	die Note: befriedigend,
unter 67 – 50 Punkte	die Note: ausreichend,
unter 50 – 30 Punkte	die Note: mangelhaft,
unter 30 – 0 Punkte	die Note: ungenügend.

(4) Über das Ergebnis der Prüfung in jedem Teil der Meisterprüfung und die dabei erzielte Note ist dem Prüfling unverzüglich ein schriftlicher Bescheid mit Rechtsbehelfsbelehrung zu erteilen.

(5) Über das Bestehen der Meisterprüfung insgesamt ist vom zuletzt tätig gewordenen fachlich zuständigen Meisterprüfungsausschuß ein Zeugnis zu erteilen. In dem Zeugnis sind die in den Teilen der Meisterprüfung erzielten Noten sowie Befreiungen, unter Angabe der Rechtsgrundlage, auszuweisen. Das Zeugnis ist vom Vorsitzenden des Meisterprüfungsausschusses zu unterschreiben und von der Handwerkskammer zu beglaubigen.

§ 3 Wiederholung der Meisterprüfung

(1) Die einzelnen Teile der Meisterprüfung können dreimal wiederholt werden.

(2) Der Prüfling ist auf Antrag von der Wiederholung der Prüfung in Prüfungsbereichen, in Prüfungsfächern, in Handlungsfeldern oder im praktischen Teil der Prüfung im Teil IV zu befreien, wenn seine Leistungen darin in einer vorangegangenen Prüfung mit mindestens 50 Punkten bewertet wurden. Eine Befreiung ist nur möglich, wenn sich der Prüfling innerhalb von sieben Jahren, gerechnet vom Tag der Bescheidung über den nicht bestandenen Prüfungsteil, zur Wiederholungsprüfung anmeldet.

Abschnitt 2
Prüfungsanforderungen in den Teilen III und IV der Meisterprüfung

§ 4 Prüfung der betriebswirtschaftlichen, kaufmännischen und rechtlichen Kenntnisse (Teil III)

(1) Durch die Prüfung in Teil III der Meisterprüfung wird festgestellt, ob der Prüfling die zur selbständigen Führung eines Handwerksbetriebs erforderlichen betriebswirtschaftlichen, kaufmännischen und rechtlichen Kenntnisse besitzt. Diese Kenntnisse hat er in den nachstehend aufgeführten Handlungsfeldern nachzuweisen:

1. Grundlagen des Rechnungswesens und Controllings:
   a) Buchführung,
   b) Jahresabschluß und Grundzüge der Auswertung,
   c) Kosten- und Leistungsrechnung, Controlling.
2. Grundlagen wirtschaftlichen Handelns im Betrieb:
   a) Handwerk in Wirtschaft und Gesellschaft,
   b) Marketing,
   c) Organisation,
   d) Personalwesen und Mitarbeiterführung,
   e) Finanzierung,
   f) Planung und
   g) Gründung.
3. Rechtliche und steuerliche Grundlagen:
   a) Bürgerliches Recht, Mahn- und Klageverfahren, Zwangsvollstreckung, Insolvenzverfahren,
   b) Handwerks- und Gewerberecht, Handels- und Gesellschaftsrecht, Wettbewerbsrecht,
   c) Arbeitsrecht,
   d) Sozial- und Privatversicherungen,
   e) Steuern.

(2) Die Prüfung ist schriftlich durchzuführen und soll insgesamt nicht länger als fünf Stunden dauern. In jedem Handlungsfeld sind mehrere Aufgaben zu bearbeiten. In der Prüfung muß mindestens eine Aufgabe fallorientiert sein.

(3) Die schriftliche Prüfung ist in einem der in Absatz 1 genannten Handlungsfelder auf Antrag des Prüflings oder nach Ermessen des Meisterprüfungsausschusses durch eine mündliche Prüfung zu ergänzen (Ergänzungsprüfung), wenn diese das Bestehen des Teils der Meisterprüfung ermöglicht. Die Ergänzungsprüfung soll je Prüfling nicht länger als 20 Minuten dauern. Das Ergebnis der jeweiligen schriftlichen Prüfung und der Ergänzungsprüfung ist im Verhältnis 2 : 1 zu gewichten.

(4) Mindestvoraussetzung für das Bestehen des Teils III der Meisterprüfung ist eine insgesamt ausreichende Prüfungsleistung. Ist die Prüfung in einem Handlungsfeld auch nach durchgeführter Ergänzungsprüfung mit weniger als 30 Punkten bewertet worden, ist die Prüfung des Teils III nicht bestanden.

§ 5 Prüfung der berufs- und arbeitspädagogischen Kenntnisse (Teil IV)

(1) Durch die Prüfung in Teil IV der Meisterprüfung wird festgestellt, ob der Prüfling die zur ordnungsgemäßen Ausbildung von Lehrlingen erforderlichen berufs- und arbeitspädagogischen Kenntnisse besitzt. Diese Kenntnisse hat er in den nachstehend aufgeführten Handlungsfeldern nachzuweisen:

1. Allgemeine Grundlagen:
   a) Bedeutung und Stellung der Berufsbildung,
   b) Bedeutung des dualen Systems der Berufsausbildung,
   c) rechtliche Rahmenbedingungen der Ausbildung,
   d) Aufgaben, Stellung und Funktion des Ausbilders,
   e) Aufgaben der Handwerksorganisationen in der Berufsbildung sowie Möglichkeiten der Mitwirkung.
2. Planung der Ausbildung:
   a) Ausbildungsberufe und Ausbildungsplatzentscheidungen,
   b) Ziele und Struktur der Ausbildungsordnung,
   c) Eignung des Ausbildungsbetriebes,
   d) betrieblicher Ausbildungsplan,
   e) Ausbildung und Führungsstil,
   f) Partner im dualen System.
3. Einstellung von Auszubildenden:
   a) Einstellungsverfahren,
   b) Ausbildungsvertrag,
   c) Eintragung und Anmeldung,
   d) Einführung und Probezeit.
4. Ausbildung am Arbeitsplatz:
   a) Ausbildungsmethoden,
   b) Lernen am Arbeitsplatz,
   c) Lernhilfen/Medien,

    d) Lernerfolgskontrollen und Leistungsbeurteilung, insbesondere Beurteilungsgespräche und Auswerten von Prüfungen.

5. Förderung des Lernprozesses:

    a) Lernvoraussetzungen, insbesondere unter Berücksichtigung kultureller Unterschiede bei der Ausbildung,

    b) Anleiten zu Lern- und Arbeitstechniken, Fördern der Lernmotivation,

    c) Sichern von Lernerfolgen,

    d) Umgang mit Lernschwierigkeiten und Verhaltensauffälligkeiten,

    e) Kooperation mit externen Beratungsstellen,

    f) Förderung von Leistungsstärken.

6. Ausbildung in der Gruppe:

    a) Teambildung,

    b) gruppenspezifische Ausbildungsmethoden, insbesondere Kurzvorträge und Moderation,

    c) Lernen und Arbeiten im Team,

    d) Konflikte und Konfliktlösung.

7. Abschluß der Ausbildung:

    a) Vorbereitung auf Prüfungen,

    b) Anmeldung zu Prüfungen,

    c) Erstellen von Zeugnissen,

    d) Fortbildungs- und Förderungsmöglichkeiten.

(2) Die Prüfung nach Absatz 1 besteht aus einem schriftlichen und einem praktischen Teil.

(3) Im schriftlichen Teil der Prüfung sind Aufgaben aus mehreren Handlungsfeldern zu bearbeiten. Mindestens eine der Aufgaben muß fallorientiert sein. Der schriftliche Teil der Prüfung soll insgesamt nicht länger als drei Stunden dauern.

(4) Der praktische Teil der Prüfung besteht aus der Präsentation oder der praktischen Durchführung einer vom Prüfling auszuwählenden Ausbildungseinheit und aus einem Prüfungsgespräch. In diesem hat der Prüfling seine Kriterien für die Auswahl und Gestaltung der Ausbildungseinheit zu begründen. Der praktische Teil der Prüfung soll nicht länger als 30 Minuten dauern.

(5) Der schriftliche und der praktische Teil der Prüfung sind gleich zu gewichten.

(6) Der schriftliche Teil der Prüfung ist in einem der in Absatz 1 genannten Handlungsfelder auf Antrag des Prüflings oder nach Ermessen des Meisterprüfungsausschusses durch eine mündliche Prüfung zu ergänzen (Ergänzungsprüfung), wenn diese das Bestehen des Teils der Meisterprüfung ermöglicht. Die Ergänzungsprüfung soll je Prüfling nicht länger als 20

Minuten dauern. Das Ergebnis der jeweiligen schriftlichen Prüfung und der Ergänzungsprüfung ist im Verhältnis 2 : 1 zu gewichten.

(7) Mindestvoraussetzung für das Bestehen des Teils IV der Meisterprüfung ist die Bewertung des schriftlichen Teils der Prüfung, unter Berücksichtigung von Absatz 6 und des praktischen Teils der Prüfung mit jeweils mindestens 50 Punkten.

Abschnitt 3
Übergangs- und Schlußvorschriften

§ 6 Übergangsvorschriften

(1) Die bis zum 31. Oktober 2000 begonnenen Prüfungsverfahren werden auf Antrag des Prüflings nach den bisherigen Vorschriften zu Ende geführt. Bei der Anmeldung zur Prüfung bis zum Ablauf des 30. April 2001 sind auf Antrag des Prüflings die bisherigen Vorschriften anzuwenden.

(2) Prüflinge, die die Prüfung nach den bis zum 31. Oktober 2000 geltenden Vorschriften nicht bestanden haben und sich bis zum 31. Oktober 2002 zu einer Wiederholungsprüfung anmelden, können auf Antrag die Wiederholungsprüfung nach den bis zum 31. Oktober 2000 geltenden Vorschriften ablegen.

(3) Bei Meisterprüfungsverordnungen, die vor dem 1. April 1998 erlassen worden sind, gelten die Meisterprüfungsarbeit und die Arbeitsprobe als Prüfungsbereiche im Sinne dieser Verordnung.

§ 7 Inkrafttreten, Außerkrafttreten

Diese Verordnung tritt am 1. November 2000 in Kraft. Gleichzeitig tritt die Verordnung über gemeinsame Anforderungen in der Meisterprüfung im Handwerk vom 12. Dezember 1972 (BGBl. I S. 2381), geändert durch Artikel 2 des Gesetzes vom 20. Dezember 1993 (BGBl. I S. 2256), außer Kraft.

14. Verordnung über verwandte Handwerke

Vom 18. Dezember 1968 (BGBl. I S. 1355),
geändert 25. 3. 1998 (BGBl. I S. 596, 605)

Aufgrund des § 7 Abs. 1 Satz 2 des Gesetzes zur Ordnung des Handwerks (Handwerksordnung) in der Fassung der Bekanntmachung vom 28. Dezember 1965 (BGBl. 1966 I S. 1), geändert durch das Einführungsgesetz zum Gesetz über Ordnungswidrigkeiten vom 24. Mai 1968 (BGBl. I S. 503), wird mit Zustimmung des Bundesrates verordnet:

§ 1 [Verwandte Handwerke]

Die in der Anlage zu dieser Verordnung in Spalte I aufgeführten Handwerke sind mit den unter der gleichen Nummer in Spalte II aufgeführten Handwerken im Sinne des § 7 Abs. 1 Satz 2 der Handwerksordnung verwandt.

§ 2 [Berlin-Klausel]

Diese Verordnung gilt nach § 14 des Dritten Überleitungsgesetzes vom 4. Januar 1952 (BGBl. I S. 1) in Verbindung mit § 128 der Handwerksordnung auch im Land Berlin.

§ 3 [Inkrafttreten]

Diese Verordnung tritt am Tage nach der Verkündung in Kraft.[1]

---

1 Verkündet am 21. 12. 1968.

Anlage

(zu § 1)

Verzeichnis der verwandten Handwerke

1	Bäcker	Konditoren
2	Behälter- und Apparatebauer	Klempner
3	Betonstein- und Terrazzohersteller	Steinmetzen und Steinbildhauer
4	Informationstechniker	Elektrotechniker
5	Elektrotechniker	Informationstechniker; Elektromaschinenbauer
6	Elektromaschinenbauer	Elektrotechniker
7	Feinwerkmechaniker	Schneidwerkzeugmechaniker, Graveure
8	Glaser	Glasveredler
9	Glasveredler	Glaser
10	Gold- und Silberschmiede	Metallbildner
11	Graveure	Feinwerkmechaniker
12	Holzbildhauer	Steinmetzen und Steinbildhauer; Drechsler (Elfenbeinschnitzer) und Holzspielzeugmacher
13	Drechsler (Elfenbeinschnitzer) und Holzspielzeugmacher	Holzbildhauer
14	Konditoren	Bäcker
15	Klempner	Behälter- und Apparatebauer
16	Kraftfahrzeugtechniker	Zweiradmechaniker (Krafträder)
17	Landmaschinenmechaniker	Metallbauer
18	Maler und Lackierer	Stukkateure, Raumausstatter (Renovieren und Neugestalten von Oberflächen in Innenräumen)
19	Maurer und Betonbauer	Estrichleger
20	Metallbauer	Metallbildner; Feinwerkmechaniker, Landmaschinenmechaniker
21	Metallbildner	Gold- und Silberschmiede

22 Orthopädieschuhmacher	Schuhmacher
23 Raumausstatter	Maler und Lackierer (Renovieren und Neugestalten von Oberflächen in Innenräumen)
24 Steinmetzen und Steinbildhauer	Holzbildhauer, Betonstein- und Terrazohersteller
25 Stukkateure	Maler und Lackierer (Maler)
26 Tischler	Parkettleger, Drechsler (Elfenbeinschnitzer) und Holzspielzeugmacher (Holzspielzeuge)
27 Zweiradmechaniker	Kraftfahrzeugtechniker (Krafträder)

15. Verordnung über die Anerkennung von Prüfungen bei der Eintragung in die Handwerksrolle und bei Ablegung der Meisterprüfung im Handwerk

vom 2. November 1982 (BGBl. I S. 1475)

Auf Grund des § 7 Abs. 2 und des § 46 Abs. 3 Satz 3 der Handwerksordnung in der Fassung der Bekanntmachung vom 28. Dezember 1965 (BGBl. 1966 I S. 1), der durch Artikel 24 Nr. 2 des Gesetzes vom 18. März 1975 (BGBl. I S. 705) geändert worden ist, wird im Einvernehmen mit dem Bundesminister für Bildung und Wissenschaft mit Zustimmung des Bundesrates verordnet:

§ 1 Diplomprüfungen und Abschlußprüfungen an deutschen Hochschulen

Diplomprüfungen und Abschlußprüfungen an deutschen staatlichen oder staatlich anerkannten wissenschaftlichen Hochschulen und Fachhochschulen werden für Handwerke, deren Arbeitsgebiet der jeweiligen Fachrichtung oder dem jeweiligen Fachgebiet entspricht, nach Maßgabe der Anlage I anerkannt als Voraussetzung

1. für die Eintragung in die Handwerksrolle, sofern der Inhaber des Prüfungszeugnisses die Gesellenprüfung in dem zu betreibenden Handwerk oder in einem mit diesem für verwandt erklärten Handwerk oder eine Abschlußprüfung in einem dem zu betreibenden Handwerk entsprechenden anerkannten Ausbildungsberuf bestanden hat oder in dem zu betreibenden Handwerk oder in einem mit diesem für verwandt erklärten Handwerk mindestens drei Jahre praktisch tätig gewesen ist,

2. für die Befreiung von Teil II – Prüfung der fachtheoretischen Kenntnisse – der Meisterprüfung im Handwerk.

§ 2 Abschlußprüfungen an deutschen staatlichen oder staatlich anerkannten Technikerschulen/Fachschulen oder vor staatlichen Prüfungsausschüssen

Abschlußprüfungen an deutschen staatlichen oder staatlich anerkannten Technikerschulen/Fachschulen, die mindestens die in der Anlage 2 aufgeführten Bedingungen erfüllen, sowie Prüfungen vor staatlichen Prüfungsausschüssen mit Prüfungsanforderungen, die den Anforderungen bei Abschlußprüfungen an deutschen staatlichen oder staatlich anerkannten Technikerschulen/Fachschulen entsprechen, werden für Handwerke, deren

Arbeitsgebiet der jeweiligen Fachrichtung entspricht, nach Maßgabe der Anlage 3 als Voraussetzung für die Befreiung von Teil II – Prüfung der fachtheoretischen Kenntnisse – der Meisterprüfung im Handwerk anerkannt.

§ 3 Abschlußprüfungen an deutschen staatlichen oder staatlich anerkannten Unterrichtsanstalten und an Ausbildungseinrichtungen der Bundeswehr

(1) Abschlußprüfungen an staatlichen oder staatlich anerkannten Unterrichtsanstalten werden für Handwerke, deren Arbeitsgebiet dem der jeweiligen Unterrichtsanstalt entspricht, nach Maßgabe der Anlage 4 als Voraussetzung für die Befreiung von Teil II – Prüfung der fachtheoretischen Kenntnisse – und Teil III – Prüfung der wirtschaftlichen und rechtlichen Kenntnisse – der Meisterprüfung im Handwerk anerkannt.

(2) Prüfungen an Ausbildungseinrichtungen der Bundeswehr, deren Abschluß durch den Bundesminister der Verteidigung oder die von ihm bestimmte Stelle bescheinigt worden ist, werden für Handwerke, deren Arbeitsgebiet dem der jeweiligen Ausbildungseinrichtung entspricht, nach Maßgabe der Anlage 5 als Voraussetzung für die Befreiung von Teil II – Prüfung der fachtheoretischen Kenntnisse – der Meisterprüfung im Handwerk anerkannt.

§ 4 Übergangsregelung

Prüfungen, die

1. nach Artikel 3 Abs. 2 der Verordnung zur Änderung der Verordnung über die Anerkennung von Prüfungen bei der Eintragung in die Handwerksrolle und bei Ablegung der Meisterprüfung vom 18. Februar 1976 (BGBl. I S. 373) oder

2. nach § 1 Abs. 2 der Dritten Verordnung über die Anerkennung von Prüfungen bei Ablegung der Meisterprüfung im Handwerk vom 2. April 1974 (BGBl. I S. 829)

anerkannt waren, werden weiterhin anerkannt.

§ 5 Berlin-Klausel

Diese Verordnung gilt nach § 14 des Dritten Überleitungsgesetzes in Verbindung mit § 128 der Handwerksordnung auch im Land Berlin.

§ 6 Inkrafttreten, Außerkrafttreten von Vorschriften

Diese Verordnung tritt am Tage nach der Verkündung in Kraft. Gleichzeitig treten außer Kraft:

1. die Verordnung über die Anerkennung von Prüfungen bei der Eintragung in die Handwerksrolle und bei Ablegung der Meisterprüfung vom 16. Oktober 1970 (BGBl. I S. 1401), geändert durch Verordnung vom 18. Februar 1976 (BGBl. I S. 373),

2. die Zweite Verordnung über die Anerkennung von Prüfungen bei Ablegung der Meisterprüfung im Handwerk vom 14. August 1973 (BGBl. I S. 1037),
3. die Dritte Verordnung über die Anerkennung von Prüfungen bei Ablegung der Meisterprüfung im Handwerk vom 2. April 1974 (BGBl. I S. 829).

Anlage 1 (zu § 1)

Diplomprüfung/Abschlußprüfung an einer deutschen wissenschaftlichen Hochschule nach Fachrichtung/Fachgebiet	*entsprechende Handwerke*
Architektur	Maurer
	Beton- und Stahlbetonbauer
	Feuerungs- und Schornsteinbauer
	Zimmerer
	Dachdecker
	Wärme-, Kälte- und Schallschutzisolierer
	Fliesen-, Platten- und Mosaikleger
	Betonstein- und Terrazzohersteller
	Estrichleger
	Steinmetzen und Steinbildhauer
	Stukkateure
	Tischler
	Parkettleger
	Raumausstatter
	Glaser
Bauingenieurwesen	Maurer
	Beton- und Stahlbetonbauer
	Feuerungs- und Schornsteinbauer
	Zimmerer
	Straßenbauer
	Wärme-, Kälte- und Schallschutzisolierer
	Fliesen-, Platten- und Mosaikleger
	Betonstein- und Terrazzohersteller
	Estrichleger
	Brunnenbauer
	Stukkateure
Chemie	Gebäudereiniger

Diplomprüfung/Abschlußprüfung an einer deutschen wissenschaftlichen Hochschule nach Fachrichtung/Fachgebiet	*entsprechende Handwerke*
Elektrotechnik	Büromaschinenmechaniker Kraftfahrzeugelektriker Elektroinstallateure Elektromechaniker Fernmeldemechaniker Elektromaschinenbauer Radio- und Fernsehtechniker Schilder- und Lichtreklamehersteller
Feinwerktechnik	Werkzeugmacher Büromaschinenmechaniker Feinmechaniker Elektromechaniker Uhrmacher Chirurgiemechaniker Feinoptiker
Informatik	Büromaschinenmechaniker Elektromechaniker Fernmeldemechaniker Radio- und Fernsehtechniker
Lebensmitteltechnologie Getränketechnologie einschließlich Brauwesen – Bäckereitechnik	Bäcker Konditoren
– Fleischtechnik	Fleischer
– Getreidetechnik	Müller
– Getränketechnik	Brauer und Mälzer Weinküfer
Luft- und Raumfahrttechnik	Schmiede Schlosser Karosseriebauer Maschinenbauer (Mühlenbauer)
Luft- und Raumfahrttechnik	Mechaniker (Nähmaschinen- und Zweiradmechaniker)

Diplomprüfung/Abschlußprüfung an einer deutschen wissenschaftlichen Hochschule nach Fachrichtung/Fachgebiet	entsprechende Handwerke
Luft- und Raumfahrttechnik	Kälteanlagenbauer
	Büromaschinenmechaniker
	Kraftfahrzeugmechaniker
	Kraftfahrzeugelektriker
	Landmaschinenmechaniker
	Feinmechaniker
	Klempner
	Elektroinstallateure
	Elektromechaniker
	Elektromaschinenbauer
	Radio- und Fernsehtechniker
Maschinenbau	Kachelofen- und Luftheizungsbauer
	Schmiede
	Schlosser
	Karosseriebauer
	Maschinenbauer (Mühlenbauer)
	Werkzeugmacher
	Dreher
	Mechaniker (Nähmaschinen- und Zweiradmechaniker)
	Kälteanlagenbauer
	Kraftfahrzeugmechaniker
	Kraftfahrzeugelektriker
	Landmaschinenmechaniker
	Feinmechaniker
	Klempner
	Gas- und Wasserinstallateure
	Zentralheizungs- und Lüftungsbauer
	Kupferschmiede
	Galvaniseure und Metallschleifer
	Gürtler und Metalldrücker
	Metallformer und Metallgießer
Luft- und Raumfahrttechnik	Rolladen- und Jalousiebauer
	Modenbauer

Diplomprüfung/Abschlußprüfung an einer deutschen wissenschaftlichen Hochschule nach Fachrichtung/Fachgebiet	entsprechende Handwerke
Produktionstechnik	Kälteanlagenbauer
Schiffbau	Schmiede Schlosser Bootsbauer Schiffbauer
Schiffsmaschinenbau	Kachelofen- und Luftheizungsbauer Schmiede Schlosser Maschinenbauer (Mühlenbauer) Dreher Mechaniker (Nähmaschinen- und Zweiradmechaniker) Klempner Gas- und Wasserinstallateure Zentralheizungs- und Lüftungsbauer Kupferschmiede
Stahlbau	Schmiede Schlosser
Textiltechnik	Stricker Weber Textilreiniger
Verfahrenstechnik	Kachelofen- und Luftheizungsbauer Schlosser Maschinenbauer (Mühlenbauer) Mechaniker (Nähmaschinen- und Zweiradmechaniker) Kälteanlagenbauer Klempner Gas- und Wasserinstallateure Zentralheizungs- und Lüftungsbauer
Verfahrenstechnik	Kupferschmiede

Diplomprüfung/Abschlußprüfung an einer deutschen wissenschaftlichen Hochschule nach Fachrichtung/Fachgebiet	*entsprechende Handwerke*
Architektur	Maurer Beton- und Stahlbetonbauer Feuerungs- und Schornsteinbauer Zimmerer Dachdecker Wärme-, Kälte- und Schallschutzisolierer Fliesen-, Platten- und Mosaikleger Betonstein- und Terrazzohersteller Estrichleger Steinmetzen und Steinbildhauer Stukkateure Tischler Parkettleger Raumausstatter Glaser
Bauingenieurwesen	Maurer Beton- und Stahlbetonbauer Feuerungs- und Schornsteinbauer Zimmerer Straßenbauer Wärme-, Kälte- und Schallschutzisolierer Fliesen-, Platten- und Mosaikleger Betonstein- und Terrazzohersteller Estrichleger Brunnenbauer Stukkateure
Chemie/Technische Chemie – Textilchemie/Textilveredlung – Farbe	Textilreiniger Maler und Lackierer Glas- und Porzellanmaler Vergolder
Druck- und Reproduktionstechnik/ Druckereitechnik	Buchdrucker; Schriftsetzer Drucker; Siebdrucker Flexografen

Diplomprüfung/Abschlußprüfung an einer deutschen wissenschaftlichen Hochschule nach Fachrichtung/Fachgebiet	entsprechende Handwerke
Druck- und Reproduktionstechnik/ Druckereitechnik	Chemigrafen Stereotypeure Galvanoplastiker
Elektrotechnik	Büromaschinenmechaniker Kraftfahrzeugelektriker Elektroinstallateure Elektromechaniker Fernmeldetechniker Elektromaschinenbauer Radio- und Fernsehtechniker Schilder- und Lichtreklamehersteller
Ernährung und Hauswirtschaft	Textilreiniger
Fahrzeugtechnik	Schmiede Schlosser Karosseriebauer Kraftfahrzeugmechaniker Kraftfahrzeugelektriker Landmaschinenmechaniker
Feinwerktechnik	Werkzeugmacher Büromaschinenmechaniker Feinmechaniker Elektromechaniker Uhrmacher Chirurgiemechaniker
Feinwerktechnik – Augenoptik	Feinoptiker Augenoptiker
Gestaltung/Design – Foto-Film-Design – Innenarchitektur-Design – Möbel-Design	Fotografen Tischler Drechsler (Elfenbeinschnitzer) Raumausstatter Tischler Drechsler (Elfenbeinschnitzer)

Diplomprüfung/Abschlußprüfung an einer deutschen wissenschaftlichen Hochschule nach Fachrichtung/Fachgebiet	entsprechende Handwerke
Gestaltung/Design	
– Keramik-Design	Keramiker
– Textil-Design	Sticker
	Stricker
	Weber
– Mode-Design	Damenschneider
	Modisten
Gestaltung/Design	
– Kostüm-Design	Herrenschneider
	Damenschneider
– Schmuck-Design	Graveure
	Ziseleure
	Goldschmiede
	Silberschmiede
– Grafik-Design	Fotografen
	Buchbinder
	Buchdrucker; Schriftsetzer; Drucker
	Siebdrucker
– Plastik/Bildhauerei	Steinmetzen und Steinbildhauer
	Holzbildhauer
	Keramiker
– Fotoingenieurwesen	Fotografen
Holztechnik	Zimmerer
	Tischler
	Parkettleger
	Böttcher
Hüttentechnik/Gießereitechnik	Metallformer und Metallgießer
Informatik	Büromaschinenmechaniker
	Elektromechaniker
	Fernmeldemechaniker
	Radio- und Fernsehtechniker
Innenarchitektur	Stukkateure
	Maler und Lackierer
	Tischler
	Parkettleger

Diplomprüfung/Abschlußprüfung an einer deutschen wissenschaftlichen Hochschule nach Fachrichtung/Fachgebiet	entsprechende Handwerke
Innenarchitektur	Raumausstatter Glaser
Keramik/Glastechnik (Werkstofftechnik)	Glaser Glasschleifer und Glasätzer Glasinstrumentenmacher Keramiker
Landbau/Weinbau	Weinküfer
Lebensmitteltechnologie Getränketechnologie – Bäckereitechnik	Bäcker Konditoren
– Fleischtechnik	Fleischer
– Getreidetechnik	Müller
– Getränketechnik	Brauer und Mälzer Weinküfer
Luftfahrzeugtechnik	Schmiede Schlosser Karosseriebauer Maschinenbauer (Mühlenbauer) Mechaniker (Nähmaschinen- und Zweiradmechaniker) Kälteanlagenbauer Büromaschinenmechaniker Kraftfahrzeugmechaniker Kraftfahrzeugelektriker Landmaschinenmechaniker Feinmechaniker Klempner Elektroinstallateure Elektromechaniker Elektromaschinenbauer Radio- und Fernsehtechniker
Maschinenbau Produktionstechnik	Kachelofen- und Luftheizungsbauer

Diplomprüfung/Abschlußprüfung an einer deutschen wissenschaftlichen Hochschule nach Fachrichtung/Fachgebiet	entsprechende Handwerke
Maschinenbau Produktionstechnik	Schmiede Schlosser Karosseriebauer Maschinenbauer (Mühlenbauer) Werkzeugmacher Dreher Mechaniker (Nahmaschinen- und Zweiradmechaniker) Kälteanlagenbauer Kraftfahrzeugmechaniker Kraftfahrzeugelektriker Landmaschinenmechaniker Feinmechaniker Klempner Gas- und Wasserinstallateure Zentralheizungs- und Lüftungsbauer Kupferschmiede Galvaniseure und Metallschleifer Gürtler und Metalldrücker Metallformer und Metallgießer Rolladen- und Jalousiebauer Modellbauer
Schiffbau	Schmiede Schlosser Bootsbauer Schiffbauer
Schiffbetriebstechnik	Kachelofen- und Luftheizungsbauer Schmiede Schlosser Maschinenbauer (Mühlenbauer) Dreher Mechaniker (Nähmaschinen- und Zweiradmechaniker)

Diplomprüfung/Abschlußprüfung an einer deutschen wissenschaftlichen Hochschule nach Fachrichtung/Fachgebiet	entsprechende Handwerke
Schiffsbetriebstechnik	Kälteanlagenbauer Kraftfahrzeugelektriker Klempner Gas- und Wasserinstallateure Zentralheizungs- und Lüftungsbauer Kupferschmiede Elektroinstallateure Elektromechaniker Elektromaschinenbauer
Stahlbau/Metallbau/Leichtbau	Schmiede Schlosser
Textiltechnik/Bekleidungstechnik/Bekleidungsindustrie	Herrenschneider Damenschneider Wäscheschneider Stricker Weber Textilreiniger
Verfahrenstechnik	Kachelofen- und Luftheizungsbauer Schlosser Maschinenbauer (Mühlenbauer) Mechaniker (Nähmaschinen- und Zweiradmechaniker) Kälteanlagenbauer Klempner Gas- und Wasserinstallateure Zentralheizungs- und Lüftungsbauer Kupferschmiede
Versorgungstechnik/Betriebs- und Versorgungstechnik/Energie- und Wärmetechnik	Wärme-, Kälte- und Schallschutzisolierer Kachelofen- und Luftheizungsbauer Schlosser Maschinenbauer (Mühlenbauer) Mechaniker (Nähmaschinen- und Zweiradmechaniker)

Diplomprüfung/Abschlußprüfung an einer deutschen wissenschaftlichen Hochschule nach Fachrichtung/Fachgebiet	entsprechende Handwerke
Versorgungstechnik/Betriebs- und Versorgungstechnik/Energie- und Wärmetechnik	Kälteanlagenbauer Klempner Gas- und Wasserinstallateure Zentralheizungs- und Lüftungsbauer Kupferschmiede

Anlage 2 (zu § 2)

I. Schulen im Sinne des § 2 müssen folgende Bedingungen erfüllen:
   1. Errichtung, Einrichtung, Gliederung
      a) Die Errichtung muß den Bestimmungen der Länder entsprechen.
      b) Den Unterricht in der Regel
         aa) Lehrer mit der Lehrbefähigung für die Fachrichtungen des berufsbildenden Schulwesens
         bb) Lehrkräfte mit einem abgeschlossenen Studium an einer wissenschaftlichen Hochschule mit mehrjähriger Berufspraxis und pädagogischer Eignung.
      c) Lehr- und Anschauungsmittel sowie Unterrichtsräume und Einrichtungen müssen den besonderen Anforderungen der Schule entsprechen.
      d) Die Gliederungseinheit ist die Fachrichtung, sie kennzeichnet einen eigenständigen Bildungsgang. Die Fachrichtung kann in Schwerpunkte untergliedert werden, die im Rahmen gemeinsamer Inhalte besondere Differenzierungen ermöglichen.
   2. Zulassungsvoraussetzungen
      Der Zugang zu den einzelnen Fachrichtungen erfordert mindestens:
      a) den Abschluß der Hauptschule oder einen gleichwertigen Abschluß,
      b) den Abschluß der Berufsschule,
      c) den Abschluß einer Berufsausbildung in einem einschlägigen, anerkannten Ausbildungsberuf und
      d) eine einschlägige Berufstätigkeit von
         aa) zwei Jahren bei einer Berufsausbildung mit einer Regelausbildungsdauer von drei Jahren oder
         bb) drei Jahren bei einer Berufsausbildung mit einer Regelausbildungsdauer von zwei Jahren.

Bei Schulen Teilzeitform kann die erforderliche einschlägige Berufstätigkeit bis zur Hälfte während der Ausbildung abgeleistet werden.

3. Art und Dauer der Ausbildung
   a) Die Ausbildung kann in Vollzeitform oder in Teilzeitform erfolgen.
   b) Die Ausbildung in Vollzeitform dauert zwei Schuljahre; in Teilzeitform dauert sie entsprechend länger.
   c) Übergänge von der Vollzeitform zur Teilzeitform und umgekehrt sind möglich.

4. Unterrichtsbereiche
   a) Der Pflichtbereich soll in Vollzeitform 2 400 Unterrichtsstunden umfassen. Er umfaßt den allgemeinen Bereich, den fachrichtungsbezogenen Grundlagenbereich und den fachrichtungsbezogenen Anwendungsbereich.
   b) Die Ausbildung erfolgt auf der Grundlage der von der Kultusministerkonferenz beschlossenen Rahmenstundentafeln und Ausbildungsanforderungen nach den Richtlinien der Länder.

II. Schulen im Sinne des § 2 sind auch solche Technikerschulen, die die Bedingungen der Anlage zur zweiten Verordnung über die Anerkennung von Prüfungen bei Ablegung der Meisterprüfung im Handwerk vom 14. August 1973 (BGBl. I S. 1037) erfüllen.

Anlage 3 (zu § 2)

Abschlußprüfung in der Fachrichtung	entsprechende Handwerke
Bäckereitechnik	Bäcker
	Konditoren
Bautechnik, Schwerpunkt: Hochbau	Maurer
	Beton- und Stahlbetonbauer
	Zimmerer
	Dachdecker
	Wärme-, Kälte- und Schallschutzisolierer
	Fliesen-, Platten- und Mosaikleger
	Betonstein- und Terrazzohersteller
	Estrichleger
	Stukkateure

Abschlußprüfung in der Fachrichtung	entsprechende Handwerke
Bautechnik, Schwerpunkt: Ingenieurbau/Tiefbau	Maurer Beton- und Stahlbetonbauer Straßenbauer Brunnenbauer
Bekleidungstechnik	Herrenschneider Damenschneider Wäscheschneider
Bergbau, Schwerpunkt: Maschinentechnik	Schlosser Dreher
Bergbau, Schwerpunkt: Elektrotechnik	Elektroinstallateure Elektromechaniker Elektromaschinenbauer
Brautechnik	Brauer und Mälzer
Druck und Grafik	Buchdrucker, Schriftsetzer Drucker Steindrucker Siebdrucker Flexografen Chemigrafen Stereotypeure Galvanoplastiker
Edelstein- und Schmuckgestaltung	Graveure Ziseleure Goldschmiede Silberschmiede Gold-, Silber- und Aluminiumschläger
Allgemeine Elektrotechnik, Energietechnik, Meß- und Regeltechnik, Elektronik	Elektroinstallateure Elektromechaniker Elektromaschinenbauer

Abschlußprüfung in der Fachrichtung	entsprechende Handwerke
Elektrotechnik, Schwerpunkt: Energietechnik/ Energieelektronik	Elektroinstallateure Elektromechaniker Elektromaschinenbauer
Elektrotechnik, Schwerpunkt: Nachrichten- technik/Nachrichtenelektronik	Fernmeldemechaniker Radio- und Fernsehtechniker
Elektrotechnik, Schwerpunkt: Datenverarbeitungstechnik/ Datenelektronik	Fernmeldemechaniker
Farben, Lacke, Anstrichstoffe Farb- und Lacktechnik	Maler und Lackierer
Feinwerktechnik	Feinmechaniker
Fleischtechnik/ Fleischereitechnik	Fleischer
Galvanotechnik	Galvaniseure und Metallschleifer
Gerbereitechnik	Gerber
Gestaltungstechnik, Schwerpunkt: Metallgestaltung	Graveure Ziseleure Gürtler und Metalldrücker
Gießereitechnik	Metallformer und Metallgießer
Glasbautechnik	Glaser
Glashüttentechnik	Glaser
Glasinstrumententechnik	Glasinstrumentenmacher
Glasveredlung und Glasgestaltung	Glasschleifer und Glasätzer Glas- und Porzellanmaler

Abschlußprüfung in der Fachrichtung	entsprechende Handwerke
Heizungs-, Lüftungs- und Klimatechnik	Kachelofen- und Luftheizungsbauer Zentralheizungs- und Lüftungsbauer
Hörgeräteakustik	Hörgeräteakustiker
Holztechnik	Zimmerer Tischler Parkettleger Drechsler (Elfenbeinschnitzer)
Karosserie- und Fahrzeugbau/ Karosserie- und Fahrzeugbautechnik	Karosseriebauer
Keramotechnik/Keramik	Keramiker
Kraftfahrtzeugtechnik	Kraftfahrzeugmechaniker Kraftfahrzeugelektriker
Landmaschinentechnik	Landmaschinenmechaniker
Lederverarbeitung	Schuhmacher Sattler Feintäschner
Allgemeiner Maschinenbau/ Maschinentechnik	Schmiede Schlosser Maschinenbauer (Mühlenbauer) Werkzeugmacher Dreher Mechaniker (Nähmaschinen- und Zweiradmechaniker) Kälteanlagenbauer Feinmechaniker Rolladen- und Jalousiebauer
Maschinenbau, Schwerpunkt: Mühlenbautechnik	Maschinenbauer (Mühlenbauer)
Metallgestaltung, Schwerpunkt: Schmuck und Gerät	Goldschmiede Silberschmiede

Abschlußprüfung in der Fachrichtung	entsprechende Handwerke
Müllerei	Müller
Nachrichtentechnik	Fernmeldemechaniker Radio- und Fernsehtechniker
Papiertechnik	Buchbinder
Sanitärtechnik	Gas- und Wasserinstallateure
Schiffsbetriebstechnik	Kachelofen- und Luftheizungsbauer Schmiede Schlosser
Schiffsbetriebstechnik	Maschinenbauer (Mühlenbauer) Dreher Mechaniker (Nähmaschinen- und Zweiradmechaniker) Klempner Gas- und Wasserinstallateure Zentralheizungs- und Lüftungsbauer Kupferschmiede
Schiffsbetriebstechnik	Elektroinstallateure Elektromechaniker Elektromaschinenbauer
Spreng- und Sicherheitstechnik	Maschinenbauer (Mühlenbauer) Dreher Büchsenmacher
Stahlbautechnik	Schmiede Schlosser
Stahlschiffbautechnik	Schmiede Schlosser
Steintechnik	Steinmetzen und Steinbildhauer
Strickerei	Stricker
Textiltechnik	Stricker Weber
Textilveredlungstechnik	Textilreiniger
Webereitechnik, Webgestaltung	Weber

Anlage 4 (zu § 3)

Abschlußprüfung an	Prüfungsteil, von dem befreit wird	entsprechende Handwerke
1. Fachschule für Optik und Fototechnik, Berlin	II, III	Augenoptiker
2. Versuchs- und Lehranstalt für Brauerei im Institut für Gärungsgewerbe und Biotechnologie der Technischen Universität Berlin – Lehrgang zur technischen Leitung eines Brauerei- oder Mälzereibetriebes	II	Brauer und Mälzer
3. Höhere Fachschule für Augenoptik, Köln	II, III	Augenoptiker
4. Fachakademie für Augenoptik, München	II, III	Augenoptiker
5. Staatliche Glasfachschule, Rheinbach – Fachschule für Glasveredlung und Konstruktion	II, III	Glaser Glasschleifer und Glasätzer Glas- und Porzellanmacher
6. Modeschule des Landesgewerbeamtes Baden-Württemberg, Stuttgart	II	Damenschneider
7. Technische Universität München, Fakultät für Brauwesen und Lebensmitteltechnologie, Weihenstephan – zweijähriger Studiengang für Studierende des Brauwesens	II	Brauer und Mälzer
8. Berufsakademie Baden-Württemberg, Ausbildungsbereich, Technik a) Fachrichtung Elektronik – Energietechnik	II	Elektroinstallateure Elektromechaniker Elektromaschinenbauer

Abschlußprüfung an	Prüfungsteil, von dem befreit wird	entsprechende Handwerke
– Nachrichtentechnik		Fernmeldemechaniker
– Automatisierungstechnik		Elektromechaniker
b) Fachrichtung Maschinenbau		
– Fertigungstechnik		Maschinenbauer (Mühlenbauer) Werkzeugmacher Dreher Mechaniker (Nähmaschinen- und Zweiradmechaniker) Feinmechaniker
– Konstruktion		Schmiede Karosseriebauer Maschinenbauer (Mühlenbauer) Werkzeugmacher Mechaniker (Nähmaschinen- und Zweiradmechaniker) Feinmechaniker
– Verfahrenstechnik		Maschinenbauer (Mühlenbauer) Werkzeugmacher Mechaniker (Nähmaschinen- und Zweiradmechaniker)
– Feinwerktechnik		Kupferschmiede Maschinenbauer (Mühlenbauer) Werkzeugmacher Mechaniker (Nähmaschinen- und Zweiradmechaniker) Büromaschinenmechaniker

Abschlußprüfung an	Prüfungsteil, von dem befreit wird	entsprechende Handwerke
– Feinwerktechnik		Feinmechaniker Uhrmacher Chirurgie- mechaniker Feinoptiker
9. Akademie für handwerkliche Berufe – Fachschule für Kraftfahrzeug- technik, Heilbronn	II	Kraftfahrzeug- mechaniker Kraftfahrzeug- elektriker

Anlage 5 (zu § 3)

Abschlußprüfung an	Prüfungsteil, von dem befreit wird	entsprechende Handwerke
1. Schule der Technischen Truppe 1 und Fachschule des Heeres für Technik, Aachen Fachliche Fortbildungsstufe A – Fortbildung zum Meister im Kraftfahrzeugmechaniker- Handwerk	II	Kraftfahrzeug- mechaniker
2. Marineküstendienstschule, Großenbrode – Fachlehrgang 2 der Verwen- dungsreihe 74 Kraftfahrzeug- technik	II	Kraftfahrzeug- mechaniker
3. Technische Schule der Lw. 3, Faßberg – Lehrgang für Kraftfahrzeug- mechanikermeister	II	Kraftfahrzeug- mechaniker

Abschlußprüfung an	Prüfungsteil, von dem befreit wird	entsprechende Handwerke

4. Technische Marineschule I, Kiel 1
– Fachlehrgang 2 der
  a) Verwendungsreihe 41
    – Dampftechnik
	II	Maschinenbauer (Mühlenbauer)

b) Verwendungsreihe 42 – Motorentechnik	II	Maschinenbauer (Mühlenbauer)

16. Verordnung über die Anerkennung von Prüfungen bei Ablegung des Teils IV der Meisterprüfung im Handwerk*

Vom 26. Juni 1981 (BGBl. I S. 596),
zuletzt geändert durch die Vierte Änderungsverordnung
vom 20. Dezember 1991 (BGBl. I S. 2383)

Auf Grund des § 46 Abs. 3 Satz 3 der Handwerksordnung in der Fassung der Bekanntmachung vom 28. Dezember 1965 (BGBl. 1966 I S. 1), der durch Artikel 24 Nr. 2 des Gesetzes vom 18. März 1975 (BGBl. I S. 705) geändert worden ist, verordnet der Bundesminister für Wirtschaft im Einvernehmen mit dem Bundesminister für Bildung und Wissenschaft:

§ 1

Mit Erfolg abgelegte Prüfungen der berufs- und arbeitspädagogischen Kenntnisse gemäß einer der in der Anlage aufgeführten Verordnungen in der jeweils zur Zeit der Prüfung für diese maßgebenden Fassung werden als Voraussetzung für die Befreiung von Teil IV – Prüfung der berufs- und arbeitspädagogischen Kenntnisse – der Meisterprüfung im Handwerk anerkannt.

§ 2

Diese Verordnung tritt am Tage nach der Verkündung in Kraft.

---

* Diese Verordnung wurde ursprünglich als Vierte Verordnung über die Anerkennung von Prüfungen bei der Ablegung der Meisterprüfung im Handwerk erlassen. Der jetzige Wortlaut der Überschrift ergibt sich aus der 1. Änderungs-VO vom 10. November 1983 (BGBl. I S. 183).

Anlage
(zu § 1)

1. Ausbilder-Eignungsverordnung gewerbliche Wirtschaft
2. Verordnung über die Berufsbildung im Gartenbau. Dritter Teil – Anforderungen in der Meisterprüfung
3. Verordnung über die berufliche Fortbildung zur Vorbereitung auf die Meisterprüfung im Molkereifach und die Anforderungen in der Meisterprüfung
4. Verordnung über die Anforderungen in der Meisterprüfung für den Beruf »Landwirt«
5. Verordnung über die Anforderungen in der Meisterprüfung in der Hauswirtschaft (Teilbereich ländliche Hauswirtschaft)
6. Verordnung über die Anforderungen in der Meisterprüfung in der Forstwirtschaft
7. Verordnung über die berufliche Fortbildung zum Geprüften Schwimmmeister
8. Ausbilder-Eignungsverordnung Landwirtschaft
9. Ausbilder Eignungsverordnung öffentlicher Dienst
10. Verordnung über die Anforderungen in der Meisterprüfung im Weinbau
11. Ausbilder-Eignungsverordnung für Bundesbeamte
12. Verordnung über die Anforderungen in der Meisterprüfung in der Hauswirtschaft (Teilbereich städtische Hauswirtschaft)
13. Verordnung über die Prüfung zum anerkannten Abschluß Geprüfter Industriemeister – Fachrichtung Metall
14. Schiffsbetriebsmeister-Verordnung
15. Ausbilder-Eignungsverordnung Hauswirtschaft
16. Verordnung über die Anforderungen in der Meisterprüfung für den Beruf Fischwirt
17. Verordnung für die Prüfung zum anerkannten Abschluß Geprüfter Industriemeister – Fachrichtung Chemie
18. Verordnung über die Prüfung zum anerkannten Abschluß Geprüfter Industriemeister – Fachrichtung Druck
19. Verordnung über die Prüfung zum anerkannten Abschluß Geprüfter Polier
20. Verordnung über die Anforderungen in der Meisterprüfung für den Beruf Tierwirt
21. Verordnung über die Anforderungen in der Meisterprüfung für den Beruf Pferdewirt und über die Anerkennung von Prüfungen zum Nachweis der fachlichen Eignung für die Berufsausbildung zum Pferdewirt
22. Verordnung über die Prüfung zum anerkannten Abschluß Geprüfter Industriemeister – Fachrichtung Glas

23. Verordnung über die Prüfung zum anerkannten Abschluß Geprüfter Kraftverkehrsmeister/Geprüfter Industriemeister – Fachrichtung Kraftverkehr, Geprüfte Kraftverkehrsmeisterin/Geprüfte Industriemeisterin – Fachrichtung Kraftverkehr

24. Verordnung über die Prüfung zum anerkannten Abschluß Geprüfter Industriemeister/Geprüfte Industriemeisterin – Fachrichtung Fotobildtechnik

25. Verordnung über die Prüfung zum anerkannten Abschluß Geprüfter Industriemeister/Geprüfte Industriemeisterin – Fachrichtung Papiererzeugung

26. Verordnung über die Prüfung zum anerkannten Abschluß Geprüfter Industriemeister/Geprüfte Industriemeisterin – Fachrichtung Textil

27. Verordnung über die Prüfung zum anerkannten Abschluß Geprüfter Industriemeister/Geprüfte Industriemeisterin – Fachrichtung Elektrotechnik

28. Verordnung über die Anforderungen in der Meisterprüfung für den Beruf Revierjäger/Revierjägerin und über die Anerkennung von Prüfungen zum Nachweis der fachlichen Eignung für die Berufsausbildung zum Revierjäger/zur Revierjägerin

29. Verordnung über die Prüfung zum anerkannten Abschluß Geprüfter Industriemeister/Geprüfte Industriemeisterin – Fachrichtung Papierverarbeitung

30. Verordnung über die Prüfung zum anerkannten Abschluß Geprüfter Industriemeister/Geprüfte Industriemeisterin – Fachrichtung Kunststoff und Kautschuk

31. Verordnung über die Prüfung zum anerkannten Abschluß Geprüfter Baumaschinenmeister

32. Verordnung über die Prüfung zum anerkannten Abschluß Geprüfter Industriemeister/Geprüfte Industriemeisterin – Fachrichtung Schuhfertigung

33. Verordnung über die Prüfung zum Meister/zur Meisterin im Gastgewerbe mit den anerkannten Abschlüssen Geprüfter Küchenmeister/Geprüfte Küchenmeisterin, Geprüfter Restaurantmeister/Geprüfte Restaurantmeisterin, Geprüfter Hotelmeister/Geprüfte Hotelmeisterin

34. Verordnung über die Prüfung zum anerkannten Abschluß Geprüfter Industriemeister/Geprüfte Industriemeisterin – Fachrichtung Lebensmittel

35. Ver- und Entsorgung-Meisterprüfungsverordnung

36. Verordnung über die Prüfung zum anerkannten Abschluß Geprüfter Industriefachwirt/Geprüfte Industriefachwirtin

37. Verordnung über die Prüfung zum anerkannten Abschluß Geprüfter Industriemeister/Geprüfte Industriemeisterin – Fachrichtung Buchbinderei

38. Verordnung über die Prüfung zum anerkannten Abschluß Geprüfter Industriemeister/Geprüfte Industriemeisterin – Fachrichtung Pharmazie
39. Verordnung über die Prüfung zum anerkannten Abschluß Geprüfter Tierpflegemeister/Geprüfte Tierpflegemeisterin
40. Verordnung über die Anforderungen in der Meisterprüfung für den Beruf Milchwirtschaftlicher Laborant/Milchwirtschaftliche Laborantin
41. Verordnung über die Anforderungen in der Meisterprüfung für den Beruf Landwirt/Landwirtin
42. Verordnung über die Prüfung zum anerkannten Abschluß Geprüfter Meister/Geprüfte Meisterin für Lagerwirtschaft.

17. Verordnung über die Anerkennung von Ausbildungsabschlüssen von Meistern der volkseigenen Industrie als Voraussetzung für die Eintragung in die Handwerksrolle

Vom 6. Dezember 1991
geändert 25. 3. 1998 (BGBl. I S. 596, 605)

Auf Grund des § 7 Abs. 2 der Handwerksordnung in der Fassung der Bekanntmachung vom 28. Dezember 1965 (BGBl. 1966 I S. 1) in Verbindung mit Anlage I Kapitel V Sachgebiet B Abschnitt III Nr. 1 Buchstabe n des Einigungsvertrages vom 31. August 1990 in Verbindung mit Artikel 1 des Gesetzes vom 23. September 1990 (BGBl. 1990 II S. 885, 999) verordnet der Bundesminister für Wirtschaft:

§ 1

Ausbildungsabschlüsse zum Meister der volkseigenen Industrie, die bis zum 31. Dezember 1991 erlangt werden, werden für ein Handwerk, dessen Arbeitsgebiet nach Maßgabe der Anlage dem jeweiligen Fachgebiet des Ausbildungsabschlusses entspricht, als Voraussetzung für die Eintragung in die Handwerksrolle anerkannt, wenn der Inhaber des Ausbildungsabschlusses

1. nach dem 31. Dezember 1981 eine dreijährige praktische Tätigkeit abgeleistet hat, die dem zu betreibenden oder einem mit diesem verwandten Handwerk entspricht, oder

2. nach dem 9. November 1989 an Weiterbildungsmaßnahmen teilgenommen hat, in denen die in dem zu betreibenden oder in einem mit diesem verwandten Handwerk erforderlichen fachpraktischen und fachtheoretischen Fertigkeiten und Kenntnisse vermittelt worden sind, oder

3. nach dem 31. Dezember 1981 Lehrlinge in einem Beruf ausgebildet hat, dessen Fachgebiet dem zu betreibenden Handwerk entspricht.

§ 2

Diese Verordnung tritt am 1. Januar 1992 in Kraft.
Der Bundesrat hat zugestimmt.

18. Verordnung über die für Staatsangehörige der Mitgliedstaaten der Europäischen Wirtschaftsgemeinschaft oder eines anderen Vertragsstaates des Abkommens über den Europäischen Wirtschaftsraum geltenden Voraussetzungen der Eintragung in die Handwerksrolle (EWG/EWR-Handwerk-Verordnung – EWG/EWR HwV)

Vom 4. August 1966 (BGBl. I S. 469), zuletzt geändert am 25. 3. 1998 (BGBl. I S. 596, 605)

Auf Grund des § 9 der Handwerksordnung in der Fassung der Bekanntmachung vom 28. Dezember 1965 (BGBl. 1966 I S. 1), zuletzt geändert durch das Gesetz zur Änderung der Handwerksordnung, anderer handwerksrechtlicher Vorschriften und des Berufsbildungsgesetzes vom 20. Dezember 1993 (BGBl. I S. 2256), wird mit Zustimmung des Bundesrates verordnet:

§ 1 [Erteilung der Ausnahmebewilligung zur Eintragung in die Handwerksrolle]

(1) Die Ausnahmebewilligung zur Eintragung in die Handwerksrolle (§ 7 Abs. 3 Handwerksordnung) ist einem Staatsangehörigen der Mitgliedstaaten der Europäischen Wirtschaftsgemeinschaft für ein Gewerbe der Anlage A zur Handwerksordnung mit Ausnahme der in den Nummern 15, 63–68 genannten Gewerbe außer in den Fällen des § 8 Abs. 1 der Handwerksordnung zu erteilen, wenn

1. der Antragsteller nach Maßgabe folgender Voraussetzungen in einem anderen Mitgliedstaat die betreffende Tätigkeit ausgeübt hat:
   a) mindestens sechs Jahre ununterbrochen als Selbständiger oder als Betriebsleiter,
   b) mindestens drei Jahre ununterbrochen als Selbständiger oder als Betriebsleiter, nachdem er in dem betreffenden Beruf eine mindestens dreijährige Ausbildung erhalten hat,
   c) mindestens drei Jahre ununterbrochen als Selbständiger und mindestens fünf Jahre als Unselbständiger oder
   d) mindestens fünf Jahre ununterbrochen in leitender Stellung, davon mindestens drei Jahre in einer Tätigkeit mit technischen Aufgaben und der Verantwortung für mindestens eine Abteilung des Unter-

nehmens, nachdem er in dem betreffenden Beruf eine mindestens dreijährige Ausbildung erhalten hat und

2. die ausgeübte Tätigkeit mit den wesentlichen Punkten des Berufsbildes desjenigen Gewerbes übereinstimmt, für das die Ausnahmebewilligung beantragt wird.

(2) Für das in Nummer 68 der Anlage zur Handwerksordnung genannte Gewerbe gilt Absatz 1 mit der Maßgabe, daß der Antragsteller die in Nummer 1 Buchstaben a und c genannten Tätigkeiten als Selbständiger oder als Betriebsleiter nach Vollendung des 20. Lebensjahres ausgeübt haben muß und Nummer 1 Buchstabe d nicht anzuwenden ist.

(3) In den Fällen des Absatzes 1 Nr. 1 Buchstaben a und c darf die Tätigkeit vom Zeitpunkt der Antragstellung an gerechnet nicht vor mehr als zehn Jahren beendet worden sein.

§ 2 [Bescheinigung]

Die Voraussetzungen nach § 1 Abs. 1 Nr. 1 werden durch eine Bescheinigung der zuständigen Stelle des Herkunftslandes nachgewiesen. In den Fällen des § 1 Abs. 1 Nr. 1 Buchstaben b und d muß die geleistete Ausbildung durch ein staatlich anerkanntes Zeugnis bestätigt oder von einer zuständigen Berufsinstitution als vollwertig anerkannt sein.

§ 3

(1) Die Ausnahmebewilligung zur Eintragung in die Handwerksrolle (§ 7 Abs. 3 Handwerksordnung) ist einem Staatsangehörigen der Mitgliedstaaten der Europäischen Gemeinschaft oder eines anderen Vertragsstaates des Abkommens über den Europäischen Wirtschaftsraum für ein Gewerbe der Nummern 63–67 der Anlage A zur Handwerksordnung außer in den Fällen des § 8 Abs. 1 der Handwerksordnung zu erteilen, wenn der Antragsteller ein Diplom, Prüfungszeugnis oder einen sonstigen Befähigungsnachweis besitzt, das oder der nach der Richtlinie 92/51/EWG des Rates vom 18. Juni 1992 über eine zweite allgemeine Regelung zur Anerkennung beruflicher Befähigungsnachweise in Ergänzung zur Richtlinie 89/48/EWG (ABl. EG Nr. L 209 S. 25) geändert durch die Richtlinie 95/43/EG der Kommission vom 20. Juli 1997 (Al. EG Nr. L 184 S. 31) anzuerkennen ist.

(2) Die Anerkennung kann unter den in Artikel 4 in der Richtlinie 92/51/EWG aufgeführten Voraussetzungen davon abhängig gemacht werden, daß gemäß Artikel 4 Abs. 1 Buchstabe a der Richtlinie 92/51/EWG Berufserfahrung nachgewiesen oder gemäß Artikel 4 Abs. 1 Buchstabe b der Richtlinie 92/51/EWG ein Anpassungslehrgang absolviert oder eine Eignungsprüfung abgelegt wird.

(3) Die Entscheidung über die Anerkennung trifft die höhere Verwal-

tungsbehörde. Sie kann die Durchführung von Anpassungslehrgängen und Eignungsprüfungen regeln. Die mit Begründung versehene Entscheidung über den Antrag muß spätestens vier Monate nach der Vorlage der vollständigen Unterlagen des Antragstellers ergehen.

§ 4

Diese Verordnung tritt am Tag nach ihrer Verkündung in Kraft.*

---

* verkündet am 11. 8. 1966

19. Beschlüsse des Bund-Länder-Ausschusses »Handwerksrecht« zur Anwendung der Handwerksordnung

(BMWi, Bek. vom 17. 12. 1987 – Bundesanzeiger 1987 Nr. 241 S. 16 S. 14)

Der Bundesminister für Wirtschaft gibt bekannt:

Die Handwerksrechtsreferenten des Bundes und der Länder nehmen im Bund-Länder-Ausschuß »Handwerksrecht« regelmäßig zu handwerksrechtlichen Fragen Stellung, die für den Vollzug der Handwerksordnung und die Praxis von Bedeutung sind. Der Bund Länder-Ausschuß »Handwerksrecht« hat beschlossen, daß folgende Beschlüsse veröffentlicht werden.

1. Bedeutung der Meisterprüfungsordnung nach § 45 HwO für handwerkliche Abgrenzungsfragen

Die Handwerksrechtsreferenten des Bundes und der Länder haben sich eingehend mit der Frage befaßt, welche Bedeutung den nach § 45 HwO erlassenen Rechtsverordnungen über Berufsbilder und Meisterprüfungsanforderungen für die Abgrenzung von Handwerken gegenüber nichthandwerklichen Gewerben und von Handwerken untereinander zukommt. Der Ausschuß kommt auf der Grundlage der Rechtsprechung des BVerfG zu folgendem Ergebnis:

(1) Einer Eintragung in die Handwerksrolle bedarf, wer selbständig und handwerksmäßig eine gewerbliche Tätigkeit betreibt, die »vollständig oder in wesentlichen Tätigkeiten ein Gewerbe umfaßt, das in der Anlage A zur HwO aufgeführt ist« (§ 1 Abs. 2 HwO).

(2) Der Gesetzgeber hat bewußt darauf verzichtet, zu konkretisieren, wann diese Voraussetzungen vorliegen. Der Begriff »vollständig oder in wesentlichen Tätigkeiten« ist ein unbestimmter Rechtsbegriff, dessen Inhalt im Wege der Auslegung zu ermitteln ist.

(3) Bei der Beurteilung der Frage, wann ein »Gewerbe der Anlage A vollständig oder in wesentlichen Tätigkeiten« vorliegt, wird in der Praxis der Behörden und Handwerksorganisationen sowie in der Rechtsprechung das in Meisterprüfungsverordnungen nach § 45 HwO festgelegte Berufsbild für das jeweilige Handwerk herangezogen. Dabei entscheidet die tägliche Praxis vielfach danach, ob eine Tätigkeit im Berufsbild einer Meisterprüfungsverordnung aufgeführt ist. Damit wird die Bedeutung der Berufsbilder überbewertet; dies entspricht auch nicht den von der Rechtsprechung aufgestellten Grundsätzen.

Es ist ständige Rechtsprechung des BVerfG, daß Berufsbilder und Prüfungsvorschriften im Sinne von § 45 HwO keine Entscheidung darüber enthalten, ob im Berufsbild genannte Tätigkeiten »wesentliche« Tätigkeiten eines Handwerks oder ihm vorbehalten sind. Meisterprüfungsverordnungen nach § 45 HwO haben nicht die Funktion, Handwerke verbindlich voneinander und gegenüber nichthandwerklichen Gewerben abzugrenzen. Sie enthalten lediglich erläuternde Einzelheiten über das Arbeitsgebiet und die zu dessen Bewältigung benötigten fachlichen Fertigkeiten und Kenntnisse. Meisterprüfungsverordnungen können für die Auslegung des Begriffs »wesentliche Tätigkeiten« jedoch Hinweise geben, die bei der Entscheidung von Abgrenzungsfragen im Bewußtsein des Zwecks der Verordnungen berücksichtigt werden können.

(4) Zweck der Meisterprüfungsverordnung nach § 45 HwO ist es, die Grundlage für ein einheitliches Meisterprüfungswesen zu schaffen. § 45 HwO lautet:

»Als Grundlage für ein geordnetes und einheitliches Meisterprüfungswesen kann der Bundesminister für Wirtschaft . . . durch Rechtsverordnung . . . bestimmen,

1. welche Tätigkeiten, Kenntnisse und Fertigkeiten den einzelnen Handwerken zuzurechnen sind (Berufsbild),
2. welche Anforderungen in der Meisterprüfung zu stellen sind.«

Der Bestandteil »Berufsbild« der Meisterprüfungsverordnung beschreibt durch Aufzählung von Tätigkeiten, Kenntnissen und Fertigkeiten die Qualifikation, über die ein Handwerker verfügen muß, damit er sein Gewerbe »meisterhaft« ausüben kann. Dieses prüfungsbezogene Berufsbild ist deshalb – wie die Meisterprüfungsverordnungen zeigen – ausführlich und detailliert abgefaßt. Das Berufsbild im Sinne von § 45 Nr. 1 HwO bestimmt zusammen mit den nach § 45 Nr. 2 HwO gesondert in der Meisterprüfungsverordnung geregelten »Anforderungen in der Meisterprüfung« Inhalt und Umfang der in der Meisterprüfung nachzuweisenden meisterlichen Qualifikation.

(5) Aus dem Berufsbild im Sinne von § 45 Nr. 1 HwO ergibt sich nicht, daß die dort genannten »Tätigkeiten, Kenntnisse und Fertigkeiten« allein schon aufgrund ihrer Erwähnung

– als »wesentliche Tätigkeiten« im Sinne des § 1 Abs. 2 HwO anzusehen sind,
– diesem Handwerk »vorbehalten« sind – in dem Sinne, daß sie weder von anderen Handwerken noch von nichthandwerklichen Gewerben ausgeübt werden dürfen.

Das Berufsbild im Sinne von § 45 Nr. 1 HwO kann nicht gleichgesetzt werden mit dem Bereich, der nach § 1 Abs. 2 HwO »vollständig oder in wesentlichen Tätigkeiten« ein Gewerbe der Anlage A ausmacht.

(6) Bei der Beurteilung der Frage, welche Bedeutung das Berufsbild im Sinne von § 45 Nr. 1 HwO für die Ermittlung der »wesentlichen Tätigkeiten« eines Handwerks nach § 1 Abs. 2 HwO hat, ist ferner zu berücksichtigen, daß

- wesentliche Tätigkeiten nur den » Kernbereich« eines Handwerks und nicht dessen gesamtes mögliches Tätigkeitsfeld bezeichnen;
- wesentliche Tätigkeiten eines Handwerks gegebenenfalls gleichzeitig auch wesentliche Tätigkeiten eines anderen Handwerks sein können;
- in bestimmten Fällen (z. B. § 3 Abs. 2 HwO – unerheblicher Nebenbetrieb –, Rechtsprechung zu Praxislabors der Zahnärzte sowie Garten- und Landschaftsbau) wesentliche Tätigkeiten eines Handwerks auch von nichthandwerklichen Berufen ausgeübt werden dürfen;
- im Einzelfall auch solche Tätigkeiten »wesentliche Tätigkeiten« sein können, die nicht im Berufsbild im Sinne von § 45 Nr. 1 HwO aufgeführt sind; so können auch neue Tätigkeiten »wesentliche Tätigkeiten« im Sinne des § 1 Abs. 2 HwO sein (Rechtsprechung zum dynamischen Handwerksbegriff);
- zum Tätigkeitsfeld von Handwerken üblicherweise auch »einfache« Tätigkeiten sowie Tätigkeiten gehören, die auch von »handwerksähnlichen« Gewerben der Anlage B der HwO ausgeübt werden; solche Tätigkeiten erfordern nicht die Eintragung in die Handwerksrolle, insbesondere nicht die Meisterprüfung im Handwerk.

Berufsbilder im Sinne von § 45 Nr. 1 HwO können demnach alle diese Elemente und damit Überschneidungen mit anderen Handwerken und mit nichthandwerklichen Gewerben enthalten; es können aber auch Bereiche fehlen, die gleichwohl »wesentliche Tätigkeiten« sein können.

(7) Ob wesentliche Tätigkeiten eines Handwerks vorliegen und ihre Ausübung die Eintragung in die Handwerksrolle erfordert, ist daher im Einzelfall und unter Berücksichtigung der aktuellen Lebenswirklichkeit zu beurteilen; dabei sind auch die Tätigkeitsbereiche der anderen Handwerke oder nichthandwerklicher Gewerbe zu berücksichtigen, zu denen eine Abgrenzung erfolgen soll. Letztlich ist in einer Gesamtbeurteilung unter Berücksichtigung von Artikel 12 GG und des Beschlusses des BVerfG vom 17. 7. 1961 (BVerfGE 13, 97) zur Verfassungsmäßigkeit der Handwerksordnung zu entscheiden, ob die Eintragung in die Handwerksrolle erforderlich ist.

2. Handwerklicher Nebenbetrieb

Nach § 2 Nr. 3 HwO gelten die Vorschriften für selbständige Handwerker auch für einen handwerklichen Nebenbetrieb, der mit einem nichthandwerklichen Unternehmen, z. B. einem Handelsunternehmen, verbunden ist; ein handwerklicher Nebenbetrieb eines solchen Unternehmens darf betrieben werden, wenn der Inhaber des Nebenbetriebs in der Handwerksrolle eingetragen ist. Ein Nebenbetrieb liegt nach § 3 Abs. 1 HwO vor, wenn in ihm Waren zum Absatz an Dritte handwerksmäßig hergestellt oder Leistungen für Dritte handwerksmäßig bewirkt werden. Eine Eintragung ist nicht erforderlich, wenn derartige Handwerkstätigkeiten nur in unerheblichem Umfang (§ 3 Abs. 2 HwO) ausgeübt werden. Unerheblich ist die Tätigkeit, wenn sie während eines Jahres den durchschnittlichen Umsatz und die durchschnittliche Arbeitszeit eines Einmann-Betriebes des betreffenden Handwerks nicht übersteigt.

Der Ausschuß stellt klar, daß auch bei einem Einmann-Betrieb ein handwerklicher Nebenbetrieb ohne Eintragung in der Handwerksrolle geführt werden kann. Voraussetzung ist, daß der Nebenbetrieb mit einem nicht-handwerklichen Betrieb verbunden ist, bei dem wirtschaftlich der Schwerpunkt liegt. Ferner ist erforderlich, daß die Leistungen des handwerklichen Betriebsteils, die sich im Rahmen der Unerheblichkeitsgrenze halten müssen, vom wirtschaftlichen Standpunkt und vom Interesse der Kunden her eine sinnvolle Ergänzung und Erweiterung des Leistungsangebots des nichthandwerklichen Hauptgeschäftes darstellen.

3. Handwerkliche Tätigkeiten im Vorbehaltsbereich anderer Handwerke

Ein Handwerker darf nach § 5 HwO im Rahmen eines Einzelauftrags seines Handwerksbereichs auch Arbeiten aus dem Vorbehaltsbereich anderer Handwerke durchführen, wenn diese mit dem Auftrag »technisch oder fachlich« zusammenhängen. Der Ausschuß ist der Auffassung, daß diese Begriffe weit auszulegen sind, damit im Rahmen konkreter Aufträge die beschränkten Möglichkeiten, auch über den eigenen Bereich hinausgehende Tätigkeiten ausüben zu dürfen, besser genutzt werden können.

4. Erteilung von Ausnahmebewilligungen

In Ausnahmefällen wird auch ohne Meisterprüfung in die Handwerksrolle eingetragen, wer in dem von ihm zu betreibenden Handwerk die notwendigen Kenntnisse und Fertigkeiten nachgewiesen hat (§ 8 HwO). Ein Ausnahmefall liegt vor, wenn die Ablegung der Meisterprüfung für den Antragsteller eine unzumutbare Belastung darstellen würde. Die Ausnahmebewilligung kann unter Auflagen oder Bedingungen oder befristet erteilt oder auf einen wesentlichen Teil der Tätigkeiten beschränkt werden, die zu dem betreffenden Handwerk gehören.

Das BVerfG hat in seinem Beschluß vom 17. 7. 1961 (BVerfGE 13, 97) klargestellt, daß von der Möglichkeit der Erteilung einer Ausnahmebewilligung nicht engherzig Gebrauch gemacht werden soll und eine großzügige Praxis dem Ziel der Handwerksordnung entgegenkommt, die Schicht leistungsfähiger, selbständiger Handwerkerexistenzen zu vergrößern.

Der Ausschuß weist darauf hin, daß die Ausnahmebewilligung das verfassungsrechtlich gebotene Gegengewicht zur Meisterprüfung ist. Er ist folgender Auffassung:

a) Nach der Rechtsprechung des BVerfG kommt es bei der Frage, ob ein Ausnahmefall vorliegt, auf die konkreten Umstände des Einzelfalls an. Die Möglichkeiten der Ausnahmebewilligung sollten in der Verwaltungspraxis flexibel und großzügig genutzt werden.

b) Dies gilt auch bei arbeitslosen Antragstellern. Ein Ausnahmegrund ist anzunehmen, wenn die Ablegung der Meisterprüfung für den Arbeitslosen eine unverschuldete Härte darstellen würde. Dies ist in der Regel dann der Fall, wenn der Antragsteller längere Zeit in dem betreffenden Handwerkszweig oder einem diesem entsprechenden Gewerbebereich tätig war (etwa 10 Jahre nach Ende der Ausbildungszeit), unverschuldet arbeitslos geworden ist (z. B. durch Konkurs des Arbeitgebers, Entlassung durch den Arbeitgeber wegen Auftragsmangels) und aus Mangel an vergleichbaren offenen Stellen in seinem Beruf keine adäquate neue Stelle findet. Liegt ein Ausnahmefall vor und hat der Antragsteller die notwendigen Kenntnisse und Fertigkeiten nachgewiesen, so hängt die Entscheidung darüber, ob die Ausnahmebewilligung befristet mit dem Ziel der Ablegung der Meisterprüfung oder unbefristet erteilt wird, vor allem von seinem Alter ab.

c) Bei sehr langen Wartezeiten für die Ablegung der Meisterprüfung ist in der Regel ein Ausnahmefall anzunehmen. Dies gilt auch für sehr lange Wartezeiten für Kurse zur Vorbereitung auf die Meisterprüfung, soweit sich nach den Erfahrungen der Praxis die Teilnahme an solchen Kursen als notwendig für das Bestehen der Meisterprüfung erwiesen hat. Ungewöhnlich hohe Durchfallquoten bei der Meisterprüfung können in besonders gelagerten Fällen einen Anhaltspunkt für das Vorliegen eines Ausnahmefalles bieten.

d) Das BVerfG hat erklärt, daß auch für Gruppen und Personen ein Ausnahmefall anerkannt werden sollte. Es hat neben Personen, die – durch die Kriegs- und Nachkriegszeit bedingt – an der Ablegung der Meisterprüfung verhindert waren (geregelt 1965 durch § 7 Abs. 7 HwO), ausdrücklich diejenigen erwähnt, die als Unselbständige im Handwerk oder in der Industrie in entsprechenden verantwortlichen Stellungen tätig gewesen sind.
Der Ausschuß ist der Auffassung, daß im Rahmen der nach § 8 Abs. 1 Satz 2 HwO im Einzelfall vorzunehmenden Abwägung bei Inhabern einer Gesellen- oder gleichwertigen Abschlußprüfung eine langjährige leitende Stellung im betreffenden Handwerk (mindestens 20 Jahre) besonders zu berücksichtigen ist.

e) Hat der Antragsteller die Industriemeisterprüfung erfolgreich abgelegt, so ist dies bei der Prüfung, ob ein Ausnahmefall vorliegt, großzügig zu berücksichtigen.

5. Befreiung von Zulassungsvoraussetzungen für die Meisterprüfung

Nach § 49 Abs. 5 Nr. 2 HwO kann die Handwerkskammer in Ausnahmefällen von den Zulassungsvoraussetzungen zur Meisterprüfung ganz oder teilweise befreien. Der Meisterprüfungsausschuß ist vorher zu hören.

Der Ausschuß ist der Auffassung, daß die Handwerkskammern von dieser Möglichkeit großzügig Gebrauch machen sollen. Als Ausnahmefall kann z. B. unverschuldete Arbeitslosigkeit während der Gesellenzeit in Betracht kommen, sofern sich kein Betrieb findet, der bereit ist, dem Betroffenen die Fortsetzung der Gesellentätigkeit zu ermöglichen. Der Ausschuß weist darauf hin, daß sich aus der Verpflichtung der Handwerkskammer zur Anhörung des Meisterprüfungsausschusses keine Bindung ergibt, gemäß dem Votum des Meisterprüfungsausschusses zu entscheiden. Die Länder werden die Handwerkskammer nachdrücklich unterstützen, damit die Befreiungsmöglichkeiten nach § 49 Abs. 5 Nr. 2 HwO großzügig genutzt werden.

6. Unberechtigte Handwerksausübung

Die Handwerksrolle wird von der Handwerkskammer geführt, die nach § 10 Abs. 1 HwO die Eintragung in die Handwerksrolle und, wenn die Voraussetzungen nicht oder nicht mehr gegeben sind, nach § 13 Abs. 1 HwO die Löschung vornimmt.

Wird der selbständige Betrieb eines Handwerks entgegen den Vorschriften der Handwerksordnung ausgeübt, so kann nach § 16 Abs. 3 HwO die zuständige Behörde von Amts wegen oder auf Antrag der Handwerkskammer die Fortsetzung des Betriebs untersagen.

Der Ausschuß weist in diesem Zusammenhang auf die ständige Praxis der Verwaltungsbehörden hin, daß kein Betriebsschließungsverfahren eingeleitet wird, wenn der Handwerker einen Antrag auf Erteilung einer Ausnahmebewilligung gestellt hat, sofern der Antrag aussichtsreich erscheint.

Die Handwerkskammer ist nach Maßgabe des § 17 HwO befugt, vom Gewerbetreibenden Auskünfte zu verlangen und in dem Betrieb Prüfungen und Besichtigungen durchzuführen.

Der Ausschuß ist der Auffassung, daß es im Rahmen der Aufgaben der Handwerkskammern liegt, einen Beauftragten damit zu betrauen, in konkreten Verdachtsfällen sich Kenntnisse zu verschaffen, ob ein Gewerbebetrieb entgegen den Vorschriften der HwO ausgeübt wird.

Die unberechtigte Handwerksausübung ist eine Ordnungswidrigkeit nach § 117 HwO, unter bestimmten Voraussetzungen auch eine Ordnungswidrigkeit, die nach dem Schwarzarbeitsgesetz geahndet werden kann. Die Handwerkskammer kann Anzeige wegen Verstoßes gegen die Bußgeldvorschriften erstatten.

Mit der Wahrnehmung dieser Möglichkeiten leisten die Handwerkskammern einen wichtigen Beitrag zur Bekämpfung gesetzwidriger Handwerksausübung.

Erleichterungen in der HwO

HwO §§ 5, 7 a, 7 Abs. 6, § 8

Mehr Flexibilität für Handwerker und Erleichterungen bei der Gründung handwerklicher Existenzen.

BMWi, Bek. vom 30. 06. 1994 – II B 2 – 129115 –

Das Bundesministerium für Wirtschaft gibt bekannt:

Die Handwerksrechtsreferenten des Bundes und der Länder nehmen im Bund-Länder-Ausschuß »Handwerksrecht« regelmäßig zu handwerksrechtlichen Fragen Stellung, die für den Vollzug der Handwerksordnung (HwO) und die Praxis von Bedeutung sind. Ein Teil der Beschlüsse des Ausschusses ist veröffentlicht worden. Auf die im Bundesanzeiger Nr. 241 vom 24. 12. 1987 S. 16514 (GewArch 1988/2, S. 59) veröffentlichten Beschlüsse Nr. 1 bis 6 wird Bezug genommen.

Der Bund-Länder-Ausschuß »Handwerksrecht« hat insbesondere im Hinblick auf die durch das Gesetz zur Änderung der Handwerksordnung anderer handwerksrechtlicher Vorschriften und des Berufsbildungsgesetzes vom 20. 12. 1993 (BGBl. I S. 2256) erleichterten Möglichkeiten für Handwerker zur »Leistung aus einer Hand« und die geschaffenen Erleichterungen bei der Meisterprüfung und Ausnahmebewilligung und vorbehaltlich der Entscheidung von Gerichten folgende Beschlüsse Nr. 7 bis 10 gefaßt, die hiermit veröffentlicht werden. Die Bundesländer haben die zuständigen Behörden über die Beschlüsse unterrichtet und die Behörden gebeten, entsprechend zu verfahren.

Die Beschlüsse betreffen

– »wirtschaftlich ergänzende« Arbeiten gemäß § 5 HwO
– die Ausübungsberechtigung nach § 7 a HwO für ein anderes Gewerbe der Anlage A oder wesentliche Tätigkeiten dieses Gewerbes
– die Erweiterung des »Betriebsleiterprivilegs« gemäß § 7 Abs. 6 HwO
– die Ausnahmebewilligung, handwerksrechtliches Existenzgründungsinstrument nach § 8 HwO.

7. Wirtschaftlich ergänzende Arbeiten in anderen Handwerken nach § 5 HwO

(1) Mit der Erweiterung der Möglichkeiten der Vorschrift auf Arbeiten in anderen Handwerken, die das Leistungsangebot des eigenen Handwerks »wirtschaftlich ergänzen«, soll dem Interesse der Verbraucher und der Handwerker an einem breiteren Leistungsangebot eines Handwerksbetriebes »aus einer Hand« Rechnung getragen werden. Arbeiten in anderen Handwerken soll der Handwerker künftig mit erledigen dürfen, wenn sie sein eigenes Leistungsangebot wirtschaftlich ergänzen. Die Möglichkeit besteht unabhängig von anderen Flexibilisierungsmöglichkeiten, etwa des § 7 a HwO oder des § 7 Abs. 6 und § 46 Abs. 3 HwO, die auf andere Anwendungsfälle abzielen und andere Voraussetzungen haben. Der Anwendungsbereich des § 5 HwO wird hierdurch nicht eingeengt. Die Neuregelung trägt dem Anliegen nach einer beweglicheren Auslegung der bisherigen Vorschrift Rechnung, das auch der Rechtsprechung zu der bisherigen Vorschrift zugrunde liegt.

(2) Tätigkeiten, die nicht unter den Vorbehaltsbereich von Handwerken fallen, werden von § 5 HwO nicht erfaßt. Der Handwerker darf solche Tätigkeiten also in unbeschränktem Umfang mit ausüben. Auf den veröffentlichten Beschluß Nr. 1 des Ausschusses wird verwiesen.

(3) In Anspruch nehmen kann die erweiterten Möglichkeiten der Vorschrift nur, wer in die Handwerksrolle mit einem Handwerk oder wesentlichen Teilen eines Handwerks eingetragen ist und dieses Handwerk auch tatsächlich betreibt. § 5 gilt für alle Fälle notwendiger Eintragung, z. B. auch für den handwerklichen Nebenbetrieb, sofern die handwerkliche Tätigkeit nicht in unerheblichem Umfang ausgeübt wird. Wie in den übrigen Fällen des § 5 HwO muß auch hier ein konkreter Auftrag in dem eigenen Handwerk vorliegen. Das ergibt sich aus dem Wort »hierbei«. Die Neuregelung ermöglicht Tätigkeiten in anderen Handwerken nicht nur dann, wenn sie technisch oder fachlich mit dem eigenen Handwerk zusammenhängen. Durch das Kriterium »wirtschaftlich ergänzen« werden diese Möglichkeiten erweitert. Ob die Voraussetzung »wirtschaftlich ergänzen« erfüllt ist, richtet sich nach der Verkehrsauffassung, d. h. nach objektiver Betrachtung«, und nicht danach, ob aus der Sicht des beauftragten Handwerkers, des betreffenden Auftraggebers oder eines Fachunternehmens im anderen Handwerk die Voraussetzungen für gegeben erachtet werden. Über das Interesse des Kunden an Arbeiten »aus einer Hand« und einen »zeitlichen« und »örtlichen« Zusammenhang mit dem Auftrag hinaus muß ein Zusammenhang (auftragsspezifische Akzessorietät) zwischen dem Leistungsangebot des eigenen Handwerks und den Arbeiten in anderen Handwerken gegeben sein.

Gegenüber den Tätigkeiten in anderen Handwerken müssen die Tätigkeiten in dem eigenen Handwerk überwiegen. Das ergibt sich bereits aus dem Wortlaut »hierbei... wirtschaftlich ergänzen«. Maßgeblicher Anhaltspunkt hierfür ist der Anteil der Lohnkosten an dem Auftrag aus dem anderen Handwerk im Verhältnis zu den Lohnkosten des Gesamtauftrags, weil es auf das Verhältnis der handwerklichen Arbeiten zueinander ankommt und durch die Einbeziehung oder Herausnahme von Materialkosten die Umsatzanteile manipuliert werden können. Aus der Vorschrift des § 3 Abs. 2 HwO, nach der eine handwerksmäßige Tätigkeit in einem handwerklichen Nebenbetrieb dann unerheblich ist, wenn sie »während eines Jahres den durchschnittlichen Umsatz und die durchschnittliche Arbeitszeit eines ohne Hilfskräfte arbeitenden Betriebs *des betreffenden Handwerkszweiges* nicht übersteigt«, kann nicht abgeleitet werden, daß auch bei § 5 HwO auf den (Gesamt-)Umsatz abzustellen ist.

Während bei § 3 Abs. 2 HwO der durchschnittliche Jahresumsatz des konkreten handwerklichen Nebenbetriebs mit dem durchschnittlichen Jahresumsatz eines Einmann-Betriebs des gleichen Handwerks zu vergleichen ist, geht es bei § 5 HwO um die Gewichtung der Arbeiten in gegebenenfalls völlig »artfremden« Handwerken im Rahmen eines konkreten Gesamtauftrags. Materialkosten sind deshalb nicht einzubeziehen. »Quantitativ überwiegen« bedeutet nicht, daß das Miterledigen von Arbeiten in anderen Handwerken nur in »unerheblichem« Umfang in Betracht kommt. Der Gesetzgeber hat bewußt ein solches Merkmal oder eine bestimmte prozentuale Anteilsgröße nicht in die Vorschrift aufgenommen. Es kommt auch nicht darauf an, ob die Ausführung des Auftrags in dem anderen Handwerk für sich gesehen keinen sinnvollen Einzelauftrag darstellen würde. § 5 HwO ermöglicht ergänzende Arbeiten in anderen Handwerken sowohl in Fällen, in denen diese anderen Arbeiten, isoliert betrachtet, einen eigenständigen, vollständigen Auftrag rechtfertigen würden, wie auch dann, wenn die Tätigkeiten keine vollständige Auftragserbringung in dem anderen Handwerk darstellen würden. Es kommt allein darauf an, ob der Lohnkostenanteil des Gesamtauftrags überwiegend auf das eigene Handwerk entfällt..

(4) Der Handwerker kann Leistungen im eigenen Handwerk zusammen mit wirtschaftlich ergänzenden Arbeiten in anderen Handwerken bereits als Einheit anbieten. Das ist z. B. auch dann der Fall, wenn sein Hauptauftrag, isoliert betrachtet, also ohne die Arbeit aus dem anderen Handwerk, nicht vollständig wäre. Die erweiterten Möglichkeiten bedeuten nicht, daß eine isoliert betriebene Wertung für Arbeiten in anderen Handwerken wettbewerbsrechtlich zulässig wird und der Handwerker diese, losgelöst vom Auftrag im eigenen Handwerk, anbieten darf. Der Hinweis auf die Möglichkeit wirtschaftlich ergänzender Arbeiten nach § 5 HwO im Rahmen des Angebots in dem eigenen Handwerk ist jedoch zulässig, soweit

damit auf die gegebenen handwerksrechtlichen Möglichkeiten hingewiesen wird. Auch listenmäßige und regelmäßige Angebote von Arbeiten aus anderen Handwerken zusammen mit Arbeiten in dem eigenen Handwerk sind zulässig, soweit sie den Rahmen der wirtschaftlichen Ergänzung nicht überschreiten. Diese Grundsätze gelten auch für die Beteiligung an Ausschreibungen für öffentliche Aufträge.

(5) Ein handwerklicher Qualifikationsnachweis ist handwerksrechtlich für die ergänzenden Arbeiten im Rahmen der nach § 5 HwO zulässigen Arbeiten nicht erforderlich. § 5 HwO ist uneingeschränkt auch anwendbar auf Handwerke, für die in der Praxis vielfach der Begriff »gefahrengeneigte Handwerke« verwendet wird. Die Vorschrift gilt auch für die sogenannten »Gesundheitshandwerke«. Nichthandwerksrechtliche Anforderungen z. B. der Energieversorgungsunternehmen oder Krankenkassen bleiben unberührt. Werden die Grenzen des § 5 HwO nicht beachtet, liegt insoweit eine unbefugte Handwerksausübung vor, die untersagt und mit Geldbuße geahndet werden kann. Gesetzliche und vertragliche Gewährleistungs- und Schadensersatzansprüche bleiben unberührt.

8. Ausübungsberechtigung nach § 7 a HwO für ein anderes Gewerbe der Anlage A oder für wesentliche Tätigkeiten dieses Gewerbes

(1) Mit der Ausübungsberechtigung nach § 7 a HwO wird dem eingetragenen Handwerker, der ein Handwerk tatsächlich ausübt, eine zusätzliche Flexibilisierungsmöglichkeit zur Erweiterung seines Leistungsangebots zur Verfügung gestellt. Dies ergibt sich aus dem Wort »betreibt«. Ohne Rückgriff auf eine Ausnahmebewilligung nach § 8 HwO kann er andere Handwerke vollständig oder in wesentlichen Teilen ausüben, wenn die erforderlichen Kenntnisse und Fertigkeiten dafür nachgewiesen sind. Es handelt sich um einen Parallelfall zu der Ausnahmebewilligung oder Teilausnahmebewilligung nach § 8 HwO. Dabei gilt folgendes:

(2) Im Unterschied zu § 8 HwO entfällt bei § 7 a HwO die Voraussetzung, daß ein »Ausnahmefall« vorliegen muß, der für den Antragsteller die Ablegung der Meisterprüfung unzumutbar macht. Im übrigen sind die Anforderungen und das Verfahren die gleichen wie bei der Ausnahmebewilligung nach § 8 HwO. Wie bei dieser müssen die hierfür erforderlichen Kenntnisse und Fertigkeiten nachgewiesen sein. Für Antragsteller nach § 7 a HwO gibt es insoweit gegenüber dem Ausnahmebewilligungsverfahren nach § 8 HwO keine Erleichterungen, aber auch keine Erschwernisse. Aufgrund der Bestandskraft der erteilten Ausnahmebewilligung können aus der Ausnahmebewilligung keine Schlußfolgerungen für eine Notwendigkeit erhöhter Anforderungen hinsichtlich einer für ein anderes Handwerk oder wesentliche Teile dieses Handwerks beantragten Ausübungsberechtigung gezogen werden. Das Anforderungsniveau ist das gleiche

wie bei der Ausnahmebewilligung nach § 8 HwO. Jedoch hat sich der Nachweis dabei auf die theoretischen und praktischen Kenntnisse und Fertigkeiten zu beschränken, soweit die erforderlichen betriebswirtschaftlichen, kaufmännischen und rechtlichen Kenntnisse schon durch die vorhandene Berechtigung für das bereits ausgeübte Handwerk nachgewiesen sind. Dies gilt auch für Inhaber einer Ausnahmebewilligung, da diese im Ausnahmebewilligungsverfahren regelmäßig auch bereits die erforderlichen betriebswirtschaftlichen, kaufmännischen und rechtlichen Kenntnisse nachgewiesen haben. Auch eine Teilausnahmebewilligung für das Ausgangshandwerk genügt für die Berechtigung, einen Antrag auf Erteilung einer Ausübungsberechtigung nach § 7 a HwO zu stellen. Der Antragsteller entscheidet darüber, für welches andere Handwerk oder für welche wesentliche Tätigkeit dieses Handwerks er eine Ausübungsberechtigung beantragt. Die Entscheidung, ob für die beabsichtigte Tätigkeit eine Ausübungsberechtigung erforderlich ist, trifft die zuständige Behörde.

Unerheblich ist, ob zwischen dem Handwerk, mit dem der Antragsteller bereits in die Handwerksrolle eingetragen ist, und dem Handwerk, für das die Ausübungsberechtigung beantragt wird, ein fachlicher, technischer oder wirtschaftlicher Zusammenhang besteht oder ob die Tätigkeit in dem anderen Handwerk keine sinnvolle wirtschaftliche Betätigung eröffnen werde. Die Behörde hat über den gestellten Antrag zu entscheiden.

(3) Antragsberechtigt ist nur

– bei einem handwerklichen Einzelunternehmen die in die Handwerksrolle eingetragene natürliche Person, im Falle des § 7 Abs. 6 HwO der Betriebsleiter

– bei einer juristischen Person der Betriebsleiter im Sinne des § 7 Abs. 4 Satz 1 HwO

– bei einer Personengesellschaft der für die technische Leitung verantwortliche persönlich haftende Gesellschafter im Sinne von § 7 Abs. 4 Satz 2 HwO

– bei einem handwerklichen Nebenbetrieb der Leiter des Nebenbetriebs im Sinne des § 7 Abs. 5 HwO.

Diese Auslegung der Antragsberechtigung ergibt sich daraus, daß die erforderlichen Kenntnisse und Fertigkeiten nur durch eine natürliche Person nachgewiesen werden können und im übrigen § 7 a HwO der Vorschrift des § 8 HwO nachgebildet ist.

Auch der Inhaber einer Ausnahmebewilligung, Teilausnahmebewilligung oder einer befristeten Ausnahmebewilligung ist berechtigt, eine Ausübungsberechtigung nach § 7 a HwO zu erhalten.

Voraussetzung ist zunächst, daß das eingetragene Handwerk betrieben wird. Mit der Vorschrift wird eine zusätzliche Möglichkeit für eine Erweiterung des Handwerksbetriebs geschaffen mit dem Ziel, im Interesse des Handwerkers und der Kunden ein breiteres Leistungsangebot zu ermöglichen. Die Vorschrift schließt nicht aus, daß das eingetragene Handwerk später nicht mehr ausgeübt und das andere Handwerk allein betrieben wird. Die Vorschrift ermöglicht, wesentliche Teile eines anderen Handwerks oder ein gesamtes anderes Handwerk auszuüben, wenn die hierfür erforderlichen Kenntnisse und Fertigkeiten nachgewiesen sind.

(4) Der Nachweis der erforderlichen Kenntnisse und Fertigkeiten muß in der Person des Antragstellers erbracht sein.

Wie bei der Ausnahmebewilligung hat die Behörde auch im Verfahren zur Erteilung der Ausübungsberechtigung nach § 7 a HwO die maßgeblichen Umstände des Einzelfalls von Amts wegen zu ermitteln und sich dafür der Beweismittel zu bedienen, die sie für erforderlich hält; Mitwirkungspflichten des Antragstellers (§ 26 VwVfG) bleiben unberührt.

Hinsichtlich der Nachweismöglichkeiten wird auf die Rechtsprechung zu § 8 HwO bisheriger Fassung verwiesen. Die erweiterten Nachweismöglichkeiten zu § 8 HwO in der jetzt geltenden Fassung sind auch bei § 7 a HwO zu berücksichtigen. Es sind insbesondere die bisherigen beruflichen Erfahrungen und Tätigkeiten sowie Kurse und Prüfungen zu berücksichtigen. Die Ablegung einer »Prüfung« darf nach dem verfassungsrechtlichen Verhältnismäßigkeitsgrundsatz wie bei der Ausnahmebewilligung auch hier nur dann verlangt werden, wenn der erforderliche Nachweis nur durch eine solche Prüfung erbracht werden kann und nicht auf einfachere Weise erbracht worden ist. Ein einfacherer Nachweis ist insbesondere gegeben, wenn er durch die bisherigen beruflichen Erfahrungen und Tätigkeiten des Antragstellers erbracht ist, etwa durch technisch oder fachlich zusammenhängende oder wirtschaftlich ergänzende Tätigkeiten auf der Grundlage des § 5 HwO oder im Rahmen eines handwerklichen Nebenbetriebs oder Hilfsbetriebs nach §§ 2, 3 HwO oder unter Berücksichtigung erworbener Erfahrungen und Tätigkeiten. Dabei ist – unbeschadet des erforderlichen Nachweises – unbeachtlich, wie bisherige Erfahrungen und Tätigkeiten erworben bzw. ausgeübt worden sind. Ein Fachgespräch mit einem oder mehreren Sachverständigen kommt erst dann in Betracht, wenn die notwendigen Kenntnisse und Fertigkeiten nicht auf einfachere Weise, etwa durch berufliche Erfahrungen und Tätigkeiten, nachgewiesen sind. Soweit eine Prüfung zulässig ist, darf sie nach Umfang und Form nicht einer Meisterprüfung gleichkommen; jedoch sind in etwa meistergleiche Kenntnisse und Fertigkeiten nachzuweisen. An den Nachweis der Kenntnisse und Fertigkeiten dürfen also keine höheren, aber auch keine geringeren Anforderungen als beim Nachweis im Rahmen des Ausnahmebewilligungsverfahrens gestellt werden. Ein Besuch von Kursen mit Abschlußprüfung in dem anderen Handwerk darf nicht verlangt werden. Dies gilt auch bei Anträgen auf Ausübungsberechtigung für »Gesundheitshandwerke« und für Handwerke, für die in der Praxis vielfach die Bezeichnung »gefahrengeneigte Handwerke« verwendet wird. Auch hier dürfen für die Zulassung zur Handwerksausübung keine erhöhten Anforderungen gestellt werden, wobei auch hier eine Prüfung nicht die zuerst, sondern die zuletzt in Betracht zu ziehende Nachweismöglichkeit ist.

Die Handwerksorganisationen sollten bei der Beratung von Antragstellern darauf hinweisen, daß die Teilnahme an einem Vorbereitungskurs für die Erteilung einer Ausübungsberechtigung nach § 7 a HwO keine Voraussetzung für die Antragstellung oder Entscheidung ist und die zuständige Behörde bei der Beurteilung, ob die erforderlichen Kenntnisse und Fertigkeiten nachgewiesen sind, nicht binden. Auch bei Vorliegen bestimmter Prüfungszeugnisse gibt es keinen rechtlichen Automatismus bei der Entscheidung über die Erteilung der Ausübungsberechtigung. Die Handwerksorganisationen sollten aber beraten, wer Vorbereitungskurse ausführt. Vorbereitungskurse können von Handwerkskammern, Industrie- und Handelskammern, Fachverbänden des Handwerks, Kreishandwerkerschaften, Innungen und sonstigen Veranstaltungsträgern angeboten werden.

(5) Handwerkliche Fachverbände, Innungen oder Kreishandwerkerschaften sind im Rahmen der Vorbereitung der Stellungnahme der Handwerkskammer in dem Verfahren zur Erteilung einer Ausübungsberechtigung von Amts wegen nicht zu beteiligen. Fachlich zuständige Berufsvereinigungen können nur mit vorheriger ausdrücklicher Zustimmung des Antragstellers eingeschaltet werden; sie sind zu beteiligen, wenn der Antragsteller es verlangt. Nach § 8 Abs. 3 Satz 1 HwO, der entsprechend anzuwenden ist, sind die höheren Verwaltungsbehörden für die Beurteilung und Entscheidung zuständig und verantwortlich, ob die Voraussetzungen der Vorschrift gegeben sind, insbesondere auch dafür, ob die Tätigkeit, für die der Antragsteller die Ausübungsberechtigung beantragt hat, eine wesentliche Tätigkeit eines anderen Handwerks und deshalb hierfür eine handwerksrechtliche Befähigung notwendig ist. Die Behörden sind an Stellungnahmen von Handwerksorganisationen auch insoweit nicht gebunden.

Gegen die Entscheidung über den Antrag auf Erteilung einer Ausübungsberechtigung steht neben dem Antragsteller auch der Handwerkskammer der Verwaltungsrechtsweg offen; die Handwerkskammer ist beizuladen.

(6) Die Ausübungsberechtigung ist insoweit akzessorisch, als ihr Bestehen von der Erfüllung der Voraussetzungen für die Eintragung in die

Handwerksrolle mit dem Ausgangshandwerk abhängig ist. Scheidet der Inhaber der Ausübungsberechtigung aus, so behält er die Ausübungsberechtigung. Entfallen die Voraussetzungen für die Eintragung mit dem Ausgangshandwerk, so darf die Ausübungsberechtigung widerrufen werden (§ 49 Abs. 2 Nr. 3 VwVfG). In den Bescheid sollte ein Hinweis auf die Widerrufsmöglichkeit aufgenommen werden. Im Falle einer befristeten Ausnahmebewilligung nach § 8 Abs. 2 HwO sollte die Ausübungsberechtigung mit der auflösenden Bedingung versehen werden, daß sie mit Erlöschen der befristeten Ausnahmebewilligung ihre Wirksamkeit verliert (§ 36 Abs. 1, letzte Alternative, Abs. 2 Nr. 2 VwVfG). Scheidet der Inhaber der Ausübungsberechtigung aus dem Handwerksbetrieb aus oder entfällt seine handwerksrechtliche Berechtigung, so ist die Eintragung in die Handwerksrolle nach § 13 Abs. 1 HwO zu löschen. Nach dem Tode eines selbständigen Handwerkers gilt für die Ausübungsberechtigung § 7 Abs. 8 HwO entsprechend.

9. Erweiterung des Betriebsleiterprivilegs § 7 Abs. 6 HwO

Durch § 7 Abs. 6 HwO wird in Ergänzung zu den bestehenden und den durch die Novellierung der Handwerksordnung neu geschaffenen Erleichterungen für die Ausübung anderer Handwerke allen eingetragenen Handwerkern, die ein Handwerk nach § 1 HwO betreiben, die Möglichkeit eröffnet, andere Handwerke ganz oder in wesentlichen Teilen auszuüben, wenn der Betriebsleiter für diese Gewerbe die Voraussetzungen für die Eintragung in die Handwerksrolle erfüllt. Der begünstigte Personenkreis wird von dem bisherigen Erfordernis einer Ausnahmebewilligung befreit, d. h. von dem Nachweis eines Ausnahmefalles und dem Nachweis der notwendigen Kenntnisse und Fertigkeiten.

(1) Die Möglichkeit des § 7 Abs. 6 HwO können nicht nur Einzelhandwerker nutzen, sondern alle Gewerbetreibenden, die zur Ausübung eines Handwerks berechtigt sind, insbesondere auch Personengesellschaften. Da die Voraussetzung »wer ein Handwerk nach § 1 betreibt« in der Handwerksordnung einheitlich auszulegen ist, besteht auch bei § 7 Abs. 6 HwO eine Akzessorietät dahin, daß die Vorschrift nur in Anspruch nehmen kann, wer dieses Handwerk tatsächlich betreibt. Der Vorschrift schließt nicht aus, daß das eingetragene Handwerk später nicht mehr ausgeübt und das andere Handwerk allein betrieben wird.

(2) Weitere Voraussetzung ist, daß das ausgeübte Handwerk und das weitere Handwerk »wirtschaftlich im Zusammenhang« stehen müssen. Der Begriff ist nicht identisch mit den in § 5 HwO und § 52 HwO verwendeten Begriffen. Er ist weiter als der Begriff »wirtschaftlich ergänzen« des § 5 HwO und enger als der Begriff »wirtschaftlich nahestehen« des § 52 HwO. Der in § 52 HwO verwendete Begriff wird zum Teil verstanden als »gemeinsame wirtschaftliche Interessenanlage«, zum Teil wird diese Vor-

aussetzung des § 52 HwO angenommen bei Handwerken, die jeweils in einer »Gruppe der Gewerbe« der Anlage A aufgeführt sind.

Bei der Auslegung der Vorschrift ist auch zu berücksichtigen, daß für den begünstigten Personenkreis die Beschränkungen durch die Vorschriften der §§ 2, 3 HwO Über den handwerklichen Nebenbetrieb wegfallen, soweit diese über § 7 Abs. 6 HwO hinausgehende Anforderungen für die Ausübung von Handwerken regeln. Er ist deshalb weiter auszulegen als der in § 2 Nr. 3 HwO verwendete Begriff »verbunden«. Ein Handwerker darf nach § § 2, 3 HwO ein anderes Handwerk in einem handwerklichen Nebenbetrieb nur dann ausüben, wenn dies den wirtschaftlich-unternehmerischen Zwecken des in dem Hauptbetrieb ausgeübten Handwerks dient, also die in dem anderen Handwerk erbrachten Leistungen dazu beitragen, die Wirtschaftlichkeit und den Gewinn des Hauptbetriebs zu steigern, und wenn die beiden Handwerke »fachlich verbunden« sind, d. h. bei Berücksichtigung der technischen und wirtschaftlichen Entwicklung und der Interessen der Verbraucher eine sinnvolle Ergänzung oder Erweiterung des ausgeübten Handwerks darstellen.

Ob die Voraussetzung des § 7 Abs. 6 HwO angesichts des Wortlauts der Vorschrift bereits dann angenommen werden, wenn bloße »wirtschaftliche Berührungspunkte« bestehen, wird die weitere Praxis ergeben.

Für die Prüfung der Voraussetzungen des § 7 Abs. 6 HwO und für die Eintragung von Handwerksunternehmen in die Handwerksrolle aufgrund dieser Vorschrift sind die Handwerkskammern zuständig.

(3) Die für juristische Personen geltende Regelung des § 7 Abs. 4 Satz 1 HwO bleibt von der Vorschrift des § 7 Abs. 6 HwO unberührt. Eine GmbH kann also – wie bisher – andere und weitere Handwerke über Betriebsleiter ausüben, ohne daß die mehreren Handwerke »wirtschaftlich im Zusammenhang« stehen.

(4) Die Eintragung ist insoweit akzessorisch, als ihr Bestehen von der Erfüllung der Voraussetzungen für die Eintragung in die Handwerksrolle mit dem Ausgangshandwerk abhängig ist.

Entfallen die Voraussetzungen für die Eintragung mit dem Ausgangshandwerk, so ist die Eintragung auch mit dem weiteren Handwerk zu löschen. Dies gilt insbesondere auch im Falle einer befristeten Ausnahmebewilligung nach § 8 Abs. 2 HwO für das Ausgangshandwerk.

10. Ausnahmebewilligung, handwerkrechtliches Existenzgründungsinstrument nach § 8 HwO

Mit der geänderten Fassung des § 8 HwO wird handwerklichen Existenzgründern in mehrfacher Hinsicht der Zugang zum Handwerk erleichtert. Es werden Unklarheiten beim Ausnahmebewilligungsverfahren beseitigt und Verfahrensfragen präzisiert. Vor allem wird neu geregelt, wann ein »Ausnahmefall« anzunehmen ist, der dazu führt, daß die Ablegung der Meisterprüfung für den Antragsteller eine unzumutbare Belastung bedeuten würde. Nach der Entscheidung des Bundesverfassungsgerichts vom 17. 07. 1961 (BVerfGE 13, 97) ist ein Ausnahmefall mindestens dann anzunehmen, wenn es eine übermäßige, nicht zumutbare Belastung darstellen würde, einen Berufsbewerber auf den Nachweis seiner fachlichen Befähigung gerade durch Ablegung der Meisterprüfung zu verweisen.

(1) Ein Ausnahmefall liegt nach der geänderten Fassung des § 8 Abs. 1 HwO vor, wenn die Ablegung der Meisterprüfung für den Antragsteller zum Zeitpunkt der Antragstellung oder danach eine unzumutbare Belastung bedeuten würde.

Ob ein Ausnahmefall vorliegt, ist auch nach der Neufassung der Vorschrift unter Berücksichtigung aller Umstände des Einzelfalls zu entscheiden, die dem Antragsteller (personenbezogen) die Ablegung der Meisterprüfung unzumutbar machen. Jedoch gilt nunmehr folgendes:

Der Gesetzgeber hat den Ausnahmefall jetzt so definiert, daß bei der Prüfung der Unzumutbarkeit nur solche Grunde berücksichtigt werden dürfen, die zum Zeitpunkt der Antragstellung vorgelegen haben oder danach eingetreten sind. Es dürfen dem Antragsteller entgegen der bisherigen Praxis Versäumnisse aus früheren Jahren nicht mehr vorgehalten werden und es darf nicht mehr geprüft und berücksichtigt werden, ob es auf einem von dem Antragsteller zu vertretenden Verhalten (»verschuldeten« Umstand) beruht, wenn er die Meisterprüfung nicht zu einem früheren Zeitpunkt abgelegt hat, zu dem ihm dies ohne besondere, aus dem Rahmen fallende Belastung möglich gewesen wäre. Bei der Prüfung des Antrags muß daher von der bisherigen Leitvorstellung der Praxis abgegangen werden, nach der die Erteilung einer Ausnahmebewilligung insbesondere dann ausschied, wenn sich aus dem beruflichen Werdegang des Antragstellers ergab, daß der Grund, weshalb er die Meisterprüfung nicht früher abgelegt hat, auf einem von ihm »zu vertretenden« Umstand beruht.

Sachverhalte, die für oder gegen einen Ausnahmegrund sprechen, sind in einem Gesamtzusammenhang zu bewerten, der die gesamte wirtschaftliche und soziale Situation des Antragstellers umfaßt. Es sind bei der Prüfung und Entscheidung, ob die Ablegung der Meisterprüfung für den Antragsteller eine unzumutbare Belastung bedeuten würde, insbesondere der berufliche Werdegang, die familiären Verhältnisse, das Alter, längere Arbeitslosigkeit und die sonstige soziale Situation des Antragstellers zu berücksichtigen.

Insbesondere kann auch das vorgerückte Alter eines Antragstellers nach der Entscheidung des Bundesverfassungsgerichts einen Grund bilden, von der Meisterprüfung abzusehen, insbesondere dann, wenn er einen anderen Ausbildungsgang durchlaufen hat, als ihn die Handwerksordnung vorsieht. Das Alter konnte bei der Leitvorstellung der bisherigen Praxis allerdings nur dann einen Ausnahmefall begründen, wenn dem Antragsteller nicht bereits zu einem in der Vergangenheit liegenden Zeitpunkt die Ablegung der Meisterprüfung zugemutet werden konnte. Dem Alter des Antragstellers kommt nunmehr eine gesteigerte Bedeutung zu, weil »verschuldete« Umstände der Vergangenheit außer Betracht zu bleiben haben. Entsprechend der bisherigen Rechtsprechung ist in der Regel mit Vollendung des 50. Lebensjahres die Ablegung der Meisterprüfung als unzumutbar anzusehen.

Der Bund-Länder-Ausschuß »Handwerksrecht« bekräftigt im Hinblick auf die Bedeutung der Ausnahmebewilligung als Weg aus der *Arbeitslosigkeit* in die Selbständigkeit seinen veröffentlichten Beschluß Nr. 4 b zur Berücksichtigung von Arbeitslosigkeit bei der Ausnahmebewilligung.

Auch nach der geänderten Fassung des § 8 HwO bleibt es dabei, daß verfassungsrechtlich gefordert ist, bei der Entscheidung über die Erteilung der Ausnahmebewilligung großzügig zu verfahren, zumal für Handwerker Erleichterungen geschaffen worden sind, die ihnen den Zugang zu anderen Handwerken ohne den bisher erforderlichen Ausnahmefall ermöglichen. Die Novellierung des § 8 HwO führt im Ergebnis dazu, daß auch die selbständige Handwerksausübung ohne Meisterprüfung erleichtert wird.

(2) Zum Nachweis der erforderlichen fachtheoretischen und praktischen Kenntnisse und Fertigkeiten gelten die Ausführungen zur Ausübungsberechtigung nach § 7 a HwO entsprechend. Jedoch ist im Rahmen des Ausnahmebewilligungsverfahrens nach § 8 HwO grundsätzlich auch der Nachweis der für die beantragte Tätigkeit notwendigen betriebswirtschaftlichen, kaufmännischen und rechtlichen Kenntnisse erforderlich.

Klargestellt ist durch die Neufassung des § 8 HwO ferner, daß bei der Frage, ob der Nachweis erbracht ist, auch die bisherigen beruflichen Erfahrungen und Tätigkeiten des Antragstellers zu berücksichtigen sind.

(3) Ist nachgewiesen, daß die Ablegung der Meisterprüfung für den Antragsteller im Sinne der geänderten Fassung der Vorschrift eine unzumutbare Belastung bedeuten würde, und sind die für das zu betreibende Handwerk notwendigen Kenntnisse und Fertigkeiten nachgewiesen, so ist die Ausnahmebewilligung zu erteilen. Hierauf besteht ein Rechtsanspruch. Besteht die Ausnahmesituation zum Zeitpunkt der Antragstellung und auf Dauer, so ist die Ausnahmebewilligung unbefristet zu erteilen; besteht sie nur vorübergehend, so ist eine befristete Ausnahmebewilligung zu erteilen, ggf. verbunden mit der Auflage, innerhalb der Frist die Meisterprüfung abzulegen.

(4) Nach altem Recht negativ entschiedene Anträge sind auf Antrag erneut zu entscheiden, sofern sich die zugrundeliegende Sach- oder Rechtslage zugunsten des Betr. geändert hat; dies gilt insbesondere bei Antragstellern, denen wegen »verschuldeter« Umstände die Ausnahmebewilligung versagt wurde.

(5) Mit der Anpassung des bisherigen § 8 Abs. 1 Satz 1 HwO (». . . wenn der Antragsteller . . . nachweist«) an die Vorschriften des Verwaltungsverfahrensgesetzes sollen Nachteile für den Antragsteller vermieden werden. Klargestellt wird damit, daß auch im Ausnahmebewilligungsverfahren die Behörde den Sachverhalt von Amts wegen (§ 24 VwVfG) zu ermitteln hat, sich der Beweise bedient, die sie für erforderlich hält, und zu prüfen und zu entscheiden hat, ob der Nachweis erbracht ist. Die Mitwirkungspflicht des Antragstellers (§ 26 VwVfG) bleibt unberührt. An Stellungnahmen der Handwerksorganisationen ist die Behörde nicht gebunden.

Durch die Änderung von § 8 Abs. 3 Satz 1 HwO wird klargestellt, daß im Ausnahmebewilligungsverfahren allein die zuständige Behörde über die Voraussetzungen der Vorschrift zu entscheiden hat, insbesondere ob die Tätigkeit, für die eine Ausnahmebewilligung beantragt ist, handwerksmäßig betrieben wird und ob sie vollständig oder in wesentlichen Tätigkeiten ein Gewerbe umfaßt, das in der Anlage A aufgeführt ist (§ 1 Abs. 2 HwO). Damit wird klargestellt, daß die zuständige Behörde auch insoweit nicht an Stellungnahmen von Handwerksorganisationen gebunden ist.

Zugleich ist durch § 8 Abs. 3 Satz 2 und 3 HwO entsprechend den Erfordernissen des Bundesdatenschutzes klargestellt, daß die Handwerkskammer zur Vorbereitung ihrer Stellungnahme im Ausnahmebewilligungsverfahren eine Innung oder andere Berufsvereinigung nur dann beteiligen und um Stellungnahme ersuchen darf, wenn diese fachlich zuständig ist und der Antragsteller vorher ausdrücklich zugestimmt hat; die Handwerkskammer hat die Stellungnahme der fachlich zuständigen Innung oder Berufsvereinigung einzuholen, wenn der Antragsteller es verlangt. Die Befugnisse der für die Erteilung der Ausnahmebewilligung zuständigen Behörde nach § 24 VwVfG werden hiervon nicht berührt.

(6) Der Anwendungsbereich der Ausnahmebewilligung wird nicht dadurch eingeschränkt, daß durch die Handwerksnovelle Erleichterungen für den Zugang zur Handwerksausübung und Ablegung einer Zweit-Meisterprüfung und Erleichterungen für eingetragene Handwerksbetriebe zur Ausübung anderer Handwerke (§§ 5, 7 a, 7 Abs. 6, 46 HwO) geschaffen wurden.

Anmerkung

Der Bund-Länder-Ausschuß »Handwerksrecht« hat seine Beschlüsse nach Erörterung mit der Handwerksorganisation und in Kenntnis und unter

Berücksichtigung abweichender Auffassungen des Handwerks gefaßt. Auf die Veröffentlichung Handwerksordnung: Die neuen Bestimmungen der §§ 5, 7 a und 7 Abs. 6 HwO« (GewArch 1994/8, S. 308) wird Bezug genommen; die Neuregelungen bei der Ausnahmebewilligung, die eine zentrale Stellung innerhalb der Handwerksordnung einnimmt, sind in der Veröffentlichung nicht erläutert. Bei einer Reihe von Auslegungsfragen, die im Einzelfall bedeutsam sind, vertritt der Bund-Länder-Ausschuß »Handwerksrecht« eine abweichende Auffassung, die insbesondere auch von Bedeutung bei der Entscheidung sein kann, ob eine Handwerksausübung vorliegt, die gegen § 1 HwO verstößt und mit Geldbuße geahndet werden kann. Es liegt im Interesse der Handwerker, gleicher Wettbewerbschancen und im Interesse ihrer Kunden, daß möglichst rasch ein bundeseinheitlicher Vollzug der Vorschriften und mehr Rechtssicherheit erreicht werden. Unterschiedliche Auffassungen unterstreichen diese Notwendigkeit.

Regierungsdirektor Roland Schulze, BMWi Bonn

20. Bundesverfassungsgericht
Beschluß vom 17. 7. 1961 – 1 BvL 44/55

1. Der Befähigungsnachweis für das Handwerk ist mit dem Grundgesetz vereinbar.

2. Auch subjektive Zulassungsvoraussetzungen sind nur zum Schutz wichtiger Gemeinschaftsgüter gerechtfertigt. Schutzwürdig können nicht nur allgemein anerkannte, sondern auch solche Gemeinschaftswerte sein, die sich erst aus den besonderen wirtschafts-, sozial- und gesellschaftspolitischen Zielen des Gesetzgebers ergeben, wie z. B. die Erhaltung des Leistungsstandes und der Leistungsfähigkeit des Handwerks und die Sicherung des Nachwuchses für die gesamte gewerbliche Wirtschaft.

3. Dem Gesetzgeber steht die Befugnis zu, Berufsbilder festzulegen und damit die freie Berufswahl in diesem Bereich zu verengen. Er darf dabei typisieren und braucht Spezialisierungstendenzen nur in gewissem Umfang zu berücksichtigen.

4. Es entspricht dem Schutzgedanken des Art. 12 Abs. 1 GG, einem Berufsbewerber eine Ausnahmebewilligung nach § 7 Abs. 2, § 8 HdwO zu erteilen, wenn es eine übermäßige, nicht zumutbare Belastung darstellen würde, ihn auf den Nachweis seiner fachlichen Befähigung gerade in der Form der Ablegung der Meisterprüfung zu verweisen.

Beschluß des Ersten Senats vom 17. Juli 1961 – 1 BvL 44/55 – in dem Verfahren wegen verfassungsrechtlicher Prüfung der §§ 1 und 7 Abs. 1 und 2 der Handwerksordnung vom 17. September 1953 (BGBl. I S. 1411) auf Vorlage des Landesverwaltungsgerichts Hannover Erste Kammer Hannover (Vorlagebeschluß vom 22. Juni 1955 – A I 78/55).

Entscheidungsformel:
§ 1 und § 7 Absatz 1 und 2 des Gesetzes zur Ordnung des Handwerks (Handwerksordnung) vom 17. September 1953 (Bundesgesetzbl. I S. 1411) sind mit dem Grundgesetz vereinbar.

Gründe:
A.-I.
Nach § 1 Abs. 1 der Handwerksordnung ist der selbständige Betrieb eines Handwerks als stehendes Gewerbe nur den in der Handwerksrolle eingetragenen Personen (selbständigen Handwerkern) gestattet. Die Gewerbe, die als Handwerk betrieben werden können, sind in der Anlage A des

Gesetzes aufgeführt (§ 1 Abs. 2). In die Handwerksrolle wird eingetragen, wer in dem von ihm zu betreibenden Handwerk die Meisterprüfung bestanden hat (§ 7 Abs. 1). Durch diese Prüfung ist festzustellen, »ob der Prüfling befähigt ist, einen Handwerksbetrieb selbständig zu führen und Lehrlinge ordnungsgemäß anzuleiten« und ob er »die in seinem Handwerk gebräuchlichen Arbeiten meisterhaft verrichten kann und die notwendigen Fachkenntnisse sowie die erforderlichen betriebswirtschaftlichen, kaufmännischen und allgemeintheoretischen Kenntnisse besitzt« (§ 41).

In Ausnahmefällen wird in die Handwerksrolle ferner eingetragen, wer, ohne die Meisterprüfung abgelegt zu haben, die zur selbständigen Ausübung des betreffenden Handwerks als stehendes Gewerbe notwendigen Kenntnisse und Fertigkeiten nachweist und hierüber eine Ausnahmebewilligung der höheren Verwaltungsbehörde besitzt (§ 7 Abs. 2, § 8).

II.

Der Kläger des Ausgangsverfahrens hat im Jahre 1934 die Gesellenprüfung im Uhrmacherhandwerk abgelegt und ist seither als Uhrmacher tätig. Er beantragte bei der höheren Verwaltungsbehörde die Erteilung einer Ausnahmebewilligung nach § 7 Abs. 2. Er machte geltend, er sei infolge einer Versteifung seines linken Ellenbogen- und Handgelenks allerdings nicht in der Lage, die bei der Meisterprüfung geforderten komplizierten Arbeiten auszuführen. Jedoch sei er durchaus imstande, die im Uhrmacherhandwerk gewöhnlich vorkommenden Arbeiten zu verrichten und einen Handwerksbetrieb zu leiten; dies ergebe sich daraus, daß er das Uhrmachergeschäft, das sein nunmehr zu über 70 % arbeitsunfähiger Vater nach dem Krieg eröffnet habe, seit mehreren Jahren praktisch selbständig führe. Er erledige die anfallenden Reparaturaufträge, leite den Einkauf und Verkauf des mit dem Handwerksbetrieb verbundenen Uhren-Einzelhandelsgeschäfts und führe die Buchhaltung. Damit sei hinreichend dargetan, daß er die zur ordnungsmäßigen Berufsausübung erforderlichen Kenntnisse und Fertigkeiten besitze. Da mit dem Ableben seines schwerkranken Vaters jederzeit zu rechnen sei, würde die Versagung der Ausnahmebewilligung dazu führen, daß der Handwerksbetrieb aufgegeben werden müsse. Damit würde er seine nach der Vertreibung mühsam wieder aufgebaute wirtschaftliche Existenz verlieren, auf die neben ihm und seiner Familie auch seine Mutter angewiesen sei.

Die höhere Verwaltungsbehörde hat die Erteilung einer Ausnahmebewilligung mit der Begründung abgelehnt, es sei kein Ausnahmefall im Sinne des § 7 Abs. 2 gegeben. Der Kläger habe in den Jahren nach dem Kriege genügend Gelegenheit gehabt, die Meisterprüfung abzulegen. Es müsse auch bezweifelt werden, ob er die notwendigen kaufmännischen, betriebswirtschaftlichen und theoretischen Kenntnisse besitze. Da der Einspruch des Klägers erfolglos blieb, beschritt er den Verwaltungsrechtsweg.

III.

Das Landesverwaltungsgericht Hannover hat das Verfahren nach Art. 100 Abs. 1 GG ausgesetzt und die Entscheidung des Bundesverfassungsgerichts darüber erbeten, ob die Bestimmungen über den »Befähigungsnachweis« (§ 1 und § 7 Abs. 1 und 2) mit dem Grundgesetz vereinbar sind. Es vertritt im Anschluß an den Vorlagebeschluß des Oberverwaltungsgerichts Lüneburg (DBVl. 1955 S. 187) die Auffassung, die Beschränkung der selbständigen Ausübung eines Handwerks verstoße gegen Art. 12 Abs. 1 und Art. 19 Abs. 2 GG.

Die Forderung des Befähigungsnachweises als subjektive Zulassungsvoraussetzung für die Aufnahme selbständiger handwerklicher Tätigkeit sei zwar bei solchen Handwerken gerechtfertigt, bei denen die unsachgemäße Ausübung Gefahren für die Allgemeinheit oder einzelne Bürger mit sich bringe. Es bestehe aber kein öffentliches Interesse daran, fachlich nicht ausgewiesene Bewerber von der selbständigen Ausübung auch solcher Handwerkszweige fernzuhalten, deren mangelhafte Ausübung die Allgemeinheit nicht gefährde.

Die Handwerksordnung unterscheide die verschiedenen Arten handwerklicher Tätigkeit nicht nach ihrer Bedeutung und nach ihren Gefahren für die Allgemeinheit. Sie mache vielmehr die selbständige Ausübung aller in der Anlage A enthaltenen Gewerbe grundsätzlich von der Ablegung der Meisterprüfung abhängig. Wie sich aus der Entstehungsgeschichte dies Gesetzes ergebe, habe sich der Gesetzgeber nicht von dem Gesichtspunkt der Abwehr der aus unsachgemäßer Berufsausübung entstehenden Gefahren leiten lassen, sondern ein wirtschafts- und standespolitisches Programm verwirklichen wollen. Angesichts der wirtschaftspolitischen Neutralität des Grundgesetzes habe der Gesetzgeber zwar eine weite Gestaltungsfreiheit; diese finde aber in Art. 19 Abs. 2 GG ihre unverrückbare und enge Grenze. Das Grundrecht der freien Berufswahl sei dadurch in seinem Wesensgehalt angetastet, daß die Handwerksordnung bei allen in der Anlage A enthaltenen Gewerben unterschiedslos den Nachweis fachlicher Befähigung verlange.

Das mit den Zulassungsvoraussetzungen der Handwerksordnung angestrebte Ziel lasse sich nicht mit besonderen Vorschriften oder Grundsätzen der Verfassung rechtfertigen. Das Grundgesetz enthalte weder ausdrücklich noch sinngemäß eine Bestimmung, die die Förderung oder den Schutz des Handwerks als Stand, etwa im Sinne einer Mittelstandspolitik, durch das Erfordernis des Befähigungsnachweises ermögliche.

Dem Grundgesetz sei schließlich das Berufsbild des geprüften Handwerksmeisters als vorstaatliche, rechtliche und soziologische Realität mit dem Inhalt vorgegeben, daß der selbständige Betrieb eines Handwerks wesensgemäß von einem Nachweis der Befähigung abhängig sei. Die Geschichte des deutschen Handwerks erweise nicht, daß das Berufsbild des selbständigen Handwerkers mit der Qualifikation als Handwerksmeister unlöslich verknüpft sei.

IV.

Der Bundestag hält die zur Prüfung gestellten Vorschriften für verfassungsmäßig. Die mit der Handwerksordnung verfolgten Ziele rechtfertigten auch bei Anlegung der im Apotheken-Urteil des Bundesverfassungsgerichts entwickelten Maßstäbe die Aufstellung subjektiver Zulassungsvoraussetzungen in Gestalt des Befähigungsnachweises. An der Erhaltung des Handwerksstandes in seiner spezifischen Funktion im Wirtschaftsleben bestehe ein besonderes Gemeinschaftsinteresse. Es sei auch eine überragende Forderung des Gemeinwohls, den Leistungsstand des Handwerks zu erhalten, weil nur so eine gediegene fachliche Ausbildung des größten Teils des gewerblichen Nachwuchses gesichert sei.

Namens der Bundesregierung hat sich der Bundesminister für Wirtschaft geäußert. Er hält die in der Handwerksordnung getroffene Regelung ebenfalls für vereinbar mit dem Grundgesetz. Angesichts der Aufgaben, die das Handwerk im Rahmen der gesamten Volkswirtschaft zu erfüllen habe, und im Hinblick auf die Stellung, die es im sozialen Gefüge einnehme, sei die Beschränkung der Zulassung zur selbständigen Ausübung eines Handwerks aus dem Gedanken der Erhaltung des Leistungsstandes und der Leistungsfähigkeit des Handwerks legitimiert. An einem hohen Leistungsniveau bestehe auch deswegen ein Interesse der Allgemeinheit, weil ein hoher Leistungsstand der einzelnen Handwerker geeignet sei, die Verbraucher vor wirtschaftlichen Nachteilen zu schützen. Ferner komme dem Ziel, durch Erhaltung des Leistungsstandes zugleich die gründliche und fachgerechte Ausbildung des Nachwuchses zu sichern, eine erhebliche Bedeutung zu, insbesondere weil auch die Industrie in großer Zahl die vom Handwerk ausgebildeten Fachkräfte benötige. Schließlich rechtfertigen auch standespolitische Erwägungen das Bestreben des Gesetzgebers, den Leistungsstand des Handwerks zu wahren. An der Erhaltung des Handwerks als eines wichtigen Teils des Mittelstandes bestehe wegen seiner ausgleichenden und stabilisierenden Wirkung im sozialen Gefüge ein allgemeines staatspolitisches Interesse. Die Lebensfähigkeit und die wirtschaftliche Bedeutung des Handwerks hingen aber entscheidend von seinem Leistungsniveau ab.

Die Bayerische Staatsregierung hat hervorgehoben, angesichts der »sichtbaren Symptome sozialer Ermattung im selbständigen Mittelstand« müsse der Wille der selbständigen Handwerker, durch persönliche Leistung ihre wirtschaftliche Existenz zu garantieren und gesellschaftliche Achtung zu finden, besonders gestärkt werden. Ein geordneter Ausbildungsgang im Handwerk sei auch notwendig, um der zunehmenden, nicht nur für den Bestand des Handwerks gefährlichen Diskreditierung des Berufsgedankens entgegenzuwirken.

V.
Dem Verfahren ist kein Verfassungsorgan beigetreten.

B.
Die Vorlage ist zulässig.

Bei der Entscheidung des vorlegenden Gerichts kommt es darauf an, ob § 1 und § 7 Abs. 1 und 2 mit dem Grundgesetz vereinbar sind. Dabei spielt es keine Rolle, ob das Gericht, was aus dem Vorlagebeschluß nicht hervorgeht, die sachlichen Voraussetzungen für die Erteilung der Ausnahmebewilligung als erfüllt ansieht. Ist die zur Prüfung gestellte Norm gültig, so kann es nur im Falle der Bejahung dieser Voraussetzungen der Anfechtungsklage stattgeben, im Falle ihrer Verneinung muß es die Klage als unbegründet abweisen. Ist die Norm dagegen nichtig, so muß es in jedem Fall die Klage abweisen, jedoch mit der Begründung, daß für die Erteilung einer Ausnahmebewilligung kein Raum sei. Das vorlegende Gericht gelangt also bei Gültigkeit der Norm und Verneinung der Voraussetzungen für die Ausnahmebewilligung ebenso zur Klageabweisung wie in jedem Falle bei Nichtigkeit. Gleichwohl darf es, wenn es die Voraussetzungen für die Ausnahmebewilligung verneint, die Gültigkeit dieser Norm nicht im Hinblick auf das scheinbar gleiche Ergebnis dahingestellt sein lassen. Denn es würde dann, wenn auch nur alternativ, die Klageabweisung mit der Verfassungswidrigkeit der Norm zu begründen haben. Erst die Begründung der Entscheidung kann ergeben, ob die Klageabweisung auf der uneingeschränkten Geltung der Berufsfreiheit für das Handwerk oder auf der mangelnden Qualifikation dieses Klägers beruht, welche Rechtslage also für den Kläger und die Verwaltungsbehörde besteht. In einem solchen Fall kommt es bei der Entscheidung des Gerichts im Sinne des Art. 100 Abs. 1 GG auf die Gültigkeit des Gesetzes an, auch wenn nicht, wie in der Regel (vgl. BVerfGE 10, 258[261]; 11, 330 [334 f.]), die Entscheidungsformel selbst von der Gültigkeit oder Ungültigkeit der Norm abhängt.

C.

§ 1 und § 7 Abs. 1 und 2 der Handwerksordnung sind mit dem Grundgesetz vereinbar.

I.

Das Bundesverfassungsgericht hat im Apotheken-Urteil (BVerfGE 7, 377) die Grundsätze dargelegt, von denen es bei der Auslegung des Art. 12 Abs. 1 GG ausgeht. Danach gewährleistet das Grundrecht der Berufsfreiheit dem Einzelnen das Recht, jede Tätigkeit, für die er sich geeignet glaubt, als »Beruf« zu ergreifen; er soll die Tätigkeit, zu der er sich »berufen« fühlt, frei wählen und auch zur Grundlage seiner Lebensführung machen können. Dieses Grundrecht ist so eine besondere Ausprägung des umfassenderen, in Art. 2 Abs. 1 GG verbürgten Rechts auf freie Entfaltung der Persönlichkeit. Wie dieses muß es aber mit den Interessen der Allgemeinheit in Einklang gebracht werden, die seiner unbeschränkten Ausübung entgegenstehen können. Die Möglichkeit dazu gibt die in Art. 12 Abs. 1 Satz 2 GG dem Gesetzgeber eingeräumte Regelungsbefugnis. Ihre Grenzen hat das Apotheken-Urteil dem Sinne des Grundrechts selbst entnommen. Die dort entwickelte »Stufentheorie« ist das Ergebnis strikter Anwendung des Prinzips der Verhältnismäßigkeit bei den vom Gemeinwohl her gebotenen Eingriffen in die Berufsfreiheit. Sie geht von der Einsicht aus (a. a. O. S. 405), daß nach der Ordnung des Grundgesetzes die freie menschliche Persönlichkeit der oberste Rechtswert ist, daß ihr deshalb auch bei der Berufswahl die größtmögliche Freiheit gewahrt bleiben muß, daß diese Freiheit mithin nur so weit eingeschränkt werden darf, als es zum gemeinen Wohl unerläßlich ist. Von der grundsätzlichen Freiheitsvermutung aus ergibt sich die Unterscheidung zwischen bloßen Regelungen der Berufsausübung und Einschränkungen der Berufswahl bei diesen wiederum zwischen subjektiven und objektiven Voraussetzungen der Zulassung zum Beruf; es ergibt sich ferner der Grundsatz, daß Eingriffe jeweils nur auf der »Stufe« gerechtfertigt sind, die die geringste Beschränkung der Berufsfreiheit des Einzelnen mit sich bringt.

Zur Entscheidung über die Zulässigkeit einer konkreten gesetzlichen Einschränkung der Berufsfreiheit bedarf es somit jeweils einer Abwägung der einander gegenüberstehenden Interessen des Einzelnen und der Gesamtheit. Dabei ist vom grundsätzlichen Vorrang des Freiheitsrechts auszugehen; doch darf sich der Richter über die Erwägungen und Wertungen, die den Gesetzgeber zu einer nach seiner Auffassung notwendigen Freiheitsbeschränkung geführt haben, nur dann hinwegsetzen, wenn sie sich, am Maßstab des Grundgesetzes gemessen, als unhaltbar erweisen.

II.

Der Entschluß, ein in der Anlage A zur Handwerksordnung aufgeführtes Handwerk selbständig als stehendes Gewerbe auszuüben, ist ein Akt der Berufswahl im Sinne des Art. 12 Abs. 1 GG. Handwerkliche Tätigkeit kann zwar in der Form unselbständiger Arbeit als Beruf gewählt werden. Nach der geschichtlich gewordenen Struktur des Handwerkstandes kommt jedoch der Ausübung eines Handwerks im eigenen Namen, auf eigene Rechnung und in eigener Verantwortung ein besonderes, und zwar gerade das den »Handwerker« in den Augen der Öffentlichkeit eigentlich kennzeichnendes soziales Gewicht zu. Die Handwerksordnung selbst bestätigt das; denn eben diese Besonderheit hat dazu geführt, den Zugang zur selbständigen Ausübung eines Handwerks von einem Befähigungsnachweis abhängig zu machen. Immer liegt ein Akt der Berufswahl vor, gleichgültig, ob sie von einem bisher nicht handwerklich Tätigen getroffen wird, ob ein bereits selbständiger Handwerker sich für ein anderes Handwerk entscheidet oder ob jemand sein erlerntes und bisher unselbständig ausgeübtes Handwerk nunmehr selbständig betreiben will.

Im Apotheken-Urteil ist ausgesprochen (BVerfGE 7, 377 [397]), daß der Einzelne bei seiner Berufswahl nicht von vornherein auf feste Berufsbilder beschränkt ist, daß er vielmehr grundsätzlich auch jede (erlaubte) untypische Tätigkeit als Beruf erwählen darf. Diese weite Auslegung des Berufsbegriffes ergab sich notwendig aus dem Grundsatz der freien Berufswahl. Die Befugnis des Gesetzgebers, bestimmte Berufsbilder rechtlich festzulegen und damit die freie Berufswahl in diesem Bereich zu verengen, ja teilweise auszuschließen, wurde nicht geleugnet, sondern vorausgesetzt (a. a. O. S. 406 letzter Absatz; vgl. auch BVerfGE 9, 73 [78]). Wo die Grenzen rechtlicher Fixierung von Berufsbildern verlaufen, läßt sich nicht allgemein sagen; es wird darauf ankommen, ob der Gesetzgeber nur ausspricht, was sich aus einem ohnehin klar zusammenhängenden, von anderen Tätigkeiten deutlich abgegrenzten »vorgegebenen« Sachverhalt von selbst ergibt, oder ob er es etwa unternimmt, solchen Vorgegebenheiten ohne hinreichenden Grund eine andersartige Regelung »willkürlich« aufzuzwingen. Daß die »Positivliste« (Anlage A zur Handwerksordnung) unter diesem Gesichtspunkt unbedenklich ist, wird noch dargelegt werden.

III.

Das Erfordernis des Befähigungsnachweises ist eine subjektive Zulassungsvoraussetzung: die Aufnahme der Berufstätigkeit als selbständiger Handwerker wird vom Besitz beruflicher Fähigkeiten und Fertigkeiten abhängig gemacht, die sich der Einzelne durch einen bestimmten Ausbildungsgang – ausnahmeweise auf andere Art – aneignen kann und die er grundsätzlich in einer besonderen Prüfung nachzuweisen hat.

Auch subjektive Zulassungsvoraussetzungen sind nur zum Schutze eines wichtigen Gemeinschaftsgutes gerechtfertigt. Denn auch sie beschränken – prinzipiell gesehen – den Freiheitsanspruch des Einzelnen empfindlich, da sie ihm den Beginn der Tätigkeit im gewählten Beruf verwehren, bis er den Nachweis erbringt, daß er eine längere Zeit erfordernde Ausbildung durchlaufen und eine besondere Prüfung bestanden hat.

Schutzwürdig sind hier nicht nur »absolute«, d. h. allgemein anerkannte und von der jeweiligen Politik des Gemeinwesens unabhängige Gemeinschaftswerte (wie z. B. die Volksgesundheit). Der Gesetzgeber kann auch Gemeinschaftsinteressen zum Anlaß von Berufsregelungen nehmen, die ihm nicht in diesem Sinne »vorgegeben« sind, die sich vielmehr erst aus seinen besonderen wirtschafts-, sozial- und gesellschaftspolitischen Vorstellungen und Zielen ergeben, die er also erst selbst in den Rang wichtiger Gemeinschaftsinteressen erhebt. In solchen Fällen kann das Bundesverfassungsgericht die Berufsregelungen nicht schon deswegen beanstanden, weil die ihnen zugrundeliegenden politischen Auffassungen umstritten sind. Das Gericht ist insoweit auf die Prüfung beschränkt, ob die öffentlichen Interessen, deren Schutz die gesetzliche Regelung dient, überhaupt Gemeinschaftswerte von so hohem Rang darstellen können, daß sie eine Einschränkung der freien Berufswahl rechtfertigen. Den Anschauungen des Gesetzgebers hierüber darf es die Anerkennung nur versagen, wenn sie offensichtlich fehlsam oder mit der Wertordnung des Grundgesetzes unvereinbar ist.

IV.

Die hier zu prüfende Regelung der Handwerksordnung beruht auf der Grundanschauung, an der Erhaltung des Leistungsstandes und der Leistungsfähigkeit des Handwerks und an der Sicherung des Nachwuchses für die gesamte gewerbliche Wirtschaft bestünden so wichtige Interessen der Gemeinschaft, daß der Zugang zur selbständigen Ausübung eines handwerklichen Berufs nicht jedem freistehen könne. Dieser Ausgangspunkt der Handwerksordnung ist verfassungsrechtlich nicht zu beanstanden.

1. Der Bundesgesetzgeber hat das Handwerk als einen volkswirtschaftlich unentbehrlichen Zweig der gewerblichen Wirtschaft und einen besonders wichtigen Teil des Mittelstandes angesehen. Im Einklang mit den Verfassungen der überwiegenden Zahl der Länder der Bundesrepublik Deutsch-

land, die den Schutz und die Förderung des Handwerks ausdrücklich in ihr
wirtschaftspolitisches Programm aufgenommen haben, wollte der Gesetzgeber das Handwerk als Ganzes schützen und fördern; zugleich wollte er
dadurch die Ausbildung des Nachwuchses für die gesamte gewerbliche
Wirtschaft sicherstellen. In der Einführung des Befähigungsnachweises
sah er ein geeignetes, aber auch notwendiges Mittel zur Erreichung dieses
Zieles.

Nach der Begründung des von den Fraktionen der CDU/CSU, FDP und DP
eingebrachten Entwurfs eines Gesetzes über die Handwerksordnung sollte an die gegen Ende der Weimarer Republik in Gang gewesenen Bestre-
bungen angeknüpft werden, »Bestimmungen zur Vermeidung der Verdrängung und der Aufsaugung der handwerklichen Kleinbetriebe durch
wirtschaftlich Stärkere entsprechend dem Art. 164 der Weimarer Verfassung« zu erlassen (BT I/1949, Drucks. Nr. 1428, S. 17). Es wurde auf die
Tendenz der Gesetzgebung anderer europäischer Länder verwiesen, die
zur Erhaltung der Eigenart des Handwerks, zur Stärkung der wirtschaftlichen Leistungsfähigkeit, zur Förderung der Selbständigmachung und
nicht zuletzt zur Förderung der beruflichen Weiterbildung der Jugend eine
Neugestaltung und Zusammenfassung eines einheitlichen Handwerksrechts« anstrebten (a. a. O. S. 18).

Bei der ersten Beratung des Entwurfs (am 26. Oktober 1950-BT I/1949,
Prot. S. 3498 ff.) wurden diese Gedanken von Abgeordneten der Koalition
und der Opposition vorgetragen. Es wurde betont, daß es im Interesse von
Volk und Staat liege, die Leistungs- und Lebensfähigkeit des Handwerks
sicherzustellen (a. a. O. S. 3499), seinen hohen Leistungsstand zu erhalten
(a. a. O. S. 3500) und dafür zu sorgen, daß der beträchtliche Anteil des
Handwerks an der Gesamtwirtschaft nicht geschmälert werde, weil nur so
zugleich eine hochwertige industrielle Fertigungsarbeit gewährleistet sei
(a. a. O. S. 3501). Das Handwerk müsse durch Erhaltung seiner Arbeits-
und Produktionsstätten geschützt werden, in denen »die Verbindung von
Kapital und Arbeit in einer Person gegen die Entwicklungstendenzen des
Kapitalismus erhalten geblieben« sei (Abg. Dr. Veit, a. a. O. S. 3502).

Die Unterkommission »Handwerksordnung« des Ausschusses für Wirtschaftspolitik bejahte ein nicht auf bestimmte Handwerkszweige be-
schränktes öffentliches Interesse am Befähigungsnachweis; nur so seien der
Leistungsstand und die Leistungsfähigkeit des Handwerks und die Ausbildung des Nachwuchses für die gesamte gewerbliche Wirtschaft gewährleistet (Kurzprot. über die 3. Sitzung vom 26. Juni 1951, S. 2 f.). Dieser Auffassung schloß sich der Ausschuß für Wirtschaftspolitik in seinem schriftlichen
Bericht zu dem Gesetzentwurf an (BT I/1949 zu Drucks. Nr. 4172).

Bei der zweiten und dritten Beratung des Gesetzentwurfs am 26. März 1953 hob der Abgeordnete Stücklen (BT I/1949, Prot. S. 12546 f.) hervor, daß angesichts der großen Bedeutung des Handwerkstandes in wirtschaftlicher, sozialer und staatspolitischer Hinsicht eine Ordnung im Handwerk erforderlich sei; die Meisterprüfung gewährleiste das Leistungsniveau des Handwerks und der übrigen Volkswirtschaft und stelle gleichzeitig einen Schutz der Verbraucher dar. Der Abgeordnete Dr. Dr. Nöll von der Nahmer (a. a. O. S. 12552) begründete den Befähigungsnachweis mit der Erwägung, daß er die Gesellen zwinge, sich neben ihrer technischen Ausbildung mit wirtschaftlichen Fragen zu befassen. Die Meisterprüfung bedeute »vor allem einen Schutz für den kommenden selbständigen Handwerksmeister, einen Schutz davor, daß er wirtschaftlich nicht vorankommt, weil er den betriebswirtschaftlichen Fragen allzuwenig Aufmerksamkeit widmet«.

Das Gesetz wurde mit den Stimmen aller Parteien mit Ausnahme der KPD beschlossen.

2. Wie diese Darstellung zeigt, kam es dem Gesetzgeber nicht darauf an, Gefahren für die Gesamtheit oder die Einzelnen aus einer unsachgemäßen Berufsausübung abzuwenden, die bei zahlreichen Handwerkszweigen drohen, etwa beim Bauhandwerk oder den Gruppen der Kraftfahrzeugmechaniker und Elektroinstallateure. Maßgebend war vielmehr das Interesse an der Erhaltung und Förderung eines gesunden, leistungsfähigen Handwerkstandes als Ganzem. Das Handwerk setzt sich zwar aus einer Vielheit einzelner Zweige zusammen, deren Tätigkeit nach Art und Bedeutung für die Gesamtheit sehr verschieden sind, die zudem – insbesondere dem Gang der wirtschaftlich-technischen Entwicklung folgend – ständiger Wandlung unterliegen. Trotzdem stellt es sich als eine einheitliche soziale Gruppe dar, die durch geschichtliche Entwicklung, Tradition, typische Besonderheiten ihrer Tätigkeiten, Lebensstil und Standesbewußtsein der Berufsangehörigen von anderen Berufsgruppen deutlich abgegrenzt ist. Auch die besondere Betriebs- und Beschäftigtenstruktur weist ihm einen eigenen sozialen Standort in der mittelständischen gewerblichen Wirtschaft an.

3. Die Erwägungen, mit denen der Gesetzgeber das besondere Interesse der Gemeinschaft an der Erhaltung und Förderung des Handwerks begründet, halten sich im Rahmen einer nach dem Grundgesetz möglichen, daher allein vom gesetzgeberischen Ermessen bestimmten Wirtschafts-, Sozial- und Gesellschaftspolitik; sie stehen weder mit Grundprinzipien noch mit besonderen Wertentscheidungen der Verfassung in Widerspruch; sie lassen sich andererseits mit Tatsachen und Erfahrungen unseres wirtschaftlichen und sozialen Lebens belegen.

Dafür kann im einzelnen angeführt werden:

a) Innerhalb des Gesamtbereichs der Wirtschaft nimmt das Handwerk einen wichtigen Platz ein; in seinen spezifischen Funktionen (Herstellung von Waren in Einzelfertigung, Installation und Montage, Vornahme von Reparaturen, Erbringen von Dienstleistungen auf der Grundlage individueller erlernter Handarbeit) ist es weitgehend unersetzbar.

Der Umsatz des Handwerks betrug im Jahre 1955 47,7 Milliarden DM; in 752 000 Betrieben waren 3,62 Millionen Beschäftigte tätig. Schätzungen für das Jahr 1959 nehmen einen Umsatz von 66 Milliarden DM und eine Beschäftigtenzahl von 3,8 Millionen an; für das Jahr 1960 wird von 78 Milliarden DM Umsatz und 4 Millionen Beschäftigten gesprochen.

Die Arbeits- und Dienstleistungen des Handwerks können zum größten Teil sachgemäß nur in handwerklicher Arbeitstechnik ausgeführt werden. Auch die rasche technische Entwicklung verdrängt die individuelle Arbeitsweise des Handwerks nicht generell, eröffnet ihr sogar wichtige neue Bereiche (Kraftfahrzeugmechaniker, Elektroinstallateure). Der Leistungsstand des Handwerks beeinflußt so unmittelbar und erheblich die volkswirtschaftliche Gesamtleistung.

b) Vom Standpunkt einer auf den Schutz des Mittelstandes durch Erhaltung einer möglichst großen Zahl selbständiger Unternehmen bedachten Wirtschafts- und Gesellschaftspolitik erscheint die Förderung des Handwerks folgerichtig.

Im Handwerk überwiegt der kleine und mittlere Betrieb, in dem der Betriebsinhaber selbst mitarbeitet, oft mit Hilfe von Familienangehörigen. Im Jahre 1956 waren noch 33,2 v. H. der Handwerksbetriebe Einmannbetriebe; im Durchschnitt kamen auf den Betrieb 5,4 Arbeitskräfte; nur etwa 10 v. H. der Betriebe beschäftigten mehr als 9 Personen. Ein großer Teil der Beschäftigten des Handwerks ist fachlich vorgebildet oder steht als Lehrling in Fachausbildung.

Die Eigenart der handwerklichen Tätigkeit hat zur Folge, daß der Wille durch fachliche Leistung eine selbständige wirtschaftliche Existenz zu begründen, hier leichter verwirklicht werden kann als auf anderen Gebieten der gewerblichen Wirtschaft. Denn im Vordergrund steht die persönliche Fähigkeit, das eigene berufliche Können; der Kapitalbedarf bei Eröffnung eines selbständigen Betriebs ist verhältnismäßig gering. So entstehen hier im Bereich des Mittelstandes ständig neue Unternehmen, bei denen die Produktionsfaktoren Kapital und Arbeit ausgewogen in einer Hand vereint sind und der Inhaber seine persönlichen Fähigkeiten voll zur

Geltung bringen kann. Das Verhältnis, das der selbständige Handwerker zu seiner Arbeit und ihrem Ergebnis gewinnt, und der dadurch immer wieder neu belebte Wille, sich durch Steigerung der Leistungen erfolgreich im Wirtschaftsleben zu behaupten, wird auf die Arbeitsgesinnung der Mitarbeiter nicht ohne Einfluß bleiben. In all dem liegen – wirtschaftlich und psychologisch – bedeutsame Elemente sozialer Stabilität, deren Stärkung ein legitimes Ziel staatlicher Gesetzgebung ist.

c) In den Betrieben des Handwerks wird der größte Teil (etwa zwei Drittel) des Nachwuchses der ganzen gewerblichen Wirtschaft ausgebildet. Das Handwerk bietet damit vor allem der Industrie die Möglichkeit, ihren Facharbeiterstamm laufend durch voll ausgebildete junge Handwerker zu ergänzen. Die Industrie macht hiervon in erheblichem Umfang Gebrauch, da sie selbst – namentlich in kleineren Betrieben – diese Aufgabe nur unvollkommen und mit hohem Kostenaufwand übernehmen könnte. So ergibt sich hier für das Handwerk eine über seinen unmittelbaren Bereich weit hinauswirkende Funktion von großer gesamtwirtschaftlicher Bedeutung.

d) Das Handwerk, verkörpert vor allem in der Gestalt des »Meisters«, tritt im Sozialgefüge als eine besondere Gruppe hervor, die in langer geschichtlicher Entwicklung charakteristische Eigenzüge entwickelt und hohes Ansehen gewonnen hat; der Stand legt von alters her auf seine Berufsehre großen Wert und pflegt das soziale Gruppenbewußtsein besonders nachdrücklich. Der Gesetzgeber darf daher auf die Zustimmung der öffentlichen Meinung rechnen, wenn er auf die Erhaltung und Förderung des Ansehens dieses Berufsstandes bedacht ist und Maßnahmen ergreift, die nach seiner Überzeugung geeignet sind, das Vertrauen der Bevölkerung in die Qualität handwerklicher Arbeit zu rechtfertigen..

V.
Konnte der Gesetzgeber so mit Grund in der Erhaltung und Pflege eines hohen Leistungsstandes des Handwerks ein besonders wichtiges Gemeinschaftsgut erblicken, so behält doch die Frage ihr volles Gewicht, ob dieses Gemeinschaftsinteresse gegenüber dem Freiheitsrecht des Einzelnen den Vorrang beanspruchen kann und ob – bei Bejahung dieser Frage – das Gesetz in der Beschränkung des Grundrechts nicht zu weit gegangen ist. Das Grundrecht der Berufsfreiheit hat zum Inhalt, daß dem Einzelnen bei der Wahl seines Berufs so viel Freiheit bleiben muß, wie mit den schutzwürdigen Interessen der Gemeinschaft nur irgend verträglich ist; anders gewendet: Einschränkungen der freien Berufswahl braucht der Einzelne nur hinzunehmen, wenn und soweit sie der Schutz wichtiger Gemeinschaftsinteressen erfordert. Notwendigkeiten des Gemeinwohls und Frei-

heitsbeschränkungen des Bürgers müssen in ausgewogenem Verhältnis stehen. Das bedeutet – nach der im Apotheken Urteil gegebenen Ausformung dieses Grundsatzes –, daß zunächst zu prüfen ist, ob der Gesetzgeber zur Erreichung seines Zieles überhaupt genötigt war, Beschränkungen der freien Berufswahl vorzunehmen, statt sich auf Regelungen der Berufsausübung zu beschränken, und ob nicht die von ihm eingeführte Zulassungsvoraussetzung ein zur Wahrung des Gemeinschaftswertes offenbar ungeeignetes Mittel darstellt; schließlich ob diese Zulassungsvoraussetzungen, auch für sich betrachtet, den betroffenen Einzelnen nicht übermäßig und unzumutbar beschwert. Auch bei den in diesem Zusammenhang allenthalben auftretenden Wertungs- und Abwägungsfragen kann die Auffassung des Gesetzgebers vom Bundesverfassungsgericht nicht beanstandet werden, solange nicht eindeutig ist, daß sie von unrichtigen tatsächlichen Voraussetzungen ausgeht oder mit der Verfassung in Widerspruch steht.

1. Der Gesetzgeber hätte die Wahrung und Förderung des Leistungsstandes und der Leistungsfähigkeit der Inhaber von Handwerksbetrieben dem freien Spiel der wirtschaftlichen Kräfte überlassen können. Er wäre dann von der Auffassung ausgegangen, daß schon der freie Wettbewerb die leistungsunfähigen oder weniger leistungsfähigen Kräfte hinreichend ausschalten werde, so daß auf dem Wege dieser »Selbstauslese« die leistungsfähigsten Persönlichkeiten zur Selbständigkeit gelangen oder doch sich dann behaupten würden. Dieses Ziel hätte durch Ausübungsregelungen noch gefördert werden können. So wäre es etwa möglich gewesen, auch bei Freigabe des Zugangs zum Beruf die Führung des Meistertitels den Betriebsinhabern vorzubehalten, die die Meisterprüfung bestanden haben; dadurch wäre die Öffentlichkeit auf die (vermutlich) höhere Leistungsfähigkeit der von einem Meister geleiteten Betriebe hingewiesen worden. Auch die Ausbildung des Nachwuchses hätte ein Monopol der Handwerksmeister bleiben können wie beim früheren »kleinen Befähigungsnachweis«. Die technische und betriebswirtschaftliche Fortbildung der Handwerker, die die Handwerksordnung den Handwerkskammern und den Innungen ohnehin zur Pflicht macht, hätte sich durch mannigfache Maßnahmen weiter ausbauen lassen.

Wenn dem Gesetzgeber diese Möglichkeiten nicht genügend erschienen, so sind die Gründe dafür einleuchtend, jedenfalls nicht offenbar fehlsam. Denn Ausübungsregelungen – und noch mehr das freie wirtschaftliche Kräftespiel – werden durchweg erst wirksam für den, der bereits die selbständige Berufstätigkeit aufgenommen hat. Sie sichern nicht gegen das Eindringen unqualifizierter Kräfte in den Beruf. Bis diese wieder ausgeschieden oder aber auf den wünschenswerten Leistungsstand gebracht sind, können sowohl der Kundschaft (durch mangelhafte Leistungen) wie dem Stande selbst (durch Verdrängung und Behinderung wirklich leistungsfähiger Betriebe und durch Minderung des Ansehens der handwerklichen Arbeit im ganzen) schwere Schäden zugefügt sein. Dies zu vermeiden war aber gerade das Ziel des Gesetzgebers. Wenn er daher glaubte, mit Freiheitsbeschränkungen bereits im Stadium der Berufswahl einsetzen zu müssen, um schon die Aufnahme des Berufs durch ungeeignete Kräfte nach Möglichkeit zu verhindern, so kann ihm dann nicht grundsätzlich entgegengetreten werden – immer vorausgesetzt, daß diese Maßnahmen sich in den verfassungsmäßigen Grenzen halten, insbesondere den Grundsatz der Verhältnismäßigkeit wahren.

2. Die Handwerksordnung stellt als subjektive Voraussetzung für die Zulassung zur selbständigen Berufsausübung lediglich den Nachweis des fachlichen Könnens auf, der durch eine bestimmte Ausbildung und die Ablegung einer bestimmten Prüfung zu erbringen ist. Das ist – von den unter Ziff. 4 zu erörternden Sonderfällen abgesehen – die mildeste, den Berufsanwärter am wenigsten belastende Form der Beschränkung der freien Berufswahl. Hier gelten in vollem Umfang die Ausführungen des Apotheken-Urteils (BVerfGE 7, 377 {06 f.}), wonach Beschränkungen dieses Inhalts sich aus der Sache selbst legitimieren. Ordnungsgemäße Ausübung eines Handwerks setzt Kenntnisse und Fertigkeiten voraus, die nur durch theoretische und praktische Schulung zu erwerben sind. Es ist lediglich eine Formalisierung und Konkretisierung der aus der Natur der Sache folgenden Qualifikationsvoraussetzungen, wenn der Gesetzgeber die erforderlichen Kenntnisse und Fertigkeiten und die Art und Weise, wie sie zu erwerben sind, im einzelnen festlegt. Wird der Zugang zu einem solchen Beruf nur dem freigegeben, der die zur ordnungsmäßigen Erfüllung der Berufstätigkeit erforderlichen Fähigkeiten erworben hat, so wird dem Bewerber nur etwas zugemutet, wozu er sich bei verständiger Würdigung ohnehin aus eigenem Entschluß veranlaßt sehen müßte. Das gilt ganz besonders, wie es sich, wie bei Handwerk, um Berufe handelt, deren kennzeichnende Eigentümlichkeit gerade darin liegt, daß der Betriebsinhaber weitgehend selbst ausführend mitarbeitet, so daß es gerade auf seine persönlichen Fertigkeiten und Kenntnisse entscheidend ankommt. Eine Regelung, die von ihm nur verlangt, daß er den Besitz eben dieser Fertigkeiten und Kenntnisse nachweise, ist so sehr der besonderen Situation gerade dieser Berufe angepaßt, daß die darin liegende Freiheitsbeschränkung für den Einzelnen kaum noch als solche fühlbar wird, gegenüber dem Schutz wichtiger Gemeinschaftsinteressen jedenfalls vergleichsweise nur geringes Gewicht hat. Das ist entscheidend, obwohl die handwerkliche Betätigung wegen ihrer Vielfalt und der leichten Zugangsmöglichkeit ständig von vielen als Beruf erwählt wird,

so daß die Zahl der von der Regelung Betroffenen verhältnismäßig hoch ist.

3. Durfte demnach der Gesetzgeber die Stufe der reinen Ausübungsregelungen überschreiten, so kann – wie aus dem Vorstehenden ersichtlich ist – der von ihm eingeführte Befähigungsnachweis als ein prinzipiell geeignetes Mittel angesehen werden. Dann kann aber die Tauglichkeit dieses Mittels und damit die Notwendigkeit des gesetzlichen Eingriffs in die freie Berufswahl nicht mit der Erwägung in Frage gestellt werden, die Beschränkung der Berufszulassung genüge nicht zur Erreichung der gesetzgeberischen Ziele. Allerdings gewährleistet die Meisterprüfung noch nicht, daß ein Meister durch fachliche Weiterbildung mit der Entwicklung in seinem Handwerk Schritt hält und damit dauernd auf dem erstrebten Leistungsniveau bleibt. Sie sichert aber wenigstens, daß nur solche Bewerber Zugang zum Beruf des selbständigen Handwerkers erhalten, die sich durch theoretische und praktische Schulung die erforderlichen Kenntnisse und Fertigkeiten verschafft, damit zugleich die Notwendigkeit einer ständigen Weiterbildung erkannt und die Grundlage für sie geschaffen haben. Mit einem bestimmten Leistungsstand der jeweils hinzukommenden Handwerker kann daher die Leistungshöhe der selbständigen Handwerker im ganzen hinreichend gehalten werden.

Die Meisterprüfung stellt nur die Befähigung des Inhabers des Handwerksbetriebes sicher, läßt aber die berufliche Eignung der Arbeitnehmer offen. Indessen hängt der Leistungsstand eines handwerklichen Betriebes entscheidend von der fachlichen Befähigung des Inhabers ab: seine Tätigkeit gewährleistet bei der Übersichtlichkeit des Handwerksbetriebes in aller Regel die Qualität der Arbeit der Betriebsangehörigen. Hinzu kommt, daß unselbständige Handwerker, die ihre Ausbildung noch nicht beendet haben, aber beabsichtigen, sich selbständig zu machen, voraussichtlich mit weit größerem Eifer ihre fachlichen Kenntnisse erweitern und ihre technischen Fertigkeiten vervollkommen werden, wenn sie wissen, daß sie ihre Befähigung zur selbständigen Ausübung des Handwerks nachweisen müssen.

4. Eine unzumutbare Freiheitsbeschränkung könnte darin erblickt werden, daß das Gesetz in seiner Anlage A die Berufswahl auf die dort verzeichneten Zweige des Handwerks beschränkt, es dem Einzelnen somit unmöglich macht, sich etwa ein Teilgebiet aus den in festen Berufsbildern zusammengefaßten handwerklichen Betätigungen als Beruf zu erwählen und seine Ausbildung¡ dementsprechend zu begrenzen. Wer sich auf bestimmte – in sich möglicherweise sinnvoll abgegrenzte – Arbeiten, etwa innerhalb des Schneider- oder Mechanikerhandwerks, spezialisieren will,

könnte geltend machen, daß von ihm mehr an Ausbildung und Prüfungsleistungen verlangt werden, als sich aus der Natur der Sache ergebe.

Das Gesetz kann jedoch unter diesem Gesichtspunkt verfassungsrechtlich
nicht beanstandet werden. Daß der Gesetzgeber grundsätzlich bestimmte
Berufsbilder rechtlich fixieren darf, ist bereits im Apotheken-Urteil ausgesprochen. Er kann dabei nicht anders verfahren, als daß er verwandte
Tätigkeiten zur Einheit eines einzigen Berufs zusammenfaßt. Ob er dabei
in der »Auffächerung« von Berufen genügend weit geht, kann nur im Einzelfall beurteilt werden. Generell läßt sich sagen, daß dem Gesetzgeber
hier ein gewisser Spielraum bleiben muß; er ist zur Typisierung gezwungen und darf auf dieser Grundlage von durchschnittlich gerechtfertigten
Qualifikationserfordernissen ausgehen; selbst verbreitete Spezialisierungstendenzen kann er nur innerhalb gewisser Grenzen berücksichtigen, wenn er den umfassenderen Charakter des Handwerkers gegenüber
dem des reinen »Facharbeiters« erhalten will. Führt die Regelung im ganzen nicht zu einer Verzerrung der überkommenen und tatsächlich bestehenden Verhältnisse im Bereich der betroffenen Berufe, so ist ein gewisser,
sich in vernünftigen Grenzen haltender »Überschuß« an Ausbildungs-
und Prüfungsanforderungen – wie er übrigens in vielen staatlichen Ausbil-
dungs- und Prüfungsordnungen festzustellen ist – hinzunehmen, zumal
die darin liegende »unnötige« Freiheitsbeschränkung durch den Zuwachs
an beruflichen Chancen und sozialem Ansehen in gewissem Sinne kom-
pensiert wird.

Die Prüfung der Anlage A der Handwerksordnung ergibt, daß der Gesetzgeber sich bei der Aufzählung der einzelnen Handwerkszweige, die zugleich normativ abgrenzende und zusammenfassende Bedeutung besitzt,
an die traditionellen Berufsbilder des Handwerks gehalten hat und den
Spezialisierungsbestrebungen innerhalb der Handwerkszweige angemessen gefolgt ist. Gründe zur verfassungsrechtlichen Beanstandung dieser gesetzlichen Regelung sind nicht erkennbar.

5. Die im Gesetz zur Zulassungsvoraussetzung gemachten Kenntnisse und
Fertigkeiten stehen weder nach ihrer Art noch nach ihrem Ausmaß außer
Verhältnis zu dem Ziele ordnungsmäßiger Erfüllung der Berufstätigkeit;
auch der grundsätzlich vorgeschriebene formale Ausbildungsgang und
die Prüfung beschweren den Berufsbewerber nicht übermäßig.

a) Aus der Natur handwerklicher Arbeit ergibt sich, daß ein selbständiger
Handwerker umfangreiches Wissen über Werkstoffe und Arbeitstechniken sowie Kenntnisse von den technisch-konstruktiven Zusammenhängen seiner Arbeit besitzen muß. In vielen Handwerkszweigen befinden

sich die Arbeitsverfahren in einer ständigen Entwicklung; auch zeitgemä-
ße Formgebung und modische Gestaltung sind von Bedeutung. Im moder-
nen Wirtschaftsleben kann ein Handwerker aber auch ohne betriebswirt-
schaftliches und kaufmännisches Wissen nicht bestehen. Daher ist es
gerechtfertigt, daß bei der Meisterprüfung »die erforderlichen betriebswirtschaftlichen, kaufmännischen und allgemeintheoretischen Kenntnisse« verlangt werden (§ 41). Es ist selbstverständlich (und die Prüfungsordnungen sehen das auch vor), daß hier nur Kenntnisse von den Grundlagen
der in Betracht kommenden Wissensgebiete verlangt werden.

Es bedeutet schließlich auch keine unverhältnismäßige Erschwerung der
Anforderungen, wenn von einem Berufsanwärter gefordert wird, daß er
die in seinem Handwerk gebräuchlichen Arbeiten »meisterhaft« ausführen kann. »Meisterhaft« heißt hier nicht, daß das fachliche Können das allgemeine handwerkliche Niveau weit überschreiten müsse. Es werden keine außergewöhnlichen Leistungen verlangt; vielmehr wird lediglich
gefordert, daß der Berufsbewerber imstande ist, die gebräuchlichen Arbeiten selbständig nach den allgemeinen handwerklichen Grundsätzen
werkgerecht auszuführen.

Wie die Ergebnisse der Meisterprüfung erweisen, sind die Prüfungsanforderungen in der Praxis dem allgemeinen handwerklichen Niveau angepaßt; im Gesamtdurchschnitt des Handwerks versagten in den Jahren
1951 bis 1955 nur 13 % der Prüflinge. Die Anforderungen der praktischen
und theoretischen Prüfung können also von einem durchschnittlich
Begabten bei durchschnittlichem Fleiß erfüllt werden.

b) Der besondere Ausbildungsgang und die Prüfung beschweren die
Berufsbewerber im typischen Fall nicht übermäßig. Mit dem grundsätzlichen Erfordernis des Bestehens der Gesellenprüfung nach einer Lehrzeit
von drei bis vier Jahren und einer mindestens drei- bis fünfjährigen Gesellenzeit (§§ 30, 32, 44) hat der Gesetzgeber den ohnehin notwendigen Ausbildungsgang lediglich in einer durchschnittlich angemessenen Weise forma-
lisiert. Ausbildungsziel der regelmäßig mit 18 Jahren abgeschlossenen Lehrzeit ist es, daß der Lehrling die in seinem Handwerk gebräuchlichen Hand-
griffe und Fertigkeiten mit genügender Sicherheit verrichten kann und die
notwendigen Fachkenntnisse über den Wert, die Beschaffenheit, die
Behandlung und Verwendung der Roh- und Hilfsstoffe besitzt (§ 32 Abs. 2).
Von diesem Leistungsstand aus bedarf der Geselle noch einer erheblichen
Berufserfahrung, um die in seinem Handwerk anfallenden Arbeiten »meisterhaft« in dem oben dargestellten Sinne verrichten zu können. Eine drei-
bis fünfjährige Gesellenzeit, nach der also der gesamte Ausbildungsgang
bereits im Alter von 22 bis 23 Jahren abgeschlossen werden kann, ist nicht

unangemessen lang. Hinzu kommt, daß die Möglichkeit besteht, den Besuch einer Fachschule auf die Gesellenzeit anzurechnen (§ 44 Abs. 3 Satz 1); auch ist die Tätigkeit als selbständiger Handwerker, als Werkmeister oder in entsprechender Stellung der Gesellenzeit gleichgestellt (§ 44 Abs. 3 Satz 2). Schließlich kann in Ausnahmefällen jemand zur Meisterprüfung zugelassen werden, der den gesetzlich formalisierten Ausbildungsgang überhaupt nicht durchlaufen hat (§ 44 Abs. 4).

c) Der Grundsatz, daß beim Handwerk Kapital und Arbeit in einer Hand vereinigt bleiben sollen, hat zur Folge, daß ein Unternehmer, der selbst nicht Meister ist, gehindert ist, unter Anstellung eines Meisters einen Handwerksbetrieb zu eröffnen. Darin liegt kein Übermaß, auch wenn man berücksichtigt, daß das Gesetz diese Möglichkeit in gewissen anderen Fällen gibt; denn diese Ausnahmen beruhen auf besonderen Umständen und haben nur einen für die Gesamtheit der Zwecke des Gesetzes erträglichen Umfang.

6. Würdigt man abschließend die Freiheitsbeschränkung, die das Gesetz demjenigen auferlegt, der die Betätigung im Handwerk als Lebensberuf gewählt hat, im ganzen, so dürfen Gesichtspunkte nicht außer Betracht bleiben, die geeignet sind, das Gewicht dieser Beschränkung weiter zu mildern: abgesehen davon, daß auch der Handwerker ohne Meisterprüfung sowohl im Handwerk wie in der Industrie tätig sein kann, eröffnet das Gesetz selbst vor allem die Möglichkeit, daß der Berufsbewerber den Nachweis der zur selbständigen Ausübung eines Handwerks erforderlichen Kenntnisse und Fertigkeiten »in Ausnahmefällen« auf andere Weise erbringen kann als durch die Meisterprüfung (§ 7 Abs. 2, § 8). Ausnahmefälle sind entsprechend den oben dargelegten Grundsätzen mindestens dann anzunehmen, wenn es eine übermäßige, nicht zumutbare Belastung darstellen würde, einen Berufsbewerber auf den Nachweis seiner fachlichen Befähigung durch Ablegung der Meisterprüfung zu verweisen. Wann das der Fall ist, läßt sich nur unter Berücksichtigung aller Umstände des Einzelfalles beurteilen. Als ein besonders erschwerendes Moment kann es beispielsweise angesehen werden, daß ein Berufsbewerber für den Unterhalt von Angehörigen aufkommen muß und deswegen nicht imstande ist, den Zeit- und Geldaufwand für den Besuch von Meisterkursen zu tragen. Auch das vorgerückte Alter eines Berufsanwärters kann einen Grund bilden, von der Prüfung abzusehen, zumal dann, wenn er einen anderen Ausbildungsgang durchlaufen hat, als ihn die Handwerksordnung vorsieht. Nur eine Verwaltungspraxis, die bei Anwendung des § 7 Abs. 2 derartige, die Ablehnung der Meisterprüfung besonders erschwerende Umstände hinreichend berücksichtigt, ist an Art. 12 Abs. 1 GG orientiert und wird seinem Schutzgedanken gerecht.

Ob es dem Ziel und Zweck des § 7 Abs. 2 entspräche, den Kreis der Ausnahmefälle noch weiter zu ziehen, als dies nach dem vorstehend Dargelegten verfassungsrechtlich geboten ist, kann hier dahinstehen. Jedenfalls deutet die Entstehungsgeschichte der Handwerksordnung darauf hin, daß von der Möglichkeit der Erteilung einer Ausnahmebewilligung nicht engherzig Gebrauch gemacht werden sollte. Das Vorliegen eines Ausnahmefalles sollte nämlich danach nicht nur bei Personen anerkannt werden, die aus besonderen, namentlich durch die Verhältnisse der Kriegs- und Nachkriegszeit bedingten Gründen verhindert waren, die Meisterprüfung abzulegen; vielmehr sollten für die Erteilung einer Ausnahmebewilligung auch Berufsbewerber in Frage kommen, »die als Unselbständige im Handwerk oder in der Industrie in entsprechenden verantwortlichen Stellungen tätig gewesen sind«oder »die einen anderen Ausbildungsgang als Lehrzeit, Gesellenprüfung, Gesellenzeit hinter sich gebracht haben« (BT I/ 1949 zu Drucks. 4172, Schriftlicher Bericht des Ausschusses für Wirtschaftspolitik, S. 7). Hiermit hat der Gesetzgeber einen Ausweg für alle Berufsbewerber geöffnet, die die notwendige fachliche Befähigung besitzen, aber die Meisterprüfung nicht abgelegt haben. Somit stellt diese nicht einen Selbstzweck oder ein Mittel zum Schutz vor unerwünschter Konkurrenz, sondern den Weg dar, auf dem die qualitative Auslese der Handwerker im Regelfalle vorgenommen werden soll.

Eine großzügige Praxis käme jedenfalls dem Ziele der Handwerksordnung entgegen, die Schicht leistungsfähiger selbständiger Handwerksexistenzen zu vergrößern. Dem Bestreben des Gesetzes, den Leistungsstand und die Leistungsfähigkeit des Handwerks zu erhalten und zu fördern, läuft eine weite Auslegung des Begriffs der Ausnahmefälle nicht zuwider, weil ein Berufsbewerber in jedem Fall die zur selbständigen Ausübung seines Handwerks notwendigen Kenntnisse und Fertigkeiten nachweisen muß.

7. Zusammenfassend ergibt sich: Art. 12 Abs. 1 GG setzt selbst die Notwendigkeit gesetzlicher Regelungen voraus. Schon in den Verhandlungen des Parlamentarischen Rates ist darauf hingewiesen worden, daß das Prinzip der Berufsfreiheit gesetzlicher Konkretisierung bedürfe. Gesetze, die subjektive Zulassungsvoraussetzungen aufstellen, sind geradezu typische Beispiele hierfür. Wenn Art. 12 Abs. 1 GG den Gesetzgeber zu »Regelungen« ermächtigt, so bringt er deutlich zum Ausdruck, daß solche Gesetze nicht »Einschränkungen« im Sinne des Art. 19 GG sind (vgl. auch BVerfGE 7, 377 {403 f.}). Damit scheidet die Anwendung sowohl des Art. 19 Abs. 2 wie des Abs. 1 Satz 2 GG aus.

VI.

Der allgemeine Gleichheitssatz ist nicht dadurch verletzt, daß für die industrielle Produktion von Erzeugnissen, die auch handwerklich hergestellt werden, ein Befähigungsnachweis nicht gefordert wird.

Stellt der Gesetzgeber subjektive Zulassungsvoraussetzungen in Form des Befähigungsnachweises auf, so ist er durch Art. 3 Abs. 1 GG nicht verpflichtet, Berufe deswegen gleich zu behandeln, weil bei ihnen eine äußerliche Gleichheit einzelner Tätigkeitsbereiche oder Verrichtungen festzustellen ist. Vielmehr kann er Art und Umfang der Berufsregelung in weitem Maße nach den besonderen Verhältnissen der verschiedenen beruflichen Lebensbereiche, insbesondere nach der sozialen Struktur der in Frage stehenden Berufe differenzieren (BVerfGE 9, 338 {350}). Bei Anlegung dieses Maßstabes kann es nicht als Verstoß gegen den allgemeinen Gleichheitssatz gewertet werden, daß Tätigkeiten, die, industriell betrieben, zulassungsfrei sind, im Handwerk dem Befähigungsnachweis unterworfen werden.

Handwerksbetriebe sind im Unterschied zu Industrieunternehmen überwiegend Kleinbetriebe. Typisch für sie ist die persönliche handwerkliche Mitarbeit des Betriebsinhabers; seine fachliche Qualifikation entscheidet über den Wert der handwerklichen Leistung. Im Gegensatz dazu arbeitet der Inhaber eines industriellen Unternehmens im allgemeinen nicht an der Herstellung unmittelbar mit, sondern beschränkt sich auf die kaufmännische oder technische Leitung. Dieser strukturelle Unterschied läßt es als gerechtfertigt erscheinen, nur die selbständige Ausübung eines Handwerks von dem Nachweis persönlicher Fertigkeiten und Kenntnisse abhängig zu machen.

Abkürzungsverzeichnis

a. a. O.	am angegebenen Ort
ABM	Arbeitsbeschaffungsmaßnahmen der Bundesanstalt für Arbeit
Abs.	Absatz
AG	Amtsgericht
Art.	Artikel
BAG	Bundesarbeitsgericht
BayOblG	Bayerisches Oberlandesgericht
BayVGH	Bayerischer Verwaltungsgerichtshof
Bd.	Band
BFH	Bundesfinanzhof
BGBl.	Bundesgesetzblatt
BGHZ	Bundesgerichtshof in Zivilsachen
BGL	Bundesverband des Garten-, Landschafts- und Sportplatzbaus
BStBl.	Bundessteuerblatt
BVerfG	Bundesverfassungsgericht
BVerfGE	Entscheidungen des Bundesverfassungsgerichts
dass.	dasselbst
DGB	Deutscher Gewerkschaftsbund
DVBl	Deutsches Verwaltungsblatt
EG	Europäische Gemeinschaft
Einl.	Einleitung
EStG	Einkommensteuergesetz
EuGH	Europäischer Gerichtshof
EWG	Europäische Wirtschaftsgemeinschaft
EzGewR	Entscheidungssammlung zum Gewerberecht
GaLaBau	Garten-, Landschafts- und Sportplatzbau
GbR	Gesellschaft bürgerlichen Rechts
GewArch	Gewerbearchiv
GewO	Gewerbeordnung
GG	Grundgesetz
GmbH	Gesellschaft mit beschränkter Haftung
HGB	Handelsgesetzbuch
HWO	Gesetz zur Ordnung des Handwerks (Handwerksordnung)
JuS	Juristische Schulung
KG	Kommanditgesellschaft
KSK	Künstlersozialkasse
LG	Landgericht
NJW	Neue Juristische Wochenschrift
OHG	Offene Handelsgesellschaft

OLG	Oberlandesgericht
OVG	Oberverwaltungsgericht
Rdnr.	Randnummer
SGB	Sozialgesetzbuch
THwE	Taschenlexikon handwerksrechtlicher Entscheidungen
UWG	Gesetz gegen den unlauteren Wettbewerb
VG	Verwaltungsgericht
VGH	Verwaltungsgerichtshof
VO	Verordnung
ZDB	Zentralverband des Deutschen Baugewerbes
ZDH	Zentralverband des Deutschen Handwerks

Register

So verwirklichen Sie Ihren Traum vom eigenen Betrieb

Die Zahl der handwerksähnlichen Gewerbebetriebe in Deutschland wächst rasant. Jährlich kommen rund 6000 neue Unternehmen dazu. Doch der wichtige Schritt in die Selbständigkeit will gerade für Handwerker ohne Meisterbrief wohl überlegt und genau geplant sein, da das deutsche Handwerksgesetz äußerst restriktiv ist. Michael Wörle berät seit vielen Jahren mittelständische Unternehmen und weiß, worauf es speziell für handwerksähnliche Betriebe ankommt.

Markteinschätzung und Mindestumsatz, Finanzierung und Startkapital, rechtliche und finanzielle Absicherung sowie Steuerfragen, Marketing, Controlling und Mitarbeiterführung – in diesem Ratgeber finden Sie alles, was Sie für die gelungene Betriebsgründung und -führung wissen müssen.

Michael Wörle
Existenzgründung ohne Meisterbrief
Das 1 x 1 für handwerksähnliche Betriebe

Econ Taschenbuch

Das Arbeitszeugnis gehört zu den wichtigsten Dokumenten in Ihrer Bewerbungsmappe, es kann entscheidend für Ihr Weiterkommen sein. Deshalb sollten Sie genau wissen, was Ihr Arbeitszeugnis über Sie aussagt – und was zwischen den Zeilen steht. Denn das ist oftmals aufschlußreicher als der reine Text.

Manfred Lucas, erfahrener Personaltrainer, zeigt Ihnen, worauf Sie achten müssen, und hilft beim Decodieren Ihrer Zeugnisse.

Manfred Lucas

Arbeitszeugnisse richtig deuten
Originalausgabe

Selbst gestandene Leute haben oft Angst, sich zu blamieren, wenn sie öffentlich eine Rede oder einen Vortrag halten. Das muß nicht sein, denn gutes Reden kann man lernen.

Mit den 12 goldenen Regeln des Kommunikationsexperten Heinz Goldmann können Sie sicher sein, die richtigen Worte zu finden und Ihre Botschaft optimal zu präsentieren!

Heinz Goldmann zeigt Ihnen, wie Sie Lampenfieber kontrollieren, Ihre Rede erstklassig vorbereiten, einen packenden Anfang und einen überzeugenden Schluß kreieren, verschiedene Ausdrucksmittel einsetzen und vieles mehr. Besonders vorteilhaft: Mit seinen vielen praktischen Tips, Checklisten und Merksätzen können Sie sich Ihr individuelles Trainingsprogramm selbst zusammen-stellen.

Heinz Goldmann

Erfolg durch Kommunikation

»Aha-Effekte und ein kompaktes Rüstzeug für die effektive und damit erfolgreiche Kommunikation«
Personalführung

Econ | ULLSTEIN | List

Wer Geschäftsführer einer GmbH
ist oder eine Existenzgründung
in Form einer GmbH plant, sollte
genau wissen, was auf ihn
zukommt. Die beiden Autoren
behandeln alle wichtigen
Themen, u.a.

- *die Stellung des Geschäfts-*
  führers zur GmbH
- *die strafrechtliche*
  Verantwortung des Geschäfts-
  führers
- *die steuerliche Verantwortung*
  für die GmbH
- *die persönliche Steuerpflicht*
  des Geschäftsführers
- *die Grenzen von Haftung und*
  Sonderhaftungen.

Ein Anhang mit Musterverträgen
rundet das Buch ab.

»Gut aufgebautes Handbuch«
Einkaufszentrale für
Bibliotheken

Elisabeth Mehrmann
Herbert Kern

Der GmbH-Geschäftsführer
Originalausgabe

Econ | **ULLSTEIN** | List

Reden ist das Mittel, das wir am häufigsten zur Verständigung einsetzen – und doch beherrschen wir es oft nicht gut genug. Manfred Lucas zeigt Ihnen, wie Sie Ihre Botschaften so formulieren, daß sie auch richtig ankommen. Anhand von vielen Beispielen macht er deutlich, wie man eine schwungvolle Rede, einen interessanten Vortrag oder ein erfolgreiches Referat hält.

Aus dem Inhalt
- *Rhetorische Grundregeln*
- *Die Vorbereitung einer Rede*
- *Die Kunst der Anrede*
- *Lampenfieber bekämpfen*
- *Reagieren auf Zwischenrufe*
- *Vier Schritte der Überzeugungsarbeit*
- *Der wirksame Schluß*
- *So verbessern Sie Ihren Wortschatz*

Econ

Manfred Lucas

Überzeugend reden

Mehr Erfolg durch bessere Rhetorik

■ Rhetorische Grundregeln
■ Aufbau der Rede
■ Richtige Körpersprache
■ Lampenfieber besiegen

Manfred Lucas

Überzeugend reden
Originalausgabe

Econ | ULLSTEIN | List